1982

OEUVRES

COMPLÈTES

DE DUCLOS.

TOME SECOND.

DE L'IMPRIMERIE DE P. DIDOT L'AINÉ,
CHEVALIER DE L'ORDRE ROYAL DE SAINT-MICHEL,
IMPRIMEUR DU ROI.

OEUVRES

COMPLÈTES

DE DUCLOS

PRÉCÉDÉES D'UNE NOTICE

SUR SA VIE ET SES ÉCRITS

Par M. AUGER,

DE L'ACADÉMIE FRANÇOISE.

NOUVELLE ÉDITION.

TOME SECOND.

A PARIS

CHEZ JANET ET COTELLE, LIBRAIRES,

RUE NEUVE-DES-PETITS-CHAMPS, N° 17.

M DCCCXX.

LES
CONFESSIONS
DU COMTE DE ***,

ÉCRITES PAR LUI-MÊME A UN AMI.

AVERTISSEMENT.

Comme chaque vice et chaque ridicule sont communs à plusieurs personnes, il est impossible de peindre des caractères, sans qu'il s'y trouve quelques traits de ressemblance avec ceux mêmes qui n'en ont pas été les objets. Ainsi l'on ne doute point que ces mémoires n'occasionent des applications où l'auteur n'a jamais songé. Ces interprétations partent de gens de peu d'esprit et de beaucoup de malignité. D'autres, trop méprisables pour mériter un éloge, trop obscurs pour exciter la satire, n'en ont pas moins la fatuité de croire qu'un auteur les a eus en vue. Ils s'élèvent contre un ouvrage, il semble qu'il n'y ait que l'intérêt d'autrui qui les touche; mais il est aisé de remarquer que les endroits qu'ils blâment avec le plus d'aigreur ne sont pas toujours ceux dont ils ont été le plus choqués.

LES CONFESSIONS

DU COMTE DE ***.

PREMIÈRE PARTIE.

Pourquoi voulez-vous m'arracher à ma solitude et troubler ma tranquillité? Vous ne pouvez pas vous persuader que je sois absolument déterminé à vivre à la campagne. Je n'y suis que depuis un an, et ma persévérance vous étonne. Comment se peut-il faire, dites-vous, qu'après avoir été si long-temps entraîné par le torrent du monde on y renonce absolument? Vous croyez que je dois le regretter et sentir, dans bien des moments, qu'il m'est nécessaire. Je suis moins surpris de vos sentiments que vous ne l'êtes des miens; à votre âge, et avec tous les droits que vous avez de plaire dans le monde, il seroit bien difficile qu'il vous fût odieux. Pour moi, je regarde comme un bonheur de m'en être dégoûté avant que je lui fusse devenu importun. Je n'ai pas encore quarante ans, et j'ai épuisé ces plaisirs que leur nouveauté vous fait croire inépuisables. J'ai usé le monde, j'ai usé l'amour même; toutes les passions aveugles et tumultueuses sont mortes dans mon cœur. J'ai par conséquent perdu quelques plaisirs; mais je suis exempt de toutes les peines qui les accompagnent, et qui sont en bien plus grand nombre. Cette tranquillité, ou, si vous voulez, pour m'accommoder à vos idées, cette espèce d'insensibilité est un dédommagement bien avantageux, et peut-être l'unique bonheur qui soit à la portée de l'homme.

Ne croyez pas que je sois privé de tous les plaisirs; j'en éprouve continuellement un aussi sensible et plus pur que tous les autres : c'est le charme de l'amitié; vous devez en connoître tout le prix, vous êtes fait pour la sentir, puisque vous êtes digne de l'inspirer. Je possède un ami fidèle, qui partage ma solitude, et qui, me tenant lieu de tout, m'empêche de rien regretter. Vous ne pouvez pas imaginer qu'un ami puisse dédommager du monde; mais, malgré l'horreur que la retraite vous inspire aujourd'hui, vous la regarderez un jour comme un bien. J'ai eu vos idées, je me suis trouvé dans les mêmes situations; ne renoncez donc pas absolument à celle où je me trouve aujourd'hui.

Pour vous convaincre de ce que j'avance, il m'a pris envie de vous faire le détail des événements et des circonstances particulières qui m'ont détaché du monde; ce récit sera une confession fidèle des travers et des erreurs de ma jeunesse, qui pourra vous servir de leçon. Il est inutile de vous entretenir de ma famille, que vous connoissez comme moi, puisque nous sommes parents.

Étant destiné par ma naissance à vivre à la cour, j'ai été élevé comme tous mes pareils, c'est-à-dire fort mal. Dans mon enfance, on me donna un précepteur pour m'enseigner le latin, qu'il ne m'apprit pas; quelques années après on me remit entre les mains d'un gouverneur pour m'instruire de l'usage du monde, qu'il ignoroit.

Comme on ne m'avoit confié à ces deux inutiles que pour obéir à la mode, la même raison me débarrassa de l'un et de l'autre; mais ce fut d'une façon fort différente. Mon précepteur reçut un soufflet d'une femme de chambre à qui ma mère avoit quelques obligations secrètes. La reconnoissance ne l'empêcha pas de faire beaucoup de bruit: elle blâma hautement une telle insolence, elle dit à M. l'abbé qu'il ne devoit pas y être exposé davantage, et il fut congédié.

Mon gouverneur fut traité différemment: il étoit insinuant, poli, et un peu mon complaisant. Il trouva grace devant les yeux de la favorite de ma mère; tout en conduisant mon éducation, il commença par faire un enfant à cette femme de chambre, et finit par l'épouser. Ma mère leur fit un établissement dont je profitai : car je fus maître de mes actions dans l'âge où un gouverneur seroit le plus nécessaire, si cette profession étoit assez honorée pour qu'il s'en trouvât de bons.

On va voir, par l'usage que je fis bientôt de ma liberté, si je méritois bien d'en jouir. Je fus mis à l'académie pour faire mes exercices; lorsque je fus près d'en sortir, une de mes parentes, qui avoit une espèce d'autorité sur moi, vint m'y prendre un jour pour me mener à la campagne chez une dame de ses amies. J'y fus très bien reçu : on aime naturellement les jeunes gens, et les femmes aiment à leur procurer l'occasion et la facilité de faire voir leurs sentiments. Je me prêtai sans peine à leurs questions; ma vivacité leur plut, et, m'apercevant que je les amusois par le feu de mes idées, je m'y livrai encore plus. Le lendemain quelques femmes de Paris arrivèrent, les unes avec leurs maris, les autres avec leurs amants, et quelques unes avec tous les deux.

La marquise de Valcourt, qui n'étoit plus dans la première jeunesse, mais qui étoit encore extrêmement aimable, saisit avec vivacité les plaisanteries que l'on faisoit sur moi; et, sous prétexte de plaire à la maîtresse de la maison, qui paroissoit s'y intéresser, elle vouloit que je fusse toujours avec elle. Bientôt elle me déclara son petit amant; j'acceptai cette qualité, je lui donnai toujours la main à la promenade, elle me plaçoit auprès d'elle à table, et mon assiduité devint bientôt la matière de la plaisanterie générale; je m'y prêtois de meilleure grace que l'on n'eût dû l'attendre d'un enfant qui n'avoit aucun usage du monde. Cependant je commençois à sentir des desirs que je n'osois témoigner, et que je ne démêlois qu'imparfaitement. J'avois lu quelques romans, et je me crus amoureux. Le plaisir d'être caressé par une femme aimable, et l'impression que font sur un jeune homme des diamants, des parfums, et sur-tout une gorge qu'elle avoit admirablement belle, m'échauffoient l'imagination; enfin tous les airs séduisants d'une femme à qui le monde a donné cette liberté et cette aisance que l'on trouve rarement dans un ordre inférieur, me mettoient dans une situation toute nouvelle pour moi. Mes desirs n'échappoient pas à la marquise; elle s'en apercevoit mieux que moi-même, et ce fut sur ce point qu'elle voulut entreprendre mon éducation.

L'amour, me disoit-elle, n'existe que dans le cœur; il est le seul principe de nos plaisirs, c'est en lui que se trouve la source de nos sentiments et de la délicatesse. Je ne comprenois rien à ce discours, non plus qu'à cent mille autres mêlés de cette métaphysique qui régnoit dès-lors dans le discours, et qui est si peu d'usage dans le commerce. J'étois plus content de petites confidences sur lesquelles elle éprouvoit ma discrétion ; j'en étois flatté : un jeune homme est charmé de se croire quelque chose dans la société. Elle me faisoit ensuite des questions sur la jalousie. La marquise, sous prétexte de m'instruire, vouloit savoir si je n'avois aucune idée sur un homme assez aimable qui étoit venu avec elle, et que je sus depuis être son amant ; mais, quoiqu'il n'eût au plus que quarante ans, je le jugeois si vieux, que j'étois bien éloigné d'imaginer qu'il eût avec elle d'autre liaison que celle de l'amitié. Il en avoit pourtant une des plus intimes ; il est vrai que dans ce moment elle le gardoit par habitude, et que, par goût, elle me destinoit à être son successeur, ou du moins son associé : aussi, quand je lui demandai pourquoi il lui tenoit quelquefois des discours aigres et piquants, que je n'avois pu m'empêcher de remarquer, elle se contenta de me dire qu'ayant été intime ami de son mari, l'amitié lui avoit conservé ces droits. Cette réponse me satisfit, et ma curiosité n'alla pas plus loin. Elle me reprochoit quelquefois de n'avoir pas assez soin de ma figure, et, quand je revenois de la chasse, sous prétexte d'en réparer les désordres, elle passoit la main dans mes cheveux, elle me faisoit mettre à sa toilette, et vouloit elle-même me poudrer et m'ajuster. Comme elle coloroit toutes les caresses qu'elle me faisoit, de l'amitié qu'elle avoit pour ma parente, et des liaisons qu'elle avoit avec toute ma famille, je ne m'attribuois aucune de ses bontés, et j'ai souvent pensé depuis à l'impatience que je devois lui causer. Cependant elle se contraignoit, elle craignoit de s'exposer aux ridicules que pouvoit lui donner un amour qui, par la disproportion de nos âges, devoit être regardé comme une folie. D'ailleurs, elle savoit que son amant étoit clairvoyant : elle n'auroit pas été fort sensible à sa perte; mais elle craignit l'éclat d'une rupture.

Ces réflexions rendirent la marquise plus réservée avec moi; je m'en aperçus, je lui en fis quelques reproches plus remplis d'égards que de sentiment. Pour me consoler, elle me dit que je la verrois à Paris, si je continuois à la laisser se charger du soin de ma conduite, et me promit un baiser toutes les fois que j'aurois été docile à ses leçons.

Lorsque nous fûmes de retour à Paris, j'allai la voir. Elle ne me parla dans les deux ou trois premières visites que des choses qui pouvoient regarder ma conduite. Elle vouloit, disoit-elle, être ma meilleure amie. Un jour elle me dit de la venir voir le lendemain sur les sept heures du soir. Je n'y manquai pas; je la trouvai sur une chaise longue, appuyée sur une pile de carreaux. On respiroit une odeur charmante, et vingt bougies répandoient une clarté infinie; mais toute mon attention se fixa sur une gorge tant soit peu découverte. La marquise étoit dans un déshabillé plein de goût, son attitude étoit disposée par le desir de plaire et de me rendre plus hardi. Frappé de tant d'objets, j'éprouvois des desirs d'autant plus violents, que j'étois occupé à les cacher. Je gardai quelque temps le silence : je sentis qu'il étoit ridicule, mais je ne savois comment le rompre. Êtes-vous bien aise d'être avec moi ? me dit la marquise. Oui, madame, j'en suis enchanté, répondis-je avec vivacité. Eh bien ! nous souperons ensemble, personne ne viendra nous interrompre, et nous causerons en liberté ; elle accompagna ce discours du regard le plus enflammé. Je ne sais pas trop causer, lui dis-je ; mais pourquoi ne me permettez-vous plus de vous embrasser comme à la campagne ? Pourquoi ? reprit-elle ; c'est que, lorsque vous avez une fois commencé, vous ne finissez point.

Je lui promis de m'arrêter quand elle en seroit importunée, et, son silence m'autorisant, je la baisai, je touchai sa gorge avec des plaisirs ravissants. Mes desirs s'enflammoient de plus en plus, la marquise par un tendre silence autorisoit toutes mes actions ; enfin, parcourant toute sa personne à mon gré, et, voyant que l'on n'apportoit aucun obstacle à mes desirs, je me précipitai sur elle avec toute la vivacité de mon âge, qui étoit plus de son goût que l'amour le plus tendre. Je craignis aussitôt sa colère; mais je fus rassuré par un regard languissant de la marquise, qui m'embrassa avec une nouvelle ardeur. Ce fut alors que je me livrai à l'ivresse du plaisir; nous ne l'interrompîmes que pour nous mettre à table. Le souper fut court; je ne laissai pas à la marquise le temps de me parler sentiment, et je crois qu'elle n'eut pas celui d'y penser. Dès le lendemain un de ses gens m'apporta la lettre la plus passionnée. Cette attention me surprit; je croyois qu'elle n'avoit été imaginée que pour moi. Je sentis que j'y devois repondre; je crois que ma lettre devoit être assez ridicule; la marquise la trouva charmante. Pendant les premiers jours je n'étois occupé que de ma bonne fortune, et du plaisir d'avoir une femme de condition; je m'imaginois que tout le monde s'en apercevoit, et lisoit dans mes yeux mon bonheur et ma gloire. Cette idée m'empêcha d'en parler à mes amis; mais j'en fus très souvent tenté. Peu de temps après je trouvai que la marquise ne m'avouoit pas assez dans le public, et qu'elle n'alloit pas assez souvent aux spectacles, où j'aurois pu, sans prononcer l'indiscrétion, mettre mes amis au fait de mon bonheur. C'étoit en vain qu'elle me représentoit le charme du mystère; je n'étois inspiré que par les sens et la vanité, et je croyois avoir satisfait à toute la délicatesse possible, quand j'avois rempli ses desirs et les miens.

L'hiver ayant rassemblé tout le monde à Paris, la marquise, pour rompre la solitude qu'elle voyoit que je ne pouvois soutenir, donna plusieurs soupers. Parmi les femmes qui se rendoient chez elle, il y en eut une qui me fit beaucoup d'agaceries, et j'y répondis avec assez de vivacité. Madame de Valcourt avoit trop d'expérience pour ne pas l'apercevoir. Elle m'en fit ses plaintes, que je reçus assez mal. Je lui dis qu'il étoit bien singulier qu'elle me contraignît au point de ne pouvoir ni parler ni m'amuser même avec ses amies. La jalousie enflamma la marquise; elle ne ménagea plus rien; bientôt elle afficha publiquement le goût qu'elle avoit pour moi, et bientôt elle le ressentit avec un emportement qu'elle ne m'avoit jamais témoigné. On ne la voyoit plus aux spectacles sans moi; elle ne soupoit dans aucune maison sans me faire prier. Un aveu si public fut fort de mon goût, parcequ'il flattoit ma vanité. Quelques jours après madame de Rumigny (c'étoit celle qui m'avoit fait des avances) fut piquée. Il étoit de son honneur de n'en pas avoir le démenti. Chez les femmes du monde, plusieurs choses qui paroissent différentes produisent les mêmes effets, et la vanité les gouverne autant que l'amour.

La marquise fit fermer sa porte à sa rivale; la rupture fit éclat, et madame de Rumigny me pria par un billet fort simple de passer chez elle. Madame de Valcourt m'avoit fait promettre de n'y jamais aller; mais je ne crus pas mon honneur engagé à lui tenir cette parole. J'y courus donc, et madame de Rumigny, après beaucoup de plaisanteries sur madame de Valcourt, qui toutes portoient coup, me plaignit d'être si fort attaché à une femme qui me traitoit en esclave. Elle m'apprit toutes les aventures, vraies ou fausses, que le monde avoit données à la marquise. Le mal que l'on nous dit d'une maîtresse n'est pas si dangereux par les premières impressions, que par les prétextes qu'il fournit dans la suite aux dégoûts et à toutes les injustices des amants.

Madame de Rumigny, contente de cette première démarche, me pria de la venir revoir, en m'assurant qu'elle n'avoit d'autres motifs que son amitié pour moi. Je revins chez la marquise fort différent de ce que je m'y étois trouvé jusques alors; elle s'en aperçut, elle en fut alarmée. Les sentiments de la marquise ne me touchoient plus. Je ne sentois que l'ennui et le dégoût d'un plaisir uniforme. J'allois souvent chez madame de Rumigny, qui suivoit constamment son projet; je sentis bientôt pour elle tout ce que m'avoit d'abord inspiré madame de Valcourt, c'est-à-dire des desirs. L'expérience que j'avois déja acquise me rendit pressant; mais, avant de se rendre, madame de Rumigny me dit : Je veux le sacrifice de la marquise;

j'exige le plus éclatant, et tel que je le prescrirai ; notre rupture a trop fait d'éclat, ma vengeance ne doit pas être ignorée. Je voulus lui faire quelques représentations ; mais elle me dit qu'elle ne me verroit jamais, si je balançois un moment. Je fus bientôt déterminé ; je consentis à tout, je renvoyai à la marquise ses lettres et son portrait, avec un billet qui, je crois, étoit fort impertinent, puisqu'il étoit dicté par madame de Rumigny ; en un mot, je quittai madame de Valcourt on ne peut pas plus mal. Ce ne fut cependant pas sans remords : c'est en vain qu'on veut s'aveugler pour séparer la probité du commerce des femmes. J'avois encore toutes les idées neuves ; le monde ne m'avoit point appris à me parjurer. Madame de Rumigny, à qui je ne cachai point mes remords, prit encore le soin de les calmer : les femmes n'ont point de plus grands ennemis que les femmes.

Madame de Rumigny ne me fit pas languir davantage ; le lendemain elle voulut que j'allasse avec elle à l'Opéra en grande loge : j'y consentis, son triomphe étoit le mien. La marquise s'y trouva le même jour ; elle étoit fort parée, et n'y venoit que pour démentir les discours du public : une telle démarche est un coup de partie, le jour qu'on a été quittée ; mais je remarquai son chagrin caché. Cependant elle m'écrivit, elle me courut, et fit tout ce que l'égarement de l'amour malheureux inspire.

et fait toujours faire sans succès; enfin elle se commit encore plus qu'elle n'avoit fait; mais madame de Rumigny, qui connoissoit trop la conséquence de ces premiers instants, ne me perdoit pas de vue. Je vécus quelque temps avec madame de Rumigny, comme j'avois fait avec madame de Valcourt, et je m'en dégoûtai encore plus promptement. Ma première et ma seconde aventure n'annonçoient pas un caractère fort constant; on verra dans la suite si je me suis démenti.

Madame de Rumigny commençoit donc à me peser beaucoup, lorsque j'entrai dans les mousquetaires. La compagnie marcha en Flandre, et j'y fis ma première campagne. Avant mon départ, je passai trois jours avec madame de Rumigny d'une façon à me faire regretter. Elle me fit promettre de lui écrire; mais à peine l'eus-je quittée que je n'y songeai plus.

Après la campagne, la compagnie revint à Paris, où je passai l'hiver. Je n'allai seulement pas voir madame de Rumigny. La vie que je menois avec mes camarades me paroissoit préférable à toute la gêne du commerce des femmes du monde. Je n'en recherchai aucune de celles qui exigent des soins et des attentions, et je suivis les mœurs des mousquetaires de mon âge.

Au retour du printemps, M. de Vendôme, à qui ma famille étoit particulièrement attachée, me proposa d'être un de ses aides-de-camp; j'acceptai la proposition avec ardeur, et je le suivis en Espagne. Uniquement occupé de mes devoirs, je m'attachai à ce prince, c'est-à-dire au métier de la guerre; car c'étoit ainsi qu'on lui faisoit sa cour.

Il fut assez content de mes services pour m'honorer de sa protection, et bientôt il me fit obtenir un régiment, à la tête duquel je me trouvai à la bataille de Villa-Viciosa, que M. de Vendôme gagna sur M. de Staremberg.

Après cette victoire, qui décida de la couronne d'Espagne pour Philippe V, mon régiment fut envoyé en quartier à Tolède. Les congés étant difficiles à obtenir, j'y demeurai pour contenir les soldats, et prévenir les désordres qui pouvoient arriver à chaque instant dans ce pays, par la prévention que quelques Espagnols avoient contre les François. D'ailleurs les moines, par jalousie et par ignorance, persuadent, sur-tout aux femmes, que les François sont des hérétiques. Une différence de religion, chez des peuples qui ont peu d'étude, ne rapproche pas les esprits; ainsi je vivois dans une assez grande solitude.

Un jour, en rentrant chez moi par une rue détournée, je fus abordé par une femme couverte d'une mante: Seigneur cavalier, me dit-elle, une dame voudroit avoir une conversation avec vous; trouvez-vous demain à onze heures dans la grande église. J'acceptai le rendez-vous. Le lendemain, après avoir apporté beaucoup d'attention à ma parure, je me rendis au lieu indiqué. Je n'y vis que des femmes couvertes de mantes noires, parmi lesquelles j'en aperçus une qui se distinguoit au milieu de deux autres par la majesté de sa taille. Elles se mirent toutes trois à genoux auprès de moi; elles s'armèrent d'un grand rosaire, firent plusieurs inclinations dévotes; et j'entendis une voix qui me dit : Trouvez-vous ce soir à l'heure de l'oraison sur le bord du Tage, et suivez la personne qui vous abordera en vous présentant un bouquet; adieu, sortez de l'église sans témoigner la moindre curiosité. Le son de cette voix me parut si flatteur que je me sentis ému. Je me rendis au lieu marqué deux heures plus tôt qu'on ne m'avoit ordonné, et je vis paroître celle qui devoit me présenter le bouquet; elle me dit de la suivre, je lui obéis : il étoit nuit; nous marchâmes quelque temps pour trouver une calèche dans laquelle nous montâmes. Votre jeunesse et votre figure, me dit-elle, ont fait une vive impression sur le cœur de dona Antonia, ma maîtresse; l'amour lui a fait oublier tous les dangers d'une entrevue; et l'on vous aime malgré la différence de votre religion. Quelle consolation pour dona Antonia, si son exemple et ses discours pouvoient vous ramener au sein de l'église! Je suis sa nourrice, c'est vous dire combien je l'aime; mais l'espérance de votre conversion m'a plus déterminée à la servir aujourd'hui, que ma tendresse pour elle. Vous allez juger dans quelques moments de la beauté de ma maîtresse; elle est dans une maison qui m'appartient; rendez-vous digne de posséder le cœur de la plus belle femme de toutes les Espagnes.

Malgré l'agitation que la nouveauté d'une pareille situation peut causer, je sentis toute la bizarrerie de cette conversation, et je réfléchissois sur la différence de ces mœurs, quand notre voiture s'arrêta dans une petite cour : nous descendîmes, je suivis la duègne, je traversai deux ou trois pièces meublées simplement et médiocrement éclairées. Elles nous conduisirent dans une chambre dont les meubles magnifiques et l'éclat des lumières portées dans de grands flambeaux de vermeil me frappèrent beaucoup moins qu'une femme couchée sur une estrade et appuyée sur des carreaux d'étoffes superbes. Approchez, seigneur, me dit-elle. J'obéis à un ordre si doux; mais que devins-je en voyant toutes les graces réunies dans la même personne et relevées par toutes les recherches de la parure! Je tombai à ses genoux : Que puis-je faire, lui dis-je, madame, pour reconnoître les bontés dont vous m'honorez? Elle me répondit, avec une douceur infinie et un feu dans les yeux qui auroit achevé ma défaite, si elle n'eût été confirmée : Clara vous a sans doute fait part de mes sentiments. Elle m'a évité l'embarras d'un aveu qui ne peut être excusé que par la force de la passion. La façon dont vous vous conduirez avec moi confirmera ou détruira mes sentiments. Je vous aime ; mais le sacrifice que je vous fais m'en deviendra encore plus cher, si vous vous en rendez digne. Après un tel aveu, je ne dois rien vous cacher : vous êtes d'une religion différente de la mienne, et ce point est le seul obstacle au goût que je sens pour vous. Si vous m'aimez, si les sentiments que je crois lire dans vos yeux sont sincères, il faut commencer par embrasser ma religion. Je voulus alors prendre une de ses belles mains et la baiser, pour éviter une profession de foi qui me paroissoit assez déplacée ; mais à peine l'eus-je touchée qu'elle s'écria : Donnez-moi promptement de l'eau bénite, ma chère Clara. En effet, elle lui apporta un bénitier dans lequel elle trempa un linge dont elle essuya l'endroit que j'avois touché, avec un si grand soin et une attention si marquée que je ne pus m'empêcher de sourire ; mais, ne voulant point choquer ses préjugés, je pris le parti de lui dire quelle étoit ma religion ; et l'amour me rendit peut-être plus catholique que je ne l'avois jamais été.

Que la voix d'un homme qu'on aime persuade aisément ! me dit-elle ; elle triomphe de toutes les résolutions : je n'ai pu vous convaincre, vous m'avez persuadée. Je vous aime apparemment plus que vous ne m'aimez, et c'est un avantage que je saurai conserver sur vous. Je baisai alors une de ses mains, sans qu'elle eût recours à l'eau bénite. Je la priai de m'apprendre à qui j'avois le bonheur de parler. Vous le saurez un jour, me dit-elle; ne cherchez point à pénétrer un mystère dont la découverte ne vous est d'aucune utilité; méritez, par un amour et une discrétion sans bornes, le bonheur que je vous prépare. Alors la fidèle Clara nous servit un léger repas. J'étois enchanté de toutes les graces que je découvrois dans la belle Espagnole; tout respiroit en elle la volupté, et m'annonçoit un bonheur que j'obtins quelques moments après, et qui surpassa mes desirs. Vous ne m'aimerez pas long-temps, me disoit Antonia; ma conquête vous a trop peu coûté. Vous ignorez tous les combats que j'ai soutenus; je vous aime depuis le jour de votre arrivée: vous passâtes sur la grande place à la tête de votre régiment; je vous vis d'une fenêtre grillée. Que n'ai-je point fait pour bannir l'impression que votre vue a faite sur mon cœur! Je vous fuyois mal apparemment, car je vous rencontrois toujours.

Nous passâmes la nuit et toute la journée suivante au milieu des plaisirs et des tendres inquiétudes que la passion donne aux amants, et sur lesquelles les plaisirs les rassurent sans cesse. Quand nous fûmes au moment de nous séparer, Antonia leva les carreaux sur lesquels elle étoit assise, et prit une épée d'or garnie de quelques diamants d'un assez grand prix qu'elle me força d'accepter. J'y fus obligé ; car la plus grande offense que l'on puisse faire à un Espagnol, c'est de refuser ce qu'il offre : je la reçus donc en baisant mille fois la main qui me la donnoit, et je montai seul dans la calèche, qui me conduisit à l'endroit où je l'avois trouvée la veille.

Le lendemain, à mon réveil, je reçus une lettre d'Antonia ; ce fut un Maure qui me l'apporta. Elle étoit tendre et passionnée : Antonia me prioit de me promener le soir à cheval sur la grande place. Je vous verrai sans être vue, ajoutoit-elle, et je jouirai avec plaisir de l'inquiétude où vous serez de ne me point apercevoir. Clara vous dira demain, à la grande église, quand et de quelle façon nous pourrons nous revoir. J'exécutai les ordres que l'on m'avoit donnés. Après avoir regardé inutilement à toutes les jalousies, je revins chez moi m'occuper de mon aventure. Le jour suivant, je trouvai Clara dans l'église que l'on m'avoit indiquée, qui me dit, en feignant de prier Dieu : Rendez-vous à cheval, au jour tombant, et sans suite, derrière les murs du couvent de Saint-François ; le Maure que vous avez vu hier s'y trouvera monté sur une mule ; vous n'aurez qu'à le suivre. Je fus exact au rendez-vous : j'y trouvai le Maure; il observa toujours le plus profond silence, et nous arrivâmes dans la basse-cour d'un château qui me parut considérable. Je mis pied à terre; le Maure prit mon cheval, et me fit signe de monter par un petit escalier formé dans une tour. J'y trouvai Clara qui m'attendoit : Venez, me dit-elle, le plus heureux de tous les hommes. Elle me conduisit avec une lanterne sourde dans un cabinet, d'où je passai dans un appartement superbe où la belle Antonia m'attendoit. Vous triomphez de toutes mes craintes, me dit-elle, je goûte le plaisir de vous posséder chez moi malgré tous les périls que je puis courir; j'espère que le bonheur que j'ai de vous voir ne sera point interrompu; mais, en cas d'accident, vous pourrez vous retirer : le Maure tient votre cheval au bas de l'escalier. J'employai les termes les plus touchants pour exprimer ma reconnoissance et mon amour. Nous étions dans ces transports de l'ame que l'amour seul fait connoître, et qui sont au-dessus de l'expression, quand nous entendîmes un grand bruit dans la chambre qui précédoit celle où nous étions : Fuyez, me dit Antonia avec transport; je suis trahie, je périrai; mais je ne m'en plaindrai pas, si je puis vous croire en sûreté. Dans l'instant même, on enfonça la porte, et je vis entrer un homme transporté de fureur et suivi de deux valets armés; il tenoit son épée d'une main, et de l'autre un poignard. Il se jeta si promptement sur Antonia, que je ne pus l'empêcher de lui porter deux coups qui la firent tomber à mes pieds; j'avois des pistolets de poche, je cassai la tête à celui qui venoit de blesser Antonia, et je tins en respect ceux qui l'accompagnoient. Elle me tendit les bras, et me dit d'une voix mourante : Qu'avez-vous fait, seigneur! vous avez tué mon mari. Les deux valets, occupés à donner du secours à leur maître, me donnèrent le temps de prendre Antonia dans mes bras, et de gagner la porte du cabinet. Je descendis sans obstacle, je trouvai le Maure qui m'attendoit avec mon cheval; il m'aida à prendre Antonia devant moi, et je m'éloignai de ce funeste lieu sans savoir où j'allois. Je m'abandonnai à la vitesse de mon cheval.

Cependant Antonia ne donnant aucun signe de vie, je m'arrêtai pour lui donner quelques secours; mes soins la firent revenir à la vie : Quoi! c'est vous, me dit-elle, en ouvrant les yeux! vous vivez, tous mes malheurs ne me touchent plus. Il n'y a point de grace à espérer ni pour vous ni pour moi; le rang et la dignité de mon mari vous attireront des ennemis sans nombre; c'est le marquis de Palamos que vous avez tué. Je n'ai d'autre ressource que mon frère, il a un château peu éloigné d'ici, prenons-en le chemin, il ne me refusera pas un asile. Je remontai à cheval, je la pris dans mes bras, et nous arrivâmes à la pointe du jour dans le château.

Nous fîmes éveiller aussitôt le comte, son frère, et l'on nous fit entrer dans sa chambre, sans avoir été vus que par un seul domestique. Il frémit au récit de l'aventure cruelle qui venoit d'arriver à sa sœur; il l'aimoit, il la plaignit, et lui donna tous les secours possibles : ses blessures ne se trouvèrent pas mortelles. Il me conseilla de me tenir caché le reste du jour; et, quand la nuit fut venue, il me dit que le service que j'avois rendu à sa sœur lui faisoit oublier la vengeance que j'avois tirée de son beau-frère. Ma sœur m'a tout avoué, ajouta-t-il; elle veut que je sauve vos jours, vous lui êtes cher, et l'amitié que j'ai pour elle, et la confiance que vous m'avez témoignée, en choisissant ma maison pour asile, m'engagent à favoriser votre fuite. Je vais vous donner un homme qui vous conduira sûrement à Madrid par des chemins détournés. Je le conjurai de me laisser voir la marquise; mes prières furent inutiles. Elle m'a chargé, reprit-il, de vous remettre ce paquet; je tiens ma parole, et ne puis faire autre chose. En achevant ces mots, il me conduisit dans la cour, où celui qui devoit me servir de guide m'attendoit avec mon cheval, et nous partîmes aussitôt.

J'avois le cœur déchiré : je m'éloignois d'une femme charmante, je la quittois sans aucune espérance de la revoir, et dans quel état! mourante et perdue pour moi. Nous marchâmes toute la nuit; quand le jour parut, nous prîmes quelque repos dans un village écarté. Ce fut alors que j'ouvris le paquet que la marquise m'avoit fait remettre; j'y trouvai son portrait et une lettre aussi vive, aussi tendre, aussi pleine de regrets que celle que j'aurois pu lui écrire; elle me prioit de garder toute ma vie ce portrait qu'elle avoit compté me donner la veille dans des moments plus heureux. Il étoit dans une boîte enrichie de diamants; mais, ce qui me parut singulier, et ce qui me fit toujours reconnoître le caractère espagnol, fut d'y trouver une relique de saint Antoine de Pade, qu'elle partageoit avec moi, parceque, disoit-elle dans sa lettre, elle lui attribuoit notre salut dans cette dernière aventure, et me conjuroit de ne m'en point séparer dans le danger où la famille de son mari m'exposoit; elle finissoit en m'assurant d'un amour éternel.

J'arrivai sans aucun accident à Madrid, je renvoyai mon guide, et le chargeai d'une lettre pour la marquise et d'une autre pour son frère. J'allai sur-le-champ rendre mes devoirs à M. de Vendôme; il me reçut avec cette bonté qui lui attachoit le cœur de toutes les troupes. Je lui contai mon aventure; il me conseilla de ne pas demeurer à Madrid, dans la crainte des assassins et des suites qu'une telle affaire pouvoit avoir entre les nations, et m'assura qu'il alloit faire changer mon régiment de quartier. Je n'eus pas de peine à me tenir caché : l'état de mon ame m'auroit rendu toute compagnie insupportable. On ignora absolument le lieu de ma retraite; mon régiment fut relevé; et, la campagne s'approchant, je fus bientôt en état de le joindre. Nos opérations furent heureuses, et je fus envoyé en quartier d'été dans un gros bourg, auprès duquel il y avoit une abbaye de filles.

Suivant les ordres que nous avions de protéger tous les couvents, j'y avois établi une garde. J'allois souvent me promener le long des murs du jardin de cette abbaye : il n'y avoit que la solitude qui convînt à la situation de mon cœur. Un jour, en passant sous les fenêtres d'un corps de logis de cette maison, j'entendis ouvrir une jalousie, et je vis tomber à mes pieds une lettre que je ramassai : je levai la tête; mais la jalousie, déja refermée, ne me laissa rien voir. Je pris le billet, je vis avec surprise qu'il m'étoit adressé : je l'ouvris, l'on y donnoit des éloges à la tristesse dont je paroissois pénétré; l'écriture m'étoit inconnue, et je ne pouvois pas me flatter qu'elle fût écrite de la part de la marquise que l'on m'avoit assuré être morte de ses blessures. Il y avoit cependant des choses, dans cette lettre, qui ne pouvoient être écrites que par quelqu'un qui me connût par rapport à elle.

Dans cette incertitude, je revins chez moi écrire un billet, dans le dessein d'éclaircir mes doutes; et le lendemain, à la même heure, je retournai sous la même fenêtre : la jalousie s'ouvrit, on descendit une petite corbeille attachée à un ruban; je l'ouvris, je n'y trouvai rien, j'y plaçai ma lettre, et la corbeille remonta comme un éclair. J'attendis quelque temps, on ne fit aucun signal, et le jour suivant un nouveau billet tomba à mes pieds. On me marquoit que l'on vouloit s'entretenir avec moi de mes malheurs; on me prioit encore de me trouver au milieu de la nuit le long des murs du jardin; on m'indiquoit un pavillon auprès duquel je trouverois une échelle de corde. Je ne doutai point que cette lettre ne fût de Clara. Je me rendis au lieu marqué; je trouvai ce qu'on m'avoit annoncé; je montai sur le mur, et, changeant mon échelle de côté, je fus bientôt dans le jardin. J'aperçus une femme couverte d'un voile qui se retira dans les allées d'un bosquet; je la suivis; elle s'arrêta sur un banc de gazon. Ma chère Clara, lui dis-je, car ce ne peut être que vous, est-il bien vrai que la marquise ne soit plus? Ce n'est que pour en parler, ce n'est que pour la pleurer que j'ai pu me résoudre à venir ici. Non, s'écria la femme voilée, elle n'est point morte votre chère Antonia. La voix et l'expression me manquèrent en reconnoissant la marquise elle-même; je tombai à ses pieds, elle demeura appuyée sur moi en éprouvant le même trouble. Quand ce tendre saisissement fut passé, nous nous fîmes toutes les questions imaginables; je lui reprochai de m'avoir laissé ignorer si long-temps le lieu de son séjour. Elle m'apprit que son frère m'avoit fait passer pour infidèle dans son esprit, et n'avoit pas laissé parvenir ma lettre jusqu'à elle : la douleur que cette nouvelle me causa, ajouta-t-elle, et l'éclat de la malheureuse aventure qui m'étoit arrivée, me déterminèrent à prier mon frère de me donner les moyens de vivre et de mourir ignorée. Il répandit le bruit de ma mort, et me conduisit lui-même dans cette abbaye où personne ne me connoît. J'y mourrai contente puisque vous m'êtes fidèle ; c'est tout ce que je pouvois espérer dans le cruel état où l'amour m'a réduite ; je n'ai pu résister au plaisir de vous entretenir encore une fois : la manière et le lieu sont suspects, mais mes intentions sont pures ; ne cherchez point à me revoir, je vais chercher à vous oublier. Le sacrifice que je prétends faire de vous à celui qui m'a donné l'être est complet ; adieu, je ne tiens plus au monde. En disant ces mots, elle se débarrassa de mes bras, et prit la fuite dans les détours du bosquet, sans qu'il me fût possible de la retrouver. Pendant cette recherche inutile, le jour parut, et je fus obligé de me retirer.

Quand je fus de retour chez moi, je trouvai dans ma poche un écrin de diamants d'un grand prix, qu'elle avoit eu l'adresse d'y mettre sans que je m'en aperçusse. Je passai mille fois sous la même fenêtre dans l'espérance de donner des lettres, d'en recevoir, et de remettre l'écrin; mes soins furent inutiles, je ne vis rien. Je demandai à parler à l'abbesse; je lui dis que j'avois des choses de la dernière conséquence à communiquer à une dame qui étoit dans sa maison, et dont je lui fis le portrait : l'abbesse feignit de ne la pas connoître. Je jugeai par ses réponses qu'il étoit inutile d'insister davantage, et je me retirai au désespoir.

Quelques jours après, je reçus ordre d'assembler le régiment, et de joindre l'armée : je le fis défiler devant l'abbaye; je me flattois que mon départ feroit naître l'envie de me donner une dernière consolation, mais je n'aperçus rien, et fus obligé de partir le cœur pénétré de douleur.

Il n'y eut que les opérations de la campagne qui furent capables de me distraire du chagrin qui me dévoroit. Nous fîmes le siège de Gironne que nous prîmes; le reste de la campagne se passa, entre M. de Vendôme et M. de Staremberg, à s'observer et se fatiguer mutuellement. On fit venir de nouvelles troupes de France, et l'on y fit repasser quelques unes de celles qui avoient le plus souffert; mon régiment fut de ce nombre, et, en arrivant en France, il fut envoyé en quartier de rafraîchissement à ***. Les conférences qui commencèrent alors à Utrecht donnèrent les premières espérances de la paix. J'aurois pu, dans ces circonstances, demander un congé pour revenir à Paris; mais j'ai toujours cru qu'on ne devoit guère en faire usage que pour des affaires indispensables, et je n'en avois aucunes : ainsi je demeurai au régiment.

La vie que l'on mène dans la garnison n'est agréable que pour les subalternes qui n'en connoissent point d'autre; mais elle est très ennuyeuse pour ceux qui vivent ordinairement à Paris et à la cour; le ton de la conversation est un mélange de la fadeur provinciale et de la licence des plaisanteries militaires. Ces deux choses, dénuées par elles-mêmes d'agréments, ne peuvent pas produire un tout qui soit amusant. Heureusement, ma maxime a toujours été de me faire à la nécessité, de ne rien trouver mauvais, et de préférer à tout la société présente. Je me livrai donc à la vie de garnison. Nous fûmes présentés en corps par un officier, qui lui-même l'avoit été la veille dans toutes les maisons où l'on recevoit les officiers. Nous apprîmes en un moment quelles étoient les femmes que le régiment que nous remplacions laissoit vacantes. On eut grand soin de me montrer celles qui étoient dévouées à l'état-major; car il est d'usage d'observer en ce cas l'ordre du tableau. Rien n'est, à mon gré, si plaisant que de voir la façon dont on s'examine et dont on se choisit pendant les premières vingt-quatre heures. On parle d'abord beaucoup du régiment qui vient d'être relevé; les femmes se répandent fort en éloges sur les officiers polis et

aimables qui leur ont donné des bals et des fêtes :
c'est un moyen pour engager les nouveaux venus à
suivre l'exemple de leurs prédécesseurs; les cita-
tions du passé sont un des arts que les femmes de
tout état emploient le plus volontiers. Les dames
de la garnison qui ont conservé le portrait de leurs
amants ne le portent pas en bracelet : ce sont de
grands portraits qui parent ordinairement la salle
d'assemblée. Je m'attachai à une madame de Grandcour, qui étoit assez jolie, et le lendemain je lui donnai le bal. C'est une déclaration authentique dont
l'éclat est nécessaire. Je fus donc bien reçu, et aussitôt en charge. Je faisois tous les jours la partie de
madame; je la voyois tête à tête après souper, ou
quelque temps avant l'heure de l'assemblée, qui se
tenoit alternativement chez quelques unes. Ce que
nous faisions dans la société de l'état-major et des
capitaines, les subalternes le pratiquoient de leur
côté. En trois jours un régiment est établi peut-être
mieux qu'au bout d'un an ; car dans les commencements il ne peut y avoir de tracasseries, et l'on n'a
point de mauvais procédés à se reprocher.

J'étois avec madame de Grandcour dans un commerce réglé, lorsque, par un caprice dont je n'ai
jamais bien su le motif, elle me dit un soir que je
ne pouvois pas rester chez elle après l'assemblée
qui s'y tenoit ce jour-là; qu'elle me prioit de sortir
avec la compagnie; et que sur le minuit je n'avois

qu'à me rendre sous le balcon de sa fenêtre; que j'y trouverois une échelle de corde par le moyen de laquelle je passerois dans son appartement. Tant de précautions me paroissoient assez superflues dans les termes où nous en étions; cependant je ne fis pas de difficultés, je sortis comme les autres, et je me rendis sous la fenêtre à l'heure marquée. J'y trouvai cette mystérieuse échelle, j'y montai, et j'étois près de passer par-dessus le balcon dans l'appartement, lorsque la patrouille vint à passer. L'officier qui la conduisoit m'aperçut; il m'ordonna aussitôt de descendre pour me faire arrêter, et je descendis en enrageant. Mais à peine cet officier, qui étoit de mon régiment, m'eut-il reconnu qu'il fit un éclat de rire. Quoi! c'est vous, me dit-il, mon colonel? Et que diable allez-vous donc faire par ce balcon? Je croyois vos affaires plus avancées. Morbleu! lui dis-je, je le croyois aussi; mais une sotte complaisance pour une folle.... Allez, allez, reprit-il, vous n'êtes point fait pour prendre cette voie-là; on ne doit faire entrer aujourd'hui par une fenêtre que ceux qu'on y peut faire sortir; frappez à la porte et faites-vous ouvrir. Il se mettoit déja en devoir d'exécuter ce qu'il me disoit; mais je l'en empêchai, et je me retirai chez moi plein de dépit.

Une aventure arrivée à un colonel dans une garnison ne peut pas être secréte; la mienne fut publique le lendemain. J'avois eu le temps de me remettre, et je me prêtai de bonne grace à toutes les plaisanteries. Les plus mauvaises que j'eus à essuyer furent celles de l'intendante. Elle me dit que le commerce de la bourgeoisie étoit au-dessous de moi, et qu'elle avoit à se plaindre de ce que je la négligeois. Il est vrai que j'y allois peu. L'insipide fatuité qui régnoit à l'intendance m'en avoit écarté. Monsieur l'intendant étoit un petit homme plein de prétentions, d'une mine basse, d'un air fat, d'un esprit faux, d'un babil éternel, et d'un maintien impertinent. Dès notre première entrevue j'avois remarqué dans les politesses excessives qu'il croyoit me faire une suffisance que j'aurois imaginée être au dernier période, si je n'avois vu quelque temps après madame l'intendante. Ce couple poussoit la morgue et la vanité au dernier excès.

Les agaceries que mon aventure m'attira de la part de l'intendante me firent changer de conduite, et je résolus de m'y attacher. Je pris le parti de m'en amuser; et, pour y parvenir, j'eus la méchanceté d'entretenir leur manie : d'ailleurs les troupes ont malheureusement besoin de ces gens-là. Je flattai donc leur orgueil, j'applaudis à leurs ridicules; je disois, en leur parlant d'eux-mêmes, *des gens comme eux*. Je soutenois que la représentation étoit nécessaire dans la place qu'ils occupoient, et faisoit partie du service du roi. Cette conduite fut très utile à mon régiment. Il n'étoit que par détachement dans la ville; le reste étoit répandu dans les villages autour de la place. Le soldat avoit beau faire du désordre, toutes les plaintes du pays n'étoient pas seulement écoutées, et le quartier fut bon; les bonnes graces de madame l'intendante, que je parvins à obtenir, le rendirent encore meilleur. J'étois le plus considérable de ceux qui se trouvoient alors à ***; ainsi elle m'écouta par vanité, et je la pris parceque je n'avois rien de mieux à faire. Elle n'étoit que médiocrement jolie; mais la nécessité et la jeunesse ne me rendoient pas difficile. Mon prédécesseur dans ses bonnes graces étoit un jeune officier d'infanterie parfaitement bien fait. L'honneur de la couche de madame l'intendante l'avoit flatté; et, par ses soumissions aveugles, il avoit séduit son orgueil; mais il me fut sacrifié. J'étois obligé d'essuyer l'ennui des discours de l'intendante sur les prérogatives de sa place. On ne conçoit pas les hauteurs qu'elle avoit en ma présence avec tous les autres; enfin elle n'oublioit rien et outroit tout pour me persuader de la dignité et de l'éminence de l'intendance, et pour me faire oublier qu'étant souveraine en province, elle n'étoit qu'une bourgeoise à Paris.

Cependant tout annonçoit la paix, et elle fut bientôt conclue. J'avois toujours eu envie de voyager, et sur-tout de voir l'Italie: je me trouvois assez à portée d'y passer du lieu où j'étois ; je demandai un congé, et je l'obtins.

Les charmes de madame l'intendante ne furent pas capables de m'arrêter ; le commerce que j'avois avec elle n'étoit apparemment attaché qu'à la ville où je l'avois rencontrée ; car, l'ayant retrouvée l'année suivante à Paris, il ne fut jamais mention de rien qui eût rapport à ce qui s'étoit passé entre nous ; mais je remarquai combien la vanité d'un intendant a quelquefois à souffrir dans une ville qui sert si parfaitement à corriger les fatuités subalternes.

Après avoir quitté ***, je parcourus toute l'Italie : je n'oubliai rien de tout ce qui pouvoit intéresser la curiosité et me faire retirer le fruit de mes voyages. Je m'attachai particulièrement à éviter tout ce qui décrie la jeunesse françoise. J'étois sur-tout en garde contre le danger des courtisanes ; et je serois, je crois, revenu sans connoître les Italiennes, si une aventure qui m'arriva à Venise ne m'en eût procuré l'occasion.

Une femme jeune, belle et bien faite, qui se nommoit la signora Marcella, m'y retint trois mois dans les plaisirs les plus vifs. Il n'y a point de pays où la galanterie soit plus commune qu'en France ; mais les emportements de l'amour ne se trouvent qu'avec les Italiennes. L'amour, qui fait l'amusement des Françoises, est la plus importante affaire et l'unique occupation d'une Italienne. Au lieu de raconter moi-même cette aventure, je joindrai ici une lettre que Marcella écrivit, quelques jours après mon départ de Venise, à une de ses amies, et que celle-ci me renvoya ; on y verra des circonstances que j'omettrois comme frivoles, et qui sont trop importantes pour qu'une Italienne les oublie.

Lettre de la signora MARCELLA à la signora MARIA [1].

« Qui peut soulager les peines de mon cœur,
« ma chère amie ? Qui peut effacer de mon esprit
« le souvenir de mes plaisirs passés ? Que vous
« êtes heureuse avec votre amant ? Vous êtes en-
« semble à la campagne, et n'avez point d'obstacle
« dans votre passion ; la maison délicieuse où vous
« le possédez ajouteroit encore aux plaisirs de l'a-
« mour, s'il avoit besoin d'autre chose que de lui-
« même. Paris fait aujourd'hui l'objet de tous mes
« vœux ; cette ville, si heureuse pour les femmes, et
« si funeste pour moi, est la patrie du signor Carle [2] ;
« il l'habite à présent, et je n'y saurois être, je ne
« puis que m'affliger. Souffrez, ma chère amie, que,
« pour soulager ma douleur, je vous retrace les im-

---

[1] On s'est cru obligé de traduire cette lettre pour ceux qui n'entendroient pas l'italien avec la même facilité que le françois.

[2] Les Italiennes, accoutumées à ces noms, les donnent plus volontiers à leurs amants que leurs noms de famille.

« pressions que l'amour a faites sur mon cœur; vous « jugerez si l'on peut en ressentir plus vivement les « fureurs.

« Vous savez que j'ai vécu pendant cinq ans avec « mon mari dans une union tranquille; je croyois « que l'indolence d'un état languissant étoit de l'a-« mour; il n'étoit réservé qu'au signor Carle de me « tirer de l'erreur où j'étois.

« Il y a quelques mois que je le trouvai au Ri-« dotte. Sa vue me fit un cœur nouveau : un pen-« chant invincible m'entraîna sans réflexion; je « profitai de l'heureuse liberté du masque pour lui « parler; son esprit me charma autant que sa figure. « L'envie de lui plaire m'avoit engagée à lui faire « des avances; je craignis, après l'avoir quitté, qu'il « ne me confondît avec les coquettes et les courti-« sanes. Ces réflexions m'occupèrent toute la nuit. « L'amour, qui donne et détruit les idées dans le « même instant, me faisoit redouter son insensibi-« lité, ou flattoit mon espoir. J'avois chargé un de « mes gondoliers de s'informer avec exactitude de « celui qui étoit déja l'idole de mon cœur; j'appris « dès le lendemain son nom, son pays, et qu'il étoit « depuis un mois à Venise. Dans la conversation que « j'avois eue avec lui, j'avois reconnu avec chagrin « qu'il étoit François; je n'en devins que plus sen-« sible au desir de le fixer. J'appris avec transport « qu'il étoit libre, et qu'il n'avoit aucun commerce

« avec les malheureuses dont notre ville est rem-
« plie. Ces idées me conduisirent le jour même au
« Ridotte, je l'y trouvai. Je m'étois aperçue la veille
« qu'il m'avoit quittée un moment pour demander
« mon nom, et je l'avois remarqué avec plaisir; mon
« trouble, en le voyant, fut extrême; il n'étoit pas
« masqué, je pouvois lire sur son visage les impres-
« sions que je faisois sur lui. Mes yeux saisissoient
« avec vivacité ses moindres mouvements. Notre
« conversation étoit animée par cette curiosité qui
« réveille tous les sens, qui cherche et qui fait à
« chaque instant des découvertes nouvelles. Je le
« trouvai instruit de tout ce qui pouvoit me regar-
« der; je jugeai par moi-même que cette curiosité
« n'est jamais la suite de l'indifférence. Je voulus
« savoir l'impression que mes traits feroient sur lui;
« je lui fis signe de me suivre, il m'obéit. Nous sor-
« tîmes du Ridotte, et nous entrâmes dans un de
« ces cafés dont il est environné; je me fis ouvrir
« une chambre particulière. Sitôt que nous fûmes
« seuls, il me pria de me démasquer, je cédai à son
« impatience. Que l'amour-propre dans ces instants
« est soumis à l'amour! J'attendois mon arrêt; un
« coup-d'œil alloit le prononcer. Mon ame étoit sus-
« pendue! Je remarquai dans les yeux de mon amant
« une joie qui pénétra mon ame. Son empressement,
« la vivacité de ses desirs et de ses caresses, me fai-
« soient craindre qu'il ne l'emportât sur moi en

« amour, et mit le comble à ma passion. Je ne puis
« exprimer aujourd'hui tout ce que l'amour nous
« inspiroit à l'un et à l'autre dans cet instant. Nous
« ne pouvions demeurer dans ce lieu que le temps
« qu'il nous falloit pour prendre les mesures capa-
« bles d'assurer notre bonheur. J'exigeai qu'il repa-
« rût au Ridotte; je revins chez moi uniquement oc-
« cupée de mon amour. Mon mari, ma maison, mes
« gens, tout ce qui m'environnoit, prit une forme
« nouvelle et désagréable à mes yeux. J'avois une
« vie nouvelle à arranger, je voulois être informée
« de toutes les démarches de mon amant. Que d'i-
« dées, que de projets occupoient mon esprit! mais
« j'éprouvai que l'amour sait aplanir toutes les dif-
« ficultés. J'envoyai mon gondolier reconnoître en-
« core la maison de mon amant, regarder, examiner,
« et observer les plus petites circonstances. J'aurois
« voulu prendre ce soin. Carle reconnut mon gon-
« dolier, et lui donna un billet pour moi; il me pa-
« rut vivement écrit, l'amour l'avoit dicté, l'amour
« le lisoit. J'accablai de questions celui qui me le
« rendit, je voulus savoir comment il avoit été reçu;
« mon impatience m'empêchoit d'apporter aucun
« ordre dans mes questions, et me les faisoit préci-
« piter; une nouvelle question me paroissoit tou-
« jours plus importante que la dernière. J'appris
« que sa maison donnoit sur un petit canal assez
« proche de mon palais, et dans un endroit peu fré-

« quenté; je compris qu'il me seroit aisé, à la fa-
« veur du masque, de me rendre chez lui. Je con-
« vins le soir au Ridotte, avec le signor Carle, qu'il
« m'attendroit le lendemain sur les trois heures.
« Quoique je fusse animée par l'amour, quand
« l'heure de mon départ arriva, je sentis un trouble
« qui m'étoit inconnu; mon cœur palpitoit; j'envi-
« sageois les conséquences de ma démarche; j'avois
« cette irrésolution qui vient plus des doutes de l'a-
« mour que des combats de la vertu; j'éprouvois ce
« doux frissonnement que donnent les approches du
« plaisir. Mon amant, qui m'attendoit, me prit dans
« ses bras, et me conduisit dans son appartement;
« ce ne fut pas sans m'arrêter à chaque pas pour
« m'accabler de caresses : mon ame n'étoit plus à elle.
« Trop étonnée pour me refuser à l'amour, trop pas-
« sionnée pour avoir des remords, mon ame nageoit
« dans les plaisirs, et ne fit qu'un instant de quel-
« ques heures; tout m'étoit nouveau, et cette nou-
« veauté est l'ame de l'amour. Jamais une plus ai-
« mable confusion ne s'est emparée des idées; ti-
« mide sur mes desirs, embarrassée dans mes ex-
« pressions, séduite par les plaisirs, animée par
« ceux de mon amant, je n'étois que docile et sou-
« mise. La nuit qui survint nous fit voir avec regret
« qu'il falloit s'arracher des bras de l'amour; le si-
« gnor Carle me conduisit à la première gondole.
« Que j'aimois mon amant! je me reprochois le peu

« d'amour que je lui avois témoigné, je desirois de
« le revoir pour le rassurer. J'allai chez la signora
« Baldi ; je voulois avoir fait une visite que je pusse
« avouer à mon mari. J'arrivai chez elle au milieu
« d'une nombreuse compagnie ; tout le monde me
« parut ébloui de ma beauté ; le bonheur de l'amour
« répand l'éclat et la sérénité sur tous les traits. Mon
« amant me devint plus cher que ma vie ; l'amour
« nous fit rechercher de nouveaux rendez-vous, et
« nous les fit trouver. Tout ce que l'amour inspire
« aux amants, tout ce que les plaisirs peuvent pro-
« curer, nous l'avons mis en pratique avec un suc-
« cès toujours nouveau. Hélas ! il ne m'en reste que
« les regrets ; il est parti, et je ne puis soutenir l'i-
« dée de ne le voir jamais. J'ai reçu de ses nouvelles ;
« mais les foibles plaisirs que les lettres procurent
« ne servent qu'à faire regretter un état plus heu-
« reux. Les amants qui m'obsèdent ne font qu'irri-
« ter mes peines, et ne peuvent effacer Carle de
« mon ame. Adieu, ma chère amie, plaignez et ai-
« mez-moi. »

J'étois dans toute la vivacité de mon intrigue avec
la signora Marcella, lorsqu'on apprit à Venise la
mort du roi. Je reçus ordre en même temps de revenir en France. Comme j'étois moins retenu à Venise par l'amour que par des plaisirs qui se trouvent
par-tout, j'eus moins de peine à m'en arracher. J'essayai inutilement de consoler Marcella ; enfin, après

lui avoir promis de revenir, et après toutes les protestations que les amants font en pareil cas, souvent de la meilleure foi du monde, et qu'ils ne tiennent jamais, je partis. À peine étois-je arrivé à Paris, que je reçus de la signora Maria la lettre que je viens de rapporter. J'en reçus aussi beaucoup de Marcella, pleines de passion et d'emportement. Je lui écrivis plusieurs fois ; mais bientôt l'absence l'effaça de mon esprit : apparemment que la persévérance d'un autre amant me remplaça dans son cœur ; car elle cessa de m'écrire, et je n'entendis plus parler d'elle.

Je trouvai, en arrivant à la cour, qu'elle avoit absolument changé de face. Le feu roi, qui, dans sa jeunesse, avoit été extrêmement galant, avoit toujours apporté beaucoup de décence dans ses plaisirs. Les fêtes superbes qu'il avoit données avoient rendu sa cour la plus brillante qu'il y eût jamais eu dans l'Europe, et avoient, plus que toute autre chose, favorisé le progrès des talents et des arts. Il suffisoit que les courtisans eussent le goût délicat, pour qu'ils imitassent le roi ; mais ils furent obligés de recourir à la flatterie, lorsqu'il fut parvenu à un âge plus avancé.

Le roi, en vieillissant, se tourna du côté de la dévotion, et dans l'instant toute la cour devint dévote, ou parut l'être. Après sa mort, le tableau changea totalement, et sous la régence on fut dispensé de l'hypocrisie. Le petit nombre de ceux qui étoient véritablement vertueux restèrent tels qu'ils étoient, et ceux qui avoient joué la vertu devinrent, en l'abandonnant, plus honnêtes gens qu'ils n'avoient été, puisqu'ils cessèrent d'être hypocrites. Plusieurs furent aussi faux dans le libertinage qu'ils l'avoient été dans la dévotion, et crurent faire leur cour en se livrant aux plaisirs. Ce qu'il y a de sûr, c'est que cela étoit parfaitement indifférent.

Pour moi, qui n'avois point de prétentions, et qui n'étois pas dans l'âge de l'ambition, je suivis mon goût; mon cœur ne pouvoit pas demeurer oisif, et mon premier soin fut de chercher une femme à qui je pusse m'attacher.

Madame de Sezanne, jeune, belle, bien faite, et nouvellement mariée, me parut digne de mon hommage. Je m'attachai auprès d'elle, et lui rendis les soins les plus assidus : heureusement elle n'avoit point d'engagement; car je n'ai jamais compté un mari pour quelque chose. Madame de Sezanne étoit un caractère franc et sincère : elle reçut mes vœux, et sitôt qu'elle eut pris du goût pour moi, elle me l'avoua, et bientôt m'en donna des preuves. Nous vécûmes environ deux mois dans une union parfaite; mais insensiblement madame de Sezanne devint coquette, ou du moins je commençai à m'en apercevoir. Je lui en fis des reproches; elle en parut étonnée, et me dit qu'elle ne croyoit pas avoir rien à se reprocher à mon sujet, puisqu'elle m'ai-

moit uniquement. Je me rendis à ses protestations;
mais ce ne fut pas pour long-temps. Madame de
Sezanne ne parut pas apporter beaucoup de soin à
me détromper, ou de précautions à me tromper. Sa
beauté commençoit à faire du bruit, et mille amants
s'empressèrent auprès d'elle. Quoique je ne remar-
quasse pas qu'elle m'en préférât aucun, je trouvois
qu'elle se prêtoit avec trop de facilité à toutes les
agaceries qu'on lui faisoit, et je recommençai mes
plaintes. Madame de Sezanne, qui m'avoit d'abord
rassuré avec bonté, me dit alors que mes reproches
la fatiguoient. Je ne pris pas son chagrin pour une
preuve d'innocence; je sortis, et je fus deux jours
sans la voir; mais l'amour me ramena vers elle. Je
lui fis tout à-la-fois des reproches et lui demandai
pardon, et nous nous raccommodâmes. Nous vécûmes quelque temps ensemble, en passant le temps
à nous brouiller et à nous raccommoder tous les
jours. Enfin, fatiguée de mes plaintes autant que
je l'étois de sa coquetterie, elle me déclara qu'elle
ne pouvoit plus supporter mon humeur, qu'elle avoit
pris son parti; elle me donna mon congé, et je l'acceptai. Dans le dépit où j'étois, je m'emportai contre elle et contre toutes les femmes, en déclamant
contre leur infidélité. Ce qu'il y a de singulier, c'est
qu'elle n'a jamais pris d'autre amant; le public l'a
toujours regardée comme un caractère fort opposé
à la coquetterie; et elle m'a paru depuis à moi-même

mériter le jugement du public. Si j'en jugeois différemment lorsque je vivois avec elle, c'est que j'avois l'esprit gâté par les deux aventures qui m'étoient arrivées en Espagne et en Italie. Je fis une sérieuse réflexion sur les femmes et sur moi-même. Je compris que je ne devois pas chercher à Paris la passion italienne ni la constance espagnole; que je devois reprendre les mœurs de ma patrie, et me borner à la galanterie françoise. Je résolus de me conduire sur ce principe, de ne me point attacher, de chercher le plaisir en conservant la liberté de mon cœur, et de me livrer au torrent de la société.

Je ne rapporterai point le détail et toutes les circonstances des intrigues où je me suis trouvé engagé. La plupart commencent et finissent de la même manière. Le hasard forme ces sortes de liaisons; les amants se prennent parcequ'ils se plaisent ou se conviennent, et ils se quittent parcequ'ils cessent de se plaire, et qu'il faut que tout finisse. Je m'attacherai simplement à distinguer les différents caractères des femmes avec qui j'ai eu quelque commerce.

Je n'eus pas plus tôt rompu avec madame de Sezanne que je trouvai dans madame de Persigny tout ce qu'il me falloit pour me confirmer dans mes nouveaux sentiments et dans la résolution que je venois de prendre de n'avoir point de véritable attachement de cœur.

Les femmes, à Paris, communiquent moins généralement entre elles que les hommes. Elles sont distinguées en différentes classes qui ont peu de commerce les unes avec les autres. Chacune de ces classes a ses détails de galanterie, ses décisions, sa bonne compagnie, ses usages, et son ton particulier; mais toutes ont le plaisir pour objet, et c'est là le charme du séjour de Paris. J'ai eu lieu de remarquer toutes ces différences.

Madame de Persigny étoit ce qu'on appelle dans le Marais une petite maîtresse; elle étoit née décidée, le cercle de son esprit étoit étroit : elle étoit vive, parloit toujours, et ses reparties, plus heureuses que justes, n'en étoient souvent que plus brillantes. Élevée en enfant gâté, parceque dès l'enfance elle avoit été jolie, les amants achevèrent ce que les parents avoient commencé. Elle se croyoit nécessaire par-tout; il n'y avoit rien que l'on pût voir, point d'endroit où l'on pût aller, que l'on n'y trouvât madame de Persigny. Un de ses desirs eût été de pouvoir, comme les jeunes gens, se montrer dans le même jour à plusieurs spectacles; mais, pour s'en dédommager, elle paroissoit à toutes les promenades. Les calèches de goût, les attelages brillants, la promenoient sans cesse aux environs de Paris; souvent elle alloit souper avec sa compagnie dans des maisons de campagne pendant l'absence de leurs maîtres, et le traiteur ne lui déplaisoit pas. Il n'y avoit rien qu'elle ne préférât à l'ennui d'être chez elle et au chagrin de se coucher. Trop vive pour s'assujettir à une partie de jeu, elle la commençoit et la quittoit à moitié; mais elle aimoit la table, et elle y étoit charmante. Ce fut à un souper que je la connus; il fut poussé fort avant dans la nuit. Née coquette, elle s'aperçut de l'impression qu'elle faisoit sur moi, et redoubla ses coquetteries. En sortant de table, elle proposa d'aller à Neuilly : cette folie étoit alors dans sa nouveauté, je l'acceptai avec plaisir; je la suivis avec une de ses amies, je la ramenai chez elle, et la quittai avec une ample provision de parties méditées et de projets sans nombre pour lesquels elle m'engagea. Je consentis à tout : j'avois envie de lui plaire, ou plutôt de l'avoir; et je me trouvai bientôt emporté dans la vie la plus turbulente; mais la destinée me conduisoit à tout voir, et ma facilité naturelle m'engageoit à me prêter à tous les goûts.

Quand une partie manquoit, il falloit absolument en substituer une autre; c'étoit alors que l'imagination de madame de Persigny travailloit, que les messages couroient, et qu'il étoit indispensablement nécessaire de trouver de quoi remplir un intervalle qui se trouvoit vide. La crainte de l'ennui étoit un ennui pour elle : c'étoit lorsqu'il falloit remplacer une partie qu'elle devenoit caressante; son esprit étoit insinuant; et c'est avec ce caractère que la femme la plus extravagante fait approuver et partager aux hommes toutes les folies qui lui passent par la tête. J'obtins tout ce que je desirois dans une circonstance pareille ; mais, après m'avoir tout accordé, elle ne m'en parut pas plus attachée à moi. Les rendez-vous qu'elle me donnoit étoient presque toujours en l'air. Un souper tête à tête dans une petite maison lui paroissoit toujours trop long ; il falloit se contenter d'y aller passer quelques moments. L'envie de s'y rendre lui prenoit au moment que je m'y attendois le moins ; ainsi, je m'accoutumai à recevoir à sa toilette mes rendez-vous les plus ordinaires, parcequ'elle avoit remarqué qu'ils lui prenoient moins de temps. Il est vrai qu'elle n'avoit pas même l'apparence du tempérament, et que la complaisance et les oui-dire la déterminoient uniquement. Elle prenoit un amant comme un meuble d'usage, c'est-à-dire de mode : sans les faveurs il se retire, il faut bien consentir à lui en accorder. Les lettres qu'elle écrivoit partoient du même principe ; on trouvoit à la fin quelques mots tendres consacrés par l'usage, le reste avoit toujours la dissipation pour objet. Son mari, qui étoit un fort galant homme, avoit si bien senti l'impossibilité de fixer un tel caractère qu'il ne la contraignoit en rien, et s'étoit rassuré sur l'indifférence que la nature lui avoit donnée en naissant : on voit qu'il n'y gagnoit pas davantage. Indépendamment de toutes les raisons frivoles et des motifs ridicules de madame de Persigny pour avoir toujours un amant en titre et des aspirants, l'envie d'avoir quelqu'un absolument à ses ordres l'engageoit à en conserver toujours un, qui ne devoit pas être infiniment flatté d'une préférence dont le hasard décidoit; mais elle étoit jolie et brillante, il n'en faut pas tant dans le monde pour être recherchée.

Je ne fus pas long-temps sans ressentir tous les dégoûts et toutes les peines d'une vie aussi agitée. L'imagination de madame de Persigny n'étant jamais arrêtée, l'on ne pouvoit être sûr d'aucun plaisir avec elle; le souper même, qui sembloit l'amuser, se passoit ordinairement dans les arrangements de ce que l'on pouvoit faire le lendemain.

Pour ne point donner au public des scènes que son étourderie pouvoit aisément occasioner, et que je craignois de partager, je prétextai plusieurs voyages à la campagne; j'eus soin d'en avertir long-temps auparavant, et les parties s'arrangèrent sans moi. A peine madame de Persigny s'aperçut-elle de mon absence; je ne sais même si elle eut le temps de voir que nous ne vivions plus ensemble. Elle ne manqua pas de gens aimables qui s'empressèrent à me remplacer, et qui bientôt le furent eux-mêmes par d'autres. Enfin, sans rompre précisément avec elle, je cessai d'être son amant en titre.

Madame de Persigny m'avoit si parfaitement corrigé des fausses délicatesses dont j'avois tourmenté madame de Sezanne, que celle-ci, dont j'avois blâmé la coquetterie, m'auroit alors paru une prude. Il sembloit que l'amour eût entrepris de me faire l'humeur, en m'assujettissant aux caractères les plus opposés.

Pendant que je cherchois à respirer des fatigues que m'avoit causées la pétulance de madame de Persigny, je me trouvai à dîner chez une de mes parentes avec une femme dont la beauté, la taille noble, l'air sérieux, doux et modeste, attirèrent mon attention. Elle pensoit finement, et s'exprimoit avec simplicité. Je demandai qui elle étoit; j'appris qu'elle se nommoit madame de Gremonville, et qu'elle étoit dévote par état. Sa figure, son esprit et son maintien me frappèrent et firent impression sur mon cœur. Je n'osai lui demander la permission d'aller chez elle : son état et le mien ne sembloient pas compatir, et je ne voulus rien brusquer; mais je me proposai bien de venir souvent dans cette maison, où j'appris qu'elle se trouvoit ordinairement, et j'exécutai mon projet. Je voyois donc assez souvent madame de Gremonville chez ma parente. J'étois moins sensible à ses attraits qu'au plaisir de voir en elle la simple nature ou du moins ses apparences. Elle ne mettoit point de rouge, ce qui étoit une nouveauté pour moi, et le calme du régime ajoutoit encore à sa beauté. Je sentois qu'elle me plaisoit infiniment; j'étudiois ses sentiments, je n'étois occupé qu'à les flatter : elle y paroissoit sensible ; mais je n'osois pas encore me déclarer.

Ce qui commença à me donner quelque espérance fut d'apprendre qu'elle n'avoit embrassé l'état de la dévotion que pour ramener l'esprit de son mari, qu'une affaire assez vive avec un jeune homme avoit un peu éloigné d'elle. Son premier attachement me fit connoître qu'elle n'étoit pas insensible. Je lui demandai la permission d'aller chez elle, et je l'obtins. Je remarquai d'abord que madame de Gremonville, outre la considération qu'elle avoit dans le public, avoit pris un empire absolu sur l'esprit de son mari. La dévotion est un moyen sûr pour y parvenir. Les vraies dévotes sont assurément très respectables et dignes des plus grands éloges ; la douceur de leurs mœurs annonce la pureté de leur ame et le calme de leur conscience ; elles ont pour elles-mêmes autant de sévérité que si elles ne pardonnoient rien aux autres, et elles ont autant d'indulgence que si elles avoient toutes les foiblesses. Mais les femmes qui usurpent ce titre sont extrêmement impérieuses. Le mari d'une fausse dévote est obligé à une sorte de respect pour elle dont il ne peut s'écarter, quelque mécontentement qu'il éprouve, s'il ne veut avoir affaire à tout le parti. Madame de Gremonville disposoit à son gré d'un bien considérable ; tout ce que la magnificence a de solide et de recherché l'environnoit, sans avoir d'autre apparence que celle de la propreté et de la simplicité : on le sentoit ; mais il falloit examiner pour s'en apercevoir.

Madame de Gremonville fut la première des dévotes qui adopta la mode singulière des petites maisons, que le public a passées aux femmes de cet état par une de ces bizarres inconséquences dont on ne peut jamais rendre compte. C'est là que, sous le prétexte du recueillement, il leur est libre de faire avec très peu de précaution tout ce que ce même public, si réservé sur elles, ne passeroit point aux femmes du monde. Enfin, sur cet article, les choses en sont au point que toute la différence ne tombe que sur les heures : on y dîne avec la dévote, on y soupe avec la femme du monde; de façon que la même maison pourroit en quelque sorte servir à l'une et à l'autre.

Les visites des prisonniers, celles des hôpitaux, un sermon ou quelque service dans une église éloignée, donnent cent prétextes à une dévote pour se faire ignorer, et pour calmer les discours, quand par hasard elle est reconnue. Dès que le rouge est quitté, et que par un extérieur d'éclat une femme est déclarée dévote, elle peut se dispenser de se servir de son carrosse ; il lui est libre de ne se point faire suivre par ses gens, sous prétexte de cacher ses bonnes œuvres ; ainsi, maîtresse absolue de ses actions, elle traverse tout Paris, va à la campagne seule ou tête à tête avec un directeur. C'est ainsi que, la réputation étant une fois établie, la vertu, ou ce qui lui ressemble, devient la sauvegarde du plaisir.

Madame de Gremonville commença par me faire cent questions différentes sur les femmes avec qui j'avois vécu, tantôt en déplorant la conduite des femmes du monde, tantôt en leur donnant des ridicules. Elle éprouvoit ma discrétion sur les autres, afin de s'en assurer pour elle-même. L'amour-propre ne me fit jamais rompre le silence qu'un honnête homme doit garder sur cette matière. J'ai toujours été plus sensible au plaisir qu'à la vanité de la bonne fortune. Cette discrétion fit impression sur son esprit, car j'avois déja touché son cœur. J'achevai de la séduire en l'accablant d'éloges sur sa beauté, ses graces, et même sur sa vertu. J'admirois toujours les sacrifices qu'elle faisoit à Dieu; mes discours étoient flatteurs, sans paroître hypocrites. Je lui vantois les plaisirs du monde, et mes yeux l'assuroient que j'étois près de lui en faire le sacrifice. Dans la crainte que l'on ne pénétrât le motif de mes visites, elle m'avertit des heures de ses exercices de piété et de celles où je devois me rendre auprès d'elle, pour n'y pas trouver les dévotes qui s'y rassembloient quelquefois pour traiter des affaires du parti. Quoique la médisance ne fût pas un des projets décidés de cette assemblée, c'étoit un des devoirs que l'on y remplissoit le mieux. Je prendis assez bien mon temps pour me trouver toujours seul avec madame de Gremonville.

Je m'aperçus bientôt que l'amour me donnoit de plus en plus sa confiance; son mari même en plaisantoit avec moi : Prenez garde, me disoit-il souvent, si madame de Gremonville vous entreprend, elle vous convertira. Elle avoit fait observer ma conduite; elle m'avoit fait écrire des lettres qui m'offroient des aventures agréables; mais le goût qu'elle m'avoit inspiré, et l'envie d'avoir une dévote me rendoient peu curieux d'autres intrigues, et produisirent en moi l'effet de la prudence. Enfin, après avoir subi tous les examens dont je pouvois le moins me douter, j'obtins un rendez-vous dans sa petite maison, où je fus introduit en habit d'ecclésiastique, et ce fut dans la suite mon déguisement ordinaire. Le masque ne donne pas plus de liberté à Venise, que le manteau noir en fournit à Paris, où chacun, occupé de ses plaisirs, ne pense guère à troubler ceux des autres.

Le prétexte d'un office particulier donna à madame de Gremonville le moyen de s'absenter, et de dire qu'elle dînoit chez une de ses amies pour retourner avec elle au service de l'après-midi. Malgré tant de précautions, elle prit encore celle de m'ouvrir la porte elle-même. Nous montâmes dans un appartement où régnoient à l'envi la simplicité, la propreté et la commodité. Je fis aussitôt éclater tous mes transports. Que vous êtes pressant, me dit-elle ! Quoi ! le plaisir d'aimer et celui d'être aimé ne peuvent vous suffire? Je vous donne un rendez-vous pour épancher nos cœurs dans une plus grande liberté ; le danger auquel je m'expose pour vous avoir ici ne peut vous convaincre de l'empire que vous avez sur mon cœur ; non, vous ne m'aimez point ; vous voulez séduire ma vertu pour me confondre avec les autres femmes et pouvoir me mépriser comme elles. J'employai les caresses et les empressements pour la rassurer ; je vis qu'elle étoit émue, mais que la pudeur combattoit encore. J'allai fermer les volets, elle ne s'y opposa point, et, revenant à ses genoux, je la trouvai foible et complaisante à tous mes desirs. Je saisis ce moment ; je l'emportai sur un lit de repos, et je devins heureux. Dès que mon bonheur fut confirmé, elle fit éclater des regrets que je pris soin de calmer. J'eus avant le dîner tout le temps de lui prouver mon amour, et d'éprouver sa tendresse, que rien ne contraignoit plus. Notre dîner, servi par un tour, étoit simple, mais excellent : on me traitoit en directeur chéri. Nous repassâmes dans le lieu de nos plaisirs pour en goûter de nouveaux. L'heure où finit l'office nous obligea de nous séparer ; mais nous nous retrouvâmes souvent avec les mêmes précautions. La nouveauté de cette aventure avoit mille charmes pour moi. Rien ne ressembloit dans celle-ci à tout ce que je connoissois. Les valets d'une dévote ne sont point dans sa confidence; ils sont modestes et sages, et n'ont aucune des insolences que leur donne ordinairement le secret de leur maîtresse. Madame de Gremonville, quoique vive dans ses caresses, paroissoit modérée dans les plaisirs, et sembloit n'avoir d'autre intérêt que ma satisfaction, sans jamais envisager la sienne. Une dévote emploie pour son amant tous les termes tendres et onctueux du dictionnaire de la dévotion la plus affectueuse et la plus vive. La critique du monde, que madame de Gremonville faisoit avec esprit, étoit toujours un éloge indirect d'elle-même; elle vantoit les charmes du mystère et les plus grandes voluptés, qu'elle ne présentoit que sous le nom de commodités.

Notre commerce dura six mois, sans que jamais il ait fait le moindre bruit; mais bientôt j'aperçus du refroidissement et de la contrainte dans les procédés de madame de Gremonville; elle me fit voir des scrupules, et, comme ils ne pouvoient plus naître de la vertu, je les regardai comme des symptômes d'inconstance. J'ai toujours imaginé qu'une jalousie de directeur, causée par quelque objet d'intérêt, avoit troublé notre commerce. Les rendez-vous devinrent plus rares, les difficultés de se voir augmentèrent chaque jour; elle me déclara enfin qu'elle ne vouloit plus vivre dans un commerce aussi criminel. J'eus beau la presser, son parti étoit pris, et je fus obligé de m'y soumettre. Je rendis la seule lettre que j'avois; on ne m'en laissoit jamais qu'une, encore ne disoit-elle rien de positif. Quoi qu'il en soit, notre affaire finit sans aucun éclat. Je fus piqué de me voir quitter; cependant madame de Gremonville n'eut aucun reproche à me faire. J'observai tout ce qu'elle m'avoit recommandé; je la vis même quelque temps chez elle pour la ménager, mais sans remarquer la moindre envie de renouer, ni le moindre souvenir du passé : ses procédés, en un mot, me parurent plus fiers que ceux d'aucune autre femme. Elle n'eut aucun des ménagements ordinaires aux femmes dans de pareilles circonstances; il falloit qu'elle comptât beaucoup sur ma probité, et elle me rendoit justice.

La retraite dans laquelle j'avois vécu avec madame de Gremonville m'avoit fait perdre de vue tous mes amis et les différentes sociétés où j'étois lié auparavant. Je me trouvois donc assez isolé. Je résolus bien de ne plus tomber dans un pareil inconvénient, et de faire assez de maîtresses pour en avoir dans tous les états, et n'être jamais sans affaire, si j'en quittois ou en perdois quelqu'une.

J'étois dans ces dispositions, lorsqu'il m'arriva une discussion avec M. de ***, conseiller au parlement, pour des droits de terre. Comme j'ai toujours eu une aversion et une incapacité naturelles pour les procès, et que le moyen de les éviter n'est pas toujours de s'en rapporter à ses gens d'affaires, j'allai trouver M. de ***. C'étoit un homme fort raisonnable; d'ailleurs un des grands avantages que les gens de robe retirent de leur profession est d'apprendre, aux dépens des autres, à fuir les procès; ainsi nous terminâmes nous-mêmes notre différent à l'amiable, et je restai de ses amis. La première marque que je lui en donnai fut de tâcher de séduire sa femme, qui étoit assez jolie, et j'y réussis. Il fallut alors me plier à des mœurs nouvelles, et qui m'étoient absolument étrangères.

La hauteur de la robe est fondée, comme la religion, sur les anciens usages, la tradition et les livres écrits. La robe a une vanité qui la sépare du reste du monde; tout ce qui l'environne la blesse. Elle a toujours été inférieure à la haute noblesse; c'est de là que plusieurs sots et gens obscurs, qui n'auroient pas pu être admis dans la magistrature, prennent droit d'oser la mépriser aussitôt qu'ils portent une épée; c'est le tic commun du militaire de la plus basse naissance. Cela n'empêche pas qu'il n'y ait dans la robe plusieurs familles qui feroient honneur à quantité de ceux qui se donnent pour gens de condition. Il est vrai qu'on y distingue deux classes: l'ancienne, qui a des illustrations, et qui tient aux premières maisons du royaume, et celle de nouvelle date, qui a le plus de morgue et d'arrogance.

La robe se regarde avec raison au-dessus de la finance, qui l'emporte par l'opulence et le brillant, et qui devient à son tour la source de la seconde classe de robe. Le peuple a pour les magistrats une sorte de respect dont le principe n'est pas bien éclairci dans sa tête; il les regarde comme ses protecteurs, quoiqu'ils ne soient que ses juges.

La plupart des gens de robe sont réduits à vivre entre eux, et leur commerce entretient leur orgueil. Ils ne cessent de déclamer contre les gens de la cour, qu'ils affectent de mépriser, quoiqu'ils vous étourdissent sans cesse du nom de ceux à qui ils ont l'honneur d'appartenir. Il ne meurt pas un homme titré, que la moitié de la robe n'en porte le deuil : c'est un devoir qu'elle remplit au centième degré; mais il est rare qu'un magistrat porte celui de son cousin l'avocat. Les sollicitations ne les flattent pas tous également; les sots y sont extrêmement sensibles, les meilleurs juges et les plus sensés s'en trouvent importunés, et, pour l'ordinaire, elles sont assez inutiles. En général, la robe s'estime trop, et l'on ne l'estime pas assez.

Les femmes de robe qui ne vivent qu'avec celles de leur état n'ont aucun usage du monde, ou le peu qu'elles en ont est faux. Le cérémonial fait leur unique occupation; la haine et l'envie, leur seule dissipation.

Madame de *** avoit été élevée dans les principes des avantages de la robe, et son mari, fort attaché à ses devoirs, avoit grand soin de les lui répéter tous les jours. Sa jeunesse et une espèce de goût qu'elle prit pour moi m'arrêtèrent pendant quelque temps; mais la platitude de la compagnie, les plaisanteries de la robe, qui tiennent toujours du collége, la pédanterie de ses usages, et la triste régle de la maison, me la rendirent bientôt insupportable. Je vis bien que je devois songer à m'amuser ailleurs, et garder madame de *** pour mes heures perdues.

Je commençai à me rendre à la société dont madame de Gremonville m'avoit éloigné. Aussitôt que je fus rentré dans le monde, je fus prié à tous les soupers connus. Paris est le centre de la dissipation, et les gens les plus oisifs par goût et par état y sont peut-être les plus occupés; ainsi je n'étois embarrassé que sur le choix des soupers qui m'étoient proposés chaque jour. Je ne les trouvois pas toujours aussi agréables qu'ils avoient la réputation de l'être; mais je m'y amusois quelquefois. Après avoir examiné les maisons qui pouvoient me convenir davantage, je préférai celle de madame de Gerville. J'y allois plus souvent que dans aucune autre, parceque la compagnie y étoit mieux choisie, et que le jeu y étoit fort rare; on n'en faisoit jamais une occupation ni un amusement intéressé.

Je m'y trouvai un jour à souper avec madame d'Albi. Elle me toucha moins par sa figure, qui étoit ordinaire sans être commune, que par les graces et la vivacité de son esprit, la singularité de ses idées et celle de ses expressions, qui, sans être précieuses, étoient neuves. Je jugeai que personne n'étoit plus propre que madame d'Albi à me guérir de l'ennui que me causoit le commerce de madame de ***. Le hasard m'ayant placé à table auprès d'elle, la conversation, qui étoit d'abord générale, devint particulière entre elle et moi; nous oubliâmes parfaitement le reste de la compagnie, et en fûmes bientôt à parler bas.

Madame d'Albi m'accorda la permission d'aller chez elle, et j'en profitai dès le lendemain. Dans les premiers jours de notre connoissance, notre vivacité réciproque nous fit croire que nous nous convenions parfaitement, et nous vécûmes bientôt conformément à cette idée; mais je ne fus pas long-temps sans m'apercevoir de l'humeur la plus inégale et la plus capricieuse. Jamais elle ne pensoit deux jours de suite d'une façon uniforme; une chose lui déplaisoit aujourd'hui par l'unique raison qu'elle lui avoit plu le jour précédent. Son esprit, qui changeoit à chaque instant d'objet, lui fournissoit aussi les raisons les plus spécieuses et les plus persuasives pour justifier son changement : quand elle parloit, elle cessoit d'avoir tort. Quelque sentiment qu'elle défendît, on étoit obligé de l'adopter, tant on étoit frappé de la sagacité de son esprit, du feu de ses idées, et du brillant de ses expressions. On auroit imaginé qu'elle ne devoit jamais s'écarter de la raison, si l'on avoit pu oublier que son sentiment actuel étoit toujours la contradiction du précédent.

Ce qu'il y avoit de plus fâcheux pour moi, c'est que son cœur étoit toujours asservi à son esprit, dont il suivoit la bizarrerie et les écarts. Quelquefois elle m'accabloit de caresses, et le moment d'après j'étois l'objet de ses mépris. Triste, gaie, étourdie, sérieuse, libre, réservée, madame d'Albi réunissoit en elle tous les caractères ; et celui qu'elle éprouvoit étoit toujours si marqué, qu'il eût paru être le sien propre à ceux qui ne l'auroient vue que dans cet instant. Un jour elle me chargea de lui trouver une petite maison, pour nous voir, disoit-elle, avec plus de liberté.

Le premier usage de ces maisons particulières, appelées communément petites maisons, s'introduisit à Paris par des amants qui étoient obligés de garder des mesures et d'observer le mystère pour se voir, et par ceux qui vouloient avoir un asile pour faire des parties de débauche qu'ils auroient craint de faire dans des maisons publiques et dangereuses, et qu'ils auroient rougi de faire chez eux.

Telle fut l'origine des petites maisons, qui se multiplièrent dans la suite, et cessèrent d'être des asiles pour le mystère. On les eut d'abord pour dérober ses affaires au public; mais bientôt plusieurs ne les prirent que pour faire croire celles qu'ils n'avoient pas. On ne les passoit même qu'à des gens d'un rang supérieur : cela fit encore que plusieurs en prirent par air. Elles sont enfin devenues si communes et si publiques, qu'il y a des extrémités de faubourgs qui y sont absolument consacrées. On sait tous ceux qui les ont occupées; les maîtres en sont connus, et ils y mettront bientôt leur marbre. Il est vrai que, depuis qu'elles ont cessé d'être secrètes, elles ont cessé d'être indécentes; mais aussi elles ont cessé d'être nécessaires. Une petite maison n'est aujourd'hui pour bien des gens qu'un faux air, et un lieu où, pour paroître chercher le plaisir, ils vont s'ennuyer secrétement un peu plus qu'ils ne feroient en restant tout uniment chez eux. Il me semble que ceux qui ont imaginé les petites maisons, n'ont guère connu le cœur. Elles sont la perte de la galanterie, le tombeau de l'amour, et peut-être même celui des plaisirs.

Nous croyions, madame d'Albi et moi, faire un meilleur usage de celle que nous cherchions. J'eus soin de la choisir dans un quartier perdu, et où nous ne pouvions être connus de qui que ce fût. Je ne saurois peindre le plaisir et la vivacité avec lesquels madame d'Albi vint prendre possession de notre retraite. Elle la trouvoit préférable à tous les palais. Nous y soupâmes et y passâmes la nuit la plus délicieuse. Nous ne sentîmes, en sortant, que l'impatience d'y revenir. Nous convînmes que ce seroit dans deux jours. Heureusement qu'avant d'aller l'y attendre, je passai chez elle. Je la trouvai seule; mais, au lieu de l'empressement que j'attendois de sa part, elle me reçut avec mépris, et me dit qu'elle étoit fort surprise, qu'au lieu de chercher à lui faire oublier l'outrage que je lui avois fait en la conduisant dans une petite maison, j'osasse encore le lui proposer. J'eus beau lui représenter que c'étoit par ses ordres que j'avois pris cette maison, les précautions que j'y avois apportées, et le secret avec lequel nous nous y étions vus; elle me répliqua que, si j'avois été jaloux de sa gloire, je l'aurois détournée d'une pareille idée; qu'une femme raisonnable, pour peu qu'elle ait soin de sa réputation, ne devoit jamais se trouver dans ces sortes d'endroits, et que les parties les plus secrètes sont le plus malignement interprétées, lorsqu'on vient à les découvrir : enfin il n'y eut point de reproches que je n'essuyasse à ce sujet.

C'étoit ainsi que je passois ma vie avec madame d'Albi; il sembloit qu'elle eût dix ames différentes, dont il y en avoit neuf qui faisoient mon supplice. J'étois toujours prêt à la quitter dans ces moments d'orage, qui étoient fort fréquents; mais sa figure, son esprit, et un caprice plus favorable de sa part, me ramenoient bientôt vers elle. Cependant la tête m'auroit infailliblement tourné, si, pour adoucir la rigueur de ma situation, je n'eusse trouvé une femme qui, sans raffiner sur le plaisir, s'y livroit naïvement, et l'inspiroit de même.

C'étoit une riche marchande de la rue Saint-Honoré, qui se nommoit madame Pichon. J'eus occasion de la connoître, parceque M. Pichon venoit de faire l'habillement de mon régiment. Les marchands de Paris sont flattés de donner des repas aux officiers des régiments qu'ils fournissent; je me rendis aux instances de M. Pichon, qui voulut absolument me donner à souper. Je m'y étois engagé par complaisance, comptant m'y ennuyer, et je m'y amusai beaucoup. Je fis connoissance avec madame Pichon; elle étoit jeune et jolie, vive et même un peu brusque, et ce qu'on appelle dans le bourgeois une bonne grosse maman. On la vouloit avoir dans tous les repas qui se donnoient dans son quartier; elle chantoit, elle agaçoit, elle avoit la repartie prompte, plus libre que délicate, et le plus long souper n'altéroit en aucune façon sa raison. J'imaginai que le nôtre ne s'étoit poussé fort avant dans la nuit qu'en ma considération; la suite me fit voir que c'étoit l'ordinaire de la maison. J'eus envie d'avoir madame Pichon; et, pour y parvenir, je fus obligé de me soumettre à ses parties, et de me livrer à sa société. Madame Pichon étoit portée à une hauteur naturelle à toutes les femmes, et qui se manifeste suivant leurs différents états. Elle me dit que c'eût été la mépriser que de se cacher de l'avoir, et qu'elle étoit assez jolie pour être aimée; que, si cela ne me convenoit pas, elle s'étoit bien passée jusqu'ici d'un homme de condition, et qu'elle vouloit avoir son amant dans l'arrière de sa boutique, à sa campagne et chez ses amies; qu'elle n'avoit enfin à rendre compte de sa conduite à personne qu'à son mari, à qui elle n'en rendoit point. Il fallut donc que je fusse de toutes ses parties de ville et de campagne, et que j'eusse encore l'attention d'en dérober la connoissance à madame d'Albi, dont la fierté eût été extrêmement offensée de la rivalité, et qui ne me l'eût jamais pardonnée.

Quelque nouvelle que fût pour moi la société de madame Pichon, j'en faisois quelquefois la comparaison avec celles où j'avois vécu, et je fus bientôt convaincu que le monde ne diffère que par l'extérieur, et que tout se ressemble au fond. Les tracasseries, les ruptures et les manèges sont les mêmes. J'ai remarqué aussi que les marchands qui s'enrichissent par le commerce, se perdent par la vanité. Les fortunes que certaines familles ont faites les portent à ne point élever leurs enfants pour le commerce. De bons citoyens et d'excellents bourgeois ils deviennent de plats anoblis. Ils aiment à citer les gens de condition, et font sur leur compte des histoires qui n'ont pas le sens commun. Leurs femmes, qui n'ont pas moins d'envie de paroître instruites, estropient les noms, confondent les histoires, et portent des jugements véritablement comiques pour un homme instruit. Ces mêmes femmes, croyant imiter celles du monde, et pour n'avoir pas l'air emprunté, disent les mots les plus libres, quand elles sont dans la liberté d'un souper de douze ou quinze personnes. D'ailleurs elles sont solides dans leurs dépenses, elles boivent et mangent par état; l'occupation de la semaine leur impose la nécessité de rire et d'avoir les jours de fête une joie bruyante, éveillée et entretenue par les plus grosses plaisanteries.

Il m'eût été impossible de soutenir ce genre de vie : mon départ pour mon régiment me donna les moyens honnêtes de quitter la bonne madame Pichon. Elle me parut touchée de mon départ ; et je me crus obligé de lui conseiller de ne jamais prendre d'homme du monde. Je lui représentai les avantages et les commodités de vivre avec un homme de son état, qu'elle choisiroit à son gré. Elle me remercia de mes conseils, et convint d'en avoir fait quelquefois la réflexion. Elle me fit promettre, pour la ménager dans son quartier, de la venir voir à mon retour, et je n'y manquai pas. D'ailleurs toutes les femmes avec qui j'ai eu quelque intimité, m'ont toujours été chères, et je ne les ai jamais retrouvées sans ressentir un secret plaisir J'ai mis à profit pour le monde la société de madame Pichon; je l'ai toujours comparée à une excellente parodie qui jette un ridicule sur une pièce qui a séduit par un faux brillant.

A mon retour du régiment, je comptois bien nouer quelque intrigue nouvelle, et quitter décemment madame d'Albi, dont je ne voulois plus essuyer les caprices. J'ignore si elle avoit prévu mes arrangements; mais elle m'avoit donné un successeur pendant mon absence. Je fus piqué d'avoir été prévenu. Quoique je ne sentisse plus de goût pour elle, et que je fusse déterminé à rompre, je ne l'aurois fait qu'avec les ménagements que j'ai toujours eus pour les femmes; mais je crus devoir me venger. Je ne négligeai rien pour renouer, bien résolu de la quitter après avec éclat. J'allai la trouver ; elle venoit d'avoir avec son nouvel amant un de ces caprices que je lui connoissois : il étoit sorti piqué ; la circonstance étoit favorable ; elle me reçut au mieux, et nous soupâmes ensemble. Le lendemain je la menai à l'opéra en grande loge, et trois jours après je la quittai authentiquement. Elle en eut un dépit qu'elle ne m'a jamais pardonné, et que je lui pardonne volontiers ; je me suis même reproché ce procédé que je n'aurois pas eu, si je n'eusse été emporté par un mouvement de fatuité. Je n'eus pas plus tôt terminé cette affaire-là que je songeai à d'autres.

Un jeune homme à la mode, car j'en avois déja la réputation, se croiroit déshonoré s'il demeuroit quinze jours sans intrigue, et sans voir le public occupé de lui. Pour ne pas rester oisif, et conserver ma réputation, j'attaquai dix femmes à la fois; j'écrivis à toutes celles dont les noms me revinrent dans la mémoire. Cette façon de commencer une intrigue doit paroître ridicule à tous les gens sensés; c'est cependant une de celles qui réussissent le mieux aux jeunes gens à la mode. La plupart de leurs lettres sont mal reçues; mais de vingt, qu'il y en ait une qui fasse fortune, on n'a pas perdu son temps; cela suffit avec le courant pour entretenir commerce. La comtesse de Vignolles étoit une de celles à qui j'avois écrit. Je ne la connoissois que de vue; mais sa coquetterie, ou plutôt son libertinage, étoit si bien établi, qu'elle ne fut point étonnée de ma déclaration. Comme le hasard faisoit qu'elle n'avoit point alors d'amant en titre, elle ne balança pas à me faire une réponse favorable. Je crus qu'il ne me convenoit pas de lui rendre des soins, qu'en effet elle ne méritoit guère; je me contentai de lui envoyer l'adresse de ma petite maison, en l'avertissant que je l'y attendrois le lendemain à souper. Elle ne manqua pas de s'y rendre, comme je l'avois prévu. Elle avoit tellement secoué les préjugés de bienséance, qu'elle ne me donna pas la peine de jouer l'homme amoureux. Nous soupâmes avec plus de gaîté que si nous eussions eu un véritable amour l'un pour l'autre. Son cœur n'avoit aucune part à la démarche qu'elle faisoit; ainsi son esprit et sa gaîté parurent en pleine liberté.

Madame de Vignolles possédoit éminemment le talent de donner des ridicules, et nous fîmes une ample critique de toutes les personnes de notre connoissance. Quand il fut question du principal objet qui conduit dans une petite maison, au défaut de l'amour, nous en goûtâmes les plaisirs, et nous nous séparâmes fort contents l'un de l'autre. L'imagination vive, et même déréglée, de madame de Vignolles m'amusoit, et sa personne m'étoit agréable. Après cinq ou six soupers, j'étois près d'en devenir amoureux, lorsque je m'aperçus que j'étois l'amant qu'elle avouoit en public, et que le jeune comte de Varennes étoit celui qu'elle préféroit en secret. Je voulus faire l'amant jaloux, éclater en reproches; madame de Vignolles n'y répondit qu'en plaisantant. Quoi! me dit-elle, la façon dont nous nous sommes pris a-t-elle dû vous faire imaginer que j'aurois une fidélité à toute épreuve pour un homme qui n'a pas même pris la peine de me faire croire qu'il m'aimoit? Nous nous convenions tous deux; nous n'avions personne ni l'un ni l'autre; voilà les motifs qui vous ont déterminé à me choisir:

j'avoue que ce sont ceux que j'ai eus en vous acceptant si facilement. Cet aveu singulier me surprit, et bientôt me calma. Le sentiment n'étoit point outragé; l'amour-propre seul étoit blessé; ainsi je me déterminai à prendre cette aventure légèrement. Je lui fis seulement promettre, pour la forme, de me sacrifier Varennes ; mais, loin de me tenir parole, elle lui associa un jeune homme de robe, sans compter les passades, qu'elle regardoit comme choses qui ne tiroient pas à conséquence. L'aventure de Varennes avoit éteint l'espèce d'amour naissant que je sentois pour madame de Vignolles : les autres achevèrent de me la faire mépriser. Cependant, comme elle étoit devenue nécessaire à mon amusement, je n'aurois pu me résoudre à la quitter, s'il m'avoit été possible de ne la voir qu'en secret; mais c'étoit précisément ce qu'elle ne prétendoit pas, parceque j'étois l'amant de représentation.

Il ne se passoit guère de jour que je n'entendisse raconter quelques unes de ses aventures, ou rapporter le détail de quelque nouveau ridicule qu'elle s'étoit donné. L'esprit seul n'en a jamais garanti; celui de madame de Vignolles ne lui servoit qu'à s'en faire accabler. J'avois, outre cela, la mortification de voir qu'aucune femme ne vouloit aller avec elle. Celles même qui avoient un amant déclaré croyoient satisfaire le public en la méprisant, au point de refuser jusqu'aux parties de spectacle qu'elle leur proposoit; ainsi, elle se trouvoit réduite à n'aller que dans les maisons ouvertes, où elle vouloit absolument que je la suivisse. On partage le ridicule de ce qu'on aime; j'avois beau en parler légèrement tout le premier, on regardoit mes discours comme un nouveau genre de fatuité, et l'on s'obstinoit à me croire amoureux, pour avoir le plaisir de m'associer aux ridicules de madame de Vignolles. Il faut non seulement se marier au goût du public, mais encore prendre une maîtresse qui lui convienne, et mon attachement pour madame de Vignolles étoit généralement blâmé. Mon amour-propre eut tant à souffrir pendant trois mois que je vécus avec elle, que je me déterminai enfin à rompre entièrement. Il m'en coûta, je l'avoue; je trouvois à la fois dans madame de Vignolles la commodité et les agréments que l'on rencontre avec une fille de l'opéra, et le ton et l'esprit d'une femme du monde. Vive, libertine, emportée, sérieuse, raisonnable, avec beaucoup d'esprit et d'agréments, elle réunissoit toutes les qualités qui peuvent séduire et amuser : heureusement que le mépris où elle étoit donnoit des armes contre elle; ce fut ce mépris qui me détermina à finir un commerce qui me paroissoit honteux pour moi. Madame de Vignolles fut désespérée de me perdre. Elle n'épargna rien pour me ramener; mais mon parti étoit pris; j'étois résolu d'immoler mon plaisir à l'opinion et aux caprices du public; je résistai aux larmes que le dépit lui arrachoit, et je la quittai aussi malhonnêtement que je l'avois prise.

C'est l'usage parmi les amants de profession, d'éviter de rompre totalement avec celles qu'on cesse d'aimer. On en prend de nouvelles, et on tâche de conserver les anciennes; mais on doit sur-tout songer à augmenter la liste. J'étois trop enivré des erreurs du bon air, pour avoir négligé un point aussi essentiel; ainsi j'avois toujours quelque ancienne maîtresse qui me recevoit sans façon, lorsque je me trouvois sans affaire réglée. Ces femmes de réserve sont de celles que l'on a sans soins, qu'on perd sans se brouiller, et qui ne méritent pas d'article séparé dans ces mémoires.

Comme je n'avois quitté madame de Vignolles que pour satisfaire à l'opinion publique, je songeai à la remplacer dignement, pour me réconcilier avec le public, et mon choix tomba sur madame de Lery. Elle n'avoit d'autre beauté que des yeux pleins d'esprit et de feu; mais elle passoit pour sage, et l'étoit en effet avec un fonds de coquetterie inépuisable.

Je la trouvai au bal de l'opéra, qui étoit alors dans sa nouveauté, et peut-être le plus sage établissement de police qui se soit fait dans la régence, parcequ'il fit cesser les assemblées particulières, où il arrivoit souvent du désordre. Je liai conversation avec elle;

et, profitant de la liberté du bal, je lui offris mon hommage. Elle le reçut avec une facilité qui me fit croire que mon commerce seroit bientôt établi, et que je serois l'écueil de sa sagesse ; mais je n'en fus pas plus avancé. Madame de Lery avoit trente amants qui l'assiégeoient; elle les amusoit tous également, et n'en favorisoit aucun. J'allois tous les jours chez elle ; chaque jour elle me plaisoit davantage ; et mes affaires n'en avançoient pas plus. Comme je m'aperçus bientôt du manége et de la coquetterie de madame de Lery, je ne voulus pas perdre mon temps avec elle, et je songeois à l'employer plus utilement ailleurs ; mais elle savoit conserver ses amants avec autant d'art qu'elle avoit de facilité à les engager. Elle ne vit pas plus tôt que j'étois près de lui échapper, qu'elle employa toutes les marques de préférence pour me retenir. Je crus toucher au moment d'être heureux, et je me rengageai de nouveau. Le succès fut bien différent de ce que j'espérois.

Nous nous trouvions toujours chez madame de Lery une demi-douzaine d'amants, et ce n'étoit pas le quart des prétendants. Elle étoit vive, parlant avec facilité et agrément, extrêmement amusante, et par conséquent médisante. Elle plaisantoit assez volontiers tous ceux qui l'entouroient ; mais elle déchiroit impitoyablement les absents, et les chargeoit de ridicules d'autant plus cruels, qu'ils étoient plus plaisants. Il est rare que les absents trouvent des défenseurs, et l'on n'applaudit que trop lâchement aux propos étourdis d'une jolie femme. J'ai toujours été assez réservé sur cette matière; mais l'homme le plus en garde n'est jamais parfaitement innocent à cet égard. Un jour que madame de Lery tournoit en ridicule le comte de Longchamp en son absence, je me prêtai à la plaisanterie, sans rien dire de fort offensant pour lui. Comme elle ne l'aimoit point, elle n'eut rien de plus pressé que de recommencer devant lui la même plaisanterie, et de donner à ce que j'avois dit les couleurs les plus malignes. Il en fut piqué, et ne le dissimula pas. J'étois absent, et madame de Lery, voulant ou feignant de s'excuser, me cita pour avoir tenu les propos en question. Le comte de Longchamp, animé peut-être par un peu de rivalité, sans entrer en explication, me témoigna son ressentiment; j'y répondis comme je le devois, et lui promis satisfaction. Nous nous trouvâmes à minuit dans la place des Victoires; nous mîmes l'épée à la main, et je n'eus que trop l'honneur de cette affaire, car le comte de Longchamp tomba percé de deux coups d'épée. Le clair de lune, qui nous rendoit aisés à reconnoître, mon nom, qu'il avoit prononcé dans la chaleur du combat, et sa mort, qui arriva le lendemain, m'obligèrent à m'éloigner, pour laisser à mes amis le soin d'accommoder cette affaire. Rien n'approche du dépit que j'éprouvai d'être engagé dans une aussi malheureuse affaire pour la seule femme dont je n'avois rien obtenu.

Je sortis de Paris, bien convaincu que la coquette la plus sage est quelquefois plus dangereuse dans la société que la femme la plus perdue. Je me rendis d'abord à Calais, où étoit mon régiment, et, après y avoir arrangé quelques affaires, je passai en Angleterre.

Le vrai mérite des Anglois, avec leur juste critique, seroit la matière d'un ouvrage qui pourroit être agréable et singulier; pour moi, qui ne parle que des femmes, je continuerai le récit de mes aventures avec elles.

Le duc de Sommerset, que j'avois connu à Paris, me présenta au roi. Ce prince me reçut avec sa bonté naturelle; j'eus même l'honneur de souper avec lui chez madame de Candale, sa maîtresse. J'allai quelquefois au triste cercle de la cour; je fus prié à dîner chez toutes les personnes de marque, et je fus fort étonné de voir la maîtresse de la maison et toutes les femmes sortir de table au fruit. Je demeurois avec les hommes à toster, et entendre parler politique. Je fus admis aux conversations des dames, et reçu dans les cabarets avec les hommes. Je me prêtai d'abord aux mœurs angloises; j'appris la langue; je convins du frivole dont on nous accuse, et je réussis assez pour un François.

Les plaisirs des Anglois, en général, sont tournés du côté d'une débauche qui a peu d'agrément, et leur plaisanterie ne nous paroîtroit pas légère. Les femmes ne sont pas, comme en France, le principal objet de l'attention des hommes, et l'ame de la société.

Je fis connoissance avec milady B***. Elle étoit parfaitement bien faite, et sa fierté, jointe à un grand air de dédain, après m'avoir révolté, me piqua. Je sentis qu'il falloit se conduire avec art, et cacher mes véritables sentiments à une femme d'un tel caractère. Je commençai par chercher à mériter sa conversation, en retranchant les bagatelles qui sont nécessaires auprès de nos Françoises. Je cherchai la simple expression du sentiment; je lui donnai un air dogmatique, et bientôt milady B*** prit plaisir à s'entretenir avec moi. La première faveur qu'elle m'accorda fut celle de me parler françois, ce qu'elle n'avoit pas encore voulu faire; mais elle n'en conserva pas moins son air froid et imposant. Je ne lui marquois point d'empressements; je sentois qu'ils ne convenoient pas, sur-tout ne la voyant jamais en particulier. Je passai plus de trois mois sans retirer d'autre fruit de mes soins que celui d'être souffert, et de ne point voir de rival. Je n'osois lui témoigner combien l'indifférence avec laquelle elle me voyoit arriver ou sortir des endroits où je la rencontrois, m'étoit insupportable; je n'avois pas encore acquis le droit de me plaindre. J'étois enfin au moment de tout abandonner, quand un de mes gens vint me dire un matin qu'un cocher de place demandoit à me parler. Ce cocher me dit qu'une femme m'attendoit dans son carrosse, à la porte de Saint-James. Je m'y rendis, ne comprenant pas quelle affaire pouvoit m'attirer un pareil rendez-vous; mais quelle fut ma surprise, en ouvrant la portière, de trouver milady B*** cachée dans ses coiffes, qui m'ordonna de monter : je lui obéis. Elle dit au cocher de nous conduire dans l'endroit qu'elle lui avoit indiqué. Je voulus lui parler, elle m'imposa silence, et nous arrivâmes dans la Cité, où nous entrâmes par une petite porte dans une maison dont l'extérieur étoit fort simple. Nous passâmes dans un appartement magnifique, dont elle avoit la clef. Je lui témoignai ma vive reconnoissance, et je vis qu'elle en recevroit toutes les marques que l'amour peut en donner. Vous devez sans doute être étonné, me dit-elle, de la démarche que je fais aujourd'hui? Je voudrois, lui répondis-je, la devoir à l'amour. Soyez content, me dit-elle, je vous aime depuis long-temps. Vous m'aimez, repris-je avec vivacité! comment ne m'en avez-vous rien témoigné? Que vous m'avez fait souffrir! Ne parlons point du passé, reprit-elle; j'ai examiné votre conduite; je me suis dit à moi-même plus que vous ne m'auriez osé dire : vous devez en être convaincu par la démarche que je fais. Ma fortune et ma vie sont entre vos mains. Je profitai d'un aveu si favorable, et je trouvai cette beauté, qui m'avoit paru si froide et si fière en public, si vive et si emportée dans le tête-à-tête, que j'avois peine à me persuader mon bonheur. Nous nous séparâmes, après toutes les protestations de fidélité, telles que des amis sincères les peuvent prononcer, c'est-à-dire, dégagées de tout le langage froid et puéril de la galanterie. Ne vous attendez pas, me dit-elle, que je vous donne jamais en public le moindre témoignage de tout ce que vous m'avez inspiré. Si vous voulez continuer à me plaire, soyez aussi réservé dans le monde que s'il ne s'étoit rien passé entre nous. J'en jugerai ce soir, ajouta-t-elle, au cercle où je compte vous voir, et ne pas même vous regarder. Laissez donc agir mes sentiments, que rien ne peut changer. C'est à moi de vous instruire des jours où je pourrai vous voir, soit ici, soit ailleurs. Je me charge de vous écrire et de vous faire rendre mes lettres; vous n'aurez que des réponses à me faire.

Nous vécûmes quelque temps sans la moindre altération dans notre commerce; mais la jalousie vint le troubler. Une Françoise de mes parentes fut attirée à Londres pour quelques affaires; elle devint pour milady un sujet de jalousie, dont l'effet mérite d'être rapporté.

Elle ne me fit aucun reproche; je remarquai seulement en elle un air plus sombre et plus farouche. Loin de chercher à me ramener par des reproches, ou par une plus grande vivacité, ou par des ridicules jetés sur l'objet qui lui déplaisoit, elle évita même de le nommer. Pour moi, qui n'avois rien à me reprocher, et qui ignorois les soupçons de milady, j'étois tranquille, lorsque j'en reçus un billet dont le sens étoit : Que transportée de dépit et de fureur sur ma perfidie, elle se sentoit au moment de se donner la mort, après m'avoir arraché la vie. Ce billet me fit frémir pour elle; je savois le mépris que les Anglois font de la mort, par les exemples fréquents de ceux qui se la donnent. J'écrivis sur-le-champ à milady pour lui demander un rendez-vous. Ma lettre portoit un caractère de candeur, de simplicité et d'innocence. Je l'aimois et j'étois incapable de lui manquer; et, quoique ce commerce ne paroisse pas séduisant, la sincérité en fait pardonner la dureté, et un amant est flatté d'inspirer des sentiments aussi déterminés. Milady m'accorda ce rendez-vous, et j'achevai de la détromper; mais son âme avoit éprouvé des agitations dont elle ressentoit toujours l'impression : son amour et sa fierté avoient été trop frappés des seules alarmes qu'ils avoient ressenties. Je voyois qu'elle étoit agitée. Ce n'étoit pas une femme à laquelle on pût faire dire ce qu'elle n'avoit pas résolu. Je prévoyois un orage; mais je ne m'attendois pas à la façon dont il éclata.

Elle me donna un rendez-vous dans sa maison de la Cité; je m'y rendis. Après m'avoir témoigné plus d'amour qu'elle n'avoit encore fait : M'aimez-vous véritablement? me dit-elle; je ne veux point être flattée, parlez-moi avec candeur. Pouvez-vous en douter? lui dis-je; mon amour fait tout mon bonheur; mais, ajoutai-je, mon cœur n'est pas satisfait. Je vois que depuis quelque temps vous êtes occupée d'une chose que vous me cachez; croyez-vous que ma délicatesse n'en soit pas blessée? ouvrez-moi votre cœur. C'est, reprit-elle, pour vous découvrir le fond de mon ame que j'ai voulu vous parler aujourd'hui. J'ai été jalouse, c'est tout dire pour exprimer ce que j'ai souffert; et, puisque ce sentiment n'a pu me forcer à vous quitter, je vois que je vous aime pour ma vie. J'ai eu tort dans cette occasion; je ne veux plus être exposée à l'avoir. Vous êtes porté à la galanterie; vous serez aimé, et bientôt vous me serez infidèle. Je veux vous posséder seule sans la crainte de vous perdre. Londres m'est odieux, je n'y serois pas tranquille : voyez si vous voulez me suivre, et venir au bout de l'univers. J'y suis résolue; si vous me refusez, votre amour est foible, et votre cœur n'est pas digne de moi.

Ce projet m'étonna; mais ne voulant pas m'opposer avec trop de vivacité à son sentiment, je lui représentai les engagements qu'elle avoit avec son mari, l'éclat que feroit son départ. J'ajoutai que ma fortune ne me permettoit pas de l'exposer dans un pays où je n'avois aucune ressource. Elle m'écouta sans m'interrompre; et, quand j'eus cessé de parler : J'ai tout prévu, répliqua-t-elle; les engagements que j'ai avec mon mari ne sont à mes yeux qu'une convention civile. Je n'ai point d'enfants ; j'ai fait la fortune de mon mari par les biens que je lui ai apportés, et que je lui laisse ; mais je suis maîtresse de vendre des habitations considérables que j'ai à la Jamaïque. C'est là que nous irons d'abord. Nous porterons les fonds que nous en aurons retirés dans les lieux qui vous plairont le plus ; les nations me sont égales ; celle que vous choisirez deviendra ma patrie. Je ne vis que pour vous; l'éclat de mon départ m'intéresse peu; mais, parlez-moi vous-même avec sincérité, regretteriez-vous votre pays? Un tel attachement seroit bien éloigné de l'amour et même de la raison. Songez-vous que ce même pays vous a proscrit pour avoir eu des sentiments dont la privation vous eût déshonoré? Peut-on regretter des hommes dont les idées sont si fausses et si méprisables? Si vous m'aimez, je dois vous suffire; l'amour doit détruire tous les préjugés. Mon projet, qui est au-dessus du caractère de vos Françoises, peut vous étonner; ainsi je n'exige pas votre parole dans ce moment. Je vous donne huit jours pendant lesquels je vous verrai sans vous faire la moindre question sur le parti que je vous propose. En achevant ces mots, elle me quitta, et me laissa dans un trouble et un embarras inexprimables. La probité étoit révoltée du parti que me proposoit milady; mais l'excès de son amour m'attendrissoit et redoubloit mon attachement pour elle. Je voyois avec douleur que mon refus alloit forcer milady à un éclat affreux pour elle et pour moi. Dans cette situation, j'allai voir l'abbé Dubois, qui depuis a été cardinal, et qui étoit alors chargé à Londres des affaires de France. Il s'aperçut de mon trouble, et me pressa de lui en dire le sujet.

Son caractère, qui le portoit plus à l'intrigue qu'à la négociation, lui avoit fait découvrir mon aventure; il m'en avoit souvent parlé, et je ne lui avois répondu que ce qu'il est permis à un honnête homme de dire pour faire respecter son goût et prévenir les questions. L'abbé, qui de tous les hommes étoit celui qui avoit la plus mauvaise opinion des femmes, attendu l'espéce de celles avec lesquelles il avoit toujours vécu, n'auroit pas eu grand égard pour milady même; mais il en avoit pour moi; c'est pourquoi je m'ouvris à lui dans cette occasion. L'affaire lui parut importante. Tout est parti en Angleterre, et les femmes sont aussi attachées que les hommes à l'un ou à l'autre de ceux qui la divisent ordinairement. Milady étoit tory, et le régent avoit intérêt dans ce moment de les ménager. L'abbé, qui sentit la conséquence d'un éclat causé par un François dans les circonstances présentes de sa négociation, ne négligea rien pour m'engager à repasser promptement en France. Je lui représentai les risques de mon retour sans avoir accommodé mon affaire. Il m'offrit une lettre pour M. le duc d'Orléans, et m'assura que ce prince feroit terminer mon affaire à ma satisfaction. Il ajouta même les menaces, voyant que je balançois à suivre ses conseils; et les menaces de la politique sont assez communément sérieuses. En un mot, l'abbé me força de partir sans voir milady, et me permit simplement de lui écrire. Je lui écrivis dans les termes les plus passionnés; je lui marquai le regret que j'avois de la quitter; je l'assurai que les reproches que j'aurois à me faire en acceptant ses dernières propositions s'opposoient trop aux sentiments d'un homme d'honneur, et m'obligeoient à partir pénétré de ses bontés, dont je conserverois un souvenir éternel. Mon retour fut heureux; le régent fut sensible à ma situation, comme l'abbé me l'avoit assuré, et mon affaire fut heureusement et promptement terminée. Peu de jours après mon retour à Paris, je reçus une lettre de milady, où tout ce que l'amour outragé peut inspirer étoit exprimé. Elle finissoit par me dire un éternel adieu, et j'appris, fort peu de temps après, qu'elle s'étoit elle-même donné la mort. Cette nouvelle me plongea dans la plus vive douleur; je ne fus plus sensible au plaisir de me retrouver dans ma patrie. Je m'accusai cent fois de barbarie. L'image de l'infortunée milady étoit toujours présente à mon esprit, et même aujourd'hui je ne me la rappelle point sans émotion.

Cependant mes amis n'oublièrent rien pour me tirer de la retraite où je m'obstinois à vivre, et pour dissiper les noires impressions d'une mélancolie dont ils craignoient les suites pour moi. Je me prêtai, d'abord par complaisance, à leurs empressements et à leurs conseils, et bientôt je m'y livrai par raison. Outre les motifs de chagrin qui m'étoient particuliers, on contracte en Angleterre un air sérieux que l'on porte jusque dans les plaisirs; le mal m'avoit un peu gagné; l'air et le commerce de France sont d'excellents remèdes contre cette maladie.

Aussitôt que je me fus rendu à la société, mon goût pour les femmes se réveilla; mais je fus d'abord assez embarrassé de ma personne. Je retrouvai heureusement quelques unes de mes anciennes maîtresses assez complaisantes pour moi. Je vis bien qu'on peut compter sur la constance des femmes, quand on n'en exige pas même l'apparence de la fidélité. Cependant une conquête nouvelle m'étoit nécessaire; et je me trouvois dans un assez grand embarras. Après un an d'absence, c'étoit une espèce de début; on étoit attentif au choix que j'allois faire : de ce choix seul pouvoient dépendre tous mes succès à venir. Madame de Limeuil me parut d'abord

la seule femme digne de mes soins; mais la réflexion
sut réprimer ce premier transport. Elle étoit jeune,
elle passoit pour sage, et il falloit qu'elle le fût, car
on n'avoit point encore parlé d'elle. L'attaquer et ne
pas réussir, c'étoit me perdre; un homme à la mode
ne doit jamais entreprendre que des conquêtes sûres. Tandis que je combattois par ces réflexions
judicieuses le goût que je me sentois pour madame
de Limeuil, j'entendis parler dans plusieurs maisons de l'esprit, des agréments, et sur-tout du mérite de madame de Tonins. On citoit sa maison
comme la société des gens les plus aimables de Paris: c'étoit une faveur que d'y être admis. Non seulement les hommes de la meilleure compagnie lui faisoient une cour assidue; on voyoit même les femmes
les plus respectables s'empresser à devenir ses complaisantes. On m'offrit de m'y présenter, et je l'acceptai. Madame de Tonins me reçut poliment. Je la trouvai au milieu d'un cercle de quelques beaux esprits et
de gens du monde, donnant le ton et se faisant écouter avec attention. Je trouvai réellement beaucoup
de ce qu'on appelle esprit dans le monde à madame
de Tonins et à quelques uns de sa petite cour, c'est-
à-dire beaucoup de facilité à s'exprimer, du brillant
et de la légèreté; mais il me parut qu'ils abusoient
de ce dernier talent. La conversation que j'avois
interrompue étoit une espèce de dissertation métaphysique. Pour égayer la matière, madame de

Tonins et ses favoris avoient soin de répandre dans leurs discours savants un grand nombre de traits, d'épigrammes, et malheureusement des pointes assez triviales. Ce bizarre mélange m'étonna. J'étois mécontent de moi-même de ne pouvoir m'en amuser. Ils rioient ou applaudissoient tous avec tant d'excès au moindre mot qui se proféroit, que je crus de bonne foi que c'étoit ma faute si je n'admirois pas aussi. Je demandai à madame de Tonins la permission de lui faire souvent ma cour; elle me l'accorda, et me pria même à souper pour le lendemain.

Madame de Tonins, pour se délivrer de l'importunité des devoirs et se donner une plus grande considération, jouoit la mauvaise santé, et en conséquence sortoit rarement de chez elle. Sa maison étoit le rendez-vous de tous ceux qu'elle avoit admis à l'honneur de lui faire leur cour. Je ne manquai pas de m'y rendre de bonne heure le lendemain. J'y trouvai à peu près la même compagnie que la veille; les propos furent aussi les mêmes. Au bout d'une heure, je m'aperçus que la conversation languissoit; je proposai une partie de jeu, moins par goût que par habitude de voir jouer. Madame de Tonins me dit que le jeu étoit absolument banni de chez elle; qu'il ne convenoit qu'à ceux qui ne savent ni penser ni parler. C'est, ajouta-t-elle, un amusement que l'oisiveté et l'ignorance ont rendu nécessaire. Ce discours étoit fort sensé; mais malheureusement madame de Tonins et sa société étoient, malgré tout leur esprit, souvent dans le cas d'avoir besoin du jeu, et ils éprouvoient que la nécessité d'avoir toujours de l'esprit est aussi importune que celle de jouer toujours. Le jeu devint la matière d'une dissertation qui dura jusqu'au souper. Les discours de la table étoient d'une autre nature; toute dissertation, et même toute conversation suivie en étoient bannies. Il n'étoit, pour ainsi dire, permis de parler que par bons mots. Madame de Tonins et ses adorateurs partirent en même temps : ce fut un torrent de pointes, de saillies bizarres et de rires excessifs. On tiroit l'élixir des moins mauvais; on renchérissoit sur les plus obscurs. Je cherchois à entendre et à pouvoir dire quelque chose; mais, lorsque j'avois trouvé un mot, je m'apercevois que la conversation avoit déja changé d'objet. Je voulus prier celui qui étoit à côté de moi de me tirer de peine, et de m'aider du moins à entendre ce qu'on disoit. Il me fit, en riant, un discours beaucoup moins intelligible que tous ceux qu'on avoit tenus jusqu'alors. Le rire étonnant qu'il excita ne servit qu'à me déconcerter, et je fus tenté un moment de le prendre au sérieux; mais, craignant de me donner un ridicule, je pris le parti de répondre sur un pareil ton, quoique je le trouvasse détestable. Je me livrai à ma vivacité naturelle; je répliquai par quelques traits assez plaisants, à ceux qu'on me lançoit; madame de Tonins y applaudit : chacun suivit son exemple, et je devins le héros de la plaisanterie dont j'étois auparavant la victime. Le souper finit bientôt après. On parla alors de deux romans nouveaux et d'une comédie que l'on jouoit depuis quelques jours; on me demanda mon avis. Comme j'ai toujours été plus sensible au beau qu'au plaisir de trouver des défauts, je dis naturellement que dans les deux romans j'avois trouvé beaucoup de choses qui m'avoient fait plaisir; et que la comédie, sans être une bonne piéce, avoit de grandes beautés. Madame de Tonins prit la parole pour faire la critique de ce que je venois de louer. Je voulus défendre mon sentiment, et je cherchai des yeux quelqu'un qui pût être de mon avis. J'ignorois qu'il n'y en avoit jamais qu'un dans cette société. Madame de Tonins, peu accoutumée à la contradiction, soutint son opinion avec aigreur, et la compagnie en chœur applaudissoit sans cesse à tout ce qu'elle disoit. Je pris le parti de me taire, m'apercevant un peu trop tard que le ton de cette petite république étoit de blâmer généralement tout ce qui ne venoit pas d'elle, ou qui n'étoit pas sous sa protection. Je reconnus cette vérité à l'éloge qu'on fit de trois ou quatre ouvrages qui m'avoient paru, ainsi qu'au public, au-dessous du médiocre. Je résolus donc de me conduire à l'avenir en conséquence de cette découverte.

Ce qui me rendit encore plus complaisant pour les sentiments de madame de Tonins, furent ceux qu'elle m'inspira. Sans être absolument jeune, elle étoit encore aimable; d'ailleurs, la considération où elle vivoit, quoique assez peu méritée, étoit ce qui piquoit mon goût. L'opinion nous détermine presque aussi souvent que l'amour. Madame de Tonins étoit à la mode, et dès-lors elle me paroissoit charmante. Le respect que l'on avoit pour elle ne laissoit pas de m'imposer, et je fus un peu embarrassé sur ma démarche : je pris enfin mon parti. J'arrivai un jour chez elle de si bonne heure, que je la trouvai seule, et je lui déclarai mes sentiments.

Madame de Tonins ne fut ni offensée, ni embarrassée de ma déclaration. Je n'emploierai point avec vous, me dit-elle, la dissimulation si ordinaire aux femmes en pareille occasion; je suis sensible à votre hommage. Votre figure me plaît, j'estime votre caractère, et votre esprit m'amuse; mais, avant d'écouter vos sentiments, il faut que vous soyez instruit des miens, et c'est déjà vous donner une très grande marque de confiance.

Il y a deux choses auxquelles je suis également sensible, et que je prétends concilier, quoiqu'elles paroissent inalliables, le plaisir et la considération. Par le genre de vie que j'ai embrassé, je me suis fait d'avance une retraite honorable, lorsqu'il ne me sera plus permis de prétendre ni à la jeunesse, ni à la beauté. Une femme n'a point alors d'autre parti à prendre que le bel esprit ou la dévotion ; le dernier parti est trop contraire à mon goût, et je ne le soutiendrois pas ; au lieu qu'en embrassant celui du bel esprit, je puis jouir dès aujourd'hui de la considération, sans être obligée de renoncer aux plaisirs dans lesquels je veux apporter toute la décence possible. Il y a peu de femmes qui ne fussent flattées de votre hommage, et qui peut-être n'en fissent gloire; pour moi, en prenant un amant, je n'en veux pas l'éclat. J'approuvai le plan de madame de Tonins; je me jetai à ses genoux, et je lui promis une discrétion inviolable, si elle m'accordoit ses bontés. Doucement, monsieur, me dit-elle; il faut que votre conduite me prouve vos sentiments. Dans ce moment il arriva du monde, et je sortis. J'allai quinze jours de suite chez madame de Tonins sans pouvoir vaincre sa résistance. Elle crut à la fin mon amour si sincère qu'elle consentit à me rendre heureux. Nous vécûmes ensemble dans le plus grand mystère pendant près d'un mois; la société s'aperçut enfin de notre intelligence, et me marqua sur-le-champ autant d'égards que madame de Tonins m'en témoignoit. On me trouva mille fois plus d'esprit qu'auparavant; mais j'étois peu sensible à la gloire du bel esprit. Autrefois les gens de condition n'osoient y aspirer; ils sentoient qu'ils ne prenoient pas assez de soin de cultiver leur esprit pour la mériter; mais ils avoient une considération particulière et une espèce de respect pour les gens de lettres. Les gens de condition se sont avisés depuis de vouloir courir la carrière du bel esprit; et, ce qu'il y a de plus bizarre, c'est qu'en même temps ils y ont attaché un ridicule. J'étois bien éloigné d'avoir un sentiment si faux; j'ai toujours pensé qu'il n'y avoit personne qui ne dût être honoré du titre d'homme d'esprit et de lettres; mais je ne me sentois ni talent, ni étude.

La fureur de jouer la comédie régnoit alors à Paris; on trouvoit partout des théâtres. La société de madame de Tonins prenoit le même plaisir, et portoit l'ambition plus haut. Pour comble de ridicule, on n'y vouloit jouer que du neuf; presque tous les acteurs étoient auteurs des pièces qu'ils jouoient. Nos représentations (car je fus bientôt admis dans la troupe) étoient d'un ennui mortel; on se le dissimuloit; nous applaudissions tout haut, et nous nous ennuyions tout bas. Madame de Tonins m'obligea aussi de faire une comédie. J'eus beau lui représenter combien j'en étois incapable; elle blâma cette modestie, et m'assura qu'avec ses conseils je ferois d'excellents ouvrages. Je n'en crus rien; mais, par complaisance, je me mis à travailler. Dans ce temps-là Dufresny, qui étoit un peu engagé dans notre société, nous proposa d'essayer sur notre théâtre sa comédie du *Mariage fait et rompu*, avant de la donner au public; on l'accepta, et on la joignit à la mienne. Dix ou douze spectateurs choisis furent admis à cette représentation; ma pièce réussit au mieux, et celle de Dufresny fut trouvée détestable. Je fus moi-même indigné d'un jugement si déraisonnable; je pris seul le parti de la comédie de Dufresny. La dispute s'échauffa tellement à ce sujet, que madame de Tonins voulut absolument faire donner ma pièce aux comédiens françois en même temps que *le Mariage fait et rompu.* Je voulus en vain m'y opposer, et lui représenter que c'étoit un ridicule de plus que je me donnerois; que les gens de mon état n'étoient point faits pour devenir auteurs, parceque ordinairement ils n'y réussissent pas; et que, s'ils l'étoient par complaisance pour l'amusement d'une société, ils ne devoient jamais se donner en public. Madame de Tonins me cita quelques exemples de gens à peu près de ma sorte qui avoient bravé avec succès ce préjugé, et me promit que jamais on ne me connoîtroit pour l'auteur de cette pièce. Quoique ces raisons ne fussent que spécieuses, il fallut céder et me soumettre à tout. Les deux pièces furent jouées à quelques jours de distance. Celle de Dufresny fut applaudie comme elle le méritoit; elle est restée au théâtre et le public la revoit toujours avec plaisir; et ma comédie, dont on ne connoissoit point l'auteur, fut trouvée fort ennuyeuse. Le parterre, désespéré de ne pouvoir ni s'intéresser, ni rire, ni même siffler, fut réduit à bâiller. Le bon ton et l'esprit qu'on admiroit chez madame de Tonins ne firent point d'effet au théâtre. Point d'action, peu de fond, quelques portraits de société qui ne pouvoient pas être entendus et qui ne valoient guère la peine de l'être, ne faisoient pas une pièce qu'on pût hasarder en public. Je vis clairement que les gens du monde, faute d'étude et de talent exercé, sont rarement capables de former un tout tel que le théâtre l'exige. Ils composent comme ils jouent, mal en général, et passablement dans quelques endroits. Ils ont quelques parties au-dessus des comédiens de profession; mais le total du jeu et de la pièce est toujours mauvais : l'intelligence générale de toute l'action et le concert ne s'y trouvent jamais.

Le dépit de me voir auteur malgré moi, la nécessité d'admirer tout ce qui émanoit de notre société, et sur-tout de madame de Tonins, me dégoûtèrent bientôt et d'elle et du bel esprit. Ce fut alors que je commençai à connoître véritablement madame de Tonins et sa petite cour. Je m'aperçus que chaque société, et sur-tout celles de bel esprit, croient composer le public, et que j'avois pris pour une approbation générale le sentiment de quelques personnes que les airs imposants et la confiance de madame de Tonins avoient prévenues et séduites. Le public, loin d'y applaudir, s'en moquoit hautement. Le droit usurpé de juger sans appel les hommes et les ouvrages, notre mépris affecté pour ceux qui réduisoient notre société à sa juste valeur, étoient autant d'objets qui excitoient la plaisanterie et la satire publiques. Outre ces ridicules que je partageois en communauté, on m'en donnoit encore de particuliers. On prétendoit que madame de Tonins, qui donnoit de l'esprit à qui il lui plaisoit, n'en pouvoit pas refuser à celui qui avoit l'honneur de ses bonnes graces. D'ailleurs notre société n'étoit pas moins ennuyeuse que ridicule; j'étois étourdi et excédé de n'entendre parler d'autre chose que des comédies, opéras, acteurs et actrices. On a dit que le dictionnaire de l'opéra ne renfermoit pas plus de six cents mots; celui des gens du monde est encore plus borné.

Tous ces bureaux de bel esprit ne servent qu'à dégoûter le génie, rétrécir l'esprit, encourager les médiocres, donner de l'orgueil aux sots, et révolter le public. Je cédai au dépit, et quittai madame de Tonins assez brusquement. Je rentrai dans le monde, bien convaincu que toute société tyrannique et entêtée de l'esprit doit être odieuse au public, et souvent à charge à elle-même.

Pour me guérir radicalement et me dégager la tête de toutes les vapeurs du bel esprit, je résolus de vivre quelque temps dans la finance, et ce remède me réussit; mais il n'étoit pas sûr, et je reconnus que j'avois eu jusque-là sur les financiers des idées très fausses à bien des égards.

La finance n'est point du tout aujourd'hui ce qu'elle étoit autrefois. Il y a eu un temps où un homme, de quelque espéce qu'il fût, se jetoit dans les affaires avec une ferme résolution d'y faire fortune, sans avoir d'autres dispositions qu'un fonds de cupidité et d'avarice; nulle délicatesse sur la bassesse des premiers emplois; le cœur dégagé de tous scrupules sur les moyens, et inaccessible aux remords après le succès : avec ces qualités, on ne manquoit pas de réussir. Le nouveau riche, en conservant ses premières mœurs, y ajoutoit un orgueil féroce dont ses trésors étoient la mesure; il étoit humble ou insolent suivant ses pertes ou ses gains, et son mérite étoit à ses propres yeux, comme l'argent dont il étoit idolâtre, sujet à l'augmentation et au décri.

Les financiers de ce temps-là étoient peu communicatifs; la défiance leur rendoit tous les hommes suspects, et la haine publique mettoit encore une barrière entre eux et la société.

Ceux d'aujourd'hui sont très différents. La plupart, qui sont entrés dans la finance avec une fortune faite ou avancée, ont eu une éducation soignée, qui, en France, se proportionne plus aux moyens de se la procurer qu'à la naissance. Il n'est donc pas étonnant qu'il se trouve parmi eux des gens fort aimables. Il y en a plusieurs qui aiment et cultivent les lettres, qui sont recherchés par la meilleure compagnie, et qui ne reçoivent chez eux que celle qu'ils choisissent.

Le préjugé n'est plus le même à l'égard des financiers; on en fait encore des plaisanteries d'habitude; mais ce ne sont plus de ces traits qui partoient autrefois de l'indignation que les traités et les affaires odieuses répandoient sur toute la finance. Je sais que personne n'a encore osé en parler avantageusement : pour moi, qui rapporte librement les choses comme elles m'ont frappé, je ne crains point de choquer les préjugés de ceux qui déclament stupidement contre la finance, à qui ils doivent peut-être leur existence sans le savoir.

La finance est absolument nécessaire dans un état, et c'est une profession dont la dignité ou la bassesse dépend uniquement de la façon dont elle est exercée.

En donnant à ceux qui l'exercent avec honneur les justes éloges qu'ils méritent, j'avoue que j'ai trouvé plusieurs financiers qui avoient conservé les mœurs de leurs ancêtres. Cela se rencontre parmi ceux qui, avec un cœur bas, ont la tête trop foible pour soutenir l'idée de leur opulence. De ce nombre sont encore plusieurs de ceux qui sont les premiers auteurs de leur fortune. Ces deux espèces de financiers sont rampants, insolents, avares et magnifiques; c'est même par cet endroit que j'ai d'abord connu la finance.

M. Ponchard, dont le hasard me fit connoître la femme dans le temps que je cherchois un contrepoison au bel esprit, étoit précisément ce qu'il me falloit. C'étoit un de ces nouveaux parvenus. Sorti de la bassesse, il étoit monté par degrés des plus vils emplois aux plus grandes affaires. Il étoit intéressé dans toutes celles qui se faisoient; et il ne lui manquoit pour décorer, plutôt que pour achever sa fortune, que le titre de fermier général. Sa femme, qui étoit d'une extraction aussi basse, en avoit toute la grossièreté, qu'on avoit négligé de corriger par l'éducation. Les grandes fortunes se commencent souvent en province; mais ce n'est qu'à Paris qu'elles s'achèvent, et qu'on en jouit. M. Ponchard avoit achevé de gagner à Paris un million d'écus, et sa femme y avoit apporté un million de ridicules. Elle n'étoit plus occupée qu'à s'enrichir encore de ceux des femmes de condition; mais elle n'en saisissoit pas les graces, qui seules les font pardonner à celles-ci. Comme elle avoit remarqué que presque toutes les femmes du monde avoient des amants, elle en voulut avoir aussi, et ce fut dans ces dispositions que je la trouvai. Elle me jugea digne d'elle, et la facilité de sa conquête me détermina, d'autant plus qu'elle étoit assez bien de figure, quoiqu'elle ne fût pas aimable.

Chaque chose a sa langue; celle de l'opulence m'étoit inconnue, et j'eus le temps de l'étudier sous M. Ponchard. Il ne parloit que d'or et d'argent, comme un gentilhomme de campagne ne parle que de généalogies. Il étoit confiant dans ses propos; son ton étoit décidé, et son triomphe étoit à table, dont la chère, quoique abondante, ne laissoit pas d'être délicate. Il y avoit aussi du goût dans ses meubles; et il s'en trouve nécessairement dans toutes les maisons opulentes de Paris, par la facilité que les gens riches, quelque grossiers qu'ils soient, ont d'avoir à leur service ou à leurs ordres ceux dont la profession s'occupe des choses de goût. Mais comme ce goût n'est que d'emprunt, il ne sert souvent qu'à faire mieux sentir la crasse primitive du maître de la maison, qu'on ne peut pas façonner comme un meuble.

Pour madame Ponchard, elle n'étoit occupée qu'à étudier et copier les grands airs, qu'elle avoit le malheur de prendre toujours à gauche. Quoiqu'elle tirât son orgueil de la fortune de son mari, elle rougissoit de sa personne.

Je fus bientôt lié dans toute la finance; ce fut ainsi que je connus plusieurs maisons de financiers, dont je ne pouvois pas faire une comparaison qui fût avantageuse à celle de M. Ponchard. D'ailleurs, pour me dégoûter de madame Ponchard, il suffisoit d'elle-même; peu s'en falloit qu'elle ne me fît regretter madame de Tonins, et préférer les ridicules aux dégoûts. Elle regardoit un amant comme un meuble; et, mon hommage flattant sa vanité, elle vouloit que je fusse partout avec elle. Je ne fus pas de ce sentiment-là, et bientôt je commençai à négliger auprès d'elle des devoirs que je n'avois jamais remplis bien exactement. J'étois obligé de faire ma cour; je voulois vivre avec mes amis, et madame Ponchard devint fort mécontente de ma conduite. Une financière aime à citer souvent un homme de la cour qui lui est attaché; mais il est encore plus flatteur de se faire voir avec lui en public. L'on fait une partie de campagne où l'on donne un souper; toutes les autres femmes ont leur amant, et l'on est réduite à parler du sien. Cette situation peut faire du tort à la longue, et donner de mauvaises impressions. Il est bon d'avoir un homme de condition pour en passer sa fantaisie, et n'y pas retourner. Le bon sens l'emporta donc à la fin sur la vanité, et, sans me donner mon congé, madame Ponchard me donna pour associé un jeune commis qu'elle fit entrer dans les sous-fermes, et pour qui elle étoit une duchesse. Je me gardai bien d'éclater en reproches. Je la quittai avec autant de mystère; je n'eus pas même les égards de rompre avec elle dans les formes, et nous nous trouvâmes libres et débarrassés l'un de l'autre.

FIN DE LA PREMIÈRE PARTIE.

LES CONFESSIONS
DU COMTE DE ***.

SECONDE PARTIE.

Malgré l'extrême dissipation qui m'emportoit, je ne laissois pas de me faire des amis : j'en ai dû quelques uns aux plaisirs ; mais je puis dire que je les ai conservés par mon caractère. Le goût pour des maîtresses doit être subordonné aux devoirs de l'amitié, on y doit être plus fidèle qu'en amour ; et, lorsque j'ai voulu juger du caractère d'un homme que je n'ai pas eu le temps d'étudier, je me suis toujours informé s'il avoit conservé ses anciens amis. Il est rare que cette règle-là nous trompe. Je n'en ai jamais perdu qu'un par une aventure assez singulière pour qu'elle mérite d'être rapportée.

Senecé étoit un de ceux avec qui je n'étois lié que par les plaisirs. Le fond de son caractère étoit une facilité et une bonté qui alloient jusqu'à la foiblesse. Avec un cœur naturellement droit, ses bonnes et ses mauvaises qualités dépendoient de ses liaisons. Il ne tenoit à rien par son goût, et se livroit à tout par celui des autres ; on lui faisoit accepter aussi indifféremment une cérémonie de deuil qu'une partie de plaisir ; il assistoit à tout et n'imaginoit rien, parcequ'il étoit uniquement déterminé par l'envie de plaire. Il n'étoit jamais embarrassé que de se conformer à tous nos sentiments, qui n'étoient pas toujours aussi uniformes que nos goûts. Senecé étoit enfin le plus complaisant des amis; l'amour en fit un esclave.

Je m'aperçus que depuis un temps Senecé n'étoit plus aussi fidèle à nos plaisirs qu'il l'avoit toujours été. Je lui en parlai, il m'avoua qu'il étoit amoureux à la fureur de la plus aimable et de la plus respectable des femmes. Les éloges des amants m'ont toujours été fort suspects ; ceux de Senecé, qui n'avoit jamais rien blâmé, l'étoient encore davantage. Il me proposa de me présenter à sa maîtresse, me dit qu'il lui avoit déjà parlé de moi comme de son ami particulier, et que j'en serois parfaitement bien reçu. J'acceptai la proposition, et j'y allai avec lui ce jour-là même.

Ce chef-d'œuvre, que m'avoit vanté Senecé, étoit une femme d'environ quarante ans, qui avoit encore des restes de beauté, sans avoir jamais eu d'agréments. Il lui restoit de ses anciens charmes un air un peu plus que hardi, qui relevoit merveilleusement la fadeur d'une blonde un peu hasardée.

Madame Dornal, c'étoit son nom, me fit assez d'accueil, quoiqu'elle m'insinuât que je devois être sensible à une préférence qu'elle me donnoit sur beaucoup de personnes qui desiroient d'être admises chez elle, où toute la compagnie étoit choisie. Je fus médiocrement flatté de la distinction : je ne laissai pas de lui répondre poliment ; mais je n'avois pas envie d'abuser de la permission qu'elle me donnoit, et je n'allai chez elle dans la suite que pour céder aux importunités de Senecé. Je connus bientôt le caractère de madame Dornal, et je fus indigné de voir un galant homme assez aveugle pour lui être attaché.

Quoique la dame Dornal fût sans naissance, et son mari un homme assez obscur, une de ses manies étoit de se donner pour femme de condition, et d'en parler aussi souvent que tous ceux qui en importunent toujours, et ne persuadent jamais. Le cercle brillant qui se rendoit chez elle se réduisoit à cinq ou six vieilles joueuses, et quelques ennuyeux qui n'étoient bons qu'à vivre avec elles. Pour le mari, c'étoit une espéce d'imbécille qu'on faisoit manger en particulier, quand sa présence pouvoit incommoder. Cela ne faisoit pas une maison fort amusante ; mais, quand la compagnie auroit été capable de m'y attirer, la maîtresse étoit faite pour en écarter tout honnête homme. C'étoit un composé de fausseté, d'envie et d'impertinence. Elle avoit eu plusieurs amants dans sa jeunesse, et n'en avoit jamais aimé aucun; elle n'en étoit pas digne, son cœur n'étoit fait que pour le vice. Elle auroit été trop dangereuse si elle eût eu de l'esprit : heureusement elle n'en avoit point; ce n'est pas qu'elle n'y prétendît. Elle vouloit même paroître vive, parcequ'elle s'imaginoit que cela lui donnoit un air de jeunesse et d'esprit, et la vivacité qui n'en vient pas ajoute encore à la sottise. Je ne concevois pas l'aveuglement de Senecé, ni qu'on pût être attaché à une femme sans jeunesse, et dont l'ame auroit enlaidi la beauté même. Je crus qu'il étoit du devoir de l'amitié d'ouvrir les yeux à mon ami; un attachement indigne commence par donner un ridicule à un homme, et finit par le rendre méprisable. Je n'ignorois pas qu'une pareille entreprise étoit délicate avec un homme amoureux, et j'étois fort embarrassé. Ce qui me détermina fut de voir que Senecé rompoit insensiblement avec tous ses amis, et particulièrement avec sa famille. On n'est pas toujours obligé d'avoir ses parents pour amis; mais il est décent de vivre avec eux comme s'ils l'étoient, et de cacher au public toutes les dissentions domestiques. Senecé eut avec sa sœur, qui étoit une femme respectable, une discussion qui fit éclat; tout le monde donnoit le tort à mon ami, et je vis clairement que ce scandale étoit l'ouvrage de la Dornal. Elle connoissoit assez la facilité de son amant pour craindre qu'on ne le lui enlevât; elle avoit résolu de le subjuguer; et, comme elle ne se croyoit pas assez jeune pour s'assurer de sa constance, elle commença par l'éloigner de tous ceux dont les conseils auroient pu déranger ses projets. J'eus l'honneur de ne lui être pas moins suspect qu'un autre. Elle fit quelque tentative contre moi auprès de Senecé ; mais, soit qu'elle l'eût trouvé un peu trop prévenu en ma faveur, et qu'elle craignît une indiscrétion de sa part avec moi, soit qu'elle voulût me mettre dans ses intérêts, il n'y eut point d'avances et de bassesses qu'elle ne fît pour me plaire. Elle ajouta encore par là au mépris que j'avois déja pour elle. J'en parlai à Senecé, et ce fut sans aucun ménagement. Je lui fis sentir, ou plutôt je lui représentai le tort qu'il se faisoit. Apparemment qu'il avoit déja entendu parler désavantageusement de sa maîtresse : car il m'interrompit sur-le-champ. Je vois, me dit-il, que vous êtes aussi prévenu que les autres contre madame Dornal. Ne m'est-il pas permis d'avoir une maîtresse, et ne suis-je pas trop heureux d'en faire mon amie? La pauvre madame Dornal est bien malheureuse, avec les sentiments nobles qu'elle a, de n'avoir que des ennemis. Vous êtes plus injuste qu'un autre à son égard, car elle vous aime, et je suis témoin qu'elle n'a rien oublié pour vous plaire.

Je laissai Senecé dire tout ce qu'il voulut, après quoi je repris en ces termes :

Vous savez que ma morale est celle d'un honnête homme et d'un homme du monde qui n'est jamais sévère sur l'amour. Puis-je trouver mauvais que vous soyez amoureux? ce seroit reprocher à quelqu'un d'être malade. Quoique votre attachement paroisse ridicule, on ne doit que vous plaindre et non pas vous blâmer. N'est-on pas trop heureux, dites-vous, de trouver un ami dans sa maîtresse? Oui, sans doute, et c'est le comble du bonheur de goûter avec la même personne les plaisirs de l'amour et les douceurs de l'amitié, d'y trouver à-la-fois une amante tendre et une amie sûre; je ne desirerois pas d'autre félicité; malheureusement pour vous, c'est un état où vous ne pouvez pas prétendre avec la Dornal. Vous en êtes amoureux, faites-en votre maîtresse : l'amour est un mouvement aveugle qui ne suppose pas toujours du mérite dans son objet. On n'est heureux que par l'opinion, et l'on ne dispose pas librement de son cœur; mais on est comptable de l'amitié. L'amour se fait sentir, l'amitié se mérite : elle est le fruit de l'estime. La Dornal en est-elle digne? Je fis alors à Senecé le portrait de sa maîtresse; il étoit affreux, car il ressembloit. On est bien à plaindre, ajoutai-je, d'aimer l'objet du mépris universel; mais, quand on ne sauroit se guérir d'un attachement honteux, il faut du moins s'en cacher, et il semble que vous affectiez de vous montrer partout avec elle. On vous voit ensemble aux spectacles, sans qu'elle puisse trouver d'autre compagnie que celle que vous y engagez par surprise ou par une complaisance forcée. Je ne suis point la dupe des politesses intéressées de votre maîtresse; peut-être n'a-t-elle pris ce parti-là qu'après avoir inutilement essayé de me détruire dans votre esprit; je serois même fâché qu'elles fussent sincères ; son amitié me seroit importune, et son estime déshonorante. J'ai cru devoir vous parler avec autant de force et de franchise. D'ailleurs, comme je suis le seul de vos anciens amis qui aille dans cette maison, je serois au désespoir qu'on me soupçonnât d'approuver votre commerce. C'est à vous d'accorder votre plaisir avec vos devoirs : satisfaites vos desirs; mais qu'une femme ne vous arrache ni à votre famille, ni à vos amis. Senecé demeura un peu interdit; il me répondit que, si je la connoissois mieux, j'en prendrois d'autres sentiments. Enfin il me parut confus et plus affligé que converti. La bonté de son cœur, qui rendoit justice à mes intentions, l'empêcha de s'emporter contre moi, comme la plupart des amants l'auroient fait; mais il n'en parut pas plus détaché de sa maîtresse.

Il n'étoit guère convenable que je continuasse d'aller chez une femme dont je pensois aussi mal;

je cessai mes visites; je n'y allois que lorsque Senecé m'y entraînoit. Elle m'en fit d'abord quelques reproches; mais apparemment qu'il lui rendit compte de mes motifs et de notre conversation; car elle changea tout-à-coup l'accueil qu'elle avoit coutume de me faire, et me marqua une haine qui étoit aussi sincère que ses premières amitiés avoient été fausses. J'en fus charmé, et je cessai absolument d'y aller.

Cependant je voyois toujours Senecé; il craignoit de me parler de sa maîtresse, et je ne lui en disois pas un mot. De temps en temps je le trouvois triste et pensif. Je l'aimois véritablement, et je m'intéressois à son état. Je lui demandai un jour le sujet de son chagrin; son embarras me fit soupçonner une partie de la vérité. Après plusieurs défaites, il m'avoua qu'il avoit quelquefois des altercations avec sa maîtresse, et qu'elle le traitoit avec beaucoup de hauteur et même de dureté. C'est-à-dire, lui répondis-je, que vous êtes subjugué, et que cette femme-là n'est pas contente d'avoir un amant auquel elle ne devoit plus raisonnablement prétendre, à moins qu'elle n'en devienne le tyran. Je voulus lui rappeler alors ce que je lui avois déja dit. Vous ne m'apprendrez rien, reprit-il en m'interrompant, que je ne sache, et que je ne me sois dit. Je sens avec vous, et avec tout le monde, le mépris qu'elle mérite, c'est ce qui achéve mon malheur; je la méprise et je l'aime. Dans ce cas, lui répliquai-je, je ne puis que vous plaindre ; mais j'imagine qu'il n'est pourtant pas difficile de rompre un engagement dont on rougit. Ce n'est pas tout, reprit-il, je la redoute : c'est un étrange caractère, une femme emportée, qui est capable des partis les plus violents. Je lui ai fait connoître que j'étois excédé de sa tyrannie, et sur le point de m'en affranchir ; elle ne m'a point dissimulé qu'elle ne me verroit pas infidèle impunément, et qu'elle auroit recours aux moyens les plus cruels. Impertinence de sa part, repris-je ; ridicule de la vôtre ! elle n'est pas si déterminée, et ne vous croit pas si timide. Pardonnez-moi, reprit Senecé ; elle a pénétré mes craintes. Ne doutez point, dis-je alors, qu'elle ne soit capable du crime, puisqu'elle est assez indigne pour vous en pardonner les soupçons, et pour vous revoir. Si quelque chose peut vous rassurer, ce sont ses menaces. Mais il est un moyen plus simple : ne la revoyez jamais, vous n'aurez rien à redouter de sa part. Senecé soupira et rougit : Je suis, reprit-il, assez humilié pour ne pas craindre de l'être davantage. J'avoue que je n'en suis pas détaché ; je ne puis pas m'empêcher de regarder ses emportements comme les effets de son amour ; je suis persuadé qu'elle m'aime, et l'on doit pardonner bien des choses à l'amour ; son cœur est uniquement à moi, et il n'y a personne qu'elle me préférât. Je crois, lui dis-je, que vous pouvez être assuré de sa constance, sans être soupçonné d'amour-propre. Il lui faut un amant; elle vous a trouvé par un destin unique; si elle vous perdoit, pourroit-elle se flatter d'un second miracle qui vous donnât un successeur? Voilà ce qui l'attache à vous, non pas comme une amante, car elle n'est digne ni d'aimer, ni d'être aimée; mais comme une furie qui craint de perdre sa proie. Je ne suis pas prévenu en ma faveur; et, malgré l'horreur que je me flatte de lui inspirer, je suis sûr que je vous supplanterois, sans avoir rien pour moi que la nouveauté. Senecé trouva ma témérité ridicule.

Notre conversation n'eut pas d'autre suite : Senecé retourna, le soir même, souper chez la Dornal. Ce que j'avois avancé me fit naître l'idée de l'exécuter, comme l'unique moyen de détromper et de guérir mon ami. Après la première conversation que j'avois eue avec Senecé au sujet de sa maîtresse, j'avois résolu de ne lui en jamais parler, et de respecter l'erreur d'un ami, puisqu'il y trouvoit son bonheur; mais lorsqu'il m'eut fait connoître son état, et que son indigne attachement, en le faisant mépriser, ne le rendoit pas plus heureux, je ne songeai plus qu'à l'arracher à ses fers honteux. La difficulté étoit de revoir la Dornal, le hasard y pourvut. Je l'aperçus un jour à la comédie avec Senecé dans une loge, au fond de laquelle il se cachoit; car, il faut lui rendre justice, il rougissoit d'être avec elle. Je feignis de n'avoir reconnu que lui, et j'allai le trouver comme pour lui demander une place. Mon abord les déconcerta l'un et l'autre; je vis dans les yeux de la Dornal toute la rage que ma vue lui inspiroit, et qu'elle avoit peine à cacher; elle ne put cependant empêcher que je ne prisse la place que j'avois demandée, et que Senecé n'avoit osé me refuser; et, comme j'avois mon dessein, je ne parus pas faire attention à l mauvaise grace dont elle me fut accordée.

Pendant la comédie, je fis à la Dornal quelques politesses qui commencèrent à la calmer; je les augmentai par degrés; enfin, soit qu'elle attribuât mon procédé au remords de lui avoir déplu, soit qu'elle aimât encore mieux me gagner que d'avoir à combattre contre moi dans le cœur de Senecé, elle finit par me faire un accueil assez flatteur. Je lui offris la main pour la conduire à son carrosse; elle l'accepta et me demanda si je ne venois pas souper avec eux. J'y consentis, et Senecé m'en parut charmé. Le souper se passa fort bien; je fis à la Dornal plusieurs agaceries auxquelles elle répondit; et nous nous séparâmes meilleurs amis que nous ne l'avions jamais été. J'y retournai le lendemain, je fus encore mieux reçu que la veille. Je tins la même conduite pendant plusieurs jours, et je n'oubliai rien pour lui persuader que j'étois amoureux d'elle. J'y allois dans l'absence de Senecé, et je voyois qu'elle lui faisoit mystère de mes visites. Il me dit qu'il vivoit plus tranquillement avec elle, et que si elle continuoit à le traiter avec autant de douceur, il seroit le plus heureux des hommes. Je compris facilement la raison de ce changement ; mais je me gardai bien de la lui dire : il n'étoit pas encore temps. Enfin, lorsque la Dornal crut avoir assez fait de progrès dans mon cœur, elle se hasarda à me parler avec confiance. Elle me fit des plaintes et des reproches des discours que j'avois tenus sur son compte à Senecé, qui avoit eu la foiblesse de les lui rapporter. Je profitai sur-le-champ de l'ouverture qu'elle me donnoit ; j'en avouai plus qu'il n'en avoit dit, et j'ajoutai que la jalousie m'en avoit encore inspiré davantage. Feignant alors de ne pouvoir plus cacher mon secret, je lui dis en rougissant, et je le pouvois à plus d'un titre, que je l'avois aimée dès le premier moment; que je n'avois pu supporter le bonheur de Senecé ; et que j'avois fait tous mes efforts pour le dégoûter et l'éloigner, n'espérant pas de pouvoir le supplanter autrement.

Je remarquai que la Dornal avaloit à longs traits le poison que je lui présentois ; ses yeux s'attendrirent ; elle me répondit qu'elle avoit été bien injuste à mon égard ; qu'elle ne pouvoit pas me blâmer ; que l'amour portoit son excuse avec lui ; qu'elle m'eût préféré à Senecé si elle eût pénétré mes sentiments ; qu'elle l'avoit sincèrement aimé ; mais que depuis quelque temps il n'en étoit guère digne, et qu'elle sentoit qu'un hommage tel que le mien étoit bien capable de la déterminer à abandonner un amant qui m'étoit si fort inférieur. Elle prononça ces derniers mots avec une rougeur qui ne lui convenoit guère. Je me jetai à ses genoux, et lui fis entendre, par mes remerciements, qu'elle venoit de s'engager avec moi.

Les préliminaires d'une intrigue ne languissent pas avec une femme consommée; les retardements auroient eu un air d'enfance dont la vertueuse Dornal étoit fort éloignée. En peu de jours nos affaires furent réglées, et il fut arrêté qu'on me donneroit la première nuit que Senecé passeroit à Versailles.

Ce qu'il y a de singulier, c'est qu'il n'étoit content de sa maîtresse que depuis qu'elle s'éloignoit de lui : ce n'étoit pas mon compte ; pour l'exécution de mon projet, il falloit qu'il fût jaloux. J'affectois inutilement d'avoir devant lui un air d'intelligence avec sa maîtresse ; nous nous lancions de ces regards qui dévoilent tant de mystères et trahissent les amants ; tout cela échappoit au tranquille Senecé. Un jour il me dit qu'il comptoit aller le lendemain à Versailles pour les affaires de son régiment. J'évitai de me trouver ce jour-là à souper avec lui chez la Dornal. Je ne doutai point qu'elle ne m'avertît du voyage, et je voulois la mettre dans la nécessité de me l'écrire : je ne me trompai point. Dès le lendemain matin je reçus d'elle un billet très galant, et encore plus clair, par lequel elle me donnoit rendez-vous pour la nuit suivante; elle y parloit de Senecé avec mépris, et me donnoit les assurances de l'amour le plus violent.

J'allai aussitôt chez Senecé; je lui parlai de son voyage de Versailles avec un air d'intérêt d'autant plus suspect que cela devoit m'être indifférent; il y fit attention, et je le remarquai. Lorsque je l'eus amené au point que je desirois, je le quittai; mais, en tirant mon mouchoir, je laissai tomber exprès le billet de la Dornal; je vis que Senecé fut près de le ramasser, et qu'il n'attendit que je fusse sorti que pour s'en saisir plus sûrement. Je ne doutai point de l'effet que ce billet produiroit sur lui, et je me préparai à mon rendez-vous, dont je n'avois assurément pas envie de profiter; mais je croyois que l'unique moyen de détromper mon ami étoit de paroître à ses yeux pousser l'aventure jusqu'à la dernière extrémité.

Je me rendis chez la Dornal sur le minuit, avec un air de mystère affecté. Senecé, qui y avoit soupé, venoit d'en sortir. Il étoit monté en chaise comme pour se rendre à Versailles; mais au bout de la rue il en étoit descendu, et revenu à pied à quatre pas de la maison, où je l'aperçus qui faisoit le guet. Je ne fis pas semblant de l'avoir vu, et j'entrai.

Je trouvai la fidèle Dornal dans le déshabillé le plus galant; il ne lui manquoit que de la jeunesse et des charmes, et à moi de l'amour. J'eus quelques remords sur le rôle que je jouois; mais je me raffermis par le motif. Je ne doutois point que Senecé ne me suivît bientôt. Je ne me trompois pas. Il entra un moment après moi, et dans le temps que la Dornal vint m'embrasser avec transport en me pressant de nous mettre au lit. Senecé l'entendit distinctement. La fureur le tint quelque temps immobile; la Dornal fut extrêmement déconcertée, et je parus l'être. Enfin Senecé me regardant avec des yeux furieux: C'est toi, perfide ami, me dit-il, qui partages l'infidélité de cette malheureuse, et en même temps il vint sur moi l'épée à la main. Je n'eus que celui de me mettre en défense, et de parer le coup qu'il me portoit; mais l'audacieuse Dornal, qui s'étoit rassurée dans l'instant, le saisit et lui demanda de quel droit il venoit chez elle faire un tel scandale, et lui ordonna de sortir.

Rien n'égale l'étonnement que me donna cette impudence; il augmenta encore lorsque j'en vis l'effet. Ces paroles, qui auroient dû mettre le comble à la fureur de Senecé, lui imposèrent. La Dornal continua de le traiter avec la dernière hauteur, et je vis Senecé trembler devant son tyran.

Lorsque je vis qu'il n'y avoit pas autre chose à craindre, je sortis, et j'attendis dans la rue pour voir la suite de cette aventure. J'y fus bien une heure sans voir paroître Senecé. Je ne pouvois pas imaginer ce qui le retenoit; je ne croyois pas que le procédé de la Dornal exigeât une explication si longue; ennuyé d'attendre je me retirai chez moi.

Le lendemain j'écrivis à Senecé une lettre détaillée, dans laquelle je lui rendois un compte exact de ma conduite et de mes motifs; je n'en reçus point de réponse. J'appris quelques jours après qu'il continuoit de revoir sa maîtresse. Je ne concevois pas comment elle avoit pu se justifier, ni qu'il eût été assez foible pour lui pardonner. Il m'a toujours évité depuis. Pour moi, après lui avoir fait faire de ma part toutes les avances possibles, j'ai cessé de le rechercher. J'ai su depuis que le mari de la Dornal étant mort assez brusquement, Senecé avoit eu la lâcheté d'épouser cette vile créature. Comme il est parfaitement honnête homme, très estimable d'ailleurs, et qu'il a été mon ami, je n'ai pu m'empêcher de le plaindre, et je le trouve trop puni.

J'ai compris par cette aventure qu'il est impossible de ramener un homme subjugué, et que la femme la plus méprisable est celle dont l'empire est le plus sûr. Si le charme de la vie est de la passer avec une femme qui justifie votre goût par ses sentiments, c'est le comble du malheur d'être dans un esclavage honteux, asservi aux caprices de ces femmes qui désunissent les amis, et portent le trouble dans les familles. Les exemples n'en sont que trop communs dans Paris.

Les intrigues où j'étois engagé pour mon compte m'empêchèrent de songer davantage à cette aventure. Je me trouvois alors trois maîtresses à-la-fois : il faut des talents bien supérieurs pour les conserver, c'est-à-dire les tromper toutes, et faire croire à chacune qu'elle est unique.

Une femme n'a pas besoin d'être bien pénétrante pour soupçonner des rivales ; la multiplicité des devoirs d'un amant les empêche d'être bien vifs.

Il y en eut une dont je m'ennuyai, et que je quittai bientôt, parcequ'elle étoit trop ce qu'on appelle vulgairement *caillette*. Une femme de ce caractère, ou plutôt de cette espéce, n'a ni principes, ni passions, ni idées. Elle ne pense point, et croit sentir ; elle a l'esprit et le cœur également froids et stériles. Elle n'est occupée que de petits objets, et ne parle que par lieux communs qu'elle prend pour des traits neufs. Elle rappelle tout à elle, ou à une minutie dont elle sera frappée. Elle aime à paroître instruite, et se croit nécessaire. La tracasserie est son élément ; la parure, les décisions sur les modes et les ajustements font son occupation. Elle coupera la conversation la plus importante pour dire que les taffetas de l'année sont effroyables, et d'un goût qui fait honte à la nation. Elle prend un amant comme une robe, parceque c'est l'usage. Elle est incommode dans les affaires et ennuyeuse dans les plaisirs. La *caillette* de qualité ne se distingue de la *cail-*

lette bourgeoise que par certains mots d'un meilleur usage et des objets différents ; la première vous parle d'un voyage de Marly, et l'autre vous ennuie du détail d'un souper du Marais. Qu'il y a d'hommes qui sont *caillettes !*

Je rompis bientôt après avec une autre, parceque j'étois après le jeu ce qu'elle aimoit le mieux. Ce n'étoit point que je fusse piqué de n'être pas son unique passion ; mais il n'y a rien de si désagréable que de ne pouvoir compter sur un rendez-vous fixe qu'elle sacrifioit toujours à la première partie qui se présentoit. D'ailleurs je ne pouvois aller chez elle que je n'y trouvasse toujours quelqu'une de ces prétendues comtesses ou marquises, parmi lesquelles on en trouve quelquefois de réelles qui déshonorent leur nom par l'indigne commerce qu'elles font. Une femme dont la maison est livrée au jeu s'engage ordinairement à plus d'un métier. Ce n'étoit pas encore ce qui me déplaisoit le plus. Il n'y a point de mauvaise compagnie en femmes qu'on ne puisse désavouer suivant les différentes circonstances ; mais on doit être plus délicat sur les liaisons avec les hommes. Malheureusement je trouvois encore chez ma maîtresse de ces chevaliers qui sont réduits à vivre brillamment à Paris, faute de pouvoir subsister dans leur province, dont ils sont quelquefois obligés de sortir par une mauvaise humeur de la justice.

À peine eus-je quitté celle dont je viens de parler, que je fus obligé d'en sacrifier une autre aux devoirs de la société. Madame Derval, c'étoit son nom, étoit ce qu'on appelle une bonne femme. Elle avoit le cœur droit, l'esprit simple, et de la candeur dans le procédé. Il étoit aussi nécessaire à son existence d'aimer que de respirer. Chez elle l'amour avoit sa source dans le caractère, et ne dépendoit point d'un objet déterminé. Il lui falloit un amant quel qu'il fût; son cœur n'auroit pas pu en supporter la privation; mais elle en auroit eu dix de suite, pourvu qu'ils se fussent succédé sans intervalle, qu'à peine se seroit-elle aperçue du changement. Elle aimoit de très bonne foi celui qu'elle avoit, et conservoit les mêmes sentiments à son successeur. La figure de madame Derval, qui étoit charmante, lui assuroit toujours un amant; l'inconstance naturelle aux amants heureux le lui faisoit bientôt perdre; mais il ne la quittoit que pour faire place à un autre, dont le bonheur étoit aussi sûr et la constance aussi foible.

D'ailleurs le bon air étoit de l'avoir eue, et je voulus en passer ma fantaisie. Je comptois que ce seroit une affaire de quelques jours; mais la bonté de son caractère, sa complaisance, ses attentions, ses caresses, son empressement pour moi, m'arrêtèrent insensiblement. Je l'avois prise par caprice, je m'y attachai par goût; et il y avoit déja deux mois que je vivois avec elle sans songer à la quitter, lorsque je reçus un billet conçu en ces termes :

« Lorsque vous avez pris madame Derval, mon-
« sieur, j'étois dans le même dessein ; mais vous
« m'avez prévenu : votre fantaisie m'a paru toute
« simple, et j'ai pris le parti d'attendre qu'elle fût
« passée pour satisfaire la mienne. Cependant votre
« goût devroit être épuisé depuis deux mois ; un
« terme si long tient de l'amour, et même de la
« constance. J'espérois toujours que vous quitteriez
« madame Derval ; j'attendois mon tour ; et, dans
« cette confiance, j'ai rompu avec une maîtresse
« que j'aurois gardée. Vous êtes trop galant homme
« pour troubler l'ordre de la société ; rendez-lui donc
« une femme qui lui appartient : vous devez sentir
« la justice de ma demande. »

Ce billet me parut si singulier que j'allai sur-le-champ le communiquer à madame Derval ; mais quelle fut ma surprise lorsque je vis, par ses réponses obscures et équivoques, que cela lui paroissoit aussi simple qu'indifférent ! Dès ce moment je sentis mes torts ; je songeai à les réparer, et je rendis dans le jour même à la société madame Derval, comme un effet qui devoit être dans le commerce.

Quoique je ne vécusse au milieu des plaisirs que dans ce qu'on appelle la bonne compagnie, j'étois trop répandu pour n'être pas du moins connu de la mauvaise. On n'est point impunément un homme à la mode. Il suffit d'être entré dans le monde sur ce ton-là, pour continuer d'y être lors même qu'on ne le mérite plus. Aussitôt qu'un homme parvient à ce précieux titre, il est couru de toutes les femmes qui sont plus jalouses d'être connues qu'estimées. Ce n'est sûrement pas l'estime, ce n'est pas même l'amour qui les détermine; c'est par air qu'elles courent après un homme qu'elles méprisent souvent, quoiqu'elles le préfèrent à un amant qui n'a d'autre tort que d'être un honnête homme ignoré.

On croiroit qu'elles en sont assez punies par l'indiscrétion, la perfidie, et tous les mauvais procédés qu'elles essuient: point du tout; elles sont déshonorées, ne desirent que d'être sur la scène du monde; l'éclat, qui feroit périr de désespoir une femme raisonnable, les console de tout.

Les filles qui vivent de leurs attraits ont la même ambition que les femmes du monde; non seulement la conquête d'un homme célèbre met un plus haut prix à leurs charmes; mais cela les élève encore à une sorte de rivalité avec certaines femmes de condition qui n'ont que trop de ressemblance avec elles; de sorte que vous entendez souvent citer les mêmes noms par des femmes qui ne seroient pas faites pour avoir les mêmes connoissances. D'ailleurs, indépendamment des commerces réglés, je me trouvois quelquefois engagé dans ces soupers de liberté, où il sembleroit qu'on vînt se dédommager de la contrainte qu'exigent les honnêtes femmes, si on pouvoit leur faire un reproche aussi mal fondé.

C'étoit dans ces parties que je connoissois les beautés nouvelles que la misère, le libertinage et la séduction fournissent à la débauche de Paris.

J'avoue que je ne m'y suis jamais trouvé sans une secrète répugnance. Ces tristes victimes de nos fantaisies et de nos caprices m'ont toujours offert l'image du malheur, et jamais celle du plaisir.

Je me voyois l'objet des agaceries des coquettes, et des déclarations peu équivoques de plusieurs autres femmes. Ce manége, qui m'avoit amusé pendant quelque temps, me parut enfin ridicule. Je m'aperçus du mépris que les gens sensés, même ceux qui aiment le plaisir, font d'un homme à la mode, et je commençai à rougir d'un titre que je partageois avec des gens fort méprisables. L'idée d'une vie plus tranquille vint se présenter à mon esprit. Je jugeai qu'elle seroit plus conforme à mes véritables sentiments, et je résolus de vivre avec moins d'éclat. Une aventure qui m'arriva alors acheva de me déterminer à céder au penchant de mon cœur.

On m'avoit souvent adressé de ces lettres que les personnes connues à Paris par leur goût pour le plaisir ou par leur fortune sont en possession de recevoir. Le sujet et le style en sont toujours les mêmes. C'est une jeune et aimable personne qui vous déclare timidement un goût décidé pour vous, et vous offre ses faveurs à un prix raisonnable. Je me divertissois de ces billets ; c'est toute la réponse qu'ils exigent, à moins qu'on n'accepte la proposition. Mais je fus un jour exposé à une épreuve plus séduisante.

Mon valet de chambre entra un matin dans mon appartement, et me dit qu'une femme assez mal vêtue attendoit depuis long-temps que je fusse éveillé pour me parler d'une affaire qu'elle ne pouvoit, disoit-elle, communiquer qu'à moi. J'ordonnai qu'on la fît entrer, et qu'on nous laissât seuls. J'attendois que cette femme m'expliquât ce qu'elle vouloit ; mais je n'ai jamais vu d'embarras pareil au sien. Tout ce que le malheur, la honte, la misère et la vertu humiliée peuvent inspirer, étoit peint sur son visage. Elle ouvrit plusieurs fois la bouche ; la parole expiroit toujours sur ses lèvres. Son état me toucha ; je cherchai à la rassurer ; je lui marquai toute la sensibilité qui pouvoit l'encourager. Après plusieurs efforts, et, tâchant de me dérober des larmes qui sortoient malgré elle, d'une voix basse et entrecoupée elle me dit qu'elle étoit dans la dernière misère ; qu'elle avoit perdu son mari qui la faisoit vivre par son travail ; qu'elle avoit été obligée de vendre ce qui lui étoit resté pour payer quelques dettes ; qu'elle avoit une fille d'environ seize ans qui achevoit son malheur par la tendresse qu'elles avoient l'une pour l'autre, et l'impossibilité où elle étoit de la faire subsister. Cette femme s'arrêta là ; les larmes qu'elle avoit tâché de suspendre sortirent avec plus d'abondance, et lui coupèrent la voix. Je me sentois ému ; son discours, son état, sa physionomie m'intéressoient. Je fis cependant effort sur moi-même pour lui cacher mon trouble, pour calmer le sien, et l'engager à continuer. Je lui demandai ce qu'elle desiroit que je fisse pour elle. On m'a assuré, répondit-elle, avec un trouble nouveau, et qui paroissoit encore augmenter à chaque instant, qu'il y avoit des personnes riches qui vouloient bien avoir soin des filles qui n'ont d'autre ressource que la charité : je viens implorer la vôtre. Je sens bien, poursuivit-elle toujours en pleurant, à quelle reconnoissance j'engage ma malheureuse fille ; mais je ne puis me résoudre à la voir mourir accablée par la misère. Ces dernières paroles furent celles qui lui coûtèrent le plus, à peine les put-elle articuler. La honte lui fit baisser les yeux ; je sentis que j'en étois autant l'objet qu'elle-même. Elle rougissoit à-la-fois d'un discours humiliant pour elle, et que la nature qui se révoltoit lui faisoit sans doute trouver offensant pour moi. Je pénétrai toute son ame, ses sentiments passèrent dans mon cœur ; j'essayai de la consoler, et, comme je ne me trouvois pas moi-même tranquille, je lui donnai l'argent que j'avois sur moi, et je la renvoyai pour respirer en liberté. Que le malheur rend reconnoissant! j'eus toutes les peines du monde à me dérober à l'excès de ses remerciements. Lorsqu'elle fut sortie je fis réflexion sur son état, sur les combats que son cœur avoit dû essuyer avant de faire cette démarche, et combien notre vertu dépend de notre situation.

Je vécus ce jour-là comme à mon ordinaire, c'est-à-dire que je me trouvai avec les mêmes personnes et dans les mêmes plaisirs; mais je fus toujours traversé par des distractions. L'impression que cette infortunée avoit faite sur mon ame ne me laissoit pas tranquille. Je me retirai chez moi, toujours occupé de cette image.

Le lendemain matin on m'annonça la même personne : j'ignorois ce qui pouvoit la ramener; j'ordonnai qu'on la fît entrer. Elle entra suivie d'une jeune fille que je jugeai être la sienne, et qui l'étoit en effet. J'étois encore au lit. Elles s'avancèrent l'une et l'autre auprès de moi. La mère me fit encore les remerciements les plus humbles de ce que je lui avois donné la veille. La fille, qui gardoit le silence, joignoit seulement aux discours de sa mère l'air le plus soumis. J'eus le temps de l'examiner. Je n'ai jamais rien vu de si aimable; la surprise qu'elle me causa m'empêcha d'imposer silence à la mère. Je la laissois parler sans songer à ce qu'elle me disoit, tant j'étois frappé de la beauté de sa fille. La candeur, la vertu, l'innocence étoient peintes sur son visage. On ne voit point de ces physionomies-là dans le monde. Les traits les plus réguliers et les plus séduisants ne perdoient rien de leur éclat, malgré l'abattement et la pâleur qui devoient naturellement les éteindre. Elle n'avoit pas la force de se soutenir ; elle n'osoit me regarder, et ne respiroit que par de profonds soupirs. Je lui dis d'approcher : elle le fit en tremblant ; sa frayeur me parut extrême. Que craignez-vous, lui dis-je, mademoiselle? vous est-il arrivé quelque nouveau malheur? quelle raison vous a fait venir ici? Celle de vous marquer notre reconnoissance, répondit-elle en hésitant. Vous en avez plus, lui dis-je, que ne mérite un simple sentiment d'humanité ; il faut que vous ayez d'autres sujets de vous affliger : parlez en assurance ; je ne vous demande pour toute reconnoissance que de me faire connoitre vos nouveaux besoins. Au lieu de me répondre, elle jeta les yeux sur sa mère, et se mit à pleurer. La mère ne put retenir ses larmes, elle prit sa fille entre ses bras ; elles se tenoient l'une et l'autre embrassées ; elles se serroient comme si elles eussent craint d'être séparées pour toujours. Je ne savois que penser d'une douleur aussi immodérée ; je crus enfin en pénétrer le motif. Auriez-vous craint, leur dis-je, que j'osasse abuser de votre malheur? N'est-ce point une idée aussi injurieuse pour moi qui cause votre frayeur? Hélas! monsieur, reprit la mère, j'ai cru devoir amener

Julie pour remercier notre bienfaiteur; nous n'osions l'une et l'autre envisager d'autres motifs. Mais... Je l'interrompis à l'instant; son embarras ne me fit que trop connoître son idée; je pensai que je devois épargner au malheur de la mère, à la pudeur de la fille, et à moi-même, une explication plus détaillée. Ne parlez plus, repris-je, du foible secours que je vous ai donné; vous ne m'en devez point de reconnoissance, et je vous offre tous ceux dont vous pouvez avoir besoin. Prenez des sentiments plus consolants pour vous, plus flatteurs pour moi, et moins injurieux à nous trois. En leur parlant, je vis tout-à-coup paroître la sérénité sur leur visage, et particulièrement sur celui de la fille, que je considérai avec plus d'attention et de liberté sitôt que ma présence ne la fit plus rougir; ou plutôt il me parut qu'elle ne sentoit pas des mouvements moins vifs; mais ils n'étoient ni douloureux ni humiliants. Elles tombèrent l'une et l'autre à genoux auprès de mon lit; leurs larmes ne s'arrêtèrent point, le principe seul en étoit changé. Elles parloient ensemble, et se confondoient dans leurs remerciements. Il sembloit que leur cœur ne pût suffire à leur joie; elle éclatoit; elles ne pouvoient l'exprimer; leurs discours étoient sans ordre; elles ne se faisoient entendre que par leurs transports. Quoi! disoient-elles, le ciel nous offre un bienfaiteur dont la générosité pure!... grand Dieu! que nous sommes heureuses!...

que de graces!... Elles me prenoient les mains; Julie me les serroit en les mouillant de larmes. La reconnoissance et la vertu la faisoient me prodiguer des caresses dont sa pudeur auroit été effrayée si j'eusse osé les hasarder. L'innocence est souvent plus hardie que le vice n'est entreprenant.

Je fus attendri de ce spectacle; mes yeux avoient peine à retenir mes larmes. Je les fis relever, et les obligeai de s'asseoir. Je leur imposai enfin silence; je vis combien leur reconnoissance se faisoit violence pour m'obéir.

Je ne pouvois me lasser d'admirer la beauté de Julie. Je l'avouerai cependant, cette figure charmante ne m'inspira pas le moindre desir dont sa vertu eût pu être blessée. Un sentiment de respect pour son malheur et pour sa vertu avoit fermé mon cœur à tous les autres.

Je leur demandai leur situation. Elles m'apprirent en détail ce que la mère m'avoit dit la veille: que son mari avoit un emploi qui les faisoit vivre, et qui étoit toute leur fortune; que, sans cette mort précipitée, Julie alloit épouser un jeune homme dont elle étoit aimée, et qu'elle aimoit. Julie rougit, et sa mère ayant voulu me faire l'éloge de ce jeune homme, elle renchérit sur elle avec tant de vivacité que je jugeai que la mère m'accusoit juste. Je leur demandai si ce jeune homme ne persistoit pas toujours dans les mêmes sentiments, et si leur état n'avoit point changé son cœur. Oh! mon Dieu, non, reprit Julie; les procédés qu'il a eus avec nous depuis la mort de mon père méritent bien toute mon estime. Il a partagé avec nous, ajouta la mère, les revenus d'un petit emploi qu'il a; mais je me suis aperçue qu'il s'incommodoit extrêmement, sans pouvoir nous fournir le nécessaire dont je vois qu'il se prive; c'est ce qui nous a obligées de recourir à votre charité.

Je leur dis de me l'amener le lendemain, et les renvoyai; mais ce ne fut pas sans leur imposer silence sur des remerciements qu'elles vouloient toujours recommencer.

J'eus ce jour-là l'esprit encore plus occupé que je ne l'avois eu la veille. Je me rappelois sans cesse la beauté de Julie; je songeois qu'elle aimoit, il étoit bien naturel qu'elle fût aimée. L'amour étoit né de l'inclination, fortifié par l'habitude, peut-être même par le malheur, qui unit de plus en plus ceux qui n'ont d'autre ressource que leur cœur. Les bienfaits de ce jeune homme devoient encore lui attacher sa maîtresse par les liens de la reconnoissance; ses services étoient supérieurs à tous ceux que je pouvois leur rendre : ils me coûtoient trop peu, et il avoit sacrifié le nécessaire. Que cet amant me paroissoit heureux! Ces idées m'occupoient continuellement : je le remarquai; j'en fus affligé, ou du moins inquiet. Je craignis qu'il ne se glissât dans mon cœur quelque sentiment jaloux; mais je me rassurai bientôt. Je jugeai que ceux que Julie m'avoit inspirés, quoique tendres, étoient d'une nature bien différente de l'amour. Quelque belle qu'elle fût, quelque goût que j'eusse pour les femmes, son honneur étoit en sûreté avec moi. J'avois cherché toute ma vie à séduire celles qui couroient au-devant de leur défaite; mais j'aurois regardé comme un viol d'abuser de la situation d'une infortunée qui étoit née pour la vertu, et que son malheur seul livroit au crime.

Cependant, soit vertu, soit amour-propre, je n'avois été qu'humain; je voulus être généreux. Je résolus de respecter deux amants heureux, de les unir, et de partager leur félicité par le plaisir de la faire en assurant leur fortune et leur état.

On n'est point vertueux sans fruit. Je n'eus pas plus tôt formé ce dessein que je sentis dans mon ame une douceur que ne donnent point les plaisirs ordinaires.

Julie ne manqua pas de venir le lendemain avec sa mère me présenter son amant; il étoit d'une figure aimable, et paroissoit avoir vingt-deux ans. Comme Julie l'avoit prévenu que je ne voulois le voir que pour lui rendre service, il me salua avec cette espèce de timidité qu'éprouve tout honnête homme qui a une grace à demander ou à recevoir. Je lui demandai quel étoit son emploi; il satisfit pleinement à ma question. Je ne concevois pas, par les détails qu'il me fit, qu'il eût de quoi subsister, bien loin de fournir à la subsistance des autres. Il n'y a que l'amour qui puisse trouver du superflu dans un nécessaire aussi borné. Pendant qu'il me parloit je remarquai que Julie ne levoit les yeux de dessus lui que pour me regarder avec autant d'attention. Elle craignoit qu'il ne me plût pas, et cherchoit à lire dans mes yeux l'impression qu'il faisoit sur moi. En effet je n'eus pas plus tôt témoigné à ce jeune homme que j'étois également satisfait de sa figure et de ses discours, que je vis la joie se répandre sur le visage de Julie. Je leur demandai s'ils n'étoient pas toujours dans le dessein de s'épouser. Le jeune homme prit aussitôt la parole : Mon bonheur, me dit-il, dépendroit sans doute d'être uni avec Julie si je pouvois la rendre heureuse ; je ne desirerois des biens que pour les lui offrir ; mais je n'en ai aucuns, et je ne me consolerois jamais de faire son malheur. Si cette crainte, leur dis-je à tous deux, est l'unique obstacle qui s'oppose à votre union, je me charge de votre fortune. Dans ce moment, Julie me fit des remerciements si vifs des bontés qu'elle disoit que j'avois déja eus pour sa mère et pour elle, que je vis clairement qu'elle étoit encore plus reconnoissante des offres que je faisois à son amant. Il me dit que les bontés que je lui marquois lui seroient encore plus précieuses si elles pouvoient l'attacher à moi, et qu'il y sacrifieroit son emploi. Tous les trois me firent les mêmes protestations. Je fis mon arrangement sur l'idée qu'ils m'offroient. La plus grande partie de mes biens est en Bretagne, où j'ai des terres considérables. La dissipation où je vivois à Paris ne me permettoit guère de veiller moi-même à mes affaires, et ceux qui en étoient chargés en province s'en acquittoient fort mal. Je leur demandai s'ils n'auroient point de peine à aller vivre dans mes terres, où je leur ferois un parti assez avantageux, et où ils auroient soin de mes affaires.

Le jeune homme m'assura que le lieu le plus heureux pour lui seroit celui où il vivroit avec Julie, et qu'il préféreroit à tous les emplois le bonheur de m'être attaché. Julie et sa mère me firent voir les mêmes sentiments. Peu de jours après, j'unis Julie avec son amant. J'obtins pour eux un emploi considérable qu'ils pouvoient exercer sans négliger mes affaires, et je les fis partir pour la Bretagne. Rien ne m'a donné une plus vive image du bonheur parfait que l'union et les transports de ces jeunes amants. Ils n'éprouvoient avec leur amour d'autres sentiments que ceux de la reconnoissance qu'ils s'empressoient de me marquer à l'envi l'un de l'autre. Je n'ai jamais senti dans ma vie de plaisir plus pur que celui d'avoir fait leur bonheur. L'auteur d'un bienfait est celui qui en recueille le fruit le plus doux. Il sembloit que leur état se réfléchit sur moi. Tous les plaisirs des sens n'approchent pas de celui que j'éprouvois. Il faut qu'il y ait dans le cœur un sens particulier et supérieur à tous les autres.

Je n'ai pas eu lieu de me repentir de leur avoir confié mes affaires; mais je leur ai une obligation plus sensible et plus réelle.

Je leur dois en partie le changement qui arriva dès-lors dans mon cœur. Leur état m'en fit desirer un pareil. Je trouvai un vide dans mon ame que tous mes faux plaisirs ne pouvoient remplir; leur tumulte m'étourdissoit au lieu de me satisfaire, et je sentis que je ne pouvois être heureux, si mon cœur n'étoit véritablement rempli. L'idée de ce bonheur me rendit tous mes autres plaisirs odieux; et, pour me dérober à leur importunité, je résolus d'aller à la campagne chez un de mes amis, qui me prioit depuis long-temps de le venir voir dans une terre qu'il avoit à quelques lieues de Paris.

J'y trouvai la comtesse de Selve. Elle avoit environ vingt-trois ans, et étoit veuve depuis deux. Elle avoit été sacrifiée à des intérêts de famille en épousant le comte de Selve. C'étoit un homme âgé et d'un caractère extrêmement dur et jaloux, parcequ'il avoit toujours vécu en assez mauvaise compagnie, où l'on n'apprend pas à estimer les femmes. Comme il sentoit qu'il n'étoit pas aimable, le dépit ne l'avoit rendu que plus insupportable. La jeune comtesse faisoit, malgré sa répugnance, tout ce que la vertu pouvoit en exiger. Elle ne pouvoit pas donner son cœur; mais elle remplissoit ses devoirs, et sa conduite la faisoit respecter, sans la rendre plus heureuse.

Je la connoissois à peine, parcequ'elle vivoit peu dans le monde; et, lorsque le hasard me l'avoit fait rencontrer, son caractère sérieux m'avoit prodigieusement imposé. Les femmes avec lesquelles je vivois communément n'avoient guère de rapport avec madame de Selve, qui m'avoit toujours paru trop respectable pour moi. J'étois alors dans des dispositions différentes, et je la vis avec des yeux plus favorables. Sa conversation, et le commerce plus familier qu'on a à la campagne, me la firent mieux connoître, et toujours à son avantage. Comme elle n'avoit jamais eu de goût pour son mari, elle soutenoit le veuvage avec plus de décence que d'affliction, et rien n'empêchoit son caractère de paroître dans tout son jour.

La comtesse de Selve avoit plus de raison que d'esprit, puisqu'on a voulu mettre une distinction entre l'un et l'autre, ou plutôt elle avoit l'esprit plus juste que brillant. Ses discours n'avoient rien de ces écarts qui éblouissent dans le premier instant, et qui bientôt après fatiguent. On n'étoit jamais frappé ni étonné de ce qu'elle disoit; mais on l'approuvoit toujours. Elle étoit estimée de toutes les personnes estimables, et respectée de celles qui l'étoient le moins. Sa figure inspiroit l'amour, son caractère étoit fait pour l'amitié, son estime supposoit la vertu. Enfin la plus belle ame unie au plus beau corps, c'étoit la comtesse de Selve. J'aperçus bientôt tout ce qu'elle étoit, je le sentis encore mieux; j'en devins amoureux sans le prévoir, et je l'aimois avec passion, quand je croyois simplement la respecter.

Je ne fus pas long-temps sans être au fait de mes sentiments. Il y avoit quelques jours que j'étois dans cette maison avec la comtesse, lorsqu'elle donna ordre qu'on tînt son équipage prêt pour retourner à Paris. Cet ordre m'affligea sans savoir pourquoi; mais j'en sentis bientôt le véritable motif: j'avois trop d'expérience de mon cœur pour n'en pas connoître l'état. Je reconnus que j'aimois plus vivement que je n'avois jamais fait. J'étois au désespoir de laisser partir la comtesse sans l'avoir instruite de mes sentiments; heureusement pour moi, le maître de la maison l'engagea à rester encore deux jours. Je résolus bien d'en profiter, et de me déclarer avant son départ. Jamais je ne me suis trouvé dans une situation plus embarrassante. Moi, qui avois tant d'habitude des femmes, et qui étois avec elles libre jusqu'à l'indécence, je n'osois presqu'ouvrir la bouche avec la comtesse. Que les femmes ne se plaignent point des hommes: ils ne sont que ce qu'elles les ont faits. J'eus plusieurs fois l'occasion de m'expliquer avec madame de Selve; le respect me retint toujours dans le silence. Ne pouvant enfin triompher de ma timidité, je pris le parti de lui faire connoître mes sentiments par ma conduite, sans oser les lui avouer. Je me contentai de lui demander la permission d'aller lui faire ma cour. Il me parut que ma proposition l'embarrassoit. Au lieu de me répondre positivement, elle me dit que sa maison seroit peu de mon goût; que la retraite où elle vivoit ne convenoit guère à un homme aussi répandu que je l'étois. Cette réponse approchoit si fort d'un refus, que je ne voulus pas la presser de s'expliquer plus clairement, bien résolu de l'interpréter comme une permission. Je ne lui répondis alors que par ces politesses vagues qui veulent dire tout ce qu'on veut, parcequ'elles ne disent rien.

Madame de Selve partit le lendemain. Je ne demeurai pas long-temps après elle, et je ne fus pas plus tôt à Paris que j'allai la voir. Elle en parut surprise; mais elle me reçut poliment. Je fis ma visite courte; j'en fis plusieurs autres qui ne furent pas plus longues. Je craignois de lui être importun avant d'être en possession d'aller librement chez elle. Mes visites devinrent de plus en plus fréquentes; bientôt je ne quittai plus la maison de madame de Selve; tout autre lieu me déplaisoit. Mes amis, c'est-à-dire mes connoissances ordinaires, me trouvoient emprunté avec eux; ils m'en faisoient la guerre, quand ils me rencontroient, sans me faire cependant aucune violence pour me ramener dans leur société. Voilà ce qu'il y a de commode avec ceux qui ne sont liés que par les plaisirs: ils se rencontrent avec plus de vivacité qu'ils n'ont d'empressement à se rechercher; ils se prennent sans se choisir, se perdent sans se quitter, jouissent du plaisir de se voir sans jamais se desirer, et s'oublient parfaitement dans l'absence.

Je jouissois donc tranquillement du bonheur de voir madame de Selve. Comme elle recevoit fort peu de monde, j'aurois trouvé aisément le moment de lui découvrir mon cœur; mais, soit que cette facilité même m'empêchât de rien précipiter dans la certitude de la retrouver, soit que le respect qu'elle m'avoit d'abord inspiré m'imposât toujours, je n'osois hasarder cet aveu. J'avois fait des déclarations à toutes les femmes dont je n'étois pas amoureux, et ce fut dans le moment que je ressentis véritablement l'amour que je n'osai plus en prononcer le nom. Je ne disois pas, à la vérité, à madame de Selve que je l'aimois; mais toute ma conduite le lui prouvoit; je m'apercevois même que mes sentiments ne lui échappoient pas. Une femme n'en est jamais offensée; mais l'aveu peut lui en déplaire, parcequ'il exige du retour, et suppose toujours l'espérance de l'obtenir. J'imaginai que le moyen le plus sûr de réussir auprès d'elle étoit d'essayer de me rendre maître de son cœur, avant que d'oser le lui demander. Il y avoit déja plus d'un mois que je voyois madame de Selve sur ce ton-là, avec la plus grande assiduité, et j'aurois peut-être tenu encore long-temps la même conduite, si elle ne m'eût elle-même offert l'occasion de me déclarer.

Elle me dit un jour qu'elle étoit surprise qu'un homme aussi dissipé que moi pût demeurer aussi long-temps que je le faisois dans une maison aussi retirée et aussi peu amusante que la sienne. Cela doit vous faire voir, lui répondis-je, madame, que la dissipation est moins la marque du plaisir que l'inquiétude d'un homme qui le cherche sans le trouver; et, lorsque j'ai le bonheur de vous faire ma cour, je n'en desire point d'autre. Je ne cherchois pas, reprit madame de Selve, à m'attirer un compliment; mais j'étois réellement étonnée que vous fussiez aussi dissipé qu'on le dit, ou que vous fussiez si prodigieusement changé. C'est à vous, madame, que je dois, lui dis-je, un changement aussi singulier; c'est vous qui m'avez arraché à tous mes vains plaisirs; c'est avec vous que j'éprouve les plus vifs et les plus purs que j'aie goûtés de ma vie: trop heureux si vous daigniez un jour les partager! Madame de Selve voulut m'interrompre; je ne lui en donnai pas le temps. J'avois jusqu'alors gardé un silence contraint. Je ne l'eus pas plus tôt rompu, que je me sentis délivré du plus pesant fardeau, et je continuai avec la plus grande vivacité : Oui, madame, poursuivis-je, je sens que je vous suis attaché pour ma vie; que tout me seroit insupportable sans vous, et que vous me tenez lieu de tout. Jusqu'ici j'ai été plongé dans les plaisirs, sans avoir véritablement connu l'amour; c'est lui qui m'éclaire, et vous seule pouviez me l'inspirer. Je ne rapporterai point ici toute la suite du discours que je tins à madame de Selve; il suffit de dire qu'il se réduisoit à l'assurer de l'amour le plus violent, et lui jurer une constance à toute épreuve.

Je n'eus pas plus tôt fait cet aveu, que je redoutai sa réponse. Madame de Selve ne me marqua ni plaisir ni colère; mais elle me répondit avec sang-froid. L'habitude, me dit-elle, monsieur, où vous êtes de vous livrer au premier goût que vous sentez pour les femmes que vous voyez, vous fait croire que vous êtes amoureux; peut-être même imaginez-vous que ces discours doivent s'adresser à toutes les femmes, et soient un devoir de votre état d'homme du monde. Quoi qu'il en soit, et sans vouloir soupçonner votre sincérité, si vous sentez quelque goût pour moi, je vous conseille de ne vous y pas livrer; vous ne seriez pas heureux d'aimer seul, et je ne voudrois pas risquer de me rendre malheureuse en y répondant. Eh! quels malheurs, répliquai-je, envisagez-vous à partager les sentiments d'un honnête homme qui vous aimeroit uniquement? Les plus grands, me répondit-elle qui puissent arriver à une femme raisonnable. L'honnête homme dont vous parlez, et tel qu'on l'entend, est encore bien éloigné d'un amant parfait; et celui dont la probité est la plus reconnue n'est peut-être jamais ni sans reproche ni sans tache aux yeux d'une femme, je ne dis pas éclairée, mais sensible. Elle est souvent réduite à gémir en secret; son amant est irrépréhensible dans le public, elle n'en est que plus malheureuse. Madame de Selve, s'apercevant que j'allois l'interrompre pour la rassurer sur ses craintes: Il est inutile, ajouta-t-elle, d'entrer dans une plus grande discussion à ce sujet, ni d'entreprendre de détruire mes idées sur des dangers où je serois résolue de ne pas m'exposer, quand j'aurois même à combattre mon cœur, qui heureusement est tranquille. Cependant, comme je n'ai aucun sujet de me plaindre de vous, que votre caractère me paroît estimable, je veux bien vous accorder mon amitié, et je serai plus flattée de la vôtre, que d'un sentiment aussi aveugle que l'amour.

Je fus si frappé de la sagesse de ce discours, qu'il augmenta encore mon estime pour madame de Selve, et par conséquent mon amour. Quand cette passion est une fois entrée dans le cœur, notre ame ne reçoit plus d'autres sentiments qu'ils ne servent encore à fortifier l'amour. Je me trouvois fort soulagé de m'être déclaré, et trop heureux d'obtenir le retour que m'offroit madame de Selve : ce n'étoit que de l'amitié; mais celle d'une femme aimable et jeune inspire un sentiment si tendre et si délicieux, que ma reconnoissance étoit celle d'un amant.

Je n'osai combattre les raisons de madame de Selve : quand on les aperçoit comme elle faisoit on sait les soutenir, et la contradiction peut affermir dans un sentiment; mais je me proposois de faire naître dans la suite des discours sur cette matière. Une femme qui parle souvent des dangers de l'amour s'aguerrit sur les risques, et se familiarise avec la passion; c'est toujours parler de l'amour, et l'on n'en parle guère impunément.

Je ne manquai pas un jour d'aller chez madame de Selve; mes visites ne pouvoient pas devenir plus fréquentes, mais elles furent encore plus longues qu'à l'ordinaire. J'y passai ma vie; sans oser lui demander du retour, je lui parlois de ma passion : l'aveu que j'en avois fait m'autorisoit. Je lui disois que le refus des sentiments que je lui demandois ne pouvoit pas changer les miens; et, puisque je ne pouvois prétendre qu'à son amitié, je la conjurois de m'accorder la plus tendre. Elle m'en assuroit; je me hasardois alors à lui baiser la main. Les caresses de l'amitié peuvent échauffer le cœur, et faire naître l'amour. Séduite par le prétexte d'un attachement pur, madame de Selve y résistoit foiblement. Je l'accoutumai insensiblement à m'entendre parler de ma passion, et j'attendois que le temps et ma constance lui fissent naître les sentimens que je desirois, ou plutôt que je pusse en obtenir l'aveu; car je m'apercevois que je faisois chaque jour de nouveaux progrès dans son cœur. L'amour qui ne révolte pas d'abord, devient bientôt contagieux. Je passai trois mois avec elle sur ce ton-là; j'étois étonné de ma constance: toute autre femme ne m'avoit jamais retenu si long-temps, ni en me rendant heureux, ni en me tenant rigueur. Comme il n'y avoit que les sens qui jusqu'alors m'eussent attaché aux femmes, le succès me refroidissoit bientôt, et la sévérité me rebutoit; au lieu que l'amour et l'estime m'avoient fixé auprès de madame de Selve. Je n'étois occupé que du desir de lui plaire, elle m'y paroissoit sensible, et il ne me manquoit plus que d'obtenir cet aveu qui établit plus les droits d'un amant que toutes les bontés qu'on lui marque.

Madame de Selve m'avouoit que mon caractère, qui l'avoit d'abord effrayée, lui convenoit parfaitement, et que j'aurois été le seul homme pour qui elle eût eu du penchant, si elle n'eût été en garde contre l'amour. Je faisois naître souvent ces conversations. Je voulus lui parler du comte de Selve.

son mari, afin d'en prendre occasion de lui faire sentir la différence qu'il y a de se livrer aux transports d'un amant tendre et passionné, ou d'être asservie aux bizarreries d'un mari odieux. Madame de Selve convenoit de bonne foi avec moi qu'elle n'avoit jamais eu d'amour pour son mari; que la disproportion d'âge et d'humeur ne le permettoit pas; mais à peine avouoit-elle qu'elle n'avoit pas été parfaitement heureuse; et, comme j'insistois sur les tourments qu'elle avoit éprouvés de la jalousie du comte de Selve, elle me répondit simplement qu'une femme raisonnable ne devoit jamais faire d'éclat à ce sujet; que c'étoit à elle à guérir la jalousie par sa conduite, et même à la pardonner en faveur de l'amour qui en est le principe. Enfin madame de Selve ne prononça jamais un mot dont la mémoire de son mari pût être offensée. Tout ce qui ajoutoit à mon respect pour madame de Selve augmentoit aussi mon amour. J'étois presque sûr que l'amitié qu'elle disoit avoir pour moi n'étoit plus qu'un prétexte pour couvrir l'amour que j'étois assez heureux pour lui avoir inspiré. Je me hasardai enfin d'en obtenir l'aveu.

Un jour que, par ses discours et sa confiance, elle me donnoit les marques de la plus tendre amitié: Pardonnez-moi, lui dis-je, madame, ma témérité; je ne puis plus douter que vous n'ayez pour moi des sentiments plus vifs que ceux de l'amitié;

accordez m'en l'aveu, il ne servira qu'à m'attacher encore plus inviolablement. Madame de Selve parut interdite, et soupira au lieu de me répondre. Je ne voulus pas lui donner le temps de se remettre, je crus devoir profiter de l'instant. Je la pressai de nouveau, je me jetai à ses genoux, et lui fis les protestations les plus vives. Je crains bien, me dit-elle, de vous avoir plus instruit de mes sentiments par ma conduite avec vous, que toutes les paroles que vous exigez ne le pourroient faire. Je ne cherche point à vous cacher mon ame. J'ai senti pour vous l'intérêt le plus tendre avant que je m'en fusse aperçue. Je ne suis plus en état de combattre un penchant qui m'a entraînée ; peut-être même n'en aurois-je ni la force, ni la volonté. Vous voyez jusqu'où va ma confiance : puissiez-vous ne m'en pas faire repentir ! Je fus si charmé d'entendre ce que j'avois si ardemment desiré, que je fis éclater ma reconnoissance par les transports les plus vifs. Je la rassurai sur ses craintes, et lui jurai une constance éternelle. J'étois libre de disposer de ma main, je la lui offris pour garant de ma sincérité. Ce ne seroit pas, me dit-elle, les serments ni les lois qui pourroient me répondre de votre fidélité. Ma félicité ne dépendroit pas de vous être attachée par des nœuds qui ne sont indissolubles que parcequ'ils sont forcés, ce n'est que votre cœur qui peut me satisfaire. Je ne refuse cependant pas l'offre que vous me faites; nos états se conviennent, et je voudrois imaginer des nœuds nouveaux pour m'unir encore plus étroitement avec vous. Mais, quoique je sois maîtresse de ma conduite, je ne le suis pas par mon âge de disposer librement de ma main. Ceux à qui la loi donne encore quelque autorité sur moi à cet égard ont d'autres vues intéressées qui nous feroient peut-être essuyer quelques contradictions de leur part. Je puis vous assurer que je rendrai leurs desseins inutiles; mais il faut que nous différions encore quelque temps. Il ne convient ni à vous, ni à moi, de prendre devant le public que des engagements absolument libres de tous obstacles. Jusque-là j'aurai le temps d'éprouver votre cœur, et notre union n'en aura que plus de charmes pour nous.

J'approuvai le parti que madame de Selve me proposoit, je consentis à tout ce qu'elle voulut. Quelques desirs que j'eusse de la posséder, je n'avois d'autre volonté que la sienne. Je vivois avec elle dans cette espérance, et, quoique je desirasse encore, j'étois dans une situation des plus heureuses que j'aie éprouvées de ma vie.

Je goûtois avec madame de Selve tous les charmes d'un amour pur : c'est l'état le plus heureux des amants. Ce genre de vie étoit bien nouveau pour moi; j'étois accoutumé à moins d'estime et plus de liberté. Je voulois quelquefois tenter de faire approuver à madame de Selve mes anciennes habitudes avec les femmes. Je lui disois que, lorsqu'on avoit donné son cœur, on ne devoit pas refuser à un amant des faveurs dont le prix est moins précieux, quoique le plaisir en soit plus vif. Je lui présentois mes raisons sous toutes les faces possibles, et je lui débitois enfin ces maximes et tous ces lieux communs que j'avois autrefois employés avec succès avec tant de femmes. Ces raisonnements m'étoient alors inutiles, parceque madame de Selve ne se conduisoit pas sur les mêmes principes que celles que j'avois rencontrées.

Elle me répondoit, sans s'émouvoir, quelquefois même en plaisantant, que cet usage, tout ridicule qu'il me paroissoit, décidoit de l'honneur et même du bonheur d'une femme; que son cœur m'étoit aussi favorable que le préjugé m'étoit contraire, quoique les hommes semblassent même l'approuver, puisqu'on ne les voyoit pas rester attachés à une femme qui leur avoit sacrifié ces mêmes préjugés. Je me sentois forcé d'approuver des raisons qui me déplaisoient infiniment; mais il falloit bien me soumettre aux idées de madame de Selve, puisque je ne pouvois pas lui faire adopter les miennes, qui sans doute n'étoient pas les plus justes. Les amants seroient trop heureux que leurs desirs fussent entretenus par des obstacles continuels; il n'est pas moins essentiel, pour le bonheur, de conserver des desirs que de les satisfaire.

Nous vivions dans un commerce délicieux, lorsqu'il se répandit un bruit de guerre. Il fallut que je songeasse à joindre mon régiment. Je sentis tout ce qu'il m'en alloit coûter pour me séparer de madame de Selve; mais rien n'approche de la douleur que lui causa cette nouvelle. En préparant mon départ, je n'osois pas lui en parler, de peur de l'affliger encore; mais je ne pouvois pas m'empêcher d'y paroître sensible. Elle le remarqua, et me dit que son état étoit bien différent du mien; que je n'avois que les inquiétudes ordinaires de l'absence; au lieu qu'elle alloit être dans les alarmes les plus cruelles. Elle ne m'en dit pas davantage; mais son silence et ses larmes m'en dirent plus qu'elle n'auroit pu faire. Je n'ai jamais vu de douleur plus vive; j'en fus pénétré. Après avoir inutilement essayé de la consoler, je me retirai pour me livrer moi-même librement à ma douleur. Je réfléchis sur l'honneur chimérique auquel j'immolois le bonheur de ma vie. Ces idées m'agitèrent long-temps. Je fus tenté de tout abandonner, et de m'inquiéter peu des discours qu'on pourroit tenir, pourvu que je fusse heureux. Je rougissois bientôt d'écouter des sentiments si peu dignes de ma naissance et de ma profession. Je passai toute la nuit dans ces agitations.

Je retournai le lendemain, comme à mon ordinaire, chez madame de Selve. Je la trouvai aussi affligée et plus abattue que la veille. J'aurois triomphé de ma douleur; mais je ne pouvois pas supporter la sienne. J'oubliai tous les sentiments d'honneur qui m'avoient soutenu jusque-là; ils me parurent une barbarie, et je résolus de les sacrifier à la tranquillité de madame de Selve. Je me jetai à ses genoux; je lui dis que je ne pouvois pas résister à ses larmes; que, pour les faire cesser, j'allois abandonner le service, trop content de vivre pour elle. Je ne doutois point que ce discours ne rétablît le calme dans son ame. Madame de Selve me regarda quelque temps sans rien dire, et, m'embrassant tout d'un coup avec transport, ce qu'elle n'avoit jamais fait: Je sens, me dit-elle, combien il vous en coûte pour me faire le sacrifice que vous m'offrez; mais j'en serois indigne, si j'étois capable de l'accepter. Oui, ajouta-t-elle, je suis trop contente du pouvoir que l'amour me donne sur vous; je vous rends à votre cœur, je vous rends à vos devoirs, et c'est vous rendre à vous-même. Je fus si transporté d'admiration, que je lui aurois fait par reconnoissance ce sacrifice que je ne lui avois offert que par compassion pour la douleur qu'elle m'avoit fait voir. Je lui dis tout ce que l'amour et le respect m'inspirèrent; je l'assurai qu'elle étoit maîtresse absolue de mon sort et de ma conduite.

Je ne pouvois pas avoir un meilleur guide qu'un esprit aussi juste et un caractère aussi respectable.

Dès ce moment madame de Selve me parut plus tranquille, ou plutôt je m'aperçus qu'elle dissimuloit sa sensibilité pour ne pas trop exciter la mienne. Elle me dit qu'un homme de ma naissance n'avoit point d'autre parti à prendre et à suivre que celui des armes; que c'étoit l'unique profession de la noblesse françoise, comme elle en étoit l'origine; et qu'une femme qui oseroit inspirer d'autres sentiments à son amant n'étoit digne que de servir à ses plaisirs, et non pas de remplir son cœur. Enfin, aussitôt qu'il fut question de mon devoir, la tendre madame de Selve disparut; je trouvai en elle l'ami le plus sûr et le plus ferme. Quelque cruelle que l'absence dût être pour notre amour, j'étois charmé de trouver des sentiments si généreux; ma passion en devint encore plus vive. Madame de Selve, comme je viens de le dire, m'avoit embrassé dans son premier transport; cette faveur m'enhardit à en exiger d'autres, et, quoique je ne dusse qu'à une espèce d'importunité les caresses qu'elle me souffroit, je croyois m'apercevoir que la pudeur s'y opposoit plus que tout autre motif. Je la pressai d'achever mon bonheur; elle me conjura de ne rien exiger d'elle qui fût contraire à ses devoirs. Elle me dit que son cœur, dont j'étois sûr, devoit me suffire, et que je lui étois trop cher pour qu'elle risquât de me perdre. Je vis que mes empressements l'affligeoient; je n'insistai pas davantage, et je la quittai après en avoir reçu toutes les assurances de l'amour le plus tendre.

Le temps qui me restoit jusqu'au départ m'étoit trop précieux pour ne le pas donner tout entier à madame de Selve. Je passois tous les jours avec elle; nos entretiens ne rouloient que sur notre amour, la rigueur des devoirs et la nécessité de les remplir. Je trouvois toujours en madame de Selve la même tendresse et les mêmes charmes. Bien loin que je pusse rester dans la réserve qu'elle exigeoit, je sentois que mes desirs s'enflammoient de plus en plus. Je recommençai à la presser; je lui jurai que mon cœur lui étoit trop inviolablement attaché, qu'elle étoit devenue trop nécessaire au bonheur de ma vie, à ma propre existence, pour qu'elle dût craindre mon inconstance. Elle voulut me rappeler à mon respect pour elle; mon amour étoit trop violent pour être retenu. Je priai, je pressai : à la vivacité des sollicitations et aux sermens, je joignis les entreprises, je l'embrassai; elle étoit émue, elle soupiroit : je ne trouvai plus qu'une foible résistance, et je devins le plus heureux des hommes. Pour concevoir mon bonheur, il faut avoir éprouvé les mêmes desirs. Quoique j'eusse passé ma vie avec les femmes, le plaisir fut nouveau pour moi; c'est l'amour seul qui en fait le prix. Je ne sentis point succéder au feu des desirs ce dégoût humiliant pour les amants vulgaires : mon ame jouissoit toujours.

Attaché par l'amour, fixé par le plaisir, je trouvois madame de Selve encore plus belle ; je l'accablois de baisers : sa bouche, ses yeux, toute sa personne étoit l'objet de mes caresses et la source de mes transports : une ivresse voluptueuse étoit répandue dans tous mes sens. A peine fut-elle un peu calmée, que je remarquai que madame de Selve n'osoit me regarder ; elle laissoit même couler des larmes. Sa douleur passa dans mon ame : j'étois fait pour avoir tous ses sentiments. Je me regardai comme criminel. Je craignis de lui être devenu odieux ; je la conjurai de ne me point haïr. Hélas ! me répondit-elle, seroit-il en mon pouvoir de vous haïr ? Mais je sens que je vous perdrai ? Et puis-je me le pardonner ? Je n'oubliai rien pour dissiper ses craintes que je trouvois injurieuses pour moi ; je l'assurai d'une constance inviolable. Je lui jurai qu'aussitôt qu'elle voudroit me donner la main, nous serrerions par le sceau de la loi et de la foi publique les nœuds formés par l'amour. La vivacité de mes caresses appuyoit mes serments. Madame de Selve se calma et me dit, en m'embrassant tendrement, qu'elle ne se reprocheroit jamais d'avoir tout sacrifié à mes desirs tant qu'elle seroit sûre de mon cœur, dont la fidélité ou l'inconstance la rendroit la plus heureuse ou la plus malheureuse des femmes. Mes serments, mes transports et l'amour dissipèrent toutes ses craintes; j'obtins mon pardon, et nous le scellâmes par les mêmes caresses qui, un moment auparavant, m'avoient rendu criminel, et qui deviennent également innocentes et délicieuses quand deux amants les partagent. État heureux où les desirs satisfaits renaissent d'eux-mêmes! Je passai encore quelques jours avec madame de Selve dans des plaisirs inexprimables. Il fallut enfin partir, et notre séparation fut d'autant plus cruelle que nous étions plus heureux.

Le bruit de guerre qui s'étoit répandu ne servit qu'à rendre la paix plus assurée, et la campagne se borna à un camp de paix.

Je revins à Paris plus amoureux que je n'en étois parti, et dans la résolution de presser mon mariage avec madame de Selve. Attaché par l'amour, le plaisir et la reconnoissance, j'aurois voulu imaginer de nouveaux liens pour m'unir plus étroitement avec elle. Nous nous revîmes avec des transports qui ne se peuvent comprendre que par ceux qui les ont éprouvés. Je passai un an dans une ivresse de plaisir; l'amour en étoit la source, et ils ajoutoient encore à l'amour. Je ne voyois que madame de Selve; j'étois tout pour elle, et sans elle tout étoit étranger pour moi. Pourquoi faut-il qu'un état aussi délicieux puisse finir? Ce n'est point une jeunesse inaltérable que je desirerois ; elle est souvent elle-même l'occasion de l'inconstance. Je n'aspire point à changer la condition humaine ; mais nos cœurs devroient être plus parfaits, la jouissance des ames devroit être éternelle.

Les principes de mon bonheur étoient toujours les mêmes, et cependant il s'altéra, puisque je commençai à le moins sentir. Les plaisirs qui m'avoient entraîné autrefois avec tant de violence m'étoient devenus odieux quand ils m'arrachoient d'auprès de madame de Selve. Insensiblement je les envisageai avec moins de dégoût ; ils me parurent nécessaires pour empêcher la langueur de se glisser dans le commerce de deux amants. La constance n'est pas loin de s'altérer quand on veut la réduire en principes. Si je ne cherchai pas mes anciens amis de plaisir qui s'étoient dispersés, je crus du moins devoir vivre en société. Paris en est plein ; on n'est pas obligé de les rechercher : il suffit de ne les pas fuir. J'allai chez madame de Selve un peu moins assidûment, c'est-à-dire que je n'y allois pas tous les jours, ou du moins je faisois mes visites un peu moins longues, ce qui suppose qu'elles commençoient à me le paroître. Le goût que j'avois eu autrefois pour les spectacles, et que madame de Selve avoit suspendu, parcequ'elle y alloit peu, et que je ne pouvois vivre qu'aux lieux où elle étoit, se réveilla chez moi, et j'y retournai. J'y trouvois ordinairement quelques uns de mes amis qui m'emmenoient souper avec eux.

La première fois que je manquai de revenir chez madame de Selve, où je soupois toujours, elle en fut extrêmement inquiète; elle craignit qu'il ne me fût arrivé quelque accident. Dès le lendemain matin elle envoya savoir de mes nouvelles. J'allai aussitôt la voir; elle me fit de tendres reproches. Il ne me sembloit pas que je les eusse mérités; cependant j'en fus embarrassé et je rougis. Il faut qu'il y ait en nous-mêmes un sentiment plus pénétrant que l'esprit même, et qui nous absout ou nous condamne avec l'équité la plus éclairée. Il y a, si j'ose dire, une sagacité du cœur qui est la mesure de notre sensibilité.

Quelques jours après je fus encore engagé dans un souper. Les premiers reproches que m'avoit faits madame de Selve m'inquiétoient en l'abordant; j'en craignois de nouveaux, et je me trouvai fort soulagé de ce qu'elle ne m'en fit point. Cependant mes absences devinrent plus fréquentes; mais je ne manquois jamais d'aller souper avec elle que je n'en sentisse quelques remords, et on ne les sent point sans les mériter; quand on s'examine bien scrupuleusement on en trouve les motifs. En effet, madame de Selve étoit presque toujours seule. Comme je lui avois marqué que je ne trouvois rien de si odieux que ces visites qui contraignent les caresses et les épanchements des amants, elle s'étoit défaite insensiblement du peu de monde qu'elle voyoit avant de me connoître. Je devois donc partager une solitude où elle ne s'étoit réduite que pour me plaire. Après les premiers reproches que madame de Selve me fit avec douceur, elle ne m'en fit plus aucuns; mais je remarquois qu'elle avoit l'esprit moins libre, et l'humeur un peu mélancolique. Je lui en demandois quelquefois la raison, elle me répondoit toujours qu'elle n'avoit rien; et, comme j'insistois en lui demandant si elle avoit quelque sujet de se plaindre de moi, elle m'assuroit qu'elle étoit parfaitement contente, et me faisoit toutes les caresses capables de me détromper. Rassuré, ou plutôt m'abusant moi-même sur mon innocence, je me livrai de plus en plus à la dissipation. J'étois cependant inquiet de voir madame de Selve plus sérieuse avec moi sans être moins tendre; je me le reprochois; cela m'affligeoit; et, quoiqu'elle ne me contraignît en rien, je me trouvois gêné, parceque j'avois des remords. L'habitude de les mériter les fait bientôt perdre. La facilité, ou plutôt la bonté de madame de Selve y contribuoit. Lorsque j'avois été quelques jours sans la voir, je voulois lui alléguer des excuses; elle me les épargnoit, et me faisoit entendre qu'elle étoit charmée que je m'amusasse; qu'un homme ne peut pas rester dans une solitude continuelle, qui convient mieux à l'état d'une femme; et, quelque desir qu'elle eût d'être toujours avec moi, mon plaisir, disoit-elle, la consoloit de tout. Ces sentiments m'étoient d'autant plus agréables qu'ils me mettoient à l'aise. Madame de Selve m'en devenoit plus chère, et non pas plus nécessaire. Nous chérissons machinalement ceux qui nous épargnent des torts, et encore plus ceux qui les excusent. Quelque complaisance qu'elle eût pour mes goûts, je ne pouvois pas me dissimuler le plaisir que lui causoit ma présence. Je formois quelquefois le dessein de passer plusieurs jours avec elle, et de faire par reconnoissance ce que je faisois autrefois avec tant d'ardeur, et ce qu'il m'eût été impossible de ne pas faire. Le temps qu'on ne donne qu'au devoir paroît toujours fort long. L'ennui me gagnoit involontairement. Il sembloit que madame de Selve s'en aperçût avant moi. Elle étoit la première à m'engager à la quitter pour chercher des plaisirs plus vifs; elle ne me le disoit pas; mais elle m'en fournissoit les prétextes que je n'eusse peut-être pas imaginés, et que je desirois. J'admirois alors combien elle étoit aveugle sur mes torts, avec tant de pénétration à prévenir mes desirs.

J'aimois uniquement madame de Selve; elle n'avoit point de rivale. J'imaginai que rien ne manqueroit à mon cœur, et que notre commerce deviendroit aussi vif que jamais, si elle vivoit en société. Je le lui proposai, elle y consentit : elle n'avoit jamais d'autre volonté que la mienne. Nous vécûmes quelque temps sur ce ton-là ; j'y trouvois plus d'agrémens. Les amans qui ont usé le premier feu de la passion sont charmés qu'on coupe la longueur du tête-à-tête. Si mes plaisirs n'étoient pas aussi vifs qu'ils l'avoient été, du moins je n'en desirois point d'autres.

Cette tranquillité ne fut pas longue ; je n'étois qu'inconstant, je devins infidèle. Il y a des femmes qui, en faisant des agaceries, n'ont d'autre objet que d'engager un amant ; quelquefois c'est une simple habitude de coquetterie. Il y en a d'autres qui seroient insensibles au plaisir de s'attacher à un homme si elles ne l'arrachoient à une maîtresse. J'en trouvai une de ce caractère, et malheureusement elle me plut. Ma liaison avec madame de Selve étoit connue ; un commerce peut être secret ; mais il n'y en a point d'ignoré. Madame Dorsigny résolut de devenir la rivale de madame de Selve, et n'y réussit que trop.

C'étoit une petite figure de fantaisie, vive, étourdie, parlant un moment avant de penser, et ne réfléchissant jamais. Sa jeunesse, jointe à une habitude de plaisir et de coquetterie, lui tenoit lieu d'esprit, et suppléoit souvent à l'usage du monde. Je ne lui donnai assurément aucune préférence sur madame de Selve à qui elle étoit inférieure de tout point ; elle n'avoit pour elle que la nouveauté. Moncœur fut toujours à madame de Selve ; mais je résolus de m'amuser avec madame Dorsigny : elle ne méritoit pas autre chose, et ne paroissoit pas exiger davantage.

Elle avoit pour mari un homme riche qui tenoit une fort bonne maison, et ne s'embarrassoit guère de la conduite de sa femme, pourvu qu'elle lui attirât compagnie chez lui. Ces maisons-là n'en manquent point, bonne ou mauvaise. J'y avois été mené par un de mes amis, qui n'avoit pas d'autre droit de m'y présenter que d'y avoir été mené lui-même depuis huit jours. J'y soupai plusieurs fois. La vivacité de madame Dorsigny m'amusa : elle me parut propre à me délasser du sérieux où je vivois avec madame de Selve. Les véritables passions et le vrai bonheur s'accommodent mieux du caractère de madame de Selve ; mais un simple commerce de galanterie veut plus d'enjouement.

La petite madame Dorsigny, qui avoit entendu parler de ma liaison avec madame de Selve, me parla d'elle comme les femmes parlent les unes des autres, c'est-à-dire qu'elle fit l'éloge de sa figure et de son esprit avec tous les *mais* et les *si* qui sont d'usage en pareilles occasions. J'y répondis comme je le devois. Je rendis justice à madame de Selve, en ajoutant qu'il n'y avoit jamais eu entre elle et moi qu'une liaison d'amitié ; c'étoit assez dire que j'en pouvois avoir une autre. Cet entretien me servit de déclaration; sans amour j'offrois mon cœur à madame Dorsigny; et elle le reçut de même.

Elle crut avoir effacé de mon ame madame de Selve; pour moi, je savois bien que je ne faisois que remplacer quelqu'un dont le temps étoit fini. Je fus aussitôt reconnu dans la société pour l'amant en titre, c'est-à-dire pour le maître de la maison.

Je jouissois de toutes les prérogatives de ma nouvelle dignité, dont les importunités font partie. Je pouvois, à la vérité, amener chez madame Dorsigny toutes les personnes qui me plaisoient; mais il falloit aussi que je fusse à la tête de toutes les parties, qui n'étoient pas toujours aussi amusantes que bruyantes.

Il n'étoit pas possible que je fusse entraîné par ce torrent, et que je pusse conserver encore auprès de madame de Selve une assiduité décente. J'en étois affligé. Je ne l'aimois pas avec la même vivacité que j'avois fait; mais enfin je n'aimois qu'elle; elle étoit encore plus nécessaire à mon cœur que madame Dorsigny à ma dissipation. L'état le plus incommode pour un honnête homme est de ne pouvoir pas accorder son cœur avec sa conduite. Ma peine augmentoit encore lorsque j'étois auprès de madame de Selve. Je la trouvois quelquefois dans un abattement qui pénétroit mon ame. Elle recevoit mes caresses; mais elle ne m'en faisoit plus. Je ne remarquois point que son cœur fût refroidi pour moi ; il sembloit seulement qu'elle craignît de m'être importune. Quand je l'avois quittée son image me suivoit et empoisonnoit tous mes plaisirs. Je fus prêt cent fois à revenir pour toujours auprès d'elle : mon état y pouvoit être languissant ; mais du moins il auroit été sans remords. Ce qui achevoit de m'inquiéter étoit la crainte que madame de Selve ne vînt à être instruite de mon intrigue avec madame Dorsigny, que je croyois aimer : le plaisir imite un peu l'amour.

Ce n'est pas que je ne rendisse une justice exacte à l'une et à l'autre ; mon esprit étoit plus juste que mon cœur. Je m'amusois avec madame Dorsigny ; mais je n'avois nulle confiance en elle ; au lieu qu'il n'arrivoit rien dans ma fortune et mon état que je n'allasse sur-le-champ en rendre compte à madame de Selve, et lui demander ses conseils. Je la retrouvois toujours la même, tendre, sage, éclairée ; je n'en étois pas digne. Dans ces occasions mon amour se ranimoit avec vivacité ; mais il retomboit bientôt dans la langueur. Les feux de l'amour, une fois amortis, ne produisent plus d'embrasements. Je crus que, pour avoir la tranquillité avec moi-même, je devois rendre plus rares mes visites chez madame de Selve, et devenir plus criminel pour perdre mes remords. Mes visites, peu fréquentes, n'étoient donc plus qu'un devoir que je remplissois avec contrainte.

Cependant madame de Selve étoit en état d'accepter ma main; mais je n'avois plus l'empressement de la lui offrir. Je ne doutois point qu'elle ne me rappelât une parole dont son honneur dépendoit, et j'en redoutois le moment. Elle ne m'en disoit pas un mot; elle attendoit sans doute que la proposition vînt de ma part. Je profitois de sa délicatesse pour n'en point avoir, et j'écartois tout ce qui pouvoit lui en rappeler l'idée. Madame de Selve ne me faisoit pas même le moindre reproche sur mes absences.

D'un autre côté, madame Dorsigny, plus vaine que jalouse, puisqu'il n'y avoit point de véritable amour entre elle et moi, prétendoit que ma liaison d'amitié avec madame de Selve lui étoit suspecte; elle me défendoit de la voir, et j'avois la lâcheté de le lui promettre. J'étois dans la situation la plus cruelle. Le bonheur ou le malheur de la vie dépend plus de ces petits intérêts frivoles en apparence que des affaires les plus importantes. Plus de sincérité ou d'équité m'auroit épargné bien des peines.

J'étois dans cet état, lorsqu'un de mes parents, qui vivoit ordinairement dans une terre peu distante de Paris, vint solliciter une affaire qu'il avoit à la cour. Je m'y employai assez utilement pour la faire terminer à sa satisfaction. Avant de retourner chez lui, il voulut me donner à souper. J'y allai. Il me dit en entrant, avec un air de contentement, qu'il avoit eu soin de me donner compagnie qui me seroit agréable; qu'une de ses grandes attentions étoit d'assortir les personnes qui se convenoient. Il me débita à ce sujet beaucoup de maximes de savoir vivre, et il en étoit encore sur les éloges de sa rare prudence, lorsque je vis entrer madame Dorsigny. J'en fus charmé, et je trouvois déja que mon parent, pour un homme qui vivoit à la campagne, avoit des attentions assez délicates; mais ce plaisir ne fut pas de longue durée, car un instant après on annonça madame de Selve. Mon maudit campagnard s'étoit informé des personnes que je voyois le plus fréquemment, et n'avoit pas manqué de les prier; et, comme toutes celles qui vivent dans le monde se connoissent toujours assez à Paris pour accepter un souper, il avoit rassemblé huit ou dix personnes.

Je ne me suis jamais trouvé de ma vie dans une situation aussi cruelle. Je ne pouvois pas me dispenser de faire à madame de Selve et à madame Dorsigny un accueil qui convînt à la conduite que je tenois dans le particulier avec l'une et l'autre. La supériorité du rang de madame de Selve sur sa rivale m'autorisoit bien à rendre à la première tous les honneurs de préférence; mais, indépendamment des égards dus à la condition, ceux qui partent du cœur ont un caractère distinctif, et toutes deux avoient droit d'y prétendre. D'ailleurs la petite madame Dorsigny ne doutoit nullement que l'amour ne dût régler les rangs, qu'il ne l'emportât chez moi sur tous les usages, et se promettoit bien de triompher aux yeux de sa rivale. Je comptois en vain profiter de son peu d'esprit pour excuser sur la naissance et l'amitié mes attentions pour madame de Selve : je m'abusois ; toutes les femmes ont de l'esprit dans ces occasions ; et sur cette matière la vanité les éclaire, et qui pis est les rend injustes. La plus grande difficulté étoit de cacher à madame de Selve mon intrigue avec madame Dorsigny. Je ne devois pas naturellement avoir tant de familiarité avec une femme que je n'avois jamais dit connoître. Il faut convenir que la situation étoit embarrassante ; les gens d'esprit la sentiront mieux que les sots.

Je me trouvai à table entre les deux rivales. Il n'y eut point d'agaceries que ne me fît madame Dorsigny ; elle outra toutes les libertés que l'usage tolère, et que les femmes raisonnables s'interdisent. Madame de Selve ne paroissoit seulement pas s'en apercevoir ; j'en étois charmé, et la petite Dorsigny en paroissoit piquée, ce qui ne faisoit que la rendre encore plus étourdie. J'étois au supplice quand, pour m'achever, le maître de la maison me rappela tout haut une promesse vague que je lui avois faite de l'aller voir à sa maison de campagne, et en même temps pria tous ceux qui étoient à table d'être de la partie, voulant, disoit-il, réunir chez lui aussi bonne compagnie. Il s'adressa d'abord à madame de Selve, qui ne refusa pas absolument, attendant quelle seroit ma réponse. Madame Dorsigny la fit pour moi, et approuva fort la proposition. Le voyage fut fixé au surlendemain. J'allai, le jour suivant, chez madame de Selve, fort embarrassé de ma contenance. Je ne pouvois pas concevoir son aveuglement : il étoit trop grand pour ne m'être plus suspect. Je le regardai comme un effet de sa prudence, et je ne doutois point qu'elle n'eût réservé pour une explication particulière ce qu'elle avoit dissimulé en public.

Je ne trouvai pas le moindre changement dans l'accueil qu'elle me fit. Je crus l'avoir absolument trompée, et qu'elle n'avoit pas le plus léger soupçon sur madame Dorsigny. Je redoutois la partie de campagne; mais je me rassurai. Je comptai qu'après avoir réussi à l'abuser pendant le souper, cela me seroit aussi facile à la campagne, et je la pressai d'y venir. Elle fit des difficultés qui m'étonnèrent ; mais enfin elle y consentit, et nous partîmes le lendemain. Je m'y rendis de mon côté pour éviter de me trouver avec l'une ou l'autre de ces deux rivales.

La campagne se passa comme le souper : j'y fus d'abord contraint, madame de Selve fort sérieuse, et madame Dorsigny très étourdie. La tranquillité de madame de Selve me rendit la sécurité. Je la crus assez aveugle pour que je n'eusse pas besoin de garder des ménagements; le plaisir l'emporta sur l'estime, et je me livrai à toutes les fantaisies de madame Dorsigny. Elle ne parut pas elle-même faire plus d'attention à madame de Selve. En me rappelant ma conduite passée, j'ai senti combien il étoit important pour un honnête homme d'être attentif sur l'objet de son attachement : nos vertus ou nos vices en dépendent, avec cette différence que nous nous contentons quelquefois d'estimer les vertus, au lieu que nous partageons toujours les folies.

Je négligeois extrêmement madame de Selve, qui d'un autre côté étoit l'objet des égards et des attentions du reste de la compagnie. Nous gardions si peu de mesure, madame Dorsigny et moi, que les moins clairvoyants auroient pénétré le secret de notre commerce. Mais il éclata enfin aux yeux de celle à qui il m'importoit le plus de le dérober.

Nous nous étions retirés, madame Dorsigny et moi, dans un endroit du bois très peu fréquenté, où nous badinions avec une liberté qui n'avoit pas besoin de témoins. Le lieu, l'occasion et le plaisir nous séduisirent, nous le poussâmes aussi loin qu'il pouvoit aller, lorsque madame de Selve, qui cherchoit la solitude, fut conduite par le hasard dans le lieu même où nous étions. Elle nous trouva dans une situation qui n'étoit pas équivoque. Elle ne nous eut pas plus tôt aperçus qu'elle se retira précipitamment ; mais elle ne le put faire sans que nous fussions convaincus que rien ne lui avoit échappé.

On ne sauroit peindre la surprise et la douleur que nous éprouvâmes. Nous restâmes quelque temps immobiles et sans nous parler. J'étois au désespoir d'avoir eu pour témoin de mon infidélité celle même que j'outrageois, qui le méritoit si peu, et que je me flattois d'avoir impunément trompée jusque-là. J'avois le cœur déchiré. Madame Dorsigny, qui ne pénétroit pas le fond de mon ame, et qui n'imaginoit pas qu'un homme qui pour l'ordinaire n'est guidé que par le plaisir et la vanité pût en pareille occasion avoir des ménagements pour lui-même, croyoit que le malheur ne tomberoit que sur elle. Elle venoit d'être surprise par une femme qu'elle regardoit comme une rivale offensée ; d'ailleurs elle connoissoit son sexe, elle en jugeoit par elle-même, et sentoit qu'une femme n'a pas besoin de rivalité pour abuser d'un pareil secret. Elle se désoloit, et me dit qu'elle vouloit partir sur-le-champ pour Paris, sans oser retourner au château.

J'employai toutes les raisons imaginables pour la calmer, quoique j'eusse besoin moi-même d'un pareil secours. Je la rassurai sur la probité de madame de Selve. En effet, je craignois son ressentiment contre moi ; mais j'étois sûr de sa discrétion. Je fis comprendre à madame Dorsigny que notre départ en feroit plus penser que madame de Selve n'en pourroit dire.

Nous retournâmes au château avec la crainte et l'abattement de deux criminels. Avant que madame de Selve m'eût formé un cœur nouveau, j'aurois peut-être paru avec un air de triomphe. Il étoit déja tard, la compagnie étoit rassemblée, et l'on étoit près de se mettre à table. Madame Dorsigny dit qu'elle se trouvoit indisposée, et qu'elle avoit besoin de repos. Le maître de la maison crut qu'il étoit de la politesse de la presser de se mettre à table; et, quoiqu'elle eût desiré d'être seule, comme le trouble et la crainte étoient alors les principes de toutes ses actions, elle n'osa le refuser. Madame de Selve, qui savoit la cause de l'indisposition de madame Dorsigny, n'épargna rien pour la rassurer. Il n'y eut point de prévenances qu'elle ne lui fît, point d'attentions qu'elle ne lui marquât; il n'y avoit que l'excès de ses égards qui pût en déceler les motifs, c'est-à-dire sa compassion généreuse. Ils échappèrent à madame Dorsigny. Elle n'avoit ni le cœur assez délicat, ni l'esprit assez pénétrant pour démêler des principes de probité si peu communs. Madame Dorsigny se rassura, et crut que sa rivale n'avoit rien aperçu; car elle ne supposoit pas qu'une femme avec tant d'avantage pût n'en pas abuser. Sa gaieté revint avec sa santé, et, avant la fin du souper, elle fut aussi vive et aussi étourdie qu'elle eût jamais été. Madame de Selve étoit charmée que madame Dorsigny eût pris le change.

J'en jugeai différemment. Tout ce qui portoit le caractère de vertu me faisoit reconnoître madame de Selve. Elle étoit plus sensible au plaisir de rassurer madame Dorsigny, qu'elle ne l'eût été à sa reconnoissance, que celle-ci n'eût éprouvée qu'aux dépens de son bonheur.

Je n'osois regarder madame de Selve, et je craignois encore plus de me trouver seul avec elle. Je ne voulois pas tirer madame Dorsigny de l'erreur où elle étoit; mais je brûlois d'impatience d'être à Paris, où nous revînmes le lendemain.

La conduite que madame de Selve avoit tenue dans cette occasion m'ouvrit les yeux. Je compris que, si elle n'avoit pas eu jusqu'ici les preuves que je venois de lui donner de mon infidélité, elle l'avoit fort soupçonnée. Je vis clairement la cause de son chagrin et de sa réserve avec moi; mais je ne pouvois pas concevoir ce qui avoit pu l'empêcher de rompre. Je ne doutois point qu'elle n'eût voulu avoir des convictions, et je concluois qu'elle ne me reverroit que pour me donner mon congé. J'en étois au désespoir. Je n'avois plus, à la vérité, pour madame de Selve cette vivacité, cette fougue de passion qui m'avoit d'abord rendu tout autre objet importun; mais je ne l'en aimois pas moins. Mon amour, devenu plus tranquille, s'étoit uni à l'amitié la plus tendre. L'inconstance que j'avois dans l'esprit plus que dans le cœur, l'habitude d'intrigues où j'avois vécu, me faisoient toujours rechercher quelque commerce libre; mais j'aimois uniquement madame de Selve, et je sentois qu'elle étoit absolument nécessaire au bonheur de ma vie. Je ne pouvois penser sans frémir qu'elle alloit pour jamais me défendre de la voir.

Je lui aurois sacrifié madame Dorsigny et toutes les femmes du monde pour obtenir mon pardon. Je résolus d'aller voir madame de Selve, de lui avouer mes torts, de lui en marquer mes remords, et de tâcher de la fléchir; trop heureux d'accepter toutes les conditions qu'elle voudroit m'imposer.

J'y allai avec toutes ces craintes. Je l'abordai en tremblant. Elle me reçut avec un sérieux où je ne remarquai point d'indignation; je n'osois cependant ouvrir la bouche. Enfin, après mille combats que j'éprouvois intérieurement, je lui dis que je venois à ses pieds, comme un coupable, lui demander une grace dont je sentois que je n'étois pas digne. Madame de Selve eut pitié de mon trouble; elle ne me laissa pas continuer un discours qu'elle jugeoit qui me coûtoit si fort.

Je vois, me dit-elle, que vous commencez à connoître vos torts; mais peut-être ne vous reprochez-vous pas tous ceux que vous avez, et qui m'ont été les plus sensibles. Vous savez que je vous ai tout sacrifié; ne croyez pas que les sens m'aient séduite. Ce n'est pas que je n'aie partagé vos plaisirs; mais l'amour seul m'a déterminée. Je n'ai jamais eu d'autre desir que celui de faire votre bonheur. Ce n'est pas à vos serments que je me suis rendue: ils engageoient votre probité; mais ils ne sont pas le lien des cœurs, et je n'ai consulté que le mien. Vous n'en étiez pas moins obligé de les remplir; cependant j'ai vu combien vous craigniez que je ne vous en rappelasse l'idée, je n'en ai rien fait. Je vous aurois peut-être exposé au comble des mauvais procédés en refusant ma main; ou, si l'honneur vous l'eût fait accepter, je n'en aurois été que plus malheureuse. Vos engagements n'auroient fait qu'aggraver vos torts, et je vous serois devenue odieuse.

A ce mot, j'interrompis madame de Selve, je me jetai à ses genoux; je lui marquai le plus vif et le plus sincère repentir. Je la conjurai d'accepter ma main, et je lui jurai une fidélité éternelle.

Il n'est plus temps, me dit-elle; je crois vos offres et vos protestations sincères dans ce moment; mais vous promettez plus que vous ne pouvez tenir. Vous m'avez été infidèle, vous le seriez encore: il est possible de ne jamais l'être; mais il est sans exemple qu'on ne le soit qu'une fois. Il a été un temps où je pouvois me flatter de votre constance; vous aviez été livré à la galanterie et aux intrigues sans avoir aimé véritablement. L'amour pouvoit vous fixer, j'avois osé l'espérer; puisqu'il ne l'a pas fait, rien ne le peut faire. Vous pourriez observer les décences; mais les égards ne suppléent point à l'amour. Je n'ai pas vu votre refroidissement pour moi sans la douleur la plus amère. J'ai senti avant vous le premier instant de votre inconstance : une amante est bien éclairée. Je vous ai caché mes peines autant que je l'ai pu. J'ai dissimulé mon chagrin; les plaintes et les reproches ne ramènent personne. Je vous aurois affligé inutilement; vous n'étiez que réservé avec moi, et, si je vous avois paru plus pénétrante, je vous aurois peut-être obligé à recourir à la fausseté pour me tromper. Je vois que la constance n'est pas au pouvoir des hommes, et leur éducation leur rend l'infidélité nécessaire. Leur attachement dépend de la vivacité de leurs desirs : quand la jouissance, quand la confiance d'une femme, qui n'est crédule que parcequ'elle aime, les a éteints, ce n'est pas l'estime, ce n'est pas même l'amour qui les rallume, c'est la nouveauté d'un autre objet. D'ailleurs le préjugé encourage les hommes à l'infidélité; leur honneur n'en est point offensé, leur vanité en est flattée, et l'usage les autorise.

Si quelque chose me console, c'est de voir que

j'ai conservé votre estime, et j'oserois dire votre amour, ou du moins toute la tendresse dont votre cœur est encore capable. Vous ne m'avez pas été aussi infidéle que vous l'auriez peut-être desiré; car enfin il est toujours cruel d'avoir à combattre son cœur, et vous avez éprouvé des remords dont vous auriez été affranchi en cessant de m'aimer. Je possède uniquement votre cœur: je n'ai rien fait pour le perdre, et celles que vous pourrez me préférer dans vos plaisirs n'en seront peut-être pas dignes, ou du moins il ne dépendra pas de vous de les aimer.

Jugez à présent s'il me convient d'accepter votre main, moi qui ne pourrois être heureuse, si je ne trouvois à-la-fois dans mon mari et un amant et un ami. C'est de ce dernier titre que je suis le plus flattée. Je ne veux, je ne dois, et je ne puis en prétendre un autre. J'ai eu assez d'intérêt de vous étudier, et le temps de vous connoître. Votre cœur est bon et fidéle; mais votre esprit est léger, et la dissipation fait le fond de votre caractère. Suivez vos goûts, ayez des maîtresses; je serai trop flattée de rester votre amie : il est si rare que l'amitié survive ou succéde à l'amour! Que d'autres partagent vos plaisirs; je jouirai de toute votre confiance. Je n'aurai point de rivale dans mes sentiments, et j'ai trop de délicatesse et de fierté pour vous partager avec qui que ce soit. Tant que j'ai espéré de vous ramener, j'ai paru aveugle sur vos écarts; la persuasion où vous étiez de paroître innocent à mes yeux vous laissoit la liberté de cesser d'être coupable. Une pareille conduite de ma part ne vous imposeroit plus, et ne serviroit qu'à m'avilir.

Je fus si frappé de la sagesse du discours de madame de Selve, que tout mon amour se ralluma pour elle. Je n'avois dessein de lui sacrifier madame Dorsigny que comme une condition de notre réconciliation, et dans ce moment je lui aurois sacrifié l'univers. Je la conjurai de reprendre pour moi ses premiers sentiments, et d'accepter ma main pour gage des miens. Toutes mes protestations furent inutiles. Je trouvai madame de Selve également tendre dans l'amitié, et ferme dans sa résolution. Tous les droits de l'amant m'étoient interdits. Je vécus ainsi deux mois avec elle, sans la quitter un moment, sans voir aucune femme, et sans rien gagner par ma persévérance.

Enfin, désespérant de la fléchir, et n'osant la condamner, je cessai de la presser. Je me soumis à ses ordres, et je repris mes anciennes habitudes. Madame de Selve, qui le remarqua, fut la première à m'en parler, et je l'assurai qu'aussitôt qu'elle le voudroit, je lui sacrifierois tout pour revenir à elle. Je la voyois aussi assidûment que jamais, parceque sa présence ne m'embarrassoit pas, et que je n'étois plus occupé à lui cacher mes intrigues et mes remords.

Elle me parloit de mes maîtresses, elle m'en faisoit le portrait, et me donnoit des leçons pour ma conduite. J'admirois toujours la justesse de son esprit. Je ne lui faisois pas une infidélité, si je puis encore me servir de ce terme dans la situation singulière où je vivois avec madame de Selve, qui ne me fit découvrir de nouvelles qualités dans son ame, et de nouveaux charmes dans son esprit, et qui ne servît à m'attacher à elle de plus en plus.

Le commerce qui étoit entre madame de Selve et moi étoit assurément d'une espéce nouvelle. Je craignois quelquefois qu'il ne donnât atteinte aux sentiments qu'elle m'avoit juré de me conserver. J'en aurois été au désespoir; son cœur m'étoit encore plus précieux que tous mes plaisirs.

L'indulgence, lui disois-je, que vous avez pour toutes mes intrigues de passage ne peut venir que de votre indifférence. Il est sans doute bien bizarre que ce soit moi qui sois jaloux; mais enfin je ne puis me défendre d'un peu de jalousie lorsque je vous en vois si peu. Si vous me jugez innocent, vous ne vous croirez pas bien coupable vous-même d'écouter un autre amant. Madame de Selve ne pouvoit s'empêcher de rire de ma jalousie.

Ce ne seroit pas, me répondit-elle, votre conduite qui devroit me donner des scrupules si j'avois des complaisances pour quelqu'autre que pour vous; mais vous pouvez vous rassurer. Rien n'égaloit mon bonheur lorsque j'étois l'unique objet de vos empressements; mais j'aime encore mieux conserver votre cœur par mon indulgence que de vous éloigner par une sévérité dont l'effet retomberoit particulièrement sur moi. Si je suivois votre exemple, vous ne pourriez pas raisonnablement me blâmer. La nature n'a pas donné d'autres droits aux hommes qu'aux femmes; cependant vous auriez la double injustice de condamner en moi ce que vous vous pardonnez. Ce qui doit principalement vous rendre la tranquillité à cet égard, c'est que les femmes, avec plus de tendresse dans le cœur que les hommes, ont les desirs moins vifs. Les reproches injurieux qu'on leur fait, injustes en eux-mêmes, doivent plutôt leur origine à des hommes sans probité et maltraités des femmes, qu'à des amants favorisés. Pour moi, je vous avoue que je suis fort peu sensible aux plaisirs des sens; je ne les aurois jamais connus sans l'amour. J'ajouterois que les sens n'exigent que ce qu'on a coutume de leur donner, et que les hommes mêmes sont souvent plus occupés à les irriter qu'à les satisfaire. Ainsi soyez sûr de ma fidélité, quoique vous ne soyez pas en droit de l'exiger. Vous êtes moins heureux que moi, et j'ai plus de plaisir à vous aimer que vous n'en trouvez dans votre inconstance.

Mon admiration et mon respect augmentoient chaque jour pour madame de Selve. Ses sentiments me faisoient rougir des miens; mais ils ne me corrigeoient pas. Ce n'étoit pas la raison qui devoit me ramener et me guérir de mes erreurs; il m'étoit réservé de me dégoûter des femmes par les femmes mêmes. Bientôt je ne trouvai plus rien de piquant dans leur commerce. Leurs figures, leurs graces, leurs caractères, leurs défauts même, rien n'étoit nouveau pour moi. Je ne pouvois pas faire une maîtresse qui ne ressemblât à quelqu'une de celles que j'avois eues. Tout le sexe n'étoit plus pour moi qu'une seule femme pour qui mon goût étoit usé, et, ce qu'il y a de singulier, c'est que madame de Selve reprenoit à mes yeux de nouveaux charmes. Sa figure effaçoit tout ce que j'avois vu, et je ne concevois pas que j'eusse pu lui préférer personne. L'habitude, qui diminue le prix de la beauté, ajoute au caractère, et ne sert qu'à nous attacher. D'ailleurs mon inconstance pour madame de Selve lui avoit donné occasion de me montrer des vertus que je croyois au-dessus de l'humanité, et que mon injustice avoit fait éclater.

Madame de Selve reprit tous ses droits sur mon cœur, ou plutôt ce n'étoient plus ces mouvements vifs et tumultueux qui m'avoient d'abord entraîné vers elle avec violence, et qui étoient ensuite devenus la source de mes erreurs; ce n'étoit plus l'ivresse impétueuse des sens : un sentiment plus tendre, plus tranquille et plus voluptueux remplissoit mon ame; il y faisoit régner un calme qui ajoutoit encore à mon bonheur en me laissant la liberté de le sentir.

Je n'avois jamais cessé de voir madame de Selve. Mes visites, que j'avois suspendues pendant quelque temps lorsque je voulois lui dérober la connoissance de mes infidélités, redevinrent plus fréquentes aussitôt qu'elles ne furent plus contraintes. Bientôt je ne trouvai de douceur que chez elle. Insensiblement, et sans que je m'en aperçusse distinctement, le dégoût me détacha du monde que la dissipation m'avoit fait rechercher.

Ce fut madame de Selve qui me le fit remarquer la première. J'en convins avec elle, et je saisis cette occasion pour la presser de nouveau de recevoir ma main. J'y consens aujourd'hui, me dit-elle; je ne suis plus dans le cas de la refuser. Je ne crains plus de vous perdre; mais vous m'avouerez qu'il est bien singulier que, pour prendre un mari, j'aie été obligé d'attendre qu'il n'eût plus d'amour. C'est cependant ce qui me rend sûre de votre cœur. Ce n'est point mon amant que j'épouse; c'est un ami avec qui je m'unis, et dont la tendresse et l'estime me sont plus précieuses que les emportements d'un amour aveugle.

Comme notre mariage n'avoit besoin d'autres préparatifs que notre consentement, il fut bientôt conclu. Ce n'étoit plus les plaisirs de l'amour que nous cherchions ; un sentiment plus tendre régnoit dans mon cœur. J'étois charmé de m'être assuré pour toujours la possession de tout ce que j'avois de plus cher au monde, et d'être sûr de passer ma vie auprès de madame de Selve, en qui je trouvois les mêmes desirs. Le monde, bien loin d'être nécessaire à notre bonheur, ne pouvoit que nous être importun. Je proposai à madame de Selve d'aller passer quelque temps dans mes terres. Elle l'accepta avec empressement : elle me dit que partout elle ne desiroit que moi, et que les lieux où elle en jouiroit le plus tranquillement lui seroient toujours préférables. Il y a un an que nous avons quitté Paris, et nous n'y sommes pas rappelés par le moindre desir. Eh! qu'y ferions-nous? le monde est inutile à notre bonheur, et ne feroit que nous trouver ridicules. Nous sommes de plus en plus charmés de notre solitude. Je trouve l'univers entier avec ma femme qui est mon amie. Elle est tout pour mon cœur, et ne desire pas autre chose que de passer sa vie avec moi. Nous vivons, nous sentons, nous pensons ensemble.

Nous jouissons de cette union des cœurs qui est le fruit et le principe de la vertu. Ce qui m'attache le plus à ma femme c'est que je lui dois cette vertu précieuse, et sans doute elle me chérit comme son ouvrage. Je vis content, puisque je suis persuadé que l'état dont je jouis est le plus heureux où un honnête homme puisse aspirer.

C'est madame de Selve qui m'a fait connoître de quel prix est une femme raisonnable. Jusque-là je n'avois point connu les femmes ; j'en avois jugé sur celles qui partageoient mes égarements, et j'étois injuste à l'égard de celles-là même. De quel droit osons-nous leur reprocher des fautes dont nous sommes les auteurs et les complices? La plupart ne sont tombées dans le déréglement que pour avoir eu dans les hommes une confiance dont ils ne sont pas dignes. Plusieurs n'auroient jamais eu de foiblesses si elles n'eussent pas eu l'ame tendre, qualité qui naît encore de la vertu.

Les deux sexes ont en commun les vertus et les vices. La vertu a quelque chose de plus aimable dans les femmes, et leurs fautes sont plus dignes de grace par la mauvaise éducation qu'elles reçoivent. Dans l'enfance on leur parle de leurs devoirs sans leur en faire connoître les vrais principes ; les amants leur tiennent bientôt un langage opposé. Comment peuvent-elles se garantir de la séduction ?

L'éducation générale est encore bien imparfaite, pour ne pas dire barbare ; mais celle des femmes est la plus négligée : cependant il n'y a qu'une morale pour les deux sexes.

La célébre Ninon Lenclos, amante légère, amie solide, honnête homme et philosophe, se plaignoit de la bizarrerie et de l'injustice du préjugé à cet égard. J'ai réfléchi, disoit-elle, dès mon enfance sur le partage inégal des qualités qu'on exige dans les hommes et dans les femmes. Je vis qu'on nous avoit chargées de ce qu'il y avoit de plus frivole, et que les hommes s'étoient réservé le droit aux qualités essentielles ; dès ce moment je me fis homme ; elle le fit, et fit bien.

FIN DES CONFESSIONS DU COMTE DE ***.

HISTOIRE
DE
MADAME DE LUZ.

HISTOIRE

DE

MADAME DE LUZ,

ANECDOTE DU RÈGNE DE HENRI IV.

PREMIÈRE PARTIE.

Il semble que la vertu d'une femme soit dans ce monde un être étranger contre lequel tout conspire. L'amour séduit son cœur; elle doit être en garde contre la surprise des sens. Quelquefois l'indigence, ou d'autres malheurs encore plus cruels, l'emportent sur toute la fermeté d'une ame trop long-temps éprouvée : il faut qu'elle succombe. Le vice vient alors lui offrir des secours intéressés, ou d'autant plus dangereux, qu'il se montre sous le masque de la générosité. Le malheur les accepte, la reconnoissance les fait valoir, et une vertu s'arme contre l'autre. Environnée de tant d'écueils, si une femme est séduite, ne devroit-on pas regarder sa foiblesse plutôt comme un malheur que comme un crime? car enfin la vertu est dans le cœur, mais la malignité humaine ne veut juger ici que sur l'extérieur, quoique, dans d'autres occasions, elle cherche à développer le principe secret des actions les plus brillantes, pour en diminuer le prix et en obscurcir l'éclat. Quels sont donc les avantages d'une vertu si difficile à soutenir? Étrange condition que celle d'une femme vertueuse! Les hommes la fuient, ou la recherchent peu; les femmes la calomnient; et elle est réduite, comme les anciens stoïciens, à aimer la vertu pour la vertu seule.

La baronne de Luz est un des plus singuliers exemples du malheur qui suit la vertu. Elle étoit fort jeune lorsqu'elle épousa le baron de Luz. C'étoit un homme déja avancé en âge, d'une probité reconnue, et qui, sans avoir aucune des qualités brillantes, avoit toutes les essentielles. Il auroit pu rendre heureuse une femme dont l'âge eût été plus assorti au sien, et dont les devoirs n'eussent été troublés par aucune passion.

Madame de Luz étoit bien éloignée d'un état si tranquille. Peut-être ignoroit-elle encore elle-même le véritable état de son cœur, lorsqu'on disposa de sa main; mais elle ne fut pas long-temps sans le connoître. Elle avoit été élevée avec le jeune marquis de Saint-Géran, son cousin. L'habitude de se voir, la conformité de caractère, la jeunesse et les agréments qui leur étoient communs, avoient fait naître

entre eux l'inclination la plus forte; ils la sentoient,
ils ne la connoissoient pas; ils croyoient obéir à la
force du sang; mais ils ne furent pas plus tôt séparés
qu'ils s'aperçurent en même temps qu'ils se man-
quoient l'un à l'autre. Ils trouvèrent un vide dans
leur cœur; ils en soupirèrent; ils desirèrent de se
revoir; ils se revirent; le sang qui les unissoit étoit
un prétexte naturel. Mais cette vue, qui étoit pour
eux autrefois un plaisir aussi tranquille que vif,
sembloit alors augmenter leur chagrin. Ils se regar-
doient en rougissant. Les mêmes sentiments donnent les mêmes idées : ils n'osoient se parler, mais
ils s'entendirent. Malgré les plaisirs et les dissipations qu'on s'empresse de procurer aux nouvelles
mariées, madame de Luz fut assez triste. Le baron
de Luz, qui ne connoissoit pas encore sa femme,
attribua sa mélancolie à un caractère sérieux; il n'en
fut pas fâché, ces caractères suppléent quelquefois
à l'âge.

Le marquis de Saint-Géran continuoit toujours
de voir sa cousine. Le monde qui se trouvoit chez
elle empêchoit qu'on ne remarquât l'embarras qu'ils
avoient l'un avec l'autre; mais enfin ils se trouvèrent seuls. Une entrevue particulière, après laquelle
les amants soupirent ordinairement, étoit l'objet de
la crainte de deux personnes qui, loin de s'être
communiqué leurs sentiments, n'osoient pas se les
avouer à eux-mêmes.

Le marquis de Saint-Géran s'étant un jour présenté chez M. de Luz, ses gens lui dirent qu'il étoit sorti pour quelques affaires, et que madame de Luz étoit un peu incommodée.

M. de Saint-Géran, que l'idée du tête-à-tête avoit d'abord ému, voulut se retirer, en disant qu'il craignoit de l'importuner, lorsqu'un valet-de-chambre lui dit que les ordres n'étoient pas pour lui, et que M. de Luz avoit même ordonné, en sortant, qu'on allât le prier de venir tenir compagnie à madame. Le valet-de-chambre, sans attendre la réponse du marquis, s'avança en même temps vers l'appartement de madame de Luz, et annonça M. de Saint-Géran.

Madame de Luz fut encore plus interdite que le marquis. Il la salua d'un air mal assuré; leur embarras étoit égal. Cependant M. de Saint-Géran, faisant effort pour dissiper son trouble: Madame, lui dit-il, vos gens viennent de m'apprendre que vous étiez indisposée. Il est vrai, monsieur, lui répondit-elle. Ils furent ensuite, l'un et l'autre, quelque temps sans parler. Tous deux craignoient de laisser pénétrer leurs sentiments; tous deux gardoient le silence: qu'auroient-ils pu se dire qui les décelât davantage? Ils s'en aperçurent en même temps.

Il me semble, madame, dit M. de Saint-Géran, que ma présence vous incommode, et que madame de Luz n'est plus ce que mademoiselle de Saint-

Géran étoit pour moi. Vous vous trompez, monsieur, je vois toujours mes amis avec plaisir, et vous avez pu apprendre que M. de Luz vous avoit envoyé prier de passer ici la journée. Oui, madame, répliqua M. de Saint-Géran; je comprends aisément qu'un tel ordre ne pouvoit venir que de lui, et que ce n'est pas à vous-même que j'aurois dû le bonheur de vous voir. Eh! pourquoi, monsieur? dit madame de Luz. Ah! madame, reprit M. de Saint-Géran, je ne sens que trop que vous avez pénétré mes sentiments, qu'ils vous déplaisent, et que vous m'en punissez. Vos sentiments! monsieur, répliqua-t-elle; pourriez-vous en avoir qui fussent offensants pour moi? Hélas! reprit M. de Saint-Géran, ils ne devroient pas l'être. Élevé avec vous dès l'enfance, séduit par le charme de l'amitié, je me suis livré aux mouvements de mon cœur : aurois-je dû prévoir que ce qui faisoit alors le bonheur de ma vie en feroit un jour le malheur? car enfin, j'ai pour vous la passion la plus forte : je l'ai toujours eue sans doute; et il falloit que je ne connusse véritablement mon cœur que lorsque mon malheur seroit complet.

Madame de Luz, aussi surprise que si elle n'eût pas eu les mêmes sentiments, demeura quelque temps interdite, et elle ne prit la parole que pour empêcher M. de Saint-Géran de poursuivre. Quel espoir, lui dit-elle, monsieur, fondez-vous sur un pareil aveu? Ah! madame, reprit M. de Saint-Géran, s'il me restoit encore quelque espoir, j'aurois eu plus de discrétion; mais je vois avec douleur que je vous ai perdue sans ressource; et c'est dans le moment même où je vous perds que je sens combien vous étiez nécessaire au bonheur de ma vie. Je ne croirai jamais, monsieur, reprit-elle, que votre sort puisse être attaché au mien; mais je n'aurois pas dû craindre que ce fût de votre part que je fusse obligée de souffrir un pareil discours. Ah! madame, répliqua M. de Saint-Géran, mon malheur peut-il me rendre criminel? Quelque violente que soit ma passion pour vous, je sens qu'elle me rend malheureux; mais elle ne peut jamais intéresser votre gloire. L'aveu, du moins, en est offensant, reprit madame de Luz; ma jeunesse et ma conduite m'ont donné peu d'expérience sur un tel sujet, et votre discours doit être bien nouveau et bien étrange pour moi; mais je ne laisse pas de croire qu'un tel aveu marque toujours un espoir outrageant. Quelque amitié que j'aie eue jusqu'ici pour vous, quoique les liens du sang pussent la faire naître et l'autoriser, je ne sais si je puis encore, sans crime, la conserver à un homme qui m'estime assez peu pour oser espérer davantage. Eh quoi! madame, reprit M. de Saint-Géran, ne suis-je pas assez malheureux? pourquoi voulez-vous que je sois coupable? De grace, n'ajoutez pas à mon malheur; rien ne peut l'adoucir que l'amitié dont vous m'honoriez. Ne me la refusez pas, cette cruelle amitié. Je craindrois, dit madame de Luz, que mes sentiments, qui jusqu'à ce jour étoient innocents, ne cessassent de l'être, ou du moins ne fussent dangereux à mon repos : cependant je vous les conserverai toujours, si vous continuez à les mériter en vous défaisant des vôtres; j'en crains trop les suites; et, si vous voulez me persuader de la sincérité de votre repentir, j'exige que vous cessiez de me voir : De vous voir, madame! s'écria M. de Saint-Géran. Oui, monsieur, reprit-elle aussitôt, du moins pendant quelque temps; j'en vois la nécessité, et pour vous et pour moi. Madame, ajouta M. de Saint-Géran, quoique vous exigiez le plus cruel sacrifice, je respecterois assez vos ordres pour m'y soumettre; mais daignez faire attention que le public est témoin de mes visites : elles ne lui sont pas suspectes, le sang qui nous unit les autorise; on sera surpris de mon éloignement, on en cherchera les raisons, et celles que l'on suppose sont toujours plus injurieuses que les véritables. Monsieur, reprit madame de Luz, je suis très sensible à vos craintes ou à vos égards; mais des scrupules imaginaires ne doivent pas balancer un péril certain pour mon repos et pour mon honneur; vous avez d'ailleurs un moyen bien simple de me satisfaire, sans courir tous les risques que vous paroissez appréhender; vous pouvez aller quelque temps à la campagne, les prétextes en sont toujours prêts. Je vous en prie par l'amitié que j'ai toujours eue pour vous, et qui, dites-vous, vous est chère : je vous l'ordonne, si j'ai quelque droit sur votre cœur; et si ces motifs ne sont pas capables de vous déterminer, mon ressentiment me fournira d'autres moyens pour vous interdire ma présence.

M. de Saint-Géran alloit sans doute répliquer ; et peut-être eût-il promis d'obéir aux ordres de madame de Luz : le respect d'une passion naissante est plus sûr que la reconnoissance d'un amour heureux et satisfait. Mais le baron de Luz rentra dans ce moment. Son arrivée les troubla l'un et l'autre ; le baron n'y fit pas attention. Les personnes qui ont passé l'âge des passions, ou qui n'en ont jamais connu les égarements, ne sont pas ordinairement les plus clairvoyantes. Le baron, sans prendre garde à leur embarras, alla d'abord embrasser son cousin.

Madame de Luz, desirant que le marquis de Saint-Géran prît le parti qu'elle avoit exigé de lui, s'adressa sur-le-champ à M. de Luz : Le marquis, lui dit-elle, venoit ici prendre congé de vous; il va passer trois mois dans ses terres. Ah! ah! dit le baron, quel esprit de retraite, marquis, vient vous saisir, et vous fait subitement abandonner la cour? Auriez-vous donc des affaires si pressées qui exigeassent votre présence chez vous? M. de Saint-Géran n'osant ni désavouer ouvertement madame de Luz, ni se résoudre à l'abandonner : Ce ne sont pas, dit-il, précisément des affaires qui m'appellent en province; mais j'avois quelque dessein d'aller dans mes terres.

Oh bien! reprit le baron de Luz, puisque vos affaires ne sont pas plus importantes, je compte que vous me les sacrifierez, et que vous nous accompagnerez. J'arrive du Louvre, où le roi m'avoit ordonné de me rendre. Il vient de me donner la lieutenance générale de Bourgogne; il me l'a annoncé lui-même, et je ne saurois trop me presser de partir, et d'aller, par mes services, mériter ses bontés. Je vais donner ordre aux équipages qui nous sont nécessaires. Comme le maréchal de Biron demeurera encore quelque temps à la cour, les affaires du gouvernement de la province rouleront sur moi pendant son absence, et je veux que vous veniez avec madame de Luz m'aider à en faire les honneurs. Madame de Luz, qui vit toutes les suites d'un pareil engagement, voulut l'éviter, et, prenant la parole : Personne, dit-elle, ne seroit plus propre que M. de Saint-Géran à nous rendre le service que vous lui demandez; mais ce seroit abuser de sa complaisance que de lui faire abandonner ses affaires; et, s'il ne va pas dans ses terres, il est obligé de rester ici pour faire sa cour. Bon! reprit M. de Luz, on ne sauroit mieux faire sa cour au roi qu'en allant apprendre le métier de la guerre. Il viendra avec moi. Le roi accorde plutôt les emplois aux services, et à ceux qui marquent l'envie de s'instruire, qu'à toutes les importunités d'un courtisan oisif. Si quelque autre chose pouvoit le retenir à Paris, ce seroit sans doute une maîtresse; il est jeune et aimable, il en trouvera par-tout; et je suis sûr que, si vous le priez bien de faire ce voyage avec nous, il ne vous refusera pas, et qu'il sacrifiera ses maîtresses à ses amis.

M. de Saint-Géran, croyant avoir marqué assez de déférence aux ordres de madame de Luz en ne se pressant pas d'accepter la proposition du baron, répondit que personne ne connoissoit mieux que lui la force de l'amitié, et qu'il étoit disposé à les accompagner par-tout. Je n'en doutois point, marquis, reprit le baron de Luz. Dans le moment plusieurs personnes entrèrent pour lui faire leur compliment, et M. de Saint-Géran sortit.

Quoique madame de Luz n'eût pas reçu la déclaration de M. de Saint-Géran d'une façon à lui donner de grandes espérances, il se sentoit fort soulagé. Quelle que soit l'idée qu'on a de la vertu d'une femme, ce n'est certainement que l'espoir qui fait qu'on lui déclare l'amour qu'on ressent pour elle; et l'on n'est jamais malheureux quand on espère. Madame de Luz même, née avec la vertu la plus pure, attachée à ses devoirs, et craignant les suites d'un pareil engagement, n'étoit pourtant pas encore aussi affligée qu'interdite. Elle ne pouvoit plus se dissimuler ses propres sentiments pour M. de Saint-

Géran. Elle sentoit combien il lui étoit cher. Il auroit été trop humiliant pour elle d'aimer seule. Elle venoit de connoître toute la passion de M. de Saint-Géran. Ainsi, quoiqu'elle redoutât le danger où elle alloit être exposée, en vivant aussi intimement avec lui, quoiqu'elle eût fait tous ses efforts pour s'en séparer, elle ressentoit involontairement un plaisir secret. La nature est avant tous les devoirs, qui ne consistent souvent qu'à la combattre.

M. de Saint-Géran n'étoit pas le seul sur qui les charmes de madame de Luz eussent fait impression; il avoit plusieurs rivaux cachés, qui n'attendoient que le moment de se déclarer.

Aussitôt qu'une femme paroît à la cour, son mari semble être la personne qui lui convient le moins. Ceux qui n'ont point encore de commerce réglé viennent offrir leurs soins. Les amants déja pourvus veulent du moins en être les médiateurs. On consulte particulièrement les convenances de société, et, si l'on peut, le repos du mari et le goût de la femme.

Parmi ceux auxquels on n'auroit jamais pensé, il y en eut plusieurs qui se mirent sur les rangs, et qui prétendirent plaire à madame de Luz.

M. de Thurin parut un des plus empressés. Ce n'étoit pas qu'il fût de la cour; son état sembloit même l'en exclure : il étoit conseiller au parlement.

Les magistrats, alors appliqués aux affaires, ne

sortoient guère de la gravité de leur place et de leur caractère. Ils n'alloient à la cour que lorsque le roi les mandoit, ou qu'ils étoient obligés de lui représenter les besoins du peuple. Ils y étoient annoncés, attendus, et reçus avec distinction. Dans tout autre temps, le poids, le nombre et la discussion des affaires leur donnoient assez d'occupation, et ils tiroient leur considération du pouvoir qu'ils ont de juger de la vie et des biens de ceux qu'on appelle communément des seigneurs, et qu'ils ne voyoient qu'en recevant chez eux leurs sollicitations.

M. de Thurin fut un des premiers qui ne comprit pas toute la dignité de ces mœurs. Il imagina qu'elles étoient trop simples : et dès-lors on commença à prostituer son état, en le voulant illustrer. De jeunes magistrats méprisèrent leurs devoirs, au lieu de se mettre en état de les remplir : les imitateurs ne saisissent ordinairement que les ridicules de leurs modèles. Ces jeunes sénateurs s'imaginèrent que, pour être courtisans, il suffisoit de jouer gros jeu, de perdre en ricanant, d'avoir une avarice contrainte, et de dire des fadeurs à une femme.

M. de Thurin, entre autres, crut que sa gloire seroit hors de toute atteinte, s'il pouvoit faire croire que madame de Luz fût sur son compte. Il commença à lui faire sa cour par air ; mais il en devint bientôt éperdument amoureux. Dans le premier cas, il n'eût été que ridicule; son amour le rendit odieux : il avoit à combattre le rang, le cœur et la vertu.

M. de Thurin offrit bientôt son hommage à madame de Luz. Les amants d'un rang inférieur sont ordinairement timides ou insolents. Thurin parut l'un et l'autre dans sa conduite, et fut toujours le dernier dans le caractère.

M. de Thurin avoit réellement de l'esprit, et fut dans la suite employé dans les grandes affaires. Mais, au lieu de s'occuper alors des devoirs de son état, il avoit la ridicule ambition d'être de la cour; et l'on n'en est pas toujours, quoiqu'on affecte d'y vivre. Il n'est que trop ordinaire de voir le goût du frivole et la dissipation étouffer ou suspendre les talents les plus graves et les plus importants.

M. de Thurin étoit dans cette folle ivresse, lorsqu'il jugea à propos de s'attacher à madame de Luz. Il commença par employer le langage des yeux. Le peu de vraisemblance de ses prétentions fit que madame de Luz ne s'en aperçut pas d'abord. M. de Thurin crut devoir se rendre plus intelligible. Se trouvant un jour auprès de madame de Luz : Madame, lui dit-il, il est bien dangereux de vous voir. Eh! pourquoi, monsieur? lui répondit madame de Luz. J'avois osé croire que mon caractère étoit assez sûr pour mériter des amis. Il n'y a personne, madame, reprit M. de Thurin, qui n'aspirât à cette gloire; on ne sauroit sans doute vous refuser l'estime que vous méritez; mais il est bien difficile de s'en tenir à des sentiments aussi simples et aussi tranquilles, et je sens qu'il m'en a coûté ma liberté.

Madame de Luz ne fut pas si embarrassée de la déclaration de M. de Thurin qu'elle l'avoit été de celle de M. de Saint-Géran : la liberté du cœur donne celle de l'esprit. En vérité, monsieur, lui dit madame de Luz, je n'aurois pas imaginé que vous fussiez si galant : comment, au milieu des affaires graves qui vous occupent, pouvez-vous conserver assez de gaieté pour badiner avec autant d'agrément ? Ah ! madame, reprit M. de Thurin, je n'ai ni le cœur, ni l'esprit aussi libres que vous le supposez. Le desir de vous plaire est la seule affaire qui m'occupe; et je sens que, si vous ne me permettez pas de l'espérer, je serai le plus malheureux de tous les hommes. Mais, reprit madame de Luz, c'est donc sérieusement que vous êtes amoureux de moi ? M. de Thurin voulut alors expliquer tous ses sentiments; et, pour en faire mieux sentir le prix, il se répandit dans les protestations d'une constance éternelle qu'on ne lui demandoit point. Le désordre de ses discours fit aisément connoître à madame de Luz qu'il étoit véritablement amoureux. Leur conversation n'eut pas plus de suite ce jour-là; mais, quelques jours après, M. de Thurin voulut la reprendre : madame de Luz lui répondit toujours en plaisantant; et, pour se dispenser de lui parler plus sérieusement, elle affecta de n'être pas persuadée de son amour.

M. de Thurin se flattoit cependant de la rendre sensible, et ne pouvoit pas s'imaginer qu'une femme pût refuser son hommage. Il en devint plus importun : madame de Luz le trouvoit par-tout, et il ne manquoit jamais de l'entretenir de sa passion quand il pouvoit s'approcher d'elle, ou de s'expliquer par ses regards lorsque la présence de quelqu'un l'empêchoit de s'exprimer autrement. Madame de Luz s'en trouva fatiguée.

La plupart des femmes qui ne sont pas sensibles à la passion d'un homme qu'elles regardent comme leur inférieur, ne se font pas un scrupule d'en plaisanter assez hautement, et veulent le punir par le ridicule ; mais une femme raisonnable ne se permet pas cette conduite. Madame de Luz jugea qu'il étoit plus décent de n'être la matière d'aucune histoire, et de rappeler M. de Thurin à sa raison. Un honnête homme, qui peut d'ailleurs mériter quelques égards, est déja assez malheureux d'aimer sans être aimé, sans devenir encore l'objet du mépris. Une femme, qui en pareille matière plaisante de la foiblesse d'un homme, a pour l'ordinaire de l'indulgence pour quelqu'autre plus heureux.

Madame de Luz prit donc le parti de parler avec bonté à M. de Thurin, avant que l'amour lui fît faire quelque folie d'éclat. La première fois que M. de Thurin voulut encore lui parler de sa passion, elle lui dit qu'elle avoit imaginé que sa conduite avec lui n'avoit pas dû lui donner assez d'espérance pour qu'il continuât sa poursuite, qui devenoit enfin une persécution; qu'elle lui conseilloit de se défaire d'une passion inutile; qu'elle l'estimoit assez pour le recevoir au rang de ses amis, pourvu qu'il ne lui laissât pas soupçonner davantage qu'il eût d'autres desseins.

Un discours aussi simple et aussi sensé auroit dû guérir M. de Thurin de son amour, ou du moins lui ôter tout espoir de réussir; mais, pour un homme vain et présomptueux, tout est faveur. Il se persuada que la douceur et la modération de madame de Luz ne marquoient pas une ame invincible; qu'il en devoit concevoir les plus flatteuses espérances, et qu'il touchoit au moment d'être l'amant le plus heureux. Il résolut de se conduire d'après cette idée; et, au lieu d'accepter le parti que madame de Luz avoit bien voulu lui offrir, il lui parla avec une confiance avantageuse dont elle fut extrêmement offensée. Elle prit un ton aussi fier et aussi imposant qu'elle avoit eu jusqu'alors d'indulgence. Je vous prie, lui dit-elle, de ne paroître jamais devant moi, et de songer qu'une femme de mon rang peut être déshonorée et par l'amour et par l'amant. Un homme assez vain pour croire qu'il ne peut jamais être l'objet du mépris, y est d'autant plus sensible lorsqu'il ne peut plus se le dissimuler. M. de Thurin le sentit vivement ; il auroit desiré ardemment de s'en venger ; mais il comprit qu'il ne lui restoit d'autre parti à prendre que celui du silence.

Cependant M. de Saint-Géran n'avoit point eu de conversation particulière avec madame de Luz depuis que le baron de Luz l'avoit engagé à venir en Bourgogne. Il évitoit même de se trouver seul avec elle. Il n'ignoroit pas qu'elle craignoit ce voyage, et il ne doutoit point qu'elle n'eût exigé de lui de le rompre ; il ne se sentoit pas capable de lui faire un tel sacrifice, et il ne vouloit pas s'exposer à lui désobéir ouvertement.

Cependant le baron de Luz faisoit tous ses préparatifs. Il fut bientôt en état de partir. Il prit congé du roi ; et, quelques jours après, madame de Luz, M. de Saint-Géran et lui, se rendirent à Dijon. Le baron de Luz s'étant absolument livré aux affaires du gouvernement, M. de Saint-Géran ne manquoit pas d'occasions de se trouver seul avec madame de Luz. Il n'osa pas d'abord lui parler de sa passion ; mais toutes ses actions la prouvoient. Madame de Luz, pour le rendre encore plus retenu, étoit extrêmement sérieuse avec lui. Mais enfin M. de Saint-Géran, prenant occasion de la tristesse même de madame de Luz pour rompre le silence : Je vois avec douleur, lui dit-il, madame, que ma présence ici vous déplaît. Rien ne seroit si sensible pour moi que le bonheur de vivre auprès de vous si j'en jouissois de votre aveu ; mais, si vous me voyiez avec peine, je ne me pardonnerois pas de vous avoir suivie. Vous savez que, soumis à vos ordres, j'ai fait tous mes efforts pour les exécuter; et je n'ai cédé aux instances de M. de Luz que lorsque j'ai vu que je ne pouvois les combattre davantage sans manquer à ce que je lui dois. Je veux croire, répondit madame de Luz, que c'est uniquement le desir d'obliger M. de Luz qui vous a fait accepter ce voyage. En effet, si mes ordres ou mes prières avoient eu plus de pouvoir sur vous, vous n'auriez pas été fort embarrassé à trouver des raisons pour vous en dispenser. Eh quoi ! madame, répliqua M. de Saint-Géran, ne devez-vous pas être satisfaite de ma soumission? et falloit-il encore que je fusse assez ennemi de moi-même pour refuser un bien que je ne dois qu'à la fortune ? Ne m'enviez pas le bonheur de vous voir. Mon respect et la pureté de mes sentiments ne doivent pas vous les faire condamner. Que pouvez-vous en appréhender? Tout, monsieur, répliqua madame de Luz. Le bonheur de la vie d'une femme dépend d'être attachée à ses devoirs. Il n'y a de véritable tranquillité pour elle que dans la vertu ; et n'est-ce pas déja la trahir que de recevoir l'aveu de votre passion ? Car enfin quel est votre objet en m'aimant? De vous aimer, madame, reprit M. de Saint-Géran; je n'en ai point d'autre : votre vertu peut-elle en être blessée ? Peut-elle dépendre de ma passion ? Suis-je moi-même le maître de mon cœur ? Mes vœux n'ont rien d'offensant pour vous. Je ne vous demande point de retour. Souffrez seulement l'aveu de ma passion ; mon bonheur dépend de vous aimer, de vous le dire et de vous voir. Mais, monsieur, reprit encore madame de Luz, malgré la pureté de vos intentions, cette indulgence de ma part ne sera-t-elle pas criminelle? Si le ciel, pour m'en punir, venoit à me rendre sensible? Ah! madame, s'écria M. de Saint-Géran, serois-je assez heureux pour que vous pussiez concevoir une pareille crainte?

Le transport et la vivacité de M. de Saint-Géran firent sentir à madame de Luz qu'elle venoit de s'engager plus avant qu'elle n'en avoit dessein : elle en rougit ; et son embarras en dit plus à M. de Saint-Géran qu'il n'auroit osé l'espérer. Il survint alors du monde qui interrompit leur conversation, et qui donna à madame de Luz la liberté de se remettre un peu du trouble qu'elle ressentoit.

Depuis cet entretien, M. de Saint-Géran se livra aux plus douces espérances. Il ne douta point qu'il ne fût aimé. L'amour est toujours assez pénétrant sur ce qui peut le flatter, et passe naturellement de la timidité à la présomption. M. de Saint-Géran s'empressoit de marquer chaque jour à madame de Luz l'excès de sa passion. Ses regards, ses actions, toutes ses attentions étoient de l'amant le plus tendre et le plus vif. En même temps qu'il cherchoit à la toucher par la vivacité de son amour, il n'oublioit rien pour la rassurer par ses respects. La confiance d'avoir plu donne de plus en plus les moyens de plaire. Madame de Luz y fut enfin sensible, ou plutôt elle ne songea plus à le cacher. Elle avoit d'abord tâché de se dissimuler à elle-même ses véritables sentiments : bientôt elle les laissa connoître à celui qui en étoit l'objet.

Un jour que M. de Saint-Géran l'entretenoit de sa passion : Comme je crois, lui dit-elle, que je puis encore plus compter sur votre amitié que sur votre amour; que l'ami me touche plus en vous que l'amant, je ne crains point de vous laisser voir le fond de mon ame. Vous m'avez toujours été cher, je vous ai aimé presqu'en naissant. Unis dès l'enfance, je n'ai pu combattre une inclination dont je n'ai pas aperçu la naissance. J'aurois fait mon bonheur d'être unie avec vous par des liens éternels; mais puisque le sort en a disposé autrement, au lieu de nous livrer au penchant de notre cœur, ne seroit-il pas plus sage de chercher à en triompher pour assurer notre repos, que de nous abandonner à une passion inutile. Je vous aime, je ne prétends point vous le cacher, je ressens même du plaisir à vous le dire; mais n'attendez rien de moi qui soit contraire à mon devoir. Je veux croire même que vous ne m'avez jamais fait l'injure de l'espérer.

Je veux que mon honneur vous soit aussi cher qu'à moi-même; et j'ai plus de confiance dans la fidélité de votre amitié que de crainte de la vivacité de vos desirs.

Oui, madame, répondit M. de Saint-Géran, oui, vous me rendez justice; je vous serai toujours inviolablement attaché; ma passion sera toujours pour vous la plus vive et la plus pure. M. de Saint-Géran, en prononçant ces paroles, se jeta aux pieds de madame de Luz, et lui baisa la main. Il s'en falloit peu qu'en lui protestant de la pureté de ses feux il ne lui donnât des preuves du contraire. Madame de Luz elle-même, plus occupée du discours qu'attentive à l'action de M. de Saint-Géran, en recevant ces protestations, ne pouvoit se défendre d'un plaisir secret qu'elle ne démêloit qu'imparfaitement, et qui fait le charme de l'ame sans alarmer l'innocence. Depuis ce moment heureux, toutes les fois que ces amants se trouvoient seuls, leur amour faisoit la matière et le charme de leurs entretiens.

Il y avoit peu de jours que M. de Saint-Géran n'eût pas osé espérer un état aussi charmant que celui dont il jouissoit alors. Des idées tendres et délicates l'occupèrent pendant quelque temps; mais en amour il suffit d'obtenir pour prétendre. Il y a un terme pour lequel l'amant soupire, vers lequel il se porte, même en protestant, même en croyant le contraire. M. de Saint-Géran, en admirant la vertu de madame de Luz, faisoit tous ses efforts pour la séduire. Je suis, lui disoit-il, le plus heureux des hommes; mais je pourrois l'être encore davantage : pourquoi faut-il que l'amour et le devoir aient des droits séparés? Devroit-il y en avoir qui fussent interdits à l'amant? M. de Saint-Géran essayoit par là de persuader à madame de Luz l'innocence de sa passion, et de lui prouver la vivacité de ses desirs. Il cherchoit aussi à faire naître ces conversations qui, en échauffant l'imagination, peuvent enflammer les sens, et dont il espéroit recueillir le fruit. Lorsque de pareils discours ne peuvent ébranler la vertu, ils ne servent souvent qu'à lui donner des scrupules et des remords, et madame de Luz en éprouvoit de cruels. Les hommes, disoit-elle, n'ont en aimant qu'un intérêt, c'est le plaisir ou une fausse gloire; nous en avons un second beaucoup plus cher, qui est l'honneur et la réputation : c'est de là que dépend notre vrai bonheur. De la perte de l'honneur naissent des malheurs trop certains. Ce n'est pas que je craigne de trahir jamais la vertu; mais je ne suis peut-être déja que trop criminelle de vous avoir laissé voir mes sentiments, de ne les avoir pas assez combattus; ou, si ce n'est pas un crime de ne pouvoir régler les mouvements de son cœur, c'est du moins un très grand malheur.

Lorsque madame de Luz se livroit à ces réflexions, M. de Saint-Géran n'oublioit rien pour dissiper ses craintes, et pour lui persuader que leur union n'offensoit pas la vertu la plus pure. Si le public même, disoit-il, venoit à pénétrer le secret de notre cœur, pensez-vous qu'il osât nous condamner? N'avons-nous pas à la cour une estime singulière pour les amants dont le commerce est fondé sur une passion que la constance rend respectable? De tels amants sont plus estimables que des époux que les lois forcent de vivre ensemble; car il faut qu'une passion toujours heureuse et toujours constante soit fondée sur des qualités supérieures, et sur une estime réciproque. Si le commerce de deux amants n'étoit pas innocent, auroit-on imaginé de leur imposer des devoirs? Cependant les amants ont les leurs comme les époux; ils en ont même de publics, et que les personnes mariées ne peuvent pas s'empêcher d'approuver. Voyez, par exemple, le chevalier de Sourdis: il a été à la mort; madame de Noirmoutier, par une discrétion mal entendue, n'osoit pas aller le voir. M. de Noirmoutier, qui n'ignore pas leur liaison, a été le premier à conseiller à sa femme de rendre à son ami ce qu'elle lui devoit, sans quoi elle ne donneroit pas bonne idée de son cœur. Elle n'a plus quitté son amant pendant tout le cours de sa maladie: elle a été généralement approuvée, et le roi lui en a su bon gré. J'avoue, répondit madame de Luz, que, si vous étiez dans un état pareil à celui du chevalier de Sourdis, je serois dans des inquiétudes mortelles : je sens que vous m'êtes bien cher ; mais je ne sais si j'oserois laisser paroître mes alarmes, et mon état en seroit d'autant plus cruel.

C'étoit ainsi que M. de Saint-Géran vivoit avec madame de Luz. Il ne pouvoit pas douter qu'il ne fût tendrement aimé, et qu'elle n'eût fait son bonheur d'être unie avec lui ; mais elle ne cessoit de lui répéter que, le sort en ayant disposé autrement, elle ne lui sacrifieroit jamais ses devoirs. Elle n'avoit avec lui ni caprices, ni humeur, ni dédain. M. de Saint-Géran n'éprouvoit enfin, de la part de madame de Luz, aucune de ces bizarreries qui marquent une inégalité de cœur et d'esprit, qui font aujourd'hui le malheur d'un amant, et qui demain peuvent l'en dédommager par un caprice plus favorable.

Madame de Luz, toujours tranquille, toujours la même, ne cachoit plus à M. de Saint-Géran l'état de son cœur. Elle sentoit, elle convenoit avec lui qu'on n'est pas maître d'en disposer; qu'il y avoit même plus de vertu à suivre ses devoirs contre son penchant, et à distinguer les droits du mari d'avec ceux de l'amant. Quand on connoît les limites de la vertu, quand on ne s'exagère point ses devoirs, on est incapable de les violer.

Insensiblement M. de Saint-Géran s'étoit fait aux idées et à la vertu de madame de Luz. Il sembloit que son amour ne fût plus qu'une amitié tendre, une jouissance de l'ame qui renaît d'elle-même, toujours nouvelle, et préférable sans doute au commerce le plus vif. Quel bonheur d'admirer ce qu'on aime! Quelque chimérique que cet état paroisse à la plupart des hommes, peuvent-ils y préférer un commerce languissant, où souvent le dégoût succède au plaisir? Ce n'est pas un vice de notre ame, c'est celui de nos organes. La nature n'a attaché la vivacité de nos goûts qu'à la nouveauté des objets; et, s'il étoit possible d'apercevoir dans un seul instant tout ce qu'il y a de charmes dans un objet, il n'inspireroit peut-être qu'un seul desir, et la jouissance ne seroit pas suivie d'un second. Mais on ne découvre que successivement ce que cet objet a de piquant; le commerce se soutient quelque temps; mais enfin le goût s'épuise : je n'en voudrois pas même d'autres juges que ceux dont la vie est une inconstance perpétuelle; que ces hommes dont une figure aimable, un jargon séduisant, une saillie brillante font tout le mérite, et dont la raison détruiroit les graces. Courus des femmes, le plaisir et la vivacité les emportent; mais bientôt la multiplicité des objets ne leur offre plus de variété: rien ne pique leur goût, et leurs sens sont émoussés. Malheureusement pour eux ils se sont fait un métier d'être aimés des femmes; ils en veulent soutenir la gloire; ils y sacrifient le plaisir, le repos et la probité. Toutes leurs intrigues leur paroîtroient souvent insipides, s'ils n'y joignoient le goût de la perfidie. Le plaisir les fuit; et, lorsqu'en vieillissant ils sont obligés de renoncer au titre d'aimables, inutiles aux femmes, au-dessous du commerce des hommes, ils sont le mépris des deux sexes. M. de Saint-Géran, d'un caractère bien opposé, étoit aussi dans une situation bien différente; et, quoiqu'il desirât encore, il n'en étoit pas moins heureux. Le desir peut être le fruit du bonheur, et même y ajouter.

C'étoit ainsi qu'il vivoit avec madame de Luz, lorsque le maréchal de Biron arriva en Bourgogne. Le baron de Luz alla remettre entre ses mains l'autorité dont il n'étoit que dépositaire pendant son absence. Le maréchal reçut le baron avec toutes les distinctions qui étoient dues à un si bon officier. Quelques jours après, le maréchal alla rendre visite à madame de Luz, et lui fit toutes les politesses que sa naissance et sa figure exigeoient naturellement. Il lui dit même quelques unes de ces galanteries dictées par l'habitude de vivre à la cour, et qui étoient alors usitées, et peut-être plus convenables que la familiarité indécente des jeunes courtisans d'aujourd'hui. Ce n'étoit pas que les charmes de madame de Luz fissent aucune impression sur le maréchal : l'ambition avoit fermé son cœur à toute autre passion. Il étoit alors rempli de projets qui l'occupoient tout entier; et il avoit dès-lors conçu des desseins qui devoient être funestes à l'état, et qui ne le furent qu'à lui seul.

Comme le baron de Luz eut beaucoup de part aux projets du maréchal, et qu'ils furent l'origine des malheurs de madame de Luz, il est nécessaire de rapporter en peu de mots quelles circonstances d'événements précipitèrent la ruine du maréchal.

Biron, avec de la naissance, de la valeur, et après avoir servi utilement et glorieusement l'état, auroit dû être satisfait de la reconnoissance et des bienfaits du roi, si l'ambition pouvoit être juste. Mais, comblé de biens et d'honneurs, il devint ingrat aussitôt qu'il n'eut plus rien à prétendre. D'ailleurs, nourri dans la guerre qui étoit la source de sa grandeur, il vit avec chagrin que le roi venoit de conclure la paix avec l'Espagne. Un homme accoutumé à être souverain dans un camp et à la tête d'une armée ne revient qu'avec dépit à la cour, où, quelque grand qu'il soit, il trouve des égaux, et où tout lui fait sentir qu'il est sujet. Le maréchal crut rendre inutile la paix conclue à Vervins, s'il pouvoit dissuader le duc de Savoie, Charles-Emmanuel de satisfaire le roi au sujet du marquisat de Saluces.

Le roi avoit cette affaire fort à cœur. Il en avoit plusieurs fois demandé la restitution au duc de Savoie. Ce prince s'étoit flatté de faire relâcher le roi de ses prétentions, en tirant les choses en longueur. Il lui avoit envoyé des ambassadeurs à ce sujet; mais, comme ils ne purent rien gagner sur l'esprit du roi, le duc de Savoie crut qu'il réussiroit mieux lui-même. Il vint à Paris Le roi le reçut avec honneur; mais il ne lui accorda rien. Le duc espéroit toucher le roi, en lui proposant de se liguer avec lui contre l'Espagne; mais il n'en reçut point d'autre réponse, sinon qu'avant de parler de toute autre affaire il falloit terminer celle du marquisat, le rendre, ou se préparer à la guerre. Soit que le roi se fût exprimé avec dureté, ou que le duc fût piqué de n'avoir pas réussi dans cette affaire comme il s'en étoit flatté, il en conserva un vif ressentiment; et, n'osant le marquer au roi, il résolut de le faire tomber sur quelqu'un de ses favoris.

Quelques jours après, Biron se trouvant à la chasse avec lui, et étant tous deux assez écartés, le duc de Savoie lui parla du roi en termes peu mesurés. Il comptoit que Biron ne manqueroit pas de s'en offenser, et que, de l'humeur dont il étoit, il mettroit l'épée à la main.

Si le maréchal de Biron eût pénétré l'intention

du duc de Savoie, il eût saisi avec avidité l'occasion d'un combat où il y avoit tant d'honneur pour lui, et dont la cause auroit fait excuser sa témérité, au cas que le succès en eût été malheureux pour le duc. Mais, soit qu'il ne pût pas supposer que le duc de Savoie eût eu dessein de se mesurer avec un particulier, soit que les discours de ce prince flattassent l'ingratitude du maréchal pour le roi, Biron, au lieu de répondre avec fermeté, comme son devoir l'exigeoit, applaudit aux discours du duc de Savoie, et lui fit voir contre le roi la plus grande animosité. Le duc de Savoie changea de dessein sur-le-champ, et crut qu'il convenoit mieux à sa dignité et à ses intérêts de détacher Biron du service du roi, que d'exécuter la folie qu'il avoit d'abord projetée. Il continua donc ses emportements contre le roi, en y mêlant les éloges du maréchal. Il le plaignit de servir un prince ingrat qui, loin de récompenser les services, ne savoit pas même les reconnoître. Je parlai dernièrement au roi, dit artificieusement le duc, de votre valeur qui lui a été si utile et si funeste à ses ennemis : Biron, me dit-il, n'est qu'un fanfaron.

Le duc de Savoie n'eut pas plus tôt prononcé ce mot que le maréchal s'emporta dans les discours les plus outrageants contre son prince.

Biron étoit véritablement brave ; la valeur lui étoit naturelle ; mais l'estime qu'il faisoit de lui-même à cet égard étoit sa manie. On prend quelquefois pour objet de son amour-propre une qualité réelle ; l'orgueil peut en diminuer le prix, mais il ne la détruit pas. Le maréchal de Biron, enivré de son courage, en parloit lui-même avec complaisance. Il avoit en effet mérité le titre d'intrépide, et il l'eût sans doute conservé jusqu'à la mort, s'il n'eût fallu l'affronter que dans les combats. Mais, lorsqu'il s'agit de la voir d'un œil tranquille, ce n'est alors ni le courage du général, ni même la férocité du soldat qui inspire la fermeté, c'est la vertu d'un philosophe.

Le maréchal de Biron fut donc extrêmement sensible à l'injure qu'il croyoit que le roi lui faisoit. Ma valeur, dit-il, lui a été assez nécessaire pour qu'il ne dût pas en douter ; et, quelques droits qu'il eût à la couronne, ils auroient pu lui devenir inutiles s'ils n'eussent été soutenus par l'épée de Biron : et peut-être qu'il en connoîtroit le prix, si je voulois l'employer pour ses ennemis.

Le duc de Savoie, après avoir excité le ressentiment du maréchal, voulut achever de le détacher du service du roi en flattant son ambition. Il sentit qu'il pouvoit porter ses offres jusqu'à l'excès, sans que le maréchal pût se soupçonner d'avoir une ambition ridicule. On prétend que ce fut dans cette même conférence que fut formée la conspiration du maréchal de Biron.

Les principaux articles du traité étoient : que le duc de Savoie paroîtroit s'engager à tout avec le roi ; mais que, lorsqu'il seroit sorti de France, il n'exécuteroit rien ; que, de concert avec l'Espagne, il entreroit à main armée par la Bourgogne, dont le maréchal lui livreroit le passage. On ne doutoit point que le roi, accablé de tant de côtés, ne fût obligé d'accepter toutes les conditions de paix qu'on voudroit lui imposer ; ainsi le maréchal devoit garder la souveraineté de la Bourgogne, en épousant la troisième fille du duc de Savoie, dotée de cinq cent mille écus. Le roi d'Espagne, qui entra bientôt dans ce traité, devoit céder à cette princesse tous ses droits de souveraineté sur la Bourgogne, qui formeroit le nouvel état du maréchal.

La conspiration devoit encore s'étendre plus loin ; ils se promettoient de faire, à l'exemple du maréchal, soulever tous les seigneurs de France. Suivant ce projet, tous les grands gouvernements seroient devenus autant de principautés qui n'auroient pas eu plus de dépendance du roi que les princes de l'Empire n'en ont de l'empereur, et que les grands vassaux, après leur usurpation, n'en eurent du temps de Hugues-Capet.

Quelque temps après, le duc de Savoie partit de Paris. On prétend qu'on lui fit quelques railleries sur l'inutilité de son voyage, dont il n'avoit retiré d'autre avantage que la réputation d'un prince magnifique et généreux, qui, sans avoir été à la cour de France, ni haut avec les particuliers, ni rampant devant le roi, avoit toujours paru un grand prince à la cour d'un grand roi. Il répondit donc aux plaisanteries qu'on lui fit, qu'il n'étoit pas venu en France pour recueillir, mais pour semer. Ce mot fut le premier indice qu'on eut de la conspiration.

Biron, ayant besoin d'un confident habile pour conduire son intrigue, choisit Lafin; et, après l'avoir instruit de tout, il l'envoya à Somo sur le Pô, pour y conférer avec le comte de Fuentes; et ce fut là que le traité fut signé pour le roi d'Espagne.

Lafin étoit un gentilhomme, parent du maréchal et mécontent de la cour; c'étoit un homme adroit, d'un esprit vif et entreprenant, et très propre à manier une affaire et à conduire une conjuration.

D'ailleurs, Lafin connoissoit la cour et les hommes. Il avoit avec les grands le caractère qu'ils ont avec leurs inférieurs; il songeoit à les faire servir à ses intérêts au lieu d'être la victime des leurs. Le maréchal n'étoit pour lui qu'un moyen et un instrument pour parvenir. Les grands n'étoient à ses yeux que des hommes rampants dans le besoin, faux dans leurs caresses, ingrats après le succès, perfides à tous engagements. Il n'avoit point pour eux cet attachement désintéressé dont la plupart sont si peu dignes. Il n'avoit pas la vanité ridicule de rechercher leur liaison, et de se croire honoré d'essuyer leur faste. Il n'étoit point la dupe d'un accueil caressant, qui marque le besoin qu'ils ont des autres, plus que l'estime qu'ils font de leurs personnes. Il entra dans les desseins du maréchal de Biron avec un dessein formé de profiter de ses succès, ou de le sacrifier lui-même à sa sûreté en le trahissant si l'affaire tournoit mal : Lafin étoit né pour être grand seigneur.

Les choses étoient en cet état lorsque le duc de Savoie refusant d'exécuter ce qu'il avoit promis au roi, on fit marcher des troupes pour le réduire par la force. Biron en eut le commandement. On s'aperçut, dans cette campagne, des ménagements que le maréchal avoit pour le duc de Savoie, dont il eût pu défaire entièrement l'armée. Cependant le duc vit bien qu'il ne résisteroit pas long-temps aux armes du roi; et il se soumit, par le traité de Lyon, à toutes les conditions qui lui furent imposées. Il n'en continua pas moins ses intelligences avec Biron. Celui-ci en eut pourtant quelque repentir, et avoua au roi qu'il avoit écouté quelques propositions du duc de Savoie. Le roi, naturellement bon, lui pardonna, sans autre condition que celle de lui être plus fidéle à l'avenir.

Quelque temps après, le maréchal de Biron se rendit dans son gouvernement; et, soit qu'il fût sollicité de nouveau, ou qu'il fût naturellement ingrat, il reprit ses anciennes intrigues. Il signa une association avec le comte d'Auvergne et le duc de Bouillon, pour se maintenir les uns les autres envers et contre tous.

Le maréchal de Biron, jugeant qu'il lui seroit difficile de rien entreprendre dans son gouvernement sans que le baron de Luz, qui en étoit lieutenant-général, en eût connoissance et ne dérangeât ses projets, prit le parti de les lui communiquer et de l'engager dans son parti. Le baron de Luz y eut d'abord beaucoup de répugnance; mais enfin, gagné par les sollicitations et les promesses du maréchal, il devint son complice. Biron lui accorda bientôt sa confiance, et lui marqua tant de distinction que Lafin en conçut de la jalousie; et craignant que, dans la disposition où le maréchal paroissoit être pour le baron de Luz, celui-ci ne recueillît à son préjudice tout le fruit du succès, il conçut le dessein de trahir le maréchal, ou du moins de prendre de telles mesures, qu'il pût, en cas d'accident, l'immoler à sa sûreté.

Il dit au maréchal qu'il étoit dangereux de garder l'original du traité de Somo; que, si par malheur le roi le faisoit arrêter sur des soupçons qui commençoient à transpirer, et qu'on le trouvât saisi de cet écrit, il suffiroit pour lui faire faire son procès, et pour justifier la sévérité du roi; qu'une copie des articles étoit suffisante pour conduire l'entreprise, et qu'il falloit brûler l'original.

Le maréchal trouva la réflexion prudente, et lui remit ce traité pour en tirer copie. Lafin la fit sur-le-champ, et, après l'avoir donnée au maréchal, il chiffonna l'original comme pour le brûler en sa présence; mais il y substitua adroitement un autre papier qu'il jeta au feu, et retint l'original.

Cependant le roi, soupçonnant toujours la fidélité du maréchal de Biron, résolut d'éclaircir ses doutes. Il en apprit assez pour ne plus douter de sa trahison. Il sut que Lafin étoit l'agent secret du maréchal, et il mit tout en œuvre pour le détacher de Biron. Le vidame de Chartres, à qui le roi se confia et qui connoissoit particulièrement Lafin, entreprit de tirer son secret. Il lui écrivit que le roi avoit quelques vues sur lui, et qu'il se rendît à Fontainebleau. Lafin, trouvant que le motif d'un tel ordre étoit bien vague, imagina que ce n'étoit qu'un prétexte pour s'assurer de lui; mais, craignant aussi de se rendre suspect s'il n'obéissoit pas, il communiqua cette lettre au maréchal. Celui-ci eut à-peu-près les mêmes soupçons, mais sans les laisser paroître. Il jugea que si le roi faisoit arrêter Lafin, ce seroit un avis de se tenir lui-même sur ses gardes; que Lafin, étant extrêmement habile, pourroit démêler ce qu'on pensoit à la cour, et l'en instruire; et il lui conseilla de partir. Lafin pénétra les intentions du maréchal; et, sachant encore mieux cacher les siennes, il partit dans le dessein de ne songer qu'à ses intérêts et à sa sûreté, et de se conduire suivant les circonstances. Il alla, en arrivant à Fontainebleau, trouver le vidame. Celui-ci, sans lui donner le temps de se reconnoître, lui dit que les desseins du maréchal étoient connus du roi. Lafin répondit froidement qu'il ignoroit ce qui regardoit le maréchal. Eh bien! je vous apprends, moi, lui dit le vidame, que le maréchal est un traître, que vous êtes son complice, et que le roi va vous faire arrêter. Comme fidèle sujet je lui ai obéi en vous attirant ici; comme votre ami je veux vous sauver, et je le puis : le roi m'a promis votre grace, mais elle dépend de votre aveu; vous êtes encore maître de votre sort, dans une heure vous ne l'êtes plus. Il faut que je vous présente au roi; si vous sortez d'ici sans moi vous allez être arrêté, et il n'y a plus de grace. Ne vous perdez pas inutilement.

Lafin, après avoir réfléchi quelque temps, jugea qu'il n'y avoit plus d'autre parti à prendre pour lui que de sacrifier le maréchal de Biron; et, ayant été présenté au roi, il lui remit l'original du traité de Somo.

La conjuration étant découverte, il fut question de tirer le maréchal de Biron de son gouvernement. Lafin fit, en cette occasion, contre lui tout ce qu'il auroit fait en sa faveur s'il eût été plus heureux. Il écrivit au maréchal que le roi n'avoit eu que de légers soupçons qui étoient déja détruits, et qu'il lui conseilloit de venir par sa présence achever de calmer son esprit. Quoique le maréchal n'eût aucun soupçon de la trahison de Lafin, il envoya devant lui le baron de Luz, pour ne se hasarder que sur ce qui lui seroit mandé par l'un et par l'autre.

Lafin, qui, outre ses raisons d'intérêt, conservoit encore un ressentiment particulier contre le baron de Luz, dont il avoit toujours été jaloux auprès du maréchal, ne manqua pas de déclarer au roi toute la part que le baron de Luz avoit dans la conspiration. L'accusation étoit d'autant plus vraisemblable, que le maréchal de Biron auroit eu de la peine à réussir sans le secours d'un homme qui étoit lieutenant-général de la province.

Le baron de Luz vint à la cour. Madame de Luz et M. de Saint-Géran l'accompagnèrent. L'un et l'autre ignoroient absolument la conjuration; et l'accueil que le roi fit au baron ne les éclaircit pas davantage.

Le roi, par la connoissance qu'il avoit du caractère du baron, très opposé à celui de Lafin, jugea qu'il étoit inutile de l'interroger; et que, s'il avoit eu la foiblesse de se prêter aux idées du maréchal, il n'auroit pas celle de le trahir.

Un honnête homme qui s'est malheureusement écarté de son devoir croit ne pouvoir, en quelque façon, excuser le parti qu'il a pris que par sa fermeté à le soutenir. Les véritables conjurés et les plus dangereux sont ceux qui auroient été les sujets les plus fidèles, s'ils n'eussent pas été séduits; c'est l'erreur qui les jette dans le crime. Le roi résolut de se servir de Lafin pour apprendre tout le secret, et de la sécurité du baron de Luz pour attirer à la cour le maréchal de Biron.

Le roi, dans un entretien qu'il eut avec le baron, lui dit qu'il étoit convaincu que tous les bruits qui avoient couru au sujet du maréchal étoient faux, et n'avoient d'autres fondements que ses rodomontades; mais que ses ennemis en abusoient pour le perdre.

Le baron de Luz écrivit tout ce détail au maréchal, et lui conseilla de se rendre auprès du roi. Ce fut principalement ce qui détermina le maréchal à partir. Il crut que la fortune lui offroit une occasion favorable de se venger de ceux qui parloient mal de lui; que cette démarche assureroit dans la suite ses projets, parcequ'on n'oseroit plus hasarder sur son compte des discours mieux fondés, lorsqu'on verroit le roi lui faire raison de ses ennemis dans une pareille circonstance. Ce fut avec ces idées que le maréchal arriva à la cour.

Comme je ne prétends point écrire l'histoire de cette conjuration, et que je n'en ai rapporté que ce que j'ai cru nécessaire pour faire mieux entendre ce qui regarde madame de Luz, il seroit inutile d'en dire davantage. Tout le monde sait que le maréchal, après avoir refusé de mériter son pardon par un aveu sincère, fut arrêté, convaincu, condamné, et périt sur un échafaud.

Quoique le roi n'eût pas dessein de donner d'autres exemples de sévérité que celui du maréchal de Biron, il fit cependant arrêter les principaux de ceux qu'on soupçonna d'avoir eu part à la conjuration, et le baron de Luz fut un des premiers dont on s'assura. Le maréchal ne l'avoit point chargé ; mais le roi jugea à propos, après l'exécution, de faire examiner par les mêmes juges tout ce qui pouvoit avoir rapport à cette affaire. MM. de Fleury et de Thurin en avoient été les rapporteurs. M. de Thurin, qui étoit chargé de l'examen des pièces qui contenoient toutes les charges, trouva parmi les papiers du maréchal plusieurs lettres du baron de Luz, et entre autres celle par laquelle le baron mandoit au maréchal que le roi n'avoit aucun soupçon, et que les conjurés ne devoient rien craindre. Le baron de Luz entroit dans des détails qui prouvoient sa complicité, et il n'en falloit pas davantage pour le faire condamner.

M. de Thurin n'eut pas plus tôt lu cette lettre, qu'il se souvint des mépris de madame de Luz. Il crut avoir trouvé les moyens de s'en venger, ou du moins de la rendre plus complaisante à ses desirs, qui se réveillèrent aussitôt. Thurin commença par soustraire cette lettre, pour qu'elle ne fût pas connue de M. de Fleury, dont il connoissoit l'intégrité, et pour se rendre seul arbitre et maître du sort du baron de Luz.

Thurin n'eut pas besoin d'aller chercher madame de Luz. Depuis que son mari étoit arrêté, elle étoit dans les inquiétudes les plus grandes. Elle le croyoit innocent; mais elle n'en étoit pas moins alarmée. Elle voyoit que le roi, naturellement clément, venoit de sacrifier le maréchal de Biron à la sûreté de l'état. Elle craignoit qu'après un tel exemple les moindres indices ne devinssent des preuves dans une affaire aussi délicate. Elle ne cessoit d'aller chez tous les juges pour s'informer des moindres circonstances de l'affaire, afin de demander la liberté de son mari s'il étoit innocent, ou sa grace s'il étoit coupable.

Les craintes de madame de Luz n'auroient pas été plus vives, si elle eût eu pour son mari la passion la plus forte. Il sembloit que, dans l'intérieur de son ame, elle se reprochât de ne l'avoir pas aimé autant qu'elle l'auroit dû et qu'elle l'auroit voulu. Elle espéroit, en remplissant les devoirs les plus délicats, prendre les sentiments qui les font pratiquer, et porter l'honneur encore plus loin que l'amour. L'orgueil même dans une belle ame a ses scrupules comme la vertu, et produit les mêmes effets.

Elle sut que le sort de cette affaire dépendoit

principalement de M. de Thurin. Elle se souvint, aussi bien que lui, de ce qui s'étoit passé entre eux, et du mépris qu'elle lui avoit marqué ; elle craignoit qu'il n'en eût conservé quelque ressentiment : mais elle pensa bientôt qu'elle lui faisoit injure, et que, dans les hommes dépositaires de la justice, l'homme public étoit bien différent de l'homme privé, et l'amant du magistrat.

Dans cette confiance, madame de Luz alla voir M. de Thurin : Je suis, lui dit-elle, dans les dernières inquiétudes pour M. de Luz. Il est certainement innocent ; mais la place qu'il occupoit dans le gouvernement du maréchal de Biron a pu le rendre suspect ; il suffira sans doute d'examiner sa conduite pour la trouver innocente. Cependant les formalités de la justice pourroient le faire languir long-temps dans les fers ; je vous supplie de travailler à prouver au plus tôt son innocence au roi ; quelque assurée qu'elle soit, je sens que mes craintes ne finiront que lorsqu'il aura obtenu sa liberté. Vos craintes, madame, répondit M. de Thurin, ne sont que trop fondées, et je desirerois fort qu'il fût innocent ; mais.... Quoi ! monsieur, reprit aussitôt madame de Luz, pouvez-vous penser que M. de Luz soit coupable ? Madame, répliqua M. de Thurin, il y a assez long-temps que je vous suis attaché à l'un et à l'autre pour desirer qu'il ne le fût pas ; et j'ai eu besoin des preuves les plus fortes pour le croire.

Non, monsieur, reprit encore madame de Luz, cela n'est pas possible; je n'en ai pas eu la moindre connoissance. M. de Luz n'a jamais eu de secret pour moi; il a toujours été autant mon ami que mon mari; il n'auroit jamais pris un parti si dangereux sans me consulter; et je ne l'aurois pas laissé s'engager dans des démarches aussi criminelles. Non, monsieur, encore un coup, cela ne sauroit être. Et c'est justement, madame, répondit M. de Thurin, c'est votre vertu qui l'a effrayé, et qui l'a empêché de vous faire part de son dessein. Apparemment qu'il s'étoit d'abord si fort engagé avec le maréchal de Biron qu'il ne lui étoit plus permis de reculer. Il étoit convaincu, par l'expérience qu'il avoit faite de la sagesse de vos conseils, que vous voudriez vous opposer à une entreprise aussi folle, et son respect pour votre vertu a été la cause de son silence. Malheureusement son crime n'est que trop prouvé; et il est bien cruel pour moi d'être son juge, après avoir été, et étant encore son ami. Eh! pourquoi, monsieur, reprit madame de Luz, si mon mari est coupable, si vous êtes réellement notre ami, êtes-vous si fâché d'être chargé d'une affaire dans laquelle vous pouvez nous rendre des services que nous attendrions peut-être inutilement de tout autre? Les priviléges de votre état ne sont pas si grands qu'on le dit, ou il doit vous être aussi facile que naturel de sauver un ami coupable.

Le jour que le roi nous confie ses intérêts, répondit M. de Thurin, quand il nous rend dépositaires de sa justice et de son autorité, nous devons tout oublier, excepté nos devoirs. Ah! monsieur, s'écria madame de Luz, je ne vois que trop que nous ne trouverons en vous que notre juge. Il y a eu un temps où ma sollicitation auroit eu quelque poids auprès de vous. Elle sera toujours infiniment puissante sur mon esprit, reprit M. de Thurin en s'adoucissant; vous ne me rendez pas justice : mais je vous convaincrai, madame, que personne ne vous est plus dévoué que moi; et, pour me mettre en état de vous servir avec plus de succès, il n'est pas à propos que nous ayons aujourd'hui un plus long entretien. J'attends M. de Bellegarde qui doit venir m'apporter quelques ordres de la cour; il n'est pas nécessaire qu'il vous trouve ici, quoiqu'il soit naturel que vous veniez chez moi, qui suis juge de M. de Luz. Je ne veux pas que l'on puisse soupçonner que vos sollicitations aient contribué à me le faire trouver innocent. Demain je vous attendrai après midi; je vous ferai voir les preuves du crime de M. de Luz, et nous chercherons les moyens pour le soustraire à la sévérité des lois.

Madame de Luz promit à M. de Thurin de se trouver le lendemain chez lui, et sortit. Le discours de M. de Thurin lui avoit d'abord donné trop de crainte pour qu'elle ne fût pas infiniment sensible au procédé d'un homme à qui elle avoit autrefois marqué assez de mépris pour qu'il eût pu en conserver quelque ressentiment, et qui cependant lui faisoit voir la plus grande générosité. Madame de Luz, déja pénétrée de reconnoissance, se promettoit bien de la marquer à l'avenir à M. de Thurin par tous les sentiments de l'amitié la plus vive et de l'estime la plus parfaite. Cependant toujours inquiète du sort de son mari, elle ne manqua pas de se trouver le lendemain, à l'heure marquée, chez M. de Thurin. Elle le trouva seul, comme il le lui avoit promis; et il avoit eu soin de faire, ce jour-là, défendre sa porte, afin de n'être pas troublé dans cette conférence.

Aussitôt qu'on annonça madame de Luz, M de Thurin alla au-devant d'elle; et lorsqu'ils furent entrés dans son cabinet: Madame, lui dit-il, comme vous pouvez dès à présent être tranquille sur le sort de M. de Luz, par les mesures que j'ai déja prises, je ne craindrai point de vous alarmer en vous montrant les preuves de son crime. Ce n'est point un soupçon vague; ce n'est pas sur la déposition du maréchal de Biron, c'est sur les lettres mêmes de M. de Luz. Prenez et lisez, ajouta-t-il; voilà la moins forte de plusieurs qu'il a écrites au maréchal. M. de Thurin donna en même temps à madame de Luz une des lettres que le baron avoit écrites au maréchal, et dans laquelle il entroit dans un grand détail au sujet de la conjuration, comme nous l'avons déja dit. Madame de Luz, qui reconnut d'abord l'écriture de son mari, n'eut pas plus tôt lu cette fatale lettre, qu'elle ne put douter davantage de son crime. Je vois, lui dit-elle, monsieur, que M. de Luz auroit besoin de toute la clémence du roi, si vous ne nous aviez pas permis de compter sur votre amitié. Vous le pouvez sans doute, reprit M. de Thurin, et vous n'avez déja plus rien à craindre. Ces lettres, ajouta-t-il, en reprenant celle que madame de Luz venoit de lire, qui sont les seules piéces contre M. de Luz, ne sont pas connues de M. de Fleury. Je les ai soustraites du procès; et je puis, à présent, tourner l'affaire de telle façon que M. de Luz ne sera plus qu'un innocent arrêté sur de simples soupçons, pour la sûreté de l'état, et à qui le roi se croira obligé de faire oublier sa prison en le comblant de ses graces.

Ah! monsieur, s'écria madame de Luz, que ne vous dois-je pas! et par quelle reconnoissance pourrai-je m'acquitter envers vous! Madame, reprit M. de Thurin, il vous est aisé de le faire; et quel que soit le service que je vous rends aujourd'hui, je me trouverai encore chargé de la reconnoissance. Ah! parlez, monsieur, répliqua madame de Luz, qu'exigez-vous? Croyez que je ne suis pas plus sensible aux marques de votre amitié, que je le serai au plaisir de la reconnoître. Ah! madame, reprit M. de Thurin en soupirant, que je serois heureux si vous teniez votre promesse! car enfin mon cœur est toujours le même. Oserois-je espérer d'avoir enfin touché le vôtre, quand je trahis mon devoir pour vous? Croirez-vous pouvoir encore m'accabler de mépris? Ah! madame, soyez enfin sensible à la passion d'un homme qui, en conservant la vie de votre mari, se trouveroit encore heureux de vous sacrifier la sienne.

Madame de Luz fut si frappée de ce discours, qu'elle ne savoit comment y répondre; mais passant tout-à-coup de la vivacité que lui avoit d'abord inspirée la reconnoissance, à un sentiment plus fier, et tâchant cependant de cacher son indignation, pour ne laisser voir que sa surprise et sa douleur: Quoi! monsieur, dit-elle, votre procédé n'étoit donc qu'une fausse générosité? Vous ne m'offrez vos services que pour vous acquérir le droit de m'outrager. Avez-vous cru pouvoir abuser de mon malheur? Pensez-vous que la vertu me soit moins précieuse que la vie de M. de Luz? Plus il m'est cher, moins je dois le sauver à ce prix. Mais vous n'avez sans doute voulu que m'éprouver. N'abusez pas davantage de ma situation, et déclarez-moi plutôt si je ne dois plus compter sur vous, et si je ne dois songer qu'à fléchir la clémence du roi pour mon malheureux époux. Il faut que je vous sois bien odieux, madame, reprit M. de Thurin, ou que le sort de M. de Luz ne vous touche pas autant que vous voulez le faire croire, puisque vous refusez de lui racheter la vie par un peu de complaisance. Cessez, monsieur, répliqua promptement madame de Luz, cessez de m'outrager davantage; je ne sens que trop les ménagements que je vous dois dans ce moment, et combien le malheur traîne encore après lui d'humiliations; mais cependant ne vous prévalez pas aussi cruellement et, je ne puis m'empêcher de le dire, aussi indignement de mon état. Vous savez que, dans tout autre temps, vous n'auriez pas osé me tenir des discours aussi outrageants; et, dans la crainte de me livrer à mon ressentiment dont les effets pourroient bien retomber sur M. de Luz, je vais sortir, et vous laisser à vos réflexions: elles vous rappelleront sans doute ce que vous devez à votre état, à mon rang, et peut-être à mon malheur. M de Thurin crut remarquer, dans les paroles de madame de Luz, plus de mépris pour lui que de vertu. Il s'imagina qu'elle en ressentoit encore plus qu'elle n'en faisoit éclater; il en fut piqué, et lui répliquant avec quelque aigreur : Je sais, madame, que ce que j'exigeois de vous est ordinairement le fruit de l'inclination, plutôt que de la reconnoisance; cependant la dernière rend peut-être une femme encore plus excusable que si elle se livroit à un vain caprice. Thurin ajouta tout de suite, soit qu'il eût pénétré quelque chose de l'amour de M. de Saint-Géran, dont l'amitié tendre pour sa cousine pouvoit être suspecte à un homme amoureux, jaloux et méprisé, pour qui tout est rival, soit qu'il n'eût d'autre dessein que d'exhaler son dépit par quelques reproches injurieux; il ajouta: M. de Saint-Géran, madame, vous trouveroit sans doute plus disposée à reconnoître un service de sa part, qui de la mienne vous devient odieux; et c'est ainsi que la vertu des femmes n'emprunte sa force que de la foiblesse de celui qui l'attaque.

Madame de Luz fut d'abord frappée de ce reproche; et elle y fut d'autant plus sensible qu'elle ne se sentoit pas absolument innocente à cet égard. On ne reste ordinairement dans les bornes de la modération que lorsqu'on est injustement accusé; l'innocence est d'une grande consolation : c'est ainsi qu'il faut plus de philosophie dans les malheurs qu'on a mérités que dans ceux dont on peut accuser le sort.

Madame de Luz ne put supporter ce dernier trait de la part de Thurin, et ce ne fut qu'avec beaucoup de peine qu'elle put conserver encore quelque dignité dans son emportement: Qu'a de commun, lui dit-elle, M. de Saint-Géran avec votre audace? Je sens assez ce que je dois attendre d'un homme qui trouve le crime ou l'innocence suivant les passions dont il est agité. Je ne vous demande plus rien, vous n'êtes pas digne de rendre un service; mais j'espère en la clémence du roi: il aura sans doute pitié d'un ancien serviteur qui, par son repentir et par de nouveaux services, effacera son crime. Le roi est naturellement bon, et, pour le fléchir, je ne lui laisserai pas ignorer à quelles indignités le malheur de mon mari m'a réduite. Il saura en quelles mains il a remis son autorité respectable, et par quels crimes vous voulez la profaner. Il jugera que les outrages où j'ai été exposée doivent en quelque sorte diminuer la peine de mon mari; et peut-être sera-t-il flatté que j'aie assez compté sur sa générosité pour préférer de lui devoir une grace que j'ai eu horreur d'acheter par un crime.

Madame de Luz auroit sans doute continué, si Thurin ne l'eût interrompue : Madame, lui dit-il avec un sang-froid et une tranquillité dignes du crime le plus réfléchi, votre colère vous aveugle. Le roi ne vous croira pas. Toutes les parties dont les affaires prennent un mauvais tour, et qui ne peuvent en prévoir qu'un succès malheureux, ont coutume de déclamer contre leurs juges. Ces reproches, trop souvent répétés, ont aujourd'hui perdu tout crédit, lors même qu'ils sont les mieux fondés. Mais je suppose que le roi ajoute foi à vos discours : pouvez-vous imaginer que la grace d'un rebelle soit le prix de votre vertu qui importe peu au salut de l'état? Cette vertu, si précieuse à vos yeux, n'est qu'un préjugé chimérique, que les hommes, par un autre préjugé, exigent dans leurs femmes ou dans leurs maîtresses, et dont ils font peu de cas dans les autres. Elle peut quelquefois faire naître une estime stérile; mais, comme elle est contraire à leurs plaisirs, qui est leur intérêt le plus cher, ils ne croient pas lui devoir beaucoup de reconnoissance. Ainsi détrompez-vous qu'elle soit un moyen bien puissant auprès du roi. Il m'a déja fait connoître qu'il vouloit, par plusieurs exemples de sévérité, prévenir dans la suite toute espèce de conjuration. Il semble que jusqu'ici sa clémence n'ait fait que enhardir la révolte: il veut prendre une voie plus sûre, et sans doute l'unique qui convienne dans un état qui n'a été si long-temps la proie des guerres civiles que parcequ'on ne s'est pas d'abord opposé avec assez de fermeté aux premières entreprises des esprits inquiets. C'est par là que les étrangers, jaloux de la puissance de la France, ont osé s'armer contre elle, quand ils étoient sûrs de trouver dans son sein des complices.

D'ailleurs, si le roi vouloit encore user de quelque indulgence, elle ne s'étendroit jamais sur le baron de Luz : le roi s'en est déja expliqué; il en est comptable à l'état, à sa sûreté, à sa gloire. Le baron de Luz est un homme de qualité, l'exemple en sera plus grand : ce sont les seuls qui fassent impression. C'est sur ce principe que le roi vient de sacrifier le maréchal de Biron, malgré les services qu'il en avoit reçus. Il a refusé sa grace aux sollicitations de sa famille, qui est considérable dans l'état, et qui tient à tout ce qu'il y a de grand en France. Il aura du moins les égards pour elle de ne pas l'accorder à un homme qui, avec de la naissance, est cependant inférieur au maréchal, à un homme qui étoit même un complice plus dangereux et plus criminel que le comte d'Auvergne, dont le roi s'est assuré. La jeunesse et la naissance du comte peuvent être des motifs de clémence; car enfin il n'avoit que son nom dans la conjuration : au lieu que le baron de Luz étoit chargé, avec le maréchal de Biron, de maintenir dans le devoir la Bourgogne, où ils ont semé ensemble la rebellion, et qui devoit être le théâtre de la guerre. Ainsi, madame, vous pouvez voir le roi. Il vous plaindra, louera votre démarche, tâchera même de vous consoler, et sacrifiera votre mari à sa justice. Mais vous vous flattez du moins de me rendre la victime de votre ressentiment. Vous espérez que le roi ne se contentera pas de punir un sujet rebelle, et que le même esprit de justice lui fera sacrifier un juge dont la conduite n'aura pas été régulière, et qu'il me retirera la commission pour la remettre en des mains plus intègres : détrompez-vous encore à cet égard. Vous sentez d'abord que le baron de Luz n'en seroit pas mieux pour tomber entre les mains d'un homme qui ne pourroit se distinguer de son prédécesseur que par une sévérité inflexible. D'ailleurs, puisque nous sommes ici sans témoins, et s'il faut que je vous parle avec une franchise qui ne peut rien ajouter au mépris que vous avez déja pour moi, pensez-vous, madame, que les rois soient bien persuadés qu'ils n'ont dans leurs tribunaux que des hommes incorruptibles, et qu'ils remettent toujours leur autorité en des mains pures? Non, madame; mais ils le supposent; et, s'ils viennent quelquefois à se détromper, ils aiment mieux tolérer ou dissimuler un abus que d'annoncer par un châtiment d'éclat qu'ils ont fait un mauvais choix, et laisser soupçonner au public, dont les jugements sont toujours outrés, que ceux qui sont en place peuvent être aussi criminels, mais qu'ils ont plus de prudence.

J'ajouterai que les juges dont l'intégrité n'est pas absolument inflexible ne sont pas toujours les moins nécessaires à la cour. Il se rencontre souvent des affaires délicates où l'on a besoin de ces génies adroits, de ces consciences souples qui sachent le grand art de se prêter aux circonstances, en méprisant les formalités. On leur passe souvent bien des irrégularités à cause des services qu'ils peuvent rendre en plusieurs occasions où il s'agit d'affaires importantes, dont quelques uns, qui prendroient leurs répugnances pour de la vertu, ne voudroient pas se charger, et que des esprits libres et dégagés de scrupules font réussir. Ainsi, madame, ajouta encore M. de Thurin, perdez toute espérance de sauver M. de Luz par d'autres voies que par celles que je vous ai offertes ; ou de me faire craindre votre ressentiment, en essayant de me faire connoître au roi.

Madame de Luz, plus effrayée encore que surprise de la sincérité et de l'aveu affreux que Thurin venoit de lui faire, vit avec crainte et avec horreur qu'elle avoit affaire au plus adroit, au plus dangereux et au plus scélérat de tous les hommes. Elle n'eut pas la force de répondre, et, se laissant tomber dans un fauteuil, elle ne put s'exprimer que par des sanglots.

Thurin parut ému de son état, ou plutôt il espéra profiter de son abattement pour oser porter plus loin ses entreprises. Une personne alarmée, abattue et humiliée ne voit que son malheur, et n'ose quelquefois pas avoir de la vertu ; elle accompagne rarement l'infortune.

Thurin se jeta aux genoux de madame de Luz, et voulut la consoler. Elle ne sentit pas plus tôt qu'il osoit lui baiser la main qu'elle se releva avec précipitation, et s'avança vers la porte. Il voulut la retenir ; mais elle, sans daigner lui parler, lui lança un regard plein de fureur et de mépris, sortit, monta en carrosse et retourna chez elle.

Thurin resta interdit, confus, et la fureur dans l'ame. Il n'avoit pas douté de triompher de madame de Luz. Un scélérat n'a point de remords, mais il a de l'orgueil. Il étoit au désespoir de lui avoir fait connoître son caractère affreux sans en avoir retiré d'autre fruit que de lui avoir inspiré une horreur invincible. Peut-être que, s'il eût prévu le mauvais succès de son dessein, il auroit offert généreusement ses services à madame de Luz. Il se seroit du moins acquis une amie ; et ce sont celles dont on n'a rien exigé que la reconnoissance mène le plus loin. Thurin, voyant qu'il n'avoit plus rien à prétendre pour son amour, ne songea plus qu'à satisfaire son dépit. Il venoit d'offrir de rendre innocent un coupable ; avec son ressentiment et ses talents il lui auroit été aussi facile de rendre criminel un innocent ; et malheureusement le baron de Luz n'avoit fourni que trop de preuves contre lui-même. Cependant, comme l'amour est toujours inséparable de l'espérance, Thurin ne voulut pas se priver de tous les moyens d'apaiser madame de Luz. Il se contenta de paroître, en public, appréhender pour le baron de Luz ; et, sans prononcer expressément qu'il eût été complice du maréchal de Biron, il laissa soupçonner à ceux qu'il vit ce jour-là même qu'il n'étoit guère possible que le baron fût absolument innocent, après avoir eu des liaisons aussi étroites avec le maréchal.

Cette affaire étoit alors la nouvelle de Paris. L'heureuse oisiveté dont jouissent, dans cette capitale, les gens du grand monde plus attachés à cette ville qu'ils n'y sont nécessaires, fait que la moindre aventure les intéresse et les partage. On y prend parti sur tous les événements ; et il n'est pas étonnant que la fin tragique du maréchal de Biron, et les suites de cette affaire importante occupassent alors entièrement les esprits. Dans une telle circonstance, les moindres paroles de Thurin donnèrent matière à bien des commentaires. Un juge qui laisse pressentir le jugement qu'il porte d'une affaire en occasione beaucoup de téméraires.

Il se répandit, dès le jour même, que le baron de Luz étoit extrêmement criminel ; qu'il avoit inspiré les premières idées de révolte au maréchal de Biron, et qu'il auroit bientôt un pareil sort. Ces bruits parvinrent jusqu'à M. de Saint-Géran. Il alla dès le soir même voir madame de Luz pour s'éclaircir de la vérité, et pour lui rendre tous les services que les amis se doivent réciproquement. L'abattement où il la trouva lui fit croire que la nouvelle qui se répandoit n'avoit que trop de fondement. Ah ! madame, lui dit-il, qu'avez-vous appris de M. de Luz ? Je me flattois que le bruit qui court dans Paris n'étoit qu'un artifice de ses ennemis ; mais l'état où je vous vois ne me confirme que trop ce qu'on vient de me dire. Eh ! que vous a-t-on dit, répondit madame de Luz, l'esprit encore rempli de toutes les images funestes qu'y avoient imprimées les discours de Thurin ?

Eh quoi! madame, reprit M. de Saint-Géran, est-ce avec moi que vous devez dissimuler? Quand le public ne m'auroit pas instruit du tour malheureux que prend cette affaire, devriez-vous m'en faire un secret; et ne connoissez-vous pas assez mon attachement inviolable pour tout ce qui vous touche? N'ai-je pas sujet de me plaindre de ce que vous n'avez pas pour moi la confiance qu'on doit à ses amis dans les temps où ils nous sont le plus nécessaires? De grace, reprit précipitamment madame de Luz, apprenez-moi vous-même ce qui se répand au sujet de M. de Luz. Madame, répondit M. de Saint-Géran, quoique j'aie peine à me persuader, sur-tout par l'accablement où je vous vois, que vous ignoriez l'état de son affaire, je vous dirai qu'on la regarde dans Paris comme très sérieuse, et devant bientôt finir par le plus grand malheur qui pût arriver et à vous et à moi. Quoi! monsieur, s'écria madame de Luz, il y auroit à craindre pour la vie de mon mari, et l'on croit que le roi veut le faire périr? Il est vrai que j'ai trouvé M. de Thurin peu prévenu en sa faveur, et c'étoit la cause de mes alarmes; mais je ne croyois pas que mon malheur fût aussi assuré.

Madame de Luz ne voulut pas encore laisser soupçonner ce qui s'étoit passé entre elle et Thurin : elle auroit voulu se le cacher à elle-même. L'éclat, en pareil cas, est plus ordinaire aux fausses prudes qu'aux femmes vertueuses. Les prudes espèrent en recueillir une réputation dont elles sentent bien qu'elles ont besoin, peut-être même faire honneur à leurs charmes qui leur sont plus précieux que la vertu. Une femme raisonnable est effrayée de tout ce qui porte l'idée du crime. Elle craint qu'on ne soupçonne que l'espoir et la facilité aient enhardi l'insolence. Il y a au moins autant de vertu à ne pas éclater; et il y a certainement plus de pudeur.

Tandis que ces réflexions agitoient madame de Luz : Je crois, continua M. de Saint-Géran, qu'il n'y a pas un instant à perdre. Il faut dans le moment voir les juges. Il faut pressentir l'esprit du roi, employer tous nos amis, et ne rien oublier pour sauver un mari qui vous est cher, et à moi un ami respectable. Oui, madame, c'est en vain que l'amour voudroit me donner quelque espoir; je ne vois plus M. de Luz comme un rival dont la vie est contraire au bonheur de mes jours, je ne vois que son malheur. Je serois trop heureux qu'il pût devoir son salut à mes soins. Je ne formerai point de souhaits indignes de vous et de moi. Je ne serois pas digne de vous aimer si ma vertu ne m'étoit plus chère que vous-même. Je vais dans ce moment chez tous les juges voir quelles mesures nous pouvons prendre; et je viendrai demain vous en rendre compte.

Madame de Luz ne put s'empêcher d'être sensible à la générosité de M. de Saint-Géran. Elle lui fit les remerciements les plus tendres, et il sortit aussitôt. Lorsqu'elle fut seule elle se livra à toute sa douleur. Elle comprit aisément que Thurin, n'ayant pu la faire consentir à ses infames desirs, étoit au désespoir de s'être inutilement déshonoré dans son esprit; qu'il se livroit maintenant à son dépit et à sa rage; et qu'il avoit sans doute fait connoître au parlement et au roi les preuves qui condamnoient M. de Luz. Si Thurin n'eût été qu'un juge intégre et sévère madame de Luz n'auroit été qu'affligée; mais elle ne pouvoit s'empêcher de se livrer à toute son indignation et à toute sa fureur quand elle envisageoit que son mari n'étoit pas sacrifié à la justice du roi, mais qu'il devenoit la victime d'un scélérat. Elle ne pouvoit penser qu'en frémissant que son mari seroit devenu innocent si elle eût voulu se rendre criminelle.

Ce qui lui donnoit encore plus d'horreur pour Thurin étoit le procédé généreux de M. de Saint-Géran qu'elle aimoit, dont elle étoit adorée; et qui, loin de se prêter au moindre espoir qu'un amant ordinaire, avec une probité commune, auroit sans doute conçu dans une telle circonstance, faisoit tous ses efforts pour assurer le salut de son rival aux dépens d'un bonheur qu'il se seroit reproché. Quelle différence la probité délicate met entre deux hommes qui ont les mêmes desirs! Madame de Luz étoit donc tour-à-tour occupée du crime de Thurin, de la vertu de M. de Saint-Géran, et du malheur de son mari.

Cependant, à force d'admirer la générosité de M. de Saint-Géran, madame de Luz crut s'apercevoir qu'elle en étoit trop touchée; elle se le reprocha : le malheur des ames délicates est de se faire des scrupules. Elle craignit qu'une estime si réfléchie ne fût un desir caché, un espoir déguisé de pouvoir un jour être à M. de Saint-Géran; elle s'imaginoit avoir déja trahi ce qu'elle devoit à son mari. Ah! dit-elle, seroit-ce donc l'amour et non pas la vertu qui m'a fait résister à Thurin? Violerois-je mes devoirs quand je crois les remplir? ou ne sont-ils qu'un vain fantôme qui couvre les plus lâches sentiments? N'est-ce point à M. de Saint-Géran que je sacrifie mon mari? Est-ce lui, du moins, que je dois charger de son salut? Dois-je m'en reposer sur sa générosité? Non, je ne dois pas lui donner un si grand avantage sur moi. Allons plutôt implorer le secours de tous mes amis; me jeter aux pieds du roi; et, s'il le faut, lui déclarer que Thurin est capable de faire périr mon mari malgré son innocence; lui découvrir à quel indigne prix il avoit mis sa grace. Essayons du moins ou de sauver mon mari, ou de perdre mon persécuteur. Madame de Luz passa la nuit dans ces agitations.

Le jour paroissoit à peine qu'elle demanda si M. de Saint-Géran n'avoit envoyé personne; on lui dit que non. Elle s'imagina qu'il ne s'étoit pas donné tous les soins qu'il lui avoit promis; que tant de négligence marquoit peu d'intérêt; et qu'elle ne devoit rien attendre que d'elle-même. Elle délibéra quelque temps sur le parti qu'elle avoit à prendre, et résolut enfin de faire encore une tentative auprès de Thurin. Elle sortit dans ce dessein, et se rendit chez lui. Elle apprit, en y entrant, que M. de Saint-Géran venoit d'en sortir.

Thurin ne s'attendoit guère qu'il dût recevoir la visite de madame de Luz, après la hauteur, le mépris et l'horreur qu'elle lui avoit marqués en le quittant. Il croyoit qu'elle sacrifieroit plutôt la vie de son mari que de chercher à obtenir son salut d'un homme qui lui étoit si odieux. Il ne laissoit pas de craindre, malgré la fermeté qu'il lui avoit montrée, qu'elle n'allât en effet se jeter aux pieds du roi. Mais ses discours avoient fait trop d'impression sur l'esprit de madame de Luz pour qu'elle osât hasarder une pareille démarche : si elle ne réussissoit pas c'étoit perdre son mari sans ressource.

Thurin ressentit donc quelque joie lorsqu'on lui annonça madame de Luz; mais il n'abandonna pas son premier dessein, et il voulut dissimuler le plaisir qu'il avoit de la revoir. Madame de Luz, en l'abordant, étoit pâle, tremblante, et si confuse qu'elle eut beaucoup de peine à s'exprimer. La vertu malheureuse est plus aisée à déconcerter que le crime;

et il n'y a peut-être pas de situation plus cruelle et plus humiliante pour une ame noble que d'être réduite à demander une grace à quelqu'un qu'on méprise.

Dois-je croire, lui dit-elle, monsieur, ce qu'on vient de m'annoncer? Est-il vrai que vous ayez condamné mon mari? Ah! je ne vois que trop que vous avez résolu sa perte. Moi! madame, reprit froidement Thurin : je suis son juge et non pas sa partie. Je souhaiterois le trouver innocent, et c'est malgré moi que je condamne un coupable. Ah! monsieur, reprit madame de Luz, vous trouviez hier qu'il vous étoit si facile de le sauver : qu'est-il survenu depuis qui rende sa mort nécessaire? Madame, répliqua Thurin, vos scrupules sur votre devoir m'ont éclairé sur le mien, et votre vertu a été pour moi une leçon d'intégrité. Un juge, reprit-elle, est-il donc un barbare qui ne puisse se relâcher de la rigueur des lois en faveur de l'humanité? Madame, reprit encore Thurin, vous vous alarmez peut-être mal à propos, et M. de Luz peut bien être innocent. Hélas! dit madame de Luz, vous ne le croyez pas; et quand il le seroit n'est-ce pas vous?.... Mais la douleur m'aveugle, et je ne pense pas que je ne suis ici que pour vous fléchir, et non pour vous irriter. Ce n'est pas à moi, madame, répliqua Thurin, que doivent s'adresser vos supplications : voyez le roi; c'est à nous à faire justice, et ce n'est qu'à lui qu'il appartient de faire grace. Dans ce moment, madame de Luz, suffoquée par les sanglots et fondant en larmes, tomba aux genoux de Thurin. Hélas! lui dit-elle, serez-vous inexorable? Ayez pitié de mon malheureux époux; ayez pitié de l'état où vous me réduisez, mon sort est entre vos mains.

Madame de Luz étoit dans cet état lorsque Thurin, ne pouvant s'empêcher de rougir de voir une femme de cette naissance dans un abaissement si peu digne d'elle et de lui, la releva; et, la faisant asseoir, il se jeta lui-même à ses pieds. Vous voyez, madame, ce que peuvent vos charmes, puisqu'ils me font violer mon devoir. Devez-vous être surprise qu'ils aient égaré ma raison? Oui, madame, je vous suis entièrement dévoué. Quoique le roi soupçonne une partie du crime de M. de Luz, quoique le public en porte le même jugement, et qu'il me soit d'autant plus dangereux de le rendre innocent, que je me perds sans ressource si le roi vient à savoir que j'ai trahi sa confiance, vos moindres desirs sont mes lois les plus sacrées : vous ne devez pas être inflexible à mon égard lorsque je vous sacrifie tout. Mais je ne vous dissimule point que mon amour méprisé se changeroit en fureur; je perdrois M. de Luz : ne soyez pas insensible à sa perte et à l'amour le plus violent. Thurin, en prononçant ces paroles et toujours aux genoux de madame de Luz, tâchoit de porter ses entreprises plus loin. Madame de Luz,

effrayée et toute en pleurs, voulut le repousser :
Ah! monsieur, s'écria-t-elle, qu'exigez-vous de moi?
Grand Dieu! quelle est ma situation! Mais Thurin
tout en feu et devenu plus entreprenant : C'en est
trop, dit-il, il faut ou satisfaire mes desirs ou voir
votre mari sur l'échafaud. L'infortunée madame de
Luz, malgré ses soupirs et ses larmes, malgré l'horreur que lui inspiroit Thurin, vaincue par le malheur, fut forcée d'immoler au salut de son mari la
vertu, le devoir et l'amour; et Thurin fut dans ce
moment le plus heureux des hommes, s'il étoit possible de l'être dans le crime, et lorsque le cœur devroit être déchiré de mille remords.

Thurin se jeta ensuite aux pieds de madame de
Luz; il lui prit les mains, et, ne cessant de les baiser, il lui fit mille protestations de ne vivre jamais
que pour elle. Il se livra enfin à tous les transports
qui n'appartiennent qu'à des amants heureux, c'est-
à-dire à des amants aimés.

Madame de Luz, devenue insensible à toutes les
actions et à tous les discours de Thurin, n'y répondoit que par les larmes les plus amères. Elle ne pouvoit parler, les sanglots lui coupoient la voix; elle
n'osoit le regarder; elle n'osoit plus lui faire de reproches; elle ne s'en trouvoit pas digne, et elle se
livroit à toute sa douleur. Thurin ne la quitta que
pour prendre sur son bureau les lettres de M. de
Luz, et tout ce qui y avoit rapport; il les mit dans

un porte-feuille : Voilà, lui dit-il, madame, tout ce qui pouvoit décider le sort de M. de Luz. Mais ce n'est pas assez : je vais au Louvre; je rendrai compte au roi de tout ce qui le regarde; et je ne manquerai pas de le peindre comme l'homme le plus innocent, le sujet le plus fidèle, et à qui on ne sauroit, par trop de graces, faire oublier une prison injuste.

Madame de Luz, toujours fondant en larmes, ne répondoit pas à ce discours. Quoique le salut de son mari eût été l'unique cause de son malheur, elle n'y paroissoit plus sensible par la grandeur du prix qu'il lui avoit coûté. Cependant Thurin continuant toujours à lui parler, elle revint enfin à elle, se leva, et, sans lui répondre, voulut sortir. Thurin essaya de la calmer, et lui demanda sa grace; mais madame de Luz s'efforçant de parler, et sa voix se faisant passage à travers mille sanglots : Monsieur, lui dit-elle, n'abusez pas davantage de mon état; de grace, laissez-moi me retirer, et du moins vous cacher ma honte. Thurin craignant de l'affliger encore, ou peut-être quelques remords commençant à se faire sentir dans son cœur, et rougissant d'un bonheur dont il étoit si peu digne, il n'osa pas lui résister. Alors madame de Luz, rappelant toute la fermeté qui pouvoit cacher sa honte et le désordre où elle étoit, essuya ses larmes, prit le porte-feuille qui étoit devant elle, et sortit. Elle cacha à ses gens le trouble de son ame le mieux qu'il lui fut possible.

Lorsqu'elle fut seule ses larmes recommencèrent ; les sanglots la suffoquoient ; elle se livra à toute sa douleur. Elle envisagea ce qui venoit de lui arriver ; il lui sembloit que c'étoit un songe qu'elle ne pouvoit se persuader. Elle ouvre ce fatal porte-feuille, elle y trouve en effet les lettres de M. de Luz : elle les lit, et ne peut s'empêcher de les mouiller de ses larmes : elles lui rappeloient des idées trop funestes. Enfin, après avoir vu que Thurin lui avoit remis les moindres papiers où le nom et l'écriture de M. de Luz se trouvoient, elle les brûla tous pour en dérober à jamais la connoissance. Heureuse si elle eût pu anéantir en même temps l'idée de son malheur, la douleur et les remords qui la dévoroient !

Tandis que madame de Luz se livroit à son désespoir, M. de Saint-Géran n'étoit occupé que du sort de M. de Luz, et du soin de le sauver. Il étoit allé, le jour précédent, pour voir Thurin, et n'avoit pu lui parler. Il y étoit retourné le lendemain matin. Thurin ne lui donna pas une longue audience ; et, sans laisser pénétrer ses sentiments, lui dit, pour toute réponse, qu'il étoit parfaitement instruit de l'affaire de M. de Luz, et que dès ce jour même il en rendroit compte au roi. M. de Saint-Géran, ne pouvant pas le faire expliquer davantage, sortit un moment auparavant que madame de Luz y arrivât.

Il résolut d'aller au Louvre pour savoir quel seroit le succès du rapport que Thurin devoit faire au roi. Il y avoit déja quelque temps qu'il y étoit lorsqu'il vit arriver Thurin au lever. En effet, aussitôt que madame de Luz l'eut quitté il se rendit auprès du roi pour tenir la parole qu'il lui avoit donnée. Le roi, l'ayant aperçu, lui demanda s'il avoit quelque chose de nouveau à lui apprendre. Oui, sire, répondit-il, je suis maintenant en état de rendre compte de toute la suite de l'affaire du maréchal de Biron à votre majesté, s'il lui plaît de m'accorder un moment d'audience particulière.

Le roi, qui avoit cette affaire fort à cœur, ayant fini de s'habiller, donna ordre à Thurin de le suivre dans son cabinet, où étant seul avec lui : Sire, lui dit-il, votre majesté ayant donné aux rebelles de son royaume un exemple de justice en la personne du maréchal de Biron, j'ai examiné avec soin quels indices on pourroit trouver dans les papiers du maréchal : j'aurois soupçonné la fidélité du baron de Luz par les liaisons étroites qu'il paroissoit avoir avec lui; mais, après l'examen le plus exact, non seulement je n'ai rien trouvé qui chargeât le baron ; mais il y a des preuves de son innocence. Le maréchal gardoit des copies des lettres qu'il écrivoit : en voici plusieurs adressées à Picoti, son agent à Bruxelles, qui sont absolument la justification du baron de Luz. Le roi les prit, les lut, et vit que le maréchal mandoit à Picoti que la seule personne qui l'embarrassoit et qui l'inquiétoit pour l'exécution de son projet, étoit le baron de Luz; que c'étoit un homme extrêmement attaché à son devoir, et qui, dans les guerres civiles, étoit un des plus déterminés royalistes; qu'il étoit difficile qu'on pût donner passage aux Espagnols par la Bourgogne, sans que le baron en fût instruit et en avertît la cour; qu'au surplus, on pourroit s'en défaire et l'immoler au secret de la conjuration lorsqu'il seroit temps d'agir.

Ces lettres avoient effectivement été écrites par le maréchal de Biron avant qu'il eût séduit le baron de Luz, et dans le temps où il désespéroit d'y réussir. Vous voyez par-là, sire, reprit Thurin, que non seulement le baron de Luz n'étoit pas instruit de l'intrigue; mais que sa présence en Bourgogne a peut-être empêché qu'elle n'éclatât, et que, pour en assurer le succès, on en vouloit même à ses jours. Je crois donc que votre majesté, après avoir satisfait à sa prudence en le faisant arrêter, doit aujourd'hui reconnoître sa fidélité en lui faisant rendre sa liberté.

C'est assurément, dit le roi, la moindre chose que je lui doive quant à présent: je ne prétends pas m'acquitter à si peu de frais; et je veux lui faire oublier, à force de bienfaits, ce que la malheureuse nécessité m'a obligé de lui faire souffrir. C'en est assez, M. de Thurin, ajouta le roi; je ne veux pas que vous poussiez vos recherches plus loin. Puisque le baron de Luz est innocent, et qu'il étoit le seul homme considérable dont la conduite méritât mon attention, ce n'est pas la peine de rechercher les autres, qui auront sans doute plutôt été séduits que mal intentionnés pour l'état, et dont ma clémence fera des sujets d'autant plus fidèles qu'ils croiront, par la tranquillité où je les laisserai, qu'ils n'ont pas même été soupçonnés. Ils ne sont pas à craindre; et, puisque je leur pardonne, je ne veux pas même les connoître afin de les traiter comme le reste de mes sujets. Que cette affaire soit donc absolument ensevelie : je me charge du comte d'Auvergne. Pour vous, allez promptement faire rendre la liberté au baron de Luz, et l'assurer de mes bontés.

C'est ainsi que l'adroit Thurin étoit également propre à servir ou à nuire, suivant ses intérêts ou ses plaisirs. Sire, dit-il, le marquis de Saint-Géran, ami particulier du baron de Luz, est dans l'antichambre; vous ne sauriez donner la commission d'aller faire sortir le baron à quelqu'un qui y soit plus sensible. Tant mieux, répondit le roi, j'estime Saint-Géran; qu'on le fasse entrer. M. de Saint-Géran, extrêmement surpris, parut devant le roi. Je vous sais bon gré, lui dit le roi, d'être demeuré attaché à votre ami dans sa disgrace. Allez, de ma part, lui rendre la liberté. Le marquis de Saint-Géran, transporté de joie, remercia le roi d'avoir

bien voulu le choisir pour cette commission. L'ordre
fut expédié sur-le-champ, et M. de Saint-Géran
partit en répandant cette nouvelle.

Tous ceux qui étoient restés amis de M. de Luz,
ou qui crurent qu'il étoit permis de le redevenir,
partirent avec lui. D'autres se récrièrent sur la justice du roi, sur l'innocence du baron, et disoient
qu'ils ne l'avoient jamais soupçonné d'être criminel ;
que tôt ou tard la vérité perce, et que l'innocence
triomphe. Enfin les courtisans de ce temps-là pensoient et parloient comme ceux d'aujourd'hui.

FIN DE LA PREMIÈRE PARTIE.

HISTOIRE

DE

MADAME DE LUZ,

ANECDOTE DU RÈGNE DE HENRI IV.

SECONDE PARTIE.

Le marquis de Saint-Géran, suivi d'un grand nombre de personnes, arriva à la Bastille, et en fit sortir le baron de Luz. Aussitôt que le baron apprit qu'il étoit libre, il sentit qu'il étoit plus heureux qu'innocent. Après avoir embrassé le marquis de Saint-Géran et tous ceux qui l'avoient suivi, il partit sur-le-champ, croyant que, malgré l'idée que l'on avoit de son innocence, son premier devoir étoit de remercier le roi : les princes voulant en général que l'on reçoive toujours une justice comme une grace. Il arriva donc au Louvre, suivi de tout ce cortége. Le roi le reçut avec bonté. Baron, lui dit-il, aussitôt qu'il l'aperçut, je viens enfin de vous rendre justice ; oublions le passé, continuez à me bien servir, et comptez que je ne vous aimerai pas moins, quoique j'aie eu tort avec vous. Le baron de Luz ne répondit au roi qu'en se jetant à ses pieds. Le roi lui tendit la main, et le releva. Allez, lui dit-il, voir madame de Luz et calmer toutes ses alarmes. Le baron de Luz prit congé du roi, et arriva chez lui suivi des mêmes personnes qui l'avoient accompagné au Louvre.

Madame de Luz, plongée dans la douleur, et qui avoit fait défendre sa porte à tout le monde, fut extrêmement surprise d'entendre plusieurs carrosses qui entroient dans sa cour, et bientôt après le bruit d'un grand nombre de personnes qui s'approchoient de son appartement, sans être annoncées. Elle appeloit ses gens pour en savoir le sujet, lorsqu'elle vit paroître devant elle M. de Luz suivi d'une foule de ses amis. Il courut l'embrasser avec mille transports.

Jamais surprise ne fut égale à celle de madame de Luz. La présence de son mari fut pour elle un coup de foudre : celle de Thurin, le souvenir de son crime, et tout ce qui lui étoit arrivé, ne pouvoient pas lui porter un coup plus cruel. Elle revoyoit un mari à qui elle n'osoit plus donner ce nom; qui, en paroissant devant elle, sembloit moins touché du plaisir de jouir de la liberté, que de celui de retrouver une femme qu'une longue séparation lui avoit rendue plus chère. Elle le voyoit se livrer aux transports les plus vifs, et l'accabler des caresses les plus tendres, dans le moment qu'elle venoit de lui faire le plus sensible outrage. Elle n'osoit répondre à ses caresses; peu s'en fallut qu'elle ne lui déclarât qu'elle en étoit indigne. Cependant elle se remit le mieux qu'il lui fut possible; et le baron de Luz attribua le désordre de sa femme à la surprise où elle étoit de le voir dans un temps où tous ses amis craignoient pour ses jours. Le nombre prodigieux d'amis qui l'avoient accompagné depuis la Bastille jusque chez lui achevèrent, par leur empressement, de cacher l'embarras de madame de Luz.

M. de Saint-Géran étoit le seul qui, dans la joie qu'il marquoit, ressentoit en lui-même quelques mouvements secrets et involontaires qui la combattoient. Ce n'est pas qu'il n'eût fait tout au monde, et qu'il n'eût hasardé même sa vie pour sauver celle du baron. Mais, lorsque M. de Luz fut en sûreté, que la générosité fut satisfaite et inutile, l'amour reprit tous ses droits. M. de Saint-Géran ne laissoit cependant rien paroître qui pût déceler ses sentiments secrets; peut-être ne les démêloit-il pas bien lui-même. Ce n'étoit qu'un mouvement secret de la nature qui ne pouvoit éclater sur son visage que pour des yeux aussi clairvoyants que ceux d'une amante, et personne ne crut faire à M. de Luz des compliments plus sincères que M. de Saint-Géran.

Pendant que M. de Luz recevoit les compliments de toute la cour, madame de Luz étoit obligée de cacher le chagrin intérieur qui la dévoroit, et de prétexter souvent quelque incommodité qui pût paroître la cause de l'abattement où elle étoit.

Le baron de Luz ne manquoit pas un jour d'aller faire sa cour. Le roi l'entretint souvent des affaires de la Bourgogne; et, quelques jours après, il déclara qu'il donnoit ce gouvernement à M. le Dauphin; que M. de Luz et M. de Bellegarde en seroient les lieutenants généraux sous lui, et partageroient entre eux toute l'autorité dont étoit revêtu le maréchal de Biron.

Ce changement dans la forme du gouvernement de Bourgogne étoit extrêmement favorable au baron de Luz. Quoiqu'il eût un collègue dans M. de Bellegarde, son autorité partagée devenoit cependant plus grande sous M. le Dauphin que lorsque le maréchal de Biron y commandoit. Mais la faveur dont le baron de Luz commençoit à jouir ne consoloit pas madame de Luz.

Quoiqu'elle ne fût devenue la victime de la scélératesse de Thurin que pour sauver la vie de son mari, elle se repentoit toujours de ce qu'il lui en avoit coûté. La présence de son mari lui reprochoit d'avoir violé ses devoirs. La vue de M. de Saint-Géran lui rappeloit l'amour outragé, et le souvenir de

Thurin lui causoit une horreur qui achevoit de déchirer son ame.

Thurin s'étoit en vain flatté de s'être acquis le droit de continuer quelque commerce avec madame de Luz. Il s'imaginoit, sur le caractère ordinaire des femmes, que le sacrifice qu'il en avoit obtenu la lui avoit soumise. Une femme qui s'est une fois livrée à un homme, si elle ne lui a pas engagé son cœur, lui a du moins donné des droits sur sa complaisance : ou elle s'attache à son amant, ou elle obéit à son tyran; et la passion brutale d'un scélérat n'en exige pas davantage. Thurin crut n'avoir pas besoin d'autre titre pour aller la voir; et il comptoit bien, s'il la trouvoit seule, prendre avec elle des arrangements, et lier un commerce réglé.

Madame de Luz étoit seule en effet lorsqu'on le lui annonça. L'indignation qui au nom de Thurin s'éleva dans son cœur l'empêcha de répondre. Si elle eût prévu son audace, elle lui eût fait défendre sa porte ; et elle n'étoit pas encore revenue de son trouble lorsqu'il entra. Madame, lui dit-il, quoique je n'aie pas dû l'excès de vos bontés à votre inclination, qui seule pourroit rendre mon bonheur parfait, je sens que je vous suis attaché pour ma vie. Je veux faire tous mes efforts pour effacer de votre esprit ce que mon entreprise paroît avoir eu de violent ; et je ne puis être heureux, si par mes soins, mes respects, et une entière soumission à toutes vos volontés, je ne parviens à toucher votre cœur. Vous pouvez, ajouta-t-il, si vous approuvez mes vœux, déclarer à M. de Luz que c'est à moi qu'il doit son innocence et la facilité qu'il a eue d'apaiser le roi. Par là vous le disposerez aisément à m'accorder son amitié, et elle servira facilement de voile à mon assiduité à vous faire ma cour. Madame de Luz, qui jusque-là, retenue par la colère, la honte et l'indignation, avoit gardé le silence, le rompit enfin.

Pourrois-tu, lui dit-elle, malheureux, te flatter d'exciter dans mon cœur d'autres sentiments que ceux du mépris et de l'horreur? Ne dois-tu pas être content de m'avoir plongée dans l'infamie et dans le crime? Après avoir déshonoré mon mari, veux-tu, par une lâcheté encore plus grande, le trahir en l'obligeant à l'amitié et à la reconnoissance envers un monstre digne de toute sa fureur? Ah! respecte du moins son erreur, et ne la fais pas servir à combler tes crimes et mon indignité. Ne suis-je pas assez criminelle? Crois-tu que je puisse encore devenir complice de ta perfidie? Ah! sans doute tu peux croire que tu m'as rendue assez méprisable pour oser tout hasarder avec moi; mais ne t'abuse pas davantage, ne cherche pas à me rappeler l'idée de mon crime. Je veux croire que ma honte n'est connue que de toi, ne viens pas la redoubler par ta présence; c'est assez pour moi de rougir à mes yeux. Va, fuis, délivre-moi de l'horreur de te voir; pour expier mon crime, pour punir ta lâcheté, je suis capable de découvrir l'un et l'autre; et mes remords me donneront plus de fermeté que je n'en ai eu pour conserver mon innocence. Madame de Luz finit en répandant un torrent de larmes, et suffoquée par ses sanglots. Thurin, ému de ce spectacle, soit crainte ou respect, soit repentir ou admiration, n'eut pas la force de répliquer, et se retira.

Lorsqu'il fut sorti, madame de Luz continua encore de s'affliger; mais enfin elle se calma, ou du moins elle tâcha de cacher son trouble, parceque le marquis de Saint-Géran entra presque dans le même moment.

De quelque honte que madame de Luz se sentît accablée en présence de son mari, celle de M. de Saint-Géran lui donnoit encore plus de confusion. En effet elle n'avoit trahi que ses devoirs envers M. de Luz : si les exemples en pareille matière pouvoient autoriser, elle en avoit assez pour ne se pas juger extrêmement criminelle; mais elle étoit peut-être la seule qui, avec la passion la plus violente dans le cœur, sût résister à son penchant. Elle avoit manqué à-la-fois à la vertu et à l'amour; et les reproches de l'amour sont peut-être les plus sensibles.

La présence de M. de Saint-Géran augmentoit donc le dépit de madame de Luz. Elle ne s'étoit pas encore trouvée seule avec lui depuis que M. de Luz étoit rentré en grace auprès du roi.

Madame, lui dit M. de Saint-Géran, quoique vous m'ayez peut-être soupçonné d'avoir eu au sujet de M. de Luz des sentiments plus intéressés que généreux, je puis vous assurer que personne n'a été plus sensible que moi à sa justification. J'aurois sans doute fait mon bonheur de vous posséder; mais, quelle que soit ma passion pour vous, je ne voudrois pas vous devoir au malheur d'un ami, et, ce qui est encore plus respectable pour moi, d'un homme qui vous est cher. Vous m'avez accoutumé à n'avoir d'autres sentiments que les vôtres; et si de moi-même j'en eusse eu de moins généreux, depuis que j'ai le bonheur de vous être attaché, je vous aurois dû ma vertu.

Je n'ai jamais pensé, répondit madame de Luz, que vous ayez été capable de concevoir des espérances qui pussent nous faire rougir l'un et l'autre. Je vous ai toujours cru vertueux. Quelque flatteur qu'il fût pour moi de vous avoir inspiré ces sentiments, il ne l'est peut-être pas moins de supposer que vous les avez toujours eus, qu'ils vous sont propres et naturels. C'est par-là seulement que je puis excuser mon penchant pour vous; et il m'est encore plus doux de justifier mon attachement que de flatter mon amour-propre. Je sais que M. de Luz mérite, par l'amitié qu'il a pour vous, que vous soyez son ami ; mais je ne sais si un rival est un ami bien sûr. Quoi qu'il en soit, vous savez que je vous ai toujours ouvert mon cœur, je vous l'aurois peut-être caché difficilement ; mais enfin, si vous connoissez le fond de mon ame, c'est à ma confiance et non pas à ma foiblesse ou à mon indiscrétion que vous devez l'attribuer. Je ne changerai point avec vous de conduite à cet égard. Quels que soient mes sentiments, je vous les ferai connoître ; et, pour continuer à vous convaincre de ma sincérité, je vous avouerai que vous m'êtes infiniment cher ; que je crois que vous me le serez toujours : j'ajouterai même que je le crains. Oui, je ne vous dissimulerai point que je souhaiterois vous voir avec plus d'indifférence. Les alarmes que la prison de M. de Luz m'a causées, les frayeurs que j'ai eues sur son sort me l'ont rendu plus cher. Si la vertu, si la raison doivent nous faire combattre des sentiments contraires à notre repos, pourquoi ne pas chercher à fortifier ceux qui y sont conformes ? L'on prétend que les réflexions peuvent affoiblir une inclination ; elles peuvent aussi contribuer à la fortifier dans un cœur. Je veux faire tous mes efforts pour m'attacher de plus en plus à M. de Luz ; je crains bien de n'y pas réussir ; mais enfin je suis obligée d'y travailler ; et je sens bien qu'il ne fera pas de grands progrès dans mon cœur tant que votre présence détruira tout le fruit de mon attention et de mes soins. Je vous demande en grace de me voir avec moins d'assiduité; les dissipations qui se trouvent dans Paris peuvent vous en fournir aisément le prétexte et les moyens. Ce n'est peut-être qu'en nous arrachant l'un à l'autre que nous cesserons de nous être nécessaires. Je vous avouerai même, et je ne puis porter plus loin le desir de me livrer à mes devoirs, que je voudrois que votre cœur pût s'attacher. Plusieurs femmes en briguent la conquête; leur facilité est un grand charme : en les voyant, et cessant de me voir, vous m'oublierez aisément; les chaînes de l'habitude sont bien fortes. Ce n'est pas que j'espère ressentir pour M. de Luz la tendresse que vous seul jusqu'ici m'avez inspirée. Je serois trop heureuse que mon cœur et mon devoir fussent d'accord; si je ne dois pas m'en flatter ils ne seront pas du moins dans un combat perpétuel, et la vertu n'exige rien de plus; l'amour pour mon mari feroit mon bonheur; mais il n'est pas nécessaire à mon devoir.

Tandis que madame de Luz parloit ainsi, M. de Saint-Géran étoit dans un étonnement qui ne lui permettoit pas de l'interrompre ; mais lorsqu'il vit qu'elle avoit cessé de parler : Je n'aurois jamais soupçonné, lui dit-il, madame, que le malheur qui ne sembloit d'abord menacer que M. de Luz, ne dût enfin tomber que sur moi. Vous savez combien j'ai été sensible à sa disgrace; j'aurois sans doute desiré de contribuer par mes soins à lui procurer sa liberté : mais je suis encore plus satisfait qu'il ne l'ait due qu'à son innocence. J'aime assez mes amis pour ne pas desirer de leur rendre des services qu'ils ne devroient qu'à leur malheur ; et je n'ambitionne point de me les assujettir par la reconnoissance. Je ne sais pas si de pareils sentiments auroient dû vous détacher de moi ; ils étoient faits pour toucher votre ame. Vous espérez, dites-vous, qu'en cessant de vous voir je cesserai de vous aimer, et que mon cœur pourra devenir sensible pour quelqu'autre que vous : vous ne rendez justice ni à vous ni à moi. Un cœur que vous avez une fois touché doit être bien difficile sur tout autre objet ; et d'ailleurs, soit vertu, soit malheur, je ne suis point de ceux qui s'attachent plutôt par foiblesse que par goût, qui offrent leur hommage et non pas leur cœur. Vous connoissez le mien ; vous savez qu'il n'étoit fait que pour vous : vous m'aviez permis de croire que vous en acceptiez le don : faut-il le rejeter aujourd'hui avec mépris ? Que vous êtes injuste ! reprit madame de Luz. Pouvez-vous imaginer que je vous méprise ? Ah ! croyez que je vous estime puisque je vous aime. Je serois trop malheureuse si vous cessiez de mériter mon estime : c'est elle seule qui peut justifier mon penchant pour vous ; mais notre amour est aussi contraire à mon bonheur qu'à mon innocence. Que je vous doive l'un et l'autre ; cessons de nous voir : cette séparation me sera plus cruelle qu'à vous même; mais je la crois nécessaire ; peut-être lui devrons-nous un jour notre tranquillité.

M. de Saint-Géran, ne pouvant se résoudre à un si cruel sacrifice, fut quelque temps à combattre la résolution de madame de Luz ; mais voyant qu'au lieu de lui faire changer de dessein il ne faisoit que l'affliger, jugeant aussi qu'il lui seroit impossible de cesser de la voir en demeurant dans le même lieu, il prit enfin le parti de s'éloigner autant par désespoir que par obéissance. Il alla prendre congé d'elle. Jamais adieux ne furent plus tendres ; jamais il n'y eut de séparation plus cruelle; jamais leur amour n'avoit été plus vif. Ils gémissoient ; ils soupiroient ; la douleur les empêchoit de parler, et ils ne pouvoient s'exprimer que par leurs larmes. Madame de Luz fut prête à révoquer un ordre qu'elle trouvoit trop barbare contre M. de Saint-Géran et contre elle-même. Elle n'avoit exigé cette séparation que pour cesser de l'aimer; et, n'écoutant alors que son cœur, elle lui jura cent fois l'amour le plus tendre et le plus constant. Ils se séparèrent enfin ; et M. de Saint-Géran, qui avoit demandé au roi la permission d'aller servir en Hongrie, partit le jour même, le cœur déchiré par l'amour et par le désespoir.

La France, qui avoit été long-temps agitée par les guerres civiles et étrangères, jouissoit enfin d'une paix stable qu'elle devoit à la valeur, à la fermeté et à la prudence de son roi. Henri, après avoir calmé les troubles intérieurs, dissipé les factions et épouvanté les rebelles, venoit encore d'assurer la paix avec l'Espagne et la Savoie, par les traités de Vervins et de Lyon.

Un grand nombre d'officiers françois n'ayant plus de guerre chez eux, allèrent la chercher chez les étrangers. Les uns passèrent, avec le prince de Joinville, chez les Hollandois ; les autres suivirent les ducs de Mercœur et de Nevers, et offrirent leurs services à l'empereur Rodolphe II contre les Turcs. Il semble que le François ne fasse la guerre que pour la gloire. Il combat son ennemi sans le haïr ; et, sitôt qu'il a fait sa paix, il est prêt à servir avec zèle celui contre lequel il vient d'exercer sa valeur. Les services que Rodolphe reçut des François furent tels que Mahomet III, qui régnoit alors sur les Ottomans, leur attribua les plus grands succès des Impériaux. Il envoya à ce sujet au roi, Barthélemy Lueur, renégat françois, et le premier que les Turcs aient chargé d'une pareille commission. Son principal objet étoit d'engager le roi à rappeler le duc de Mercœur et les François qui l'avoient suivi. Henri reçut cet envoyé avec distinction, quoique sans grand appareil. Il le chargea de plusieurs présents pour répondre à ceux du sultan ; mais il ne lui donna aucune réponse positive sur ses demandes. En effet, Henri, élevé parmi les armes, ayant conquis son royaume à la pointe de l'épée, et justifié ses droits par sa valeur, aimoit naturellement la guerre. C'étoit par là qu'à-la-fois général et soldat, il étoit devenu le plus grand capitaine de son siècle. La plupart de ses officiers, qui dans d'autres temps ou d'autres lieux eussent été des généraux, ne paroissoient que des soldats sous lui. Ce prince, en faisant la paix, avoit sacrifié son inclination particulière au bonheur de ses sujets : quand on sait combattre on doit savoir aussi faire glorieusement la paix.

Henri aimoit tous ses sujets : il protégeoit le peuple comme la partie la plus foible, quoique la plus nécessaire à l'état; mais il considéroit particulièrement la noblesse et les soldats comme les défenseurs de la patrie.

Il savoit que la noblesse n'étoit exempte de quelques impositions que parcequ'elle étoit destinée à servir plus glorieusement l'état; qu'elle ne tiroit le droit de porter l'épée que de l'obligation où elle est de l'employer contre les ennemis de la nation ; et il ne regardoit comme véritables gentilshommes que ceux qui portoient les armes. On ne voyoit point un homme, au sein de l'oisiveté, prétendre à des places qui sont le prix du sang versé pour la patrie, ou quitter le service après les avoir obtenues.

Le roi n'étoit donc pas fâché que la plupart des gentilshommes allassent chez les étrangers continuer à s'instruire du grand art de la guerre. Il sut bon gré à ceux qui lui en demandèrent la permission ; ainsi le marquis de Saint-Géran n'avoit pas eu de peine à l'obtenir.

Quelque temps après le baron de Luz partit avec M. de Bellegarde, pour aller à Dijon régler ensemble la forme du nouveau gouvernement. Comme il ne comptoit pas y faire un long séjour il laissa madame de Luz à Paris. Aussitôt qu'elle n'eut plus devant les yeux son amant et son mari, deux objets dont la vue déchiroit le plus cruellement son ame, elle ne craignit plus que de rencontrer Thurin, dont le souvenir la faisoit frémir d'horreur. Elle prit le parti d'aller passer à une maison de campagne qu'elle avoit auprès de Paris tout le temps que M. de Luz seroit absent. Lorsqu'elle y fut elle se livra encore à toute sa douleur. C'est une douceur pour les malheureux que de pouvoir s'affliger en liberté. Mais enfin le temps la calma un peu ; et elle commençoit à jouir de quelque tranquillité, lorsque plusieurs personnes, abusant du voisinage, vinrent troubler sa solitude. Madame de Luz, après avoir satisfait à tout ce que la politesse et l'usage exigent en pareille occasion, fit tous ses efforts pour rompre ou prévenir des liaisons qui lui étoient importunes. Le monde ne s'attache qu'à ceux qui le recherchent : madame de Luz eût été bientôt rendue à sa solitude si parmi ceux qui vinrent la voir il n'y en eût eu deux qui avoient été attirés chez elle par un intérêt trop vif pour s'en éloigner aussi facilement.

Le comte de Maran et le chevalier de Marsillac, qui avoient vu madame de Luz à la cour, en étoient devenus amoureux l'un et l'autre.

Le comte de Maran étoit un homme d'une naissance assez ordinaire pour ne pas dire obscure. Il étoit venu du fond d'une province éloignée pour s'attacher à la cour; et, comme on y reçoit aussi souvent les hommes sur leurs prétentions que sur leurs droits, il s'y étoit donné pour un homme de qualité, et avoit été reçu pour tel; ou plutôt on ne s'étoit guère embarrassé de lui disputer un titre qui n'intéressoit personne, par le grand nombre de ceux qui le portent ou qui l'usurpent.

C'étoit sur une naissance aussi douteuse que Maran fondoit un orgueil stupide, tel qu'on le remarque dans ceux qui n'ont d'autre mérite qu'un nom à citer. Le comte de Maran croyoit que la valeur étoit la seule vertu; et la férocité lui en tenoit lieu. Au reste, sans mœurs, sans esprit, sans probité, il étoit capable des actions les plus basses et les plus hardies pour satisfaire ses desirs. Son caractère faisoit un contraste parfait avec celui du chevalier de Marsillac. Le chevalier étoit d'une des meilleures maisons du royaume, pouvoit prétendre à tout par sa naissance, et il n'y avoit rien dont il ne fût digne par sa vertu.

Deux hommes aussi opposés devinrent rivaux en même temps. Tous deux, extrêmement amoureux, déclarèrent bientôt leur passion à madame de Luz.

Il est aisé de s'imaginer, dans l'état où elle se trouvoit alors, quelle impression leurs discours firent sur son esprit. Tous ses malheurs s'y retracèrent dans le moment. En effet, le seul mot d'amour devoit la faire frémir; il étoit la première cause du désespoir où elle étoit plongée. Quelque différence qu'elle eût faite en tout autre temps du chevalier de Marsillac et du comte de Maran, elle les traita dans cette occasion avec une égale fierté, et presque avec le même mépris. Le chevalier de Marsillac, qui avoit l'esprit aussi pénétrant que ses sentiments étoient délicats, ne pouvant accorder avec la douceur naturelle de madame de Luz un pareil accueil, ne douta point qu'elle n'eût déja le cœur rempli d'une passion violente, et peut-être malheureuse; et, respectant son secret, sans lui rien témoigner de ses soupçons, il lui promit qu'il ne l'importuneroit jamais par de pareils discours, puisqu'il avoit eu le malheur de lui déplaire. Madame de Luz lui en sut gré, et ne songea plus qu'à se défaire absolument du comte de Maran. Celui-ci, plus présomptueux qu'éclairé, regarda la colère de madame de Luz comme le seul effet de la pudeur. Il étoit, ainsi que tous les gens sans esprit et sans éducation, dans le préjugé grossier et ridicule qu'il n'y a point d'amants dont les femmes ne soient flattées ; qu'elles n'ont jamais qu'une vertu fausse, et qu'il suffit d'être entreprenant pour être heureux avec elles.

Le comte de Maran résolut de se conduire sur ce principe, et de se satisfaire à quelque prix que ce fût.

Le chevalier de Marsillac s'aperçut bientôt que Maran étoit son rival ; mais il ne fit pas à madame de Luz l'injure de la croire sensible à un tel hommage. Il alloit la voir assez rarement pour la persuader de son repentir ; et, quoiqu'il conservât encore pour elle des sentiments fort tendres, il forma le dessein de les lui sacrifier, et de se borner à être de ses amis.

Le comte de Maran ayant voulu retourner chez madame de Luz, on lui dit qu'elle n'y étoit pas. Une telle réponse ne peut être long-temps équivoque, surtout à la campagne, et Maran comprit aisément que madame de Luz lui faisoit refuser sa porte. Il soupçonna aussitôt le chevalier de Marsillac d'être un rival à qui on le sacrifioit. Le comte de Maran croyoit qu'il n'y avoit rien de honteux en amour que de n'être pas heureux ; et que les moyens les plus sûrs de le devenir, même les plus criminels, étoient toujours les meilleurs. Le chevalier de Marsillac et lui n'avoient jamais eu beaucoup de liaison : le caractère vertueux du chevalier suffisoit pour déplaire au comte de Maran ; mais, lorsque celui-ci regarda le chevalier comme son rival, et comme un rival heureux, il conçut la haine la plus violente contre lui, et forma aussitôt le dessein de se venger.

Il étoit résolu de l'appeler en duel, lorsque le hasard les fit rencontrer et termina leur querelle. Madame de Luz étoit bien éloignée de s'imaginer qu'elle dût être bientôt le sujet d'un combat.

On étoit alors en été, et c'étoit dans la plus grande chaleur. Madame de Luz, dont le parc étoit borné par la rivière, prenoit le bain. Elle y étoit allée ce jour-là de grand matin, et n'avoit qu'une de ses femmes avec elle. A peine étoit-elle entrée dans le bain que sa femme-de-chambre lui dit qu'elle avoit oublié quelque chose qui lui étoit nécessaire. Madame de Luz, se croyant fort en sûreté, à l'heure et dans le lieu où elle étoit, lui ordonna de l'aller chercher. Elle ne fut pas plus tôt partie que le comte de Maran arriva au lieu même où madame de Luz se baignoit. Depuis qu'elle lui avoit fait refuser sa porte il se promenoit toujours aux environs de sa maison, dans l'espérance de la rencontrer et de s'expliquer avec elle. Il venoit d'entrer dans le parc, et ayant aperçu madame de Luz qui se préparoit à se baigner, il s'étoit tenu caché, et il étoit fort attentif à toutes ses actions. Aussitôt qu'il eut vu que la femme-de-chambre s'éloignoit, soit qu'il en ignorât le sujet ou qu'il l'eût gagnée, il sortit du lieu où il étoit, et s'avança vers madame de Luz. Au bruit qu'il fit en s'approchant, madame de Luz, tirant un coin de la toile du bain, aperçut le comte de Maran; alors elle fit un cri, et sortit du bain pour s'enfuir, en appelant du monde.

Le comte de Maran la suivit; déja il l'avoit atteinte, et il se proposoit, pour satisfaire sa passion, de se porter aux dernières violences, lorsqu'il vit paroître le chevalier de Marsillac. Le chevalier, que le hasard avoit conduit au même endroit, croyant entendre la voix de madame de Luz, tourna ses pas du côté d'où partoient les cris. Il n'eut pas plus tôt vu madame de Luz poursuivie par le comte de Maran, que l'honneur, l'amour et le ressentiment l'enflammant de colère, il mit l'épée à la main pour punir la lâcheté de Maran, et lui cria de songer à se défendre. Le comte de Maran, transporté de rage à la vue du chevalier de Marsillac, abandonna madame de Luz pour venir fondre sur son rival. Si je ne suis pas, lui dit-il, heureux en amour, tu vas connoître que je le suis les armes à la main. Le chevalier ne répondit qu'en se précipitant sur son ennemi. Le combat n'est jamais long entre deux hommes bien animés; et dans le moment le comte de Maran tomba mort sur la place.

Le chevalier de Marsillac courut aussitôt sur les pas de madame de Luz, qui, fuyant dans le trouble et dans l'état où elle étoit, s'étoit enfoncée dans le bois. Il la chercha quelque temps pour la rassurer, en lui apprenant les suites de sa vengeance. Il la rencontra au pied d'un arbre où elle étoit évanouie. Le chevalier, frappé de l'état où il la voit, s'empresse de la secourir. Le désordre dans lequel elle étoit tombée laissoit voir mille beautés; le chevalier ne songea point à le réparer : ému et partagé entre la compassion, l'admiration et l'amour, il s'arrête à considérer tant de charmes. Qu'elle étoit belle dans ce moment! Cette vue enflamme ses desirs; le trouble et l'ivresse s'emparent de ses sens. Il prend une de ses belles mains, la presse de ses lèvres. Il voudroit la secourir, et il craint, en la retirant de cet état, de se priver du plaisir dont il est enivré. Il l'appelle d'une voix foible, elle ne répond que par un soupir; la bouche d'où il part en paroît plus belle. Il ose y porter la sienne. L'amour, qui sait prendre toutes les formes, achève de l'aveugler. Il croit ne céder qu'à la pitié, et il est emporté par les desirs les plus ardents; bientôt il n'en est plus le maître; il les sent, il s'y livre, et ne les distingue plus. Les desirs trop violents laissent peu d'intervalle de l'entreprise au crime. Madame de Luz, pressée tout-à-coup par les embrassements du chevalier, revient à elle. Se voyant entre les bras d'un homme, elle veut s'en arracher; et le mouvement qu'elle fait pour cela achève sa défaite, et commence les remords du chevalier.

Madame de Luz envisagea d'abord le chevalier

de Marsillac; et trop sûre de sa honte, dans l'état où elle se trouve: Grand Dieu! s'écria-t-elle, à quel opprobre suis-je donc condamnée! Et toi, dit-elle au chevalier, dont la fausse vertu m'a séduite, c'est toi qui me déshonores! Madame de Luz, livrée à la douleur et au ressentiment, accabla le chevalier des reproches les plus sanglants et les plus justes. Le chevalier, aussi humilié de son crime qu'il avoit été aveuglé par le plaisir, n'osoit lui répondre, il n'osoit même la regarder. Il se jeta à ses genoux, et voulut les embrasser; madame de Luz le repoussa avec mépris. Le chevalier trouvoit sa fureur trop juste pour oser s'en plaindre. Il ne se croyoit pas digne d'obtenir le pardon de son crime; mais il vouloit la persuader de son repentir. Madame de Luz continuoit toujours de lui marquer son indignation, lorsqu'elle entendit quelqu'un s'approcher; elle ne douta point que ce ne fût sa femme-de-chambre qui la cherchoit: c'étoit elle en effet. Éloignez-vous du moins, dit-elle au chevalier, et n'achevez pas de me déshonorer par votre présence. Le chevalier de Marsillac, que la vue de madame de Luz accabloit alors des remords les plus cuisants, ne résista pas à son ordre, et se retira.

A peine étoit-il parti, que la femme-de-chambre arriva. La frayeur où elle étoit l'empêcha de remarquer celle de sa maîtresse, ou plutôt elle l'attribua a la même cause. Cette femme avoit rencontré le comte de Maran mort, et baigné dans son sang: elle ne douta point que le spectacle d'un combat n'eût fait fuir madame de Luz. Elle lui demanda, en arrivant, si elle avoit été témoin de ce malheur, et qui en étoit l'auteur. Madame de Luz, pour écarter tous les soupçons du véritable motif de ce combat, répondit simplement que, lorsqu'elle étoit dans le bain, elle avoit entendu un bruit d'épées; que la frayeur qu'elle avoit eue ne lui avoit seulement pas laissé remarquer qui étoient ceux qui se battoient, et qu'elle n'avoit songé qu'à fuir, malgré l'état où elle étoit. La femme-de-chambre lui dit qu'elle avoit reconnu le comte de Maran. Madame de Luz, sans s'engager dans un plus long discours, prit une robe et marcha promptement vers la maison. La femme-de-chambre, qui ne soupçonnoit pas sa maîtresse d'avoir la moindre part à ce combat, lui dit qu'elle devoit se rassurer; qu'il n'y avoit apparemment pas encore d'autres témoins qu'elles; et que le parti le plus sûr et le plus prudent qu'elles eussent à prendre, étoit d'ignorer absolument ce qu'elles en savoient, pour ne pas être inquiétées dans cette affaire. Madame de Luz approuva ce conseil, et arriva chez elle.

La mort du comte de Maran fut bientôt répandue; on vint même, quelques heures après, l'annoncer à madame de Luz, qui, suivant le conseil de la femme-de-chambre, et encore plus pour son intérêt particulier, feignit de l'apprendre.

La connoissance que l'on avoit du caractère du comte de Maran fit regarder sa mort comme la suite d'un duel, et l'on n'en fit pas la moindre recherche. Ces sortes de combats étoient alors, en France, aussi communs qu'impunis; et plusieurs autres affaires de cette nature qui survinrent empêchèrent qu'on ne parlât davantage de celle-ci.

Le chevalier de Marsillac, ayant vu passer quelques jours sans qu'on l'inquiétât sur la mort du comte de Maran, et la voyant tout-à-fait oubliée, jugea que madame de Luz avoit gardé le secret, dans la crainte d'en faire connoître le motif.

Les remords dont Marsillac étoit agité égaloient presque la fureur et l'indignation de madame de Luz. Il n'auroit pas eu l'audace de se présenter à ses yeux; mais il prit la résolution de lui écrire pour l'assurer de la sincérité de son repentir, lui jurer un secret inviolable sur ce qui s'étoit passé, et pour tâcher d'en obtenir le pardon. Il envoya sa lettre à madame de Luz. Elle ne voulut pas la recevoir, et la lui renvoya. Marsillac en fut au désespoir; mais il ne crut pas devoir s'en plaindre. Il auroit desiré ardemment d'instruire madame de Luz de son repentir; mais il ne pouvoit se dissimuler que c'eût été une grace dont il n'étoit pas digne. Il prit donc le parti d'éviter la présence de madame de Luz, et de lui épargner la vue d'un homme qui devoit lui être aussi odieux. Il sentoit qu'il y auroit eu de l'inhumanité à s'offrir à ses yeux. Eh! comment, avec de pareils sentiments, avoit-il pu cesser d'être vertueux? Faut-il que la vertu dépende si fort des circonstances! Que n'eût-il pas fait pour se dérober à lui-même le souvenir d'un crime dont il étoit encore plus déshonoré que celle qui en avoit été la victime!

Un des plus grands supplices de madame de Luz étoit d'être obligée de renfermer sa douleur. Mais, lorsqu'elle étoit seule, et rendue à elle-même, elle envisageoit en frémissant tout ce qui lui étoit arrivé. Elle ne se voyoit qu'avec horreur. Comment, avec tant de vertu dans le cœur, pouvoit-elle être devenue si criminelle? Mais comment, avec tant de malheurs, pouvoit-elle être encore innocente? C'eût été accuser le ciel d'injustice. Elle aimoit mieux se condamner elle-même. Les sentiments d'une religion pure, qui devroient faire la consolation des innocents malheureux, achevoient de l'accabler. Agitée de mille remords, elle ignoroit qu'ils naissent moins du crime que de la vertu. Elle se livra à toute sa douleur. Elle gémissoit; elle pleuroit. Elle crut long-temps qu'il n'y avoit plus pour elle de consolation. Mais la religion, qui sembloit lui avoir exagéré d'abord l'horreur du précipice où elle étoit tombée, parut bientôt lui offrir la seule voie d'en sortir, en se jetant entre les bras de Dieu toujours ouverts au crime repentant.

Les secours spirituels ne manquent jamais à Paris. Cette ville a toujours été le séjour du crime et de l'innocence. Le vice et la vertu y ont chacun leurs ministres, qui sont dans un combat perpétuel. La galanterie avoit commencé à la cour, sous le règne de François Ier; elle fut bientôt suivie de la débauche sous Henri II. Une foule de vices avoit suivi en France Catherine de Médicis; et, quoique la cour de Henri IV fût moins corrompue que celle des rois précédents, elle étoit encore remplie de beaucoup de désordres.

Outre les déréglements qui régnoient à la cour, les troubles de religion, qui agitoient encore l'état, avoient réveillé l'esprit et le zèle de la plupart des gens d'église. On a dit que les guerres civiles étoient l'école des grands hommes, parceque chacun essaie ses forces : les guerres de religion, en causant les mêmes désordres, ont à peu près les mêmes avantages.

Avant ces temps-là on croyoit sans examen, on péchoit sans scrupule, on se convertissoit sans repentir : toutes les fautes se rachetoient par des legs pieux; les prêtres vivoient heureux, et les malades mouroient tranquilles. Mais l'hérésie vint dissiper cet assoupissement : on voulut s'instruire pour attaquer ou pour se défendre. La sévérité de Henri II contre les hérétiques en avoit augmenté le nombre. Les directeurs des consciences comprirent que, pour ramener les esprits, ils devoient régler leur zéle. Plusieurs crurent devoir employer la voie de la persuasion. D'ailleurs l'édit de Nantes, donné en faveur des protestants, étoit un frein à la persécution. Comme Henri IV n'avoit quitté leur communion qu'en suivant les mouvements de sa conscience, il ne se croyoit pas obligé de les haïr. Il les plaignoit comme ses frères, et les protégeoit comme ses sujets. De tout temps les ecclésiastiques qui se sont livrés à la direction des ames ont été partagés en différentes classes. Les uns, avec un cœur droit, un esprit simple et des talents bornés, renfermés dans la bourgeoisie et les états subalternes, cherchent à ramener dans la voie du salut ces ames égarées par les erreurs des sens. Les fautes grossières de ces pécheurs sont aussi simples que leurs principes ; elles tiennent plus au corps qu'à l'esprit, et n'exigent point, dans les directeurs, cette pénétration qui va chercher au fond du cœur le principe criminel et subtil d'une action en apparence indifférente. Il suffit, pour conduire ces pécheurs obscurs de connoître leur âge, leur tempérament, et les occasions dans lesquelles ils se trouvent communément.

Mais il est une autre classe de directeurs bien supérieurs à tous les autres. Ceux-ci, nés avec des talents éminents, se destinent à la cour. Ce n'est pas l'orgueil qui les y attache. Ces talents ne viennent pas d'eux-mêmes, c'est Dieu qui les donne à qui il lui plaît; il faut lui rendre graces de ses dons, et faire fructifier les talents du Seigneur. Sa voix les appelle à la cour, malgré les dangers qui s'y trouvent : on doit vaincre sa répugnance naturelle, et obéir à sa vocation.

Ces hommes choisis doivent connoître tous les replis du cœur. Tour-à-tour sévères ou relâchés selon les caractères de ceux qu'ils ont à conduire, ils peignent le joug du Seigneur ou pesant ou léger. Souples, adroits, insinuants, ils auroient toutes les qualités nécessaires pour suivre la fortune, si ces hommes divins pouvoient envier ses faveurs; mais il faut presque s'engager dans la voie de ceux qui s'égarent, quand on entreprend de les ramener. On est obligé d'employer contre les passions les armes des passions mêmes; et le cœur est toujours pur, quoique l'esprit paroisse se prêter aux différentes impressions de la cupidité. Quels talents, quelle charité ne faut-il pas pour régler les passions, pallier les défauts, ou calmer enfin les remords de ceux dont on ne peut corriger les vices !

Parmi ces directeurs illustres il y en avoit un fort renommé pour sa piété et pour ses lumières. Flambeau de la vérité, ennemi du crime, il préservoit l'esprit de l'erreur, et fortifioit le cœur contre les passions. M. Hardouin (c'étoit son nom) étoit chargé de la conduite de toutes les consciences timorées de la cour; ce qui suppose qu'il ne dirigeoit guère que des femmes. Pour les hommes, le mot de conversion est puéril; et ceux qui se convertissent à la cour sont toujours ceux qui ont le moins besoin de se convertir.

Dans la jeunesse ils se livrent aux plaisirs et à la dissipation; et c'est peut-être alors le temps de leur vie le plus innocent. Lorsqu'ils ont épuisé, ou plutôt usé les plaisirs, ou que leur âge et leur santé les y rendent moins propres, l'ambition vient s'en emparer. Ils deviennent courtisans; ils ne s'occupent plus que de leur fortune et de leur avancement. Ils n'ont pas besoin de vertu pour suivre leur objet; mais il faut du moins qu'ils en aient le masque, et par conséquent un vice de plus. Le succès ne fait que les attacher d'autant plus à la fortune. Les disgraces en ont quelquefois précipité au tombeau; mais il est rare qu'elles les ramènent à Dieu.

Il n'en est pas ainsi des femmes de la cour. Dans la jeunesse, uniquement occupées du soin de plaire, elles en perdent en vieillissant les moyens et jamais le desir. Quelle sera donc leur ressource? Le peu de soin qu'on a pris de leur éducation fait qu'elles en trouvent peu dans leur esprit; et il y a encore plus de vide dans leur cœur, quand l'amour n'y règne plus. Peu d'entre elles, après avoir été amantes, sont dignes de rester amies. Ne pouvant donc se suffire à elles-mêmes, le dépit les jette dans la dévotion. D'ailleurs les femmes, au milieu de leurs déréglements, ont toujours des retours vers Dieu. On a dit que le péché étoit un des grands attraits du plaisir; si cela étoit, elles en auroient plus que les hommes; mais cette maxime, fausse en elle-même, l'est encore plus par rapport aux femmes. En effet, elles ne sont jamais tranquilles dans leurs foiblesses; et c'est de là sans doute que vient la pudeur qu'elles conservent quelquefois encore avec celui à qui elles ont sacrifié la vertu. Quelques unes ne sont guère moins ambitieuses que des hommes le pourroient être ; elles veulent du moins décider des places que leur sexe ne leur permet pas de remplir, et la dévotion leur en donne les moyens. Les dévotes forment une espèce de république où toute l'autorité se rapporte au corps, et les membres se la prêtent mutuellement. Un directeur commençant a d'abord reçu tout son éclat et son crédit de celles qu'il dirige ; et, dans la suite, il donne lui-même le crédit à celles qui s'engagent sous sa conduite.

Madame de Luz avoit des vues plus pures et un cœur plus sincère. Elle quitta la campagne et revint à Paris. Elle alla aussitôt trouver M. Hardouin. Il fut assez surpris quand on la lui annonça. Comme elle étoit fort jeune, et que sa conduite passoit pour être d'une régularité exemplaire, il ne soupçonnoit pas le motif qui lui procuroit cette visite. Il crut qu'elle avoit quelque affaire importante à la cour, et qu'elle venoit le prier d'employer son crédit. Il vint au-devant d'elle avec empressement : Quel bonheur, lui dit-il, madame, me procure l'honneur de vous voir? Serois-je assez heureux pour vous être de quelque utilité? Vous pouvez me donner vos ordres. J'attends de vous sans doute, lui répondit madame de Luz, le service le plus important, en vous suppliant de m'accorder vos secours spirituels, dont jamais personne n'eut plus de besoin.

La première attention d'un directeur intelligent et expérimenté est de ne pas montrer d'abord trop de sévérité. La plupart de celles qui s'engagent dans la dévotion n'ont quelquefois pas encore un dessein bien décidé; le directeur achève de les déterminer. C'est par une conduite adroite qu'il perfectionne la vocation de ces ames foibles qui ne sont rien par elles-mêmes, que les circonstances entraînent, et qui, suivant par foiblesse l'amour ou la dévotion, deviennent dévotes ou ont une intrigue, sans être véritablement attachées ni à Dieu ni à leur amant. Souvent elles voudroient bien allier les deux. Un sermon les a touchées; l'amant les attendrit, elles auroient de la peine à l'abandonner. Mais elles quittent le rouge, elles vont à l'office, elles se trouvent aux assemblées des dames de paroisse : le recueillement de la journée leur donne le soir plus de vivacité pour recevoir leur amant. Malgré toutes ces petites contradictions il ne faut pas que le directeur se rende trop difficile : dans la dévotion comme dans l'amour les premiers pas sont toujours précieux.

Il n'en est pas ainsi de ces esprits vifs et ardents dont toutes les idées sont des projets ; tous leurs mouvements sont des passions, et tous leurs desseins des partis formés. Ils ne se prêtent à rien ; ils se livrent à tout. Le monde aujourd'hui les emporte ; demain le dépit d'un mauvais succès, la perte d'une maîtresse ou d'un amant, leur rend la vie odieuse. La société leur est à charge ; leur foi est encore foible ; l'humeur fait l'effet de la grace ; ils embrassent les pratiques les plus austères de la religion : avec plus de douceur elle leur plairoit moins ; ils s'y livrent comme à une vengeance. Mais ces caractères violents ont plus de ferveur que de persévérance. Un directeur un peu jaloux de sa gloire doit encore, s'il est possible, ajouter à leur austérité ; et les faire plutôt expirer dans les macérations que de les exposer, par une lâche et coupable indulgence, à devenir déserteurs de la dévotion.

Madame de Luz n'avoit rien de ces génies foibles ou violents. Accablée de remords, mais encore plus touchée de la vertu, elle cherchoit des lumières capables de l'éclairer, et il ne falloit pas de système pour diriger sa conduite. Quoi qu'il en soit, elle n'eût pas plus tôt fait connoître à M. Hardouin le sujet qui l'amenoit, qu'il s'écria : Loué soit à jamais le ciel! gloire soit au Très-haut! béni soit le Seigneur! Quoi! c'est vous, madame, qui craignez d'être hors de la voie du salut? Je vois que l'innocence a plus de scrupules que le crime n'a de remords. Mais votre crainte salutaire n'en est pas moins louable : cette sainte frayeur est la sauvegarde de la vertu Que celui qui est ferme dans la voie du Seigneur prenne garde de tomber, dit saint Paul ; ayez soin d'opérer votre salut avec crainte et tremblement. Oui, madame, il est plus aisé de prévoir les écueils que de sortir du précipice.

Vous aurez bientôt perdu, dit madame de Luz, l'opinion avantageuse que vous avez conçue de moi, lorsque je vous aurai fait connoître.... dirai-je mes crimes ou mes malheurs?

Ne craignez rien, répliqua M. Hardouin : quelles que soient les fautes que vous ayez commises, vous ne sauriez être bien criminelle avec autant de remords. Le ciel est plus sensible à la conversion d'un pécheur qu'à la persévérance de plusieurs justes; c'est pour les ames repentantes que les trésors de la grace sont ouverts. Parlez, madame, ayez confiance en moi. Je sens combien votre salut m'intéresse. Ouvrez-moi votre cœur. Madame de Luz sentit alors renouveler toutes ses douleurs. Qu'il étoit humiliant pour elle d'en avouer les motifs ! Un tel aveu coûte bien moins à celles qui sont plus coupables. M. Hardouin, voyant jusqu'à quel point madame de Luz étoit affligée et interdite, n'oublia rien pour lui inspirer de la confiance : Rassurez-vous, lui dit-il, madame; je suis prêt à vous entendre et à vous consoler. Madame de Luz, un peu rassurée et faisant effort sur elle-même, commença le récit de tout ce qui lui étoit arrivé. Vingt fois la pudeur et les sanglots lui coupèrent la parole ; et chaque fois M. Hardouin employa toute l'adresse imaginable pour la faire continuer, soit en l'interrogeant sur des détails, ou en lui rappelant des circonstances. Madame de Luz finit, avec un torrent de larmes, un aveu qui lui avoit tant coûté.

M. Hardouin en fut ému, il en fut même étonné. Ce n'est pas qu'il n'eût vu souvent des femmes converties; mais il n'en voyoit guère de repentantes. La dévotion est le dernier période de la vie d'une femme. La plupart de celles que M. Hardouin dirigeoit avoient commencé par se livrer au plaisir qui les recherchoit; elles avoient ensuite tâché d'en prolonger le cours; et leurs efforts étoient devenus d'autant plus vifs qu'elles avoient vu de jour en jour le monde prêt à les quitter. Les regrets les avoient encore occupées quelque temps, et elles avoient enfin cherché une consolation et un asile dans la dévotion. L'aveu de leurs fautes ne leur coûtoit point; en les confessant elles se retraçoient leurs plaisirs, et c'étoit l'unique qui leur fût resté.

Des détails aussi délicats et aussi vifs que ceux que M. Hardouin entendoit chaque jour devoient faire quelquefois sur son esprit une impression bien dangereuse pour la vertu. L'imagination s'échauffe, et elle est le premier ressort des sens : il faut alors que la grace soit bien puissante puisque l'homme est si foible.

Mais, quelque danger qui puisse se trouver pour la vertu d'un directeur, les images qu'il se forme ne sont pas ordinairement nourries et fortifiées par la vue d'objets jeunes et séduisants. C'étoit peut-être un état nouveau pour M. Hardouin que d'entendre un aveu simple et naïf, et de voir en même temps à ses pieds une personne jeune et charmante. Les larmes ingénues qu'elle répandoit lui donnoient de nouvelles graces. L'innocence est le premier charme de la beauté, et rien ne retrace l'innocence comme le remords.

M. Hardouin fut touché de la douleur de madame de Luz. Un homme accoutumé à entendre le récit des plus grands déréglements ne devoit rien trouver d'extraordinaire dans sa nouvelle pénitente que le malheur, les charmes et le repentir. Il fit tous ses efforts pour la consoler; il n'employa pas les lieux communs ordinaires; il se trouvoit dans une circonstance toute nouvelle; il avoit de l'esprit, et la vue de madame de Luz lui inspiroit la charité la plus vive. Il lui parla avec douceur; il l'engagea à venir le voir le plus souvent qu'elle pourroit, ou plutôt il lui persuada de ne s'occuper désormais que de son salut. Madame de Luz, qui commençoit à se sentir soulagée par la démarche qu'elle venoit de faire, écoutoit avec avidité les conseils de M. Hardouin. Les consolations nous viennent plutôt des autres que de nos propres réflexions. Elle en trouvoit déja dans les discours de son directeur; elle promit de lui soumettre entièrement sa conduite; et, dès ce moment, elle se livra absolument à sa direction.

Madame de Luz voyoit tous les jours M. Hardouin. Bientôt il la distingua de toutes celles qu'il dirigeoit. Il sentoit qu'elle lui étoit particulièrement chère. Il s'applaudit de son zéle, et il le redoubla; il éprouvoit pour sa nouvelle pénitente des mouvements tendres qui peut-être lui avoient jusqu'alors été inconnus; il les attribua à la grace : quel autre principe auroit pu les faire naître! Madame de Luz, qui trouvoit dans son cœur un peu de tranquillité, croyoit la devoir à la sagesse de M. Hardouin; et celui-ci goûtoit une suavité qui échauffoit encore son zéle. Bientôt il ne trouva plus de douceur que dans les entretiens qu'il avoit avec elle. Il ne fut pas long-temps à s'apercevoir de l'intérêt vif et tendre qu'il prenoit à sa personne. Sa vertu n'en fut point effrayée ; il ne douta point que sa ferveur ne partît d'un amour pur dont il commençoit à sentir les pieux élancements, et dont il alloit éprouver successivement tous les états ; il aspiroit déja à ce suprême degré de perfection où l'ame, purgée de toutes passions terrestres, purifiée par le feu même de l'amour, parvient à l'heureuse impuissance de pécher, en goûtant les plaisirs les plus parfaits.

Dans cette confiance, M. Hardouin se livra sans scrupule au tendre penchant qu'il ressentoit pour madame de Luz ; mais il reconnut bientôt qu'il avoit pour elle la passion la plus violente.

Quelque ingénieux que nous soyons à nous séduire et à nous aveugler nous-mêmes, nous ne pouvons jamais écarter absolument les traits de la vérité, et personne ne s'engage innocemment dans la voie du crime. Malgré le système spécieux dont M. Hardouin cherchoit à s'éblouir, il ne pouvoit ignorer que ses desirs fussent criminels. Il connoissoit trop le cœur humain pour chercher à se faire illusion. D'ailleurs, à force d'entendre le récit des mœurs les plus dépravées, on peut se familiariser avec leur idée, et le crime en fait moins d'horreur. Quoi qu'il en soit, M. Hardouin convint bientôt avec lui-même de l'état de son cœur, et de la nature de ses desirs ; il ne les combattit pas long-temps ; il savoit le grand art de calmer et d'écarter les remords, et il n'eut pas de peine à faire sa paix avec sa propre conscience. Il n'auroit pas tardé à faire connoître à madame de Luz la passion qu'elle lui avoit inspirée s'il n'eût craint de révolter sa vertu qu'il avoit eu le temps de connoître ; il étoit très sûr de se voir éloigner pour jamais s'il eût laissé soupçonner ses sentiments ; il résolut de les cacher et de s'appliquer uniquement à séduire l'esprit de sa pénitente. Il sentoit que l'entreprise n'étoit pas facile ; la dévotion de madame de Luz étoit d'autant plus sincère qu'elle avoit la vertu pour principe : si elle eût eu le goût des plaisirs, et qu'ils n'eussent pas été contraires à ses devoirs, elle n'eût pas éloigné un amant chéri. D'ailleurs, instruite par ses malheurs, elle devoit être en garde contre tous les piéges que le crime pouvoit lui tendre. M. Hardouin ne devoit donc pas s'attendre qu'il pût séduire son esprit ou corrompre son cœur. Cependant il ne perdit pas l'espérance de réussir, et attendit que l'occasion favorisât ses desirs.

Les gens du monde, emportés dans leurs passions, échouent souvent par leur imprudence. La violence de leurs desirs les aveugle, et leur impatience les empêche de prévoir les moyens ou de saisir les occasions de réussir dans leurs desseins qu'ils laissent trop connoître.

Il n'en est pas ainsi d'un homme retiré et dont l'état, supposant la sagesse, exige nécessairement la décence dans toutes ses démarches ; l'habitude où il est de se contraindre lui fait dissimuler ses sentiments. Ses desirs, à la vérité, croissent et s'échauffent par les obstacles ; mais leur violence même, qui naît en partie de la réflexion, lui fait enfin apercevoir, trouver et saisir les moyens de se satisfaire.

M. Hardouin s'attacha de plus en plus à gagner la confiance de madame de Luz : sa principale étude étoit de détruire entièrement les remords dont elle étoit agitée. Elle n'avoit pas le moindre soupçon des vues criminelles de son directeur. Il étoit cependant bien singulier qu'un homme chargé de la conduite des ames ne trouvât rien à reprendre dans sa pénitente que les scrupules et la vertu. Madame de Luz commençoit à trouver plus de tranquillité dans son ame ; elle recevoit avec docilité tous les avis de M. Hardouin, et croyoit marcher sous la conduite d'un guide sûr et éclairé. Il lui faisoit entendre que les actions les plus indifférentes étoient étroitement liées à la grande affaire du salut ; et la timide pénitente, dans la crainte de s'égarer, lui soumit absolument sa conscience et ses affaires domestiques. Il en fut bientôt le maître absolu. Il devint enfin un directeur avec toutes les circonstances et tous les priviléges de cet état.

M. Hardouin, pour jouir plus tranquillement du plaisir et de la facilité d'entretenir madame de Luz, lui persuadoit souvent d'aller passer quelques jours à la maison qu'elle avoit auprès de Paris. Quelque répugnance qu'elle eût à revoir des lieux qui lui avoient été si funestes, la ville ne lui étoit pas moins odieuse, et d'ailleurs elle ne savoit plus qu'obéir lorsque son directeur avoit prononcé. Elle alloit de temps en temps avec lui chercher la retraite. Il étoit le seul dont la compagnie pût adoucir ses peines et dissiper son chagrin.

M. Hardouin n'osoit pas, à la vérité, hasarder des discours qui eussent pu déceler ses sentiments ; mais il jouissoit du bonheur de vivre avec ce qu'il aimoit.

C'étoit ainsi que madame de Luz passoit sa vie, lorsqu'elle apprit que M. de Luz étoit dangereusement malade à Dijon. Elle fit aussitôt part à son directeur de cette nouvelle, et du dessein où elle étoit de partir sur-le-champ pour aller trouver son mari. M. Hardouin, qui craignoit que ce voyage n'apportât quelque changement à l'heureuse situation où il se trouvoit, combattit sa résolution en essayant de calmer ses inquiétudes. Elle persistoit cependant dans son dessein, et se préparoit déjà à partir lorsqu'elle reçut la nouvelle de la mort de M. de Luz.

La douleur de madame de Luz n'auroit été ni plus vive ni plus sincère quand elle auroit eu pour son mari la passion la plus violente. M. Hardouin eut besoin, pour la calmer, de tout l'ascendant qu'il avoit sur son esprit.

Le roi fut sensible à la mort du baron de Luz qu'il regardoit comme un de ses plus fidéles serviteurs, et qui en effet l'étoit alors. Il envoya faire compliment à madame de Luz; et, pour marquer la considération qu'il avoit pour la mémoire du baron, il donna la lieutenance générale de Bourgogne au comte de Luz, parent du défunt, et qui prit alors le titre de baron de Luz [1].

Madame de Luz, n'ayant plus rien qui l'obligeât à vivre dans le monde, renonça absolument à la cour, et se retira dans sa maison de campagne. M. Hardouin l'y suivit. Ce fut là qu'en voulant la consoler de la perte de son mari il essaya en même temps de la détacher de la vertu. Il faut, lui disoit-il, recevoir avec une résignation parfaite tout ce qui vient de Dieu : il ne fait rien que pour sa gloire et pour notre salut; soit bienfaits, soit adversités, de sa main tout est grace. Il n'y a point de malheur qui, dans quelques unes de ses circonstances, ne porte avec lui un motif de consolation. Par exemple, vous pleurez aujourd'hui la perte de votre mari :

---

[1] C'est ce baron de Luz qui, pendant la minorité de Louis XIII, fut si attaché à la reine-mère. Il fut tué par le chevalier de Guise. Le fils du baron de Luz, ayant voulu venger la mort de son père, eut le même sort; et ces deux combats furent les principaux motifs de l'édit contre les duels qui fut donné dans cette même année.

votre douleur est respectable ; cependant le devoir, plus que l'inclination, vous attachoit à M. de Luz. Vous avouerez d'ailleurs que vous craigniez sa présence ; ce n'est pas que, dans tout ce qui vous est arrivé, il n'y ait plus de malheur que de crime : votre conscience doit être tranquille ; mais votre mari n'en étoit pas moins outragé ; sa présence seroit un reproche éternel contre vous. En effet, votre malheur, bien pardonnable par lui-même, et que vous avez assez expié par votre repentir, étoit cependant un adultère ; au lieu que si vous aviez aujourd'hui une foiblesse pour quelqu'un (car enfin il ne faut jamais compter sur la vertu humaine, une telle confiance en sa propre force seroit un orgueil trop criminel), si vous aviez, dis-je, une foiblesse même volontaire, tous nos casuistes en feroient une très grande différence d'avec l'adultère. Il y en a eu plusieurs qui ont penché à ne pas regarder comme un péché mortel le commerce de deux personnes libres. Il est vrai que le sentiment de ces docteurs n'a pas été admis, et je ne sais pas pourquoi ; car enfin il y auroit bien moins de coupables qu'il y en a, puisque ce n'est que la loi qui fait le péché.

Quelle que fût la confiance de madame de Luz en M. Hardouin, quelque respect qu'elle eût pour ses décisions, elle ne laissa pas que d'être étonnée du tour de sa morale, quoiqu'elle ne soupçonnât rien de ses desseins. Je ne sens que trop, lui dit-elle, l'énormité de mes fautes, et l'outrage que j'ai fait à M. de Luz; mais je me croirois encore plus coupable si je me livrois volontairement au crime. Je ne dois songer qu'à fléchir le ciel par mon repentir et par mes larmes. Je crains quelquefois que vous n'ayez trop d'indulgence pour moi.

M. Hardouin, trouvant dans madame de Luz plus de vertu qu'il n'en eût desiré, craignit en insistant de se rendre suspect; et pour écarter tout soupçon : A Dieu ne plaise, reprit-il, que ma morale soit jamais relâchée! mais il faut avoir une sévérité éclairée qui sache distinguer la gravité des crimes. Par exemple, quoique vous soyez aujourd'hui dans un état où vous pourriez librement disposer de votre cœur, vous ne devez jamais être sensible pour M. de Saint-Géran; votre tendresse pour lui seroit criminelle : vous l'avez aimé du vivant de votre mari; c'étoit presque un adultère; toute liaison doit être rompue entre vous deux. S'il vous restoit quelque inclination pour lui, vous me feriez voir que vous n'avez jamais eu de véritable repentir de vos fautes, puisque votre amour pour M. de Saint-Géran a été la plus grave. A ce nom, madame de Luz ne put s'empêcher de soupirer et d'admirer alors la sévérité de la morale de M. Hardouin. Elle ne pouvoit pas pénétrer l'intérêt qu'il avoit de la détacher de M. de Saint-Géran, pour la séduire plus facilement.

M. Hardouin hasarda encore plusieurs discours de cette nature ; mais ce fut toujours avec toute la prudence dont le crime réfléchi est capable. Cependant, s'étant convaincu que la vertu de sa pénitente seroit inébranlable, et que, s'il insistoit davantage, il perdroit absolument sa confiance, il délibéra long-temps sur les mesures qu'il devoit prendre pour satisfaire ses desirs ; la violence qu'il leur faisoit ne servoit qu'à les irriter ; et il prit enfin une résolution digne des plus grands scélérats. L'appartement qu'il occupoit étoit dans le même pavillon que celui de madame de Luz. Elle n'avoit qu'une femme-de-chambre qui couchoit dans une garderobe à côté d'elle. Ses autres femmes, et le reste des domestiques, logeoient dans un corps de logis séparé. Tous les soirs M. Hardouin faisoit la prière, où toute la maison assistoit, et chacun se retiroit ensuite.

Un jour la femme-de-chambre qui couchoit auprès de madame de Luz, s'étant plainte d'une colique, M. Hardouin, qui avoit déja arrangé son plan, et qui s'étoit pourvu de tout ce qui pouvoit lui être nécessaire, dit à cette femme qu'il lui donneroit, le soir en se couchant, un remède qu'elle prendroit dans un bouillon, et qui calmeroit absolument, et dans l'instant même, le mal qu'elle ressentoit. M. Hardouin, en soupant avec madame de Luz, glissa adroitement plusieurs grains d'opium dans ce

qu'il lui servit. Elle en ressentit bientot l'effet. A
peine eut-elle soupé, que, se trouvant assoupie,
elle se fit déshabiller et se coucha. La femme-de-
chambre demanda alors à M. Hardouin le remède
qu'il lui avoit promis. Il lui donna aussi de l'opium
préparé, en lui disant de se coucher aussitôt. Cette
femme le prit avec confiance, et se coucha. M. Hardouin se retira ensuite dans sa chambre; et, ayant
renvoyé le domestique qui le servoit, il attendoit
que le reste de la maison fût retiré. Lorsque tout
fut tranquille, il alla à l'appartement de madame
de Luz. Il traversa la garde-robe, où il trouva la
femme-de-chambre dans un profond sommeil. Il
passa aussitôt dans la chambre de madame de Luz,
s'approcha de son lit; elle dormoit profondément.
M. Hardouin, ne craignant point de la réveiller, se
mit auprès d'elle. Ce malheureux, libre de tout remords, et pressé par des desirs d'autant plus violents qu'ils avoient été plus long-temps contraints,
se livra au plus noir des crimes.

Écartons, s'il se peut, l'image d'une perfidie aussi
affreuse, et digne de toutes les vengeances divines
et humaines. Madame de Luz, tourmentée par la fureur des embrassements et par la violence des transports de ce monstre, revint enfin à elle. Se trouvant
alors entre les bras d'un homme, elle douta pendant quelques instants de la vérité. Ce misérable,
qui vit qu'elle s'étoit éveillée plus tôt qu'il ne l'avoit

prévu, voulut lui demander pardon et faire excuser son audace et son crime.

Madame de Luz, trop sûre alors de son opprobre, jeta un cri qui auroit attiré sa femme-de-chambre, si elle n'eût pas été ensevelie dans le sommeil le plus profond; et les autres domestiques étoient trop éloignés pour l'entendre.

Rien ne peut être comparé à l'état de son ame en ce moment. Ce n'étoient point des soupirs, ce n'étoient point des larmes, ce n'étoit pas même de la douleur; toutes les expressions ordinaires du malheur étoient trop foibles pour le sien. Cette femme, autrefois le modèle de la douceur, étoit disparue; il ne lui restoit rien de son caractère. La fureur, le désespoir, la rage, l'animoient seuls; ils lui coupoient la voix; ils étouffoient ses sanglots. Elle fut quelque temps immobile, et elle auroit paru privée de tout sentiment, sans les regards furieux et enflammés qu'elle lançoit vers le ciel et sur Hardouin. Après quelques instants d'agitation, elle laissa échapper ces mots entrecoupés : A quel comble d'horreur étois-je donc destinée! ciel cruel! par où puis-je avoir mérité ta haine? est-ce la vertu qui t'est odieuse? La fureur l'empêcha d'en dire davantage; elle ne s'exprimoit plus que par des regards égarés.

Le scélérat Hardouin, qui jusque-là étoit demeuré dans le silence et attentif à tous les mouvements de madame de Luz, voulut prendre alors la parole :

Si vous étiez plus tranquille, dit-il, madame, je pourrois vous faire concevoir que tout ce que les passions font entreprendre n'est pas toujours aussi criminel que vous vous l'imaginez. Madame de Luz, fixant ses regards sur lui, sentit encore redoubler sa rage. Elle n'eut pas la force de répondre; mais, ayant aperçu un couteau sur une table, elle voulut se jeter dessus; Hardouin la prévint, et se saisit du couteau.

Perfide, lui dit l'infortunée madame de Luz, que crains-tu? Ce n'est pas ton sang vil que je veux répandre; il faut que tu vives, et que ta vie soit un reproche continuel contre le ciel, qui a souffert si long-temps un monstre tel que toi; mais ne m'empêche pas du moins de finir mes malheurs, ou plutôt je ne te demande point d'autre réparation de ton crime que de m'ôter la vie.

Hardouin, craignant que la femme-de-chambre qui étoit dans la garde-robe ne se réveillât, fit tous ses efforts pour calmer la fureur de madame de Luz; mais, voyant qu'il ne pouvoit réussir, il porta l'insolence du crime jusqu'aux derniers excès. Je sais, lui dit-il, que je suis perdu si vous faites le moindre éclat; mais soyez assurée que votre vengeance ne vous rendra que plus malheureuse; puisque vous dédaignez la prudence de mes conseils, si vous laissez le moins du monde soupçonner ce qui s'est passé entre nous, je rendrai publique toute l'histoire de votre vie. Ne vous flattez pas que le malheur la fasse excuser : les circonstances sont trop contre vous, et j'y saurai donner des couleurs capables de vous couvrir du dernier opprobre. Je vous laisse à vos réflexions ; mais songez sur-tout que votre discrétion réglera la mienne. Le perfide, après avoir mis le comble à son crime par ce discours, sortit sans attendre de réponse.

La plus affreuse situation n'est pas tant d'avoir épuisé le malheur, que d'y être plongé et de n'oser recourir à la plainte. Cette triste et dernière ressource des malheureux étoit interdite à madame de Luz; elle auroit reçu la mort comme la plus grande faveur ; mais l'amour de la réputation est quelquefois plus puissant que celui de la vie. Les dernières menaces du scélérat Hardouin la faisoient frémir d'horreur et de crainte; elle connoissoit sa perfidie et son adresse : ne chercheroit-il point lui-même à prévenir les esprits ? La réputation dont il jouissoit favorisoit ses discours. Le crime n'est jamais plus dangereux que sous le masque de la vertu. Ces inquiétudes augmentoient encore le désespoir de madame de Luz. Elle étoit dans ces cruelles agitations lorsque sa femme-de-chambre se réveilla ; il étoit déja tard, elle entra bientôt après dans la chambre de sa maîtresse. Madame de Luz, craignant la présence de tout le monde, lui dit qu'elle étoit incommodée, qu'elle vouloit reposer, et la renvoya. Lorsqu'elle fut seule, elle continua de s'affliger : les larmes sont la ressource du malheur impuissant. Elle envisageoit cette suite de malheurs dont sa vie étoit tissue, sans pouvoir se les reprocher. Sur le soir, sa femme-de-chambre vint l'obliger de prendre un bouillon, et lui conseilla de retourner à Paris ou d'en faire venir les secours nécessaires. Madame de Luz refusa l'un et l'autre ; elle passa la nuit comme elle avoit passé le jour. Le lendemain elle fut obligée de paroître pour prévenir tous les secours importuns que ses gens vouloient faire venir. Elle étoit dans un abattement qui les surprit ; ils s'étonnoient que M. Hardouin eût abandonné leur maîtresse dans cet état ; ils croyoient qu'il avoit été sans doute appelé à Paris pour quelque affaire indispensable ; et ils étoient bien éloignés de soupçonner la véritable cause de son absence et de l'accablement de leur maîtresse. Il y avoit un mois que l'infortunée madame de Luz traînoit cette vie languissante, dévorée par le chagrin qui la faisoit insensiblement périr. Elle ne soupçonnoit pas que le malheur pût rien ajouter à sa situation, lorsqu'elle reçut encore un coup plus cruel par le retour de M. de Saint-Géran.

Il avoit appris en Hongrie la mort de M. de Luz ; son amour n'étoit point diminué par l'absence, et l'espoir vint remplir son cœur. Il partit sur-le-champ, il arriva bientôt à Paris, et vint chercher madame de Luz à sa maison de campagne. Il est impossible de peindre l'état où elle se trouva lorsqu'elle vit paroître devant elle le seul homme qui eût jamais touché son cœur. Tous ses malheurs se présentèrent ensemble à son esprit; jamais elle ne les sentit si vivement; ils avoient mis un obstacle éternel à leur union. Elle ne regrettoit pas le bonheur qu'elle eût goûté avec lui; mais elle étoit au désespoir d'en être devenue indigne. M. de Saint Géran fut touché de l'abattement où il la trouva. Il savoit que les sentiments du devoir étoient presque aussi puissants sur elle que ceux de la nature; il attribua à la mort de M. de Luz la douleur qu'elle faisoit paroitre; il la respecta d'abord, il essaya ensuite de la consoler; mais personne n'y étoit alors moins propre que lui.

M. de Saint-Géran, usant du privilége du sang qui les unissoit et de ceux de la campagne, résolut de demeurer avec elle. La chose étoit trop naturelle pour que madame de Luz eût osé le congédier, quoiqu'elle éprouvât le plus cruel supplice par sa présence.

Plusieurs jours se passèrent sans que M. de Saint-Géran osât encore parler de sa passion; mais, lorsqu'il crut avoir satisfait à tous les égards et aux décences les plus sévères, il osa rappeler à madame de Luz les sentiments dont elle l'avoit autrefois flatté. Que ce souvenir étoit cruel en ce moment pour elle! Elle soupira et rougit. M. de Saint-Géran desiroit, en lui montrant l'amour le plus vif, le plus tendre et le plus soumis, de l'engager à s'expliquer : elle ne lui répondit que par des larmes.

Il ne voulut pas alors la presser davantage. Mais, quelques jours après, ayant repris les mêmes discours, et s'apercevant qu'il ne faisoit que l'affliger sans pouvoir rien obtenir : Votre douleur, lui dit-il, madame, passe les bornes ordinaires. Quelque cher que M. de Luz vous ait été, je sens que ce n'est plus sa perte que vous pleurez ; mais que je vous suis devenu odieux. De grace apprenez-moi par où j'ai pu vous déplaire? Madame de Luz étoit trop émue des reproches de M. de Saint-Géran, pour ne pas le détromper sur la haine dont il l'accusoit : Vous ne m'êtes point odieux, lui disoit-elle. Il vouloit alors la presser de lui déclarer le sujet de sa douleur. Quelques instances qu'il lui fît, elle gardoit le silence et pleuroit. Cette situation étoit trop cruelle, et tout ce qui se passoit dans son cœur étoit trop affreux pour qu'elle y résistât long-temps. Elle y succomba enfin. Elle fut saisie d'une fièvre violente. Quelque secours qu'on lui apportât, le mal qui la consumoit étoit au-dessus de l'art des médecins. Ils jugèrent bientôt que la maladie étoit mortelle. Il ne fut pas nécessaire de le lui annoncer ; elle le sentoit elle-même, et voyoit avec plaisir approcher la mort ; elle n'étoit touchée que de la douleur de M. de Saint-Géran. Il ne la quittoit pas un moment. Il ne doutoit point qu'elle ne fût la victime d'un secret chagrin, et il n'osoit plus lui en demander l'aveu, dans la crainte de lui déplaire. Il avoit continuellement les yeux attachés sur elle. Il lui prenoit les mains, et il les mouilloit de ses larmes. Pour madame de Luz, il sembloit que son ame fût devenue plus tranquille aussitôt qu'elle avoit vu que sa mort étoit certaine. Lorsqu'elle jugea que l'heure de sa mort n'étoit pas éloignée, elle fit retirer tout le monde, à la réserve de M. de Saint-Géran, et lui adressant la parole : Je vois, lui dit-elle, combien je vous suis chère ; et je me reprocherois de vous laisser ignorer que mon cœur, qui n'a été sensible que pour vous, n'a jamais cessé de l'être. J'aurois été trop heureuse que le ciel m'eût unie avec vous ; mais je n'ai pas disposé de mon sort, et ma main n'est plus digne de vous être offerte. Je veux vous marquer, en mourant, la plus grande confiance dont jamais une femme puisse être capable. Madame de Luz lui raconta ensuite toute l'histoire de ses malheurs. M. de Saint-Géran étoit agité, pendant ce récit, par tous les sentiments de l'horreur, de la vengeance, de la compassion et de l'amour. Aussitôt que madame de Luz eut fini : Ne croyez pas, lui dit-il, madame, que votre récit ait rien diminué de mon amour, de mon estime et de ma vénération pour vous. Vivez pour me voir vous aimer et vous adorer toujours : vivez pour unir votre sort au mien ; vos malheurs seront pour moi un titre de plus pour vous respecter, et ma vengeance en effacera une partie. Non, lui dit-elle, quand je pourrois revenir à la vie, j'admirerois votre générosité ; mais je m'en croirois indigne si j'en acceptois les effets. Adieu, je sens que je meurs. Que les causes de ma mort soient à jamais ensevelies dans le silence. Je pardonne à ceux qui en sont les auteurs. Conservez quelque souvenir de la plus tendre amie que vous ayez eue, et dont le bonheur eût été de faire le vôtre, si le ciel eût été d'accord avec ses vœux. Madame de Luz ne put en dire davantage ; elle tomba dans une foiblesse qui termina ses jours. Ainsi mourut la plus belle, la plus malheureuse, et j'ose dire encore, la plus vertueuse et la plus respectable de toutes les femmes.

Il n'y a que ceux qui ont aimé véritablement, et dont le cœur est vertueux, qui puissent imaginer la douleur de M. de Saint-Géran. On ne pouvoit l'arracher d'auprès de ces tristes restes de l'idole de son cœur. Il lui parloit comme si elle eût pu l'entendre. Il lui disoit tout ce que l'amour et le désespoir peuvent inspirer. Il s'évanouit auprès d'elle. On crut qu'il alloit expirer. On prit ce moment pour l'emporter. Il fut long-temps sans donner d'autre signe de vie que par des soupirs et des sanglots. Il ne revint à lui que pour s'abandonner à la douleur la plus amère.

Aussitôt qu'on eut rendu les derniers devoirs à

madame de Luz, M. de Saint-Géran imagina que ceux qu'il devoit à sa mémoire, étoient de la venger des auteurs de ses malheurs. Les desirs de vengeance partageoient seuls sa douleur. Il résolut de commencer par le perfide Hardouin; mais ses recherches furent inutiles. Ce malheureux, craignant que son crime ne vînt à éclater, étoit passé en Hollande, et avoit changé de nom et de religion. L'impuissance de se venger augmenta le désespoir de M. de Saint-Géran. Il résolut du moins de poursuivre sa vengeance contre Thurin et le chevalier de Marsillac; mais il ne put exécuter son projet, le chagrin avoit trop pris sur sa santé. Il tomba malade, et mourut enfin, en prononçant le nom de madame de Luz.

FIN DE L'HISTOIRE DE MADAME DE LUZ.

LETTRE

A L'AUTEUR

DE MADAME DE LUZ[1].

Lorsque je me chargeai de faire imprimer l'Histoire de madame de Luz, je vous promis, monsieur, de vous instruire de son succès ; je vais acquitter ma parole.

Madame de Luz a été reçue avec assez d'empressement pour que plusieurs femmes aient interrompu pour elle la lecture de la bulle d'Or. Vous savez, ou vous ne savez pas, que depuis la mort de l'empereur elle est sur toutes les toilettes de Paris. Madame de Luz a fait faire un peu de diversion à la politique.

Tous les connoisseurs en style l'ont d'abord donnée à l'auteur que chacun y a reconnu. Quelques uns plus circonspects n'ont pas osé se déclarer, dans la crainte de choquer l'auteur avec lequel ils

---

[1] Cette lettre étant du même auteur que l'Histoire de madame de Luz, on a jugé à propos de la joindre ici. Elle fut écrite à l'occasion de quelques critiques qui parurent. L'auteur, pour se déguiser, feignit qu'elle lui étoit adressée.

pouvoient vivre. Il est vrai que l'amour-propre de ceux qui se font imprimer est extrêmement sensible. Les auteurs exigent trop d'égards. On les choque également par une critique trop forte ou un éloge trop foible. Heureusement vous mettez vos amis à leur aise à cet égard; et chez vous l'auteur entend raillerie. On se plaint d'ailleurs que l'anonyme est une espèce de guet-apens et de trahison. Il expose de fort honnêtes gens à trouver bon ou mauvais un ouvrage dont ils auroient jugé tout autrement s'ils eussent connu l'auteur. Ce n'est pas qu'on ne m'ait donné des preuves démonstratives pour me faire reconnoître l'auteur de madame de Luz. Cependant, quoique vous viviez avec un grand nombre de personnes de différentes classes, vous jouissez encore de l'anonyme. Le soupçon s'est porté sur vous; mais il ne s'y est pas fixé. Les connoisseurs en style, et il n'y a pas un colporteur littéraire qui ne se donne pour découvrir les anonymes, ont démontré que madame de Luz étoit d'une personne de la cour. J'ai remarqué que ceux qui se défendent de l'ouvrage avec le plus de vivacité, sont ceux à qui l'on fait, en le leur attribuant, plus d'injustice que d'injure.

Passons au jugement qu'on en porte. C'est à ce sujet que j'ai desiré que vous fussiez ici pour être, sous le voile de l'anonyme, témoin vous-même, je ne dis pas des différents sentiments, mais de la manière singulière dont la plupart des jugements se forment. Je goûte une espéce de plaisir philosophique en voyant que tout le monde croit juger, et qu'il n'y a presque personne qui ait un sentiment à soi, et qui lui soit propre. Ce qu'il y a encore de plaisant, c'est que la plupart ont successivement plusieurs sentiments opposés, sans croire en avoir changé. Plusieurs de ceux qui passent pour donner le ton, et qui le donnent en effet, reçoivent leur sentiment de tout ce qui les entoure, et de ceux mêmes à qui ils font ensuite recevoir leur décision ; et les uns et les autres sont dans la meilleure foi. Tout le monde enfin décide, et personne ne juge. Cette occasion achéve de me convaincre qu'il n'y a ni particulier ni société qui puisse faire le sort d'un ouvrage : il dépend absolument du public. C'est en vain que des sociétés établissent pour principe de leur union : *Nul n'aura de l'esprit, hors nous et nos amis;* le public, qui n'a pas signé au traité, casse ces arrêts, et le plus souvent les ignore.

Les gens du monde se flattent que le droit de juger de tous les ouvrages de goût, est un apanage de leur état. Il s'attribuent le goût par excellence, sans savoir précisément ce qu'ils entendent par ce terme. Il y a toujours quelque mot à la mode, et dont la signification est aussi vague que l'usage en est général. Le goût est un de ces termes favoris : on croit qu'il suffit de le prononcer pour donner bonne opinion de son esprit. Si vous vous avisiez de demander ce qu'on entend par ce terme, on vous répondroit que c'est manquer de goût que d'entreprendre de le définir; qu'il n'est fait que pour être senti, et non pas pour être expliqué. Pour moi, j'ai toujours pensé que les mots n'étoient que les signes des idées, et qu'ils n'avoient été imaginés que pour nous communiquer chacun les nôtres. Je crois que le goût peut s'expliquer comme autre chose, et qu'un être raisonnable ne doit jamais prononcer un mot sans y attacher une idée, dût-elle être fausse. On peut se détromper d'une erreur, mais il n'y a rien à attendre de celui qui ne pense pas. J'oserai donc hasarder mon sentiment.

Le goût me paroît un discernement prompt, vif et délicat, qui naît de la sagacité et de la justesse de l'esprit. Suivant cette idée, le goût tient encore plus à la raison qu'à l'esprit, si toutefois la sagacité de l'esprit n'en suppose pas la justesse, puisque nos erreurs ne viennent que de ce que nous portons un jugement sans connoître parfaitement le sujet qui en fait la matière. Si nous apercevions distinctement un objet sous toutes ses faces et ses différents rapports, le jugement que nous en porterions seroit toujours juste. Ce sont donc les lumières de l'esprit qui doivent en faire la justesse; et l'esprit n'est jamais faux que parcequ'il est borné : cette justesse de l'esprit est le principe du goût. Ainsi, lorsqu'on prétend que le goût est supérieur à l'esprit, c'est simplement dire qu'un esprit supérieur l'emporte sur un esprit plus borné.

Le goût est un heureux don de la nature qui se perfectionne par l'étude et par l'exercice. Il aperçoit d'un coup-d'œil les défauts et les beautés d'un ouvrage. Il les compare, les balance, les apprécie et les juge; mais cet examen et ce jugement sont si fins et si prompts, qu'ils paroissent plutôt l'effet du sentiment et d'une espèce d'instinct que de la discussion.

Le goût n'est point assujetti aux bizarreries de la mode. Il ne se trouve d'accord avec elle que lorsqu'elle est raisonnable. S'il approuve ou s'il blâme des ouvrages d'un genre pareil ou différent, ce n'est point par la voie de la comparaison, guide des génies bornés, c'est toujours en conséquence d'un principe sûr et invariable. La délicatesse du goût n'est autre chose qu'une pénétration fine qui saisit et distingue les moindres nuances, soit des beautés, soit des défauts d'un ouvrage. Elle est bien différente de cette fausse délicatesse et de ce goût frivole qui ne s'occupe que de bagatelles. Le goût, qui est une qualité si rare, n'est cependant guère moins nécessaire pour juger que pour écrire. Le goût fait également les bons ouvrages et les bons critiques. Il ne seroit peut-être pas difficile d'expliquer pourquoi les personnes qui ont les talents les plus brillants, et même des génies supérieurs, manquent souvent de goût.

Les grands talents ne marquent pas absolument la supériorité de l'esprit. Le talent n'est qu'une disposition naturelle pour une chose. Le génie est cette même disposition dans un degré plus éminent, et soutenu d'une force d'esprit que l'inclination particulière a déterminé vers le même objet que le talent. On admire quelquefois combien ceux qui ont reçu le talent ou le génie d'une chose, sont bornés sur d'autres matières ; mais si l'on y faisoit attention, on trouveroit toujours que ces dons se rachètent par ailleurs, et que le talent et le génie coûtent souvent plus qu'ils ne valent à ceux qui en sont doués. Il est vrai qu'il y a des génies supérieurs et heureux qui auroient réussi dans quelque genre qu'ils eussent embrassé ; mais toutes leurs forces s'étant tournées et concentrées vers un seul objet, les autres genres leur deviennent presque étrangers. Lorsque notre vue est fixée vers un point, nous apercevons moins distinctement les autres objets ; et les yeux de l'esprit ressemblent assez à ceux du corps. C'est ainsi que des personnes d'un génie élevé, mais qui sont pleins d'intérêts puissants, et occupés par de grandes affaires, ne jugent pas toujours parfaitement des lettres ou des arts, auxquels ils ne donnent que l'attention la plus médiocre, et ne se prêtent que par délassement.

Ce qu'on appelle des génies universels ne le sont que dans les dispositions, et non pas dans l'application. Il faut qu'il y ait de ces hommes rares qui se conservent au milieu de tous les talents dans une espèce d'équilibre. C'est sans doute un avantage que cet homme illustre, qui s'est essayé avec succès dans tous les genres, ne se soit livré à aucun. C'est par là qu'il a répandu également sur les sciences et les lettres des lumières qui se sont communiquées, de proche en proche, à ceux mêmes qui ne croient pas les lui devoir; mais sa philosophie lui auroit été bien inutile si elle ne lui eût pas appris à mépriser des traits qui, pour me servir d'une de ses expressions, *partent de trop bas pour arriver jusqu'à lui.*

Mais je m'aperçois peut-être trop tard que je viens de faire une digression qui tient plus de la dissertation que de la lettre. Je dois d'ailleurs me rappeler qu'un des plus beaux génies du siècle s'est presque donné un ridicule pour avoir voulu fixer les lois du goût. On pourroit cependant assurer que, s'il n'en a pas toujours donné des définitions exactes, il en a du moins prodigué les exemples dans ses ouvrages.

Tout autre que vous trouveroit bien singulier qu'au lieu de vous entretenir uniquement de votre ouvrage, je donne carrière à toute la bizarrerie de mes idées; mais vous êtes fait à tous mes écarts, ainsi je m'y livre sans scrupule.

Les droits que les gens du monde prétendent sur

tout ce qui est du ressort du goût, m'ont engagé insensiblement à exposer mon sentiment. Vous devez me le passer avec d'autant plus de facilité, qu'il ne tire pas à conséquence : ainsi j'ajouterai encore que les personnes qui passent dans le monde pour avoir le goût si fin et si délicat, ne paroissent pas l'avoir toujours bien sûr. Il en est peut-être de ces prétendus génies délicats comme des ressorts, dont la délicatesse empêche la force et l'effet.

Les gens de lettres soutiennent, d'un autre côté, qu'on ne sauroit leur disputer le droit de juger de toutes sortes d'ouvrages; que c'est un privilège qui ne s'acquiert que par l'étude et la réflexion. Je ne nierai point que les uns et les autres n'aient leurs droits, je ne prétends point en régler les limites; mais ils ne les tiennent que de l'avantage qu'ils ont de faire partie du public éclairé. Ce public ne décide pas toujours dans le premier instant. Je remarque qu'on parle quelque temps d'un livre en bien ou en mal, avant que de le fixer à sa juste valeur. C'est du feu de la dispute, et, si j'ose dire, du choc des opinions que sort la lumière qui fait voir les ouvrages sous leur véritable point de vue.

L'Histoire de madame de Luz passe généralement pour être écrite avec force, avec précision, et pour être semée de traits sans être allongée pas des réflexions. Le public l'a lue avec empressement, c'est ainsi qu'il approuve. Quelques auteurs de sociétés se sont déchaînés contre, et c'est leur façon d'applaudir. On en parle enfin avec éloge ou avec aigreur, ce qui revient au même.

Ce n'est pas qu'on n'en ait fait beaucoup de critiques : j'en ai entendu de raisonnables, de spécieuses et de ridicules. Pour moi, sans paroître y prendre aucun intérêt, je me suis conduit comme vous auriez fait vous-même. J'ai acquiescé aux bonnes objections, j'ai combattu les spécieuses, et j'ai méprisé les ridicules. Je vous en rapporterai quelques unes.

La plupart des mauvaises critiques viennent de ce qu'on se forme de fausses idées de l'histoire et du roman. On cherche les réflexions et les traits dans l'histoire, et les faits dans les romans.

L'origine du roman est très simple; il n'est pas nécessaire, pour la découvrir et pour l'expliquer, de faire des recherches fort savantes. Les hommes ont trouvé l'histoire trop simple, trop peu intéressante pour leur curiosité, encore moins intéressante pour leurs passions, d'où naît leur curiosité. Aussitôt des auteurs, pour se faire lire avec plus d'empressement, ont altéré l'histoire; ils y ont introduit des aventures du goût du siècle ou de ceux pour lesquels ils écrivoient. La valeur et l'ardeur pour la guerre ont fait imaginer les romans de chevalerie. L'amour a fait écrire ceux dont les intrigues amoureuses et les sentiments tendres font le nœud; et l'on en a fait où la valeur et la galanterie sont réunies. Ce qui prouve qu'on se seroit contenté de l'histoire si elle eût satisfait à ces différents genres, c'est que nous voyons très peu de romans politiques, parceque ceux dont l'esprit est tourné vers la politique, trouvent assez dans l'histoire de quoi se satisfaire.

Les auteurs se contentèrent d'abord d'altérer l'histoire, afin que ce qu'ils y ajoutoient de fabuleux, passât sous l'autorité du vrai. Quelle que soit notre passion pour le merveilleux, elle n'étouffe pas entièrement notre amour pour la vérité. Ces deux desirs partagent notre ame. Le plaisir que nous goûtons au récit des fables, n'est troublé que par le regret de les connoître pour ce qu'elles sont. Il est aisé de remarquer combien notre plaisir augmente de vivacité lorsqu'on nous raconte du merveilleux dont nous pouvons être les dupes.

Les auteurs des romans se seroient donc contentés d'altérer l'histoire s'ils eussent pu se flatter de faire recevoir leurs imaginations pour la vérité; mais, voyant qu'ils n'y pouvoient plus prétendre, ils se livrèrent uniquement aux fictions. Comme jamais les hommes ne gardent de mesure en rien, les romans devinrent si extravagants qu'ils tombèrent dans le mépris. Dès-lors on exigea plus de vraisemblance; et bientôt, pour plaire, il fallut que le roman prît le ton de l'histoire et cherchât à lui ressembler. Ce fut une espèce d'hommage que le mensonge rendit à la vérité, et l'histoire rentra presque dans ses droits sous un nom supposé. On veut que chaque aventure soit vraisemblable en elle-même, et que le roman ne s'éloigne de la vraisemblance qu'en rapprochant en un court espace de temps des situations qui ne sont pas si pressées ni si fréquentes dans la nature, et qui seroient par conséquent plus éparses dans l'histoire. C'est ainsi qu'on resserre au théâtre, dans l'espace d'une ou deux heures, la représentation d'une action qui en exigeroit vingt-quatre. Telle est la seule différence qui devroit se trouver entre le roman et l'histoire.

Voilà, en peu de mots, l'origine, les progrès et les révolutions du roman : car de s'imaginer que les premiers auteurs aient eu dessein d'instruire les hommes en renfermant des leçons de morale sous des fictions agréables et ingénieuses, je crois que cette idée est plus favorable à l'humanité qu'à la vérité. Les hommes, en général, ne cherchent point avec tant de zéle la perfection les uns des autres ; ceux qui veulent donner des leçons ont moins dessein d'instruire que de prouver leur supériorité. Il y a un desir qui nous est plus naturel, c'est celui de plaire et d'amuser. Il faut même que nous le remarquions dans tous les hommes ; car nous aimons et recherchons tous ceux qui nous amusent, sans en être plus reconnoissants : nous supposons apparemment qu'ils sont assez payés du plaisir qu'ils nous causent par celui qu'ils éprouvent eux-mêmes. Ne seroit-ce point encore la raison pour laquelle toutes les professions qui contribuent aux plaisirs de la société sont également chéries et méprisées.

Mais, sans vouloir développer ici les replis du cœur humain, il me suffit d'avoir remarqué les sources du roman, et en quoi il diffère de l'histoire. Quelques personnes se persuadent qu'ils doivent encore être différents dans la manière d'être écrits. La mollesse de caractère et de style de quelques auteurs ont fait croire que ces défauts étoient des qualités du roman. Sur ce principe, on vous reproche d'écrire avec trop de force et de précision. Madame de Luz est, dit-on, trop fortement écrite. Un roman doit être plus allongé; il y faut les détails des moindres démarches des amants; il faut qu'ils soient toujours occupés les uns des autres; qu'ils aient ensemble des conversations longues et fréquentes; et, lorsqu'ils sont séparés, qu'on soit encore instruit, par des monologues, des moindres sentiments de leurs cœurs.

On convient, à la vérité, que la plupart de ces beaux discours ennuient; mais ils sont de l'essence du roman : c'est le lecteur qui a tort de s'ennuyer. Le style de madame de Luz est, dit-on, bien loin de cette heureuse langueur; il est trop serré pour le roman; l'auteur devroit écrire l'histoire. On trouve encore que vos réflexions ou vos traits ont un tour un peu métaphysique. Il est fâcheux que ce terme soit relatif, c'est-à-dire que ce qui est très simple pour les personnes accoutumées à penser, soit métaphysique pour ceux qui ne sont pas dans l'habitude de réfléchir; et je ne serois pas étonné qu'il y eût des gens qui fissent le même reproche à cette lettre.

Je passe aux critiques qu'on fait du fond de l'ouvrage, et je vous dirai aussi simplement les réponses que j'ai imaginées : vous ferez le cas qu'il vous plaira des unes et des autres.

Plusieurs croient que madame de Luz n'est qu'un jeu d'esprit; que, sans vous embarrasser de la forme exacte du roman, vous n'avez voulu que peindre les mœurs des différents états, et faire voir que la femme la plus vertueuse peut se trouver dans des circonstances malheureuses auxquelles elle est forcée de sacrifier sa vertu. Sur ce principe on trouve que l'aventure de Thurin est la seule qui remplisse votre projet; au lieu que celles de Marsillac et de Hardouin ne sont que de purs malheurs.

Cette critique, qui est très raisonnable en elle-même, ne pêche qu'en ce qu'elle n'embrasse pas entièrement votre dessein. Votre objet étoit non seulement de montrer qu'une femme peut être for-

cée au crime, mais encore que, sans devenir criminelle, elle peut être déshonorée.

Des gens plus délicats desireroient que madame de
Luz n'eût sacrifié sa vertu que pour sauver la vie de
son amant et non pas de son mari : voilà ce qu'ils appellent corriger un plan. Ces esprits brillants s'imaginent que, pour combiner des faits, il suffit de les
mettre en antithèses, à-peu-près comme les mauvais rhéteurs y mettent les mots. Il y auroit sans
doute de la singularité à ce qu'une femme se livrât
à un homme odieux pour sauver un amant chéri et
maltraité. Le plan est brillant, c'est dommage qu'il
soit ridicule, et qu'une femme raisonnable ne puisse
être excusée de faire un outrage à son mari que lorsque c'est lui seul qui en a tiré l'avantage.

L'aventure du chevalier de Marsillac est celle qui
m'a paru essuyer de plus justes critiques. Il semble
qu'il tombe des nues avec Maran. La femme-de-
chambre s'absente à point nommé; on ne sait si
elle est d'intelligence avec Maran, et qui peut avoir
averti Marsillac : c'est un jeu pour lui que de tuer
un homme ou faire un enfant. L'évanouissement
de madame de Luz passe la léthargie, et le premier
signe de vie qu'elle donne est un malheureux mouvement qui achève de tout gâter. Je sais des gens
d'esprit que l'âge et la mauvaise santé ont réduits
aux sentiments tendres et délicats, à qui le livre
est tombé des mains à cet accident. Ils ne sauroient

comprendre qu'un honnête homme, tel que vous peignez Marsillac, puisse s'oublier à ce point. D'autres ne conçoivent pas qu'au sortir d'un combat il puisse se retrouver en état d'être aussi criminel. Ces timides physiciens ignorent sans doute que la victoire enfle le cœur, et que, dans le temps où les duels étoient à la mode, un combat fait ou à faire ne donnoit pas à un brave chevalier une distraction dans son amour. Cependant toutes les raisons physiques n'empêcheront pas que cette aventure ne soit mal amenée; on auroit pu du moins la mieux préparer; et si quelques uns préfèrent cette jouissance aux deux autres c'est parcequ'elle n'est pas absolument aussi odieuse que déraisonnable. Il n'est pas difficile de voir ce qui leur a plu; ils voudroient même que vous donnassiez une nouvelle édition non corrigée, mais augmentée de nouveaux viols; pour moi, j'y desirerois plus de vraisemblance : le roman en exige plus que l'histoire, à qui l'autorité de la vérité suffit.

Il n'en est pas ainsi de celle de Hardouin. Les uns trouvent que c'est un parfait scélérat, et je n'en suis pas étonné : d'autres s'imaginent qu'il eût pu l'être davantage, et je n'en suis pas surpris.

Les derniers, par exemple, voudroient qu'au lieu d'opium, qui leur paroît un moyen trop simple, il eût consommé son crime par la voie seule de la séduction, et que la violence eût été autant sur la volonté que sur le corps. Il est inutile de vous détailler davantage une objection dont vous devez concevoir toutes les conséquences ; on convient seulement qu'il y auroit eu plus de difficulté. Je ne suis pas de ce sentiment ; je crains bien que ces critiques ne confondent l'impossibile avec le difficile ; et je suis très convaincu qu'une femme instruite par ses malheurs comme celle-ci est inaccessible à la séduction. Je trouve que vous avez même assez fait sentir les raisons qui devoient dissuader Hardouin de laisser trop pénétrer ses sentiments.

On m'a dit qu'il paroissoit quelques critiques imprimées de Madame de Luz ; lorsqu'elles me tomberont entre les mains je vous les enverrai.

J'oubliois de vous dire que quelques uns de vos amis ont critiqué votre ouvrage avec assez de vivacité ; mais vous n'y perdez rien ; car d'autres personnes qui vous estiment plus qu'elles ne vous aiment en ont fait beaucoup d'éloges ; et sûrement si les uns et les autres vous eussent reconnu, ils n'en auroient parlé ni peut-être pensé comme ils ont fait. Adieu. Rions des autres et de nous.

FIN DE LA LETTRE.

ACAJOU
ET ZIRPHILE.

ÉPITRE AU PUBLIC.

Un auteur instruit de ses devoirs doit vous rendre compte de son travail : je vais donc y satisfaire. Excité par l'exemple, encouragé par les succès dont je suis depuis long-temps témoin et jaloux, mon dessein a été de faire une sottise. Je n'étois embarrassé que sur le choix. Politique, morale, littérature, tout étoit de mon ressort pour parvenir au but que je me proposois; mais ce qu'il y a d'admirable, c'est que j'ai trouvé toutes les matières épuisées par des gens qui sembloient avoir travaillé avec les mêmes vues que les miennes. Je trouvois des sottises en tout genre, et je me suis vu presque dans la nécessité d'embrasser le raisonnable pour être singulier, de sorte que je ne désespère pas qu'on ne parvienne à trouver la vérité, à force d'avoir épuisé les erreurs.

J'avois d'abord eu dessein de faire un morceau contre l'érudition, pour me donner l'air d'un génie libre, indépendant, fécond par lui-même, et qui ne veut rien devoir aux secours étrangers; mais j'ai remarqué que c'étoit un lieu commun, trop usé, inventé par la paresse, adopté par l'ignorance, et qui n'ajoute rien à l'esprit.

La géométrie, qui a succédé à l'érudition, commence à passer de mode. On sait à présent qu'on peut être aussi sot en résolvant un problème qu'en restituant un passage. Tout est compatible avec l'esprit, et rien ne le donne.

Pour le bel esprit, si envié, si décrié et si recherché, il est presque aussi ridicule d'y prétendre, que difficile d'y atteindre.

On méprise l'érudit, le géomètre ennuie, le bel esprit est sifflé; comment faire?

J'étois tout occupé de ces réflexions et de mon projet lorsque le hasard a fait tomber entre mes mains un recueil d'estampes, qui, sans doute, ont dû être faites pour quelque histoire fort ancienne; du moins je n'en connois point de moderne à laquelle elles pussent convenir : j'ai extrêmement regretté un si rare morceau;

mais comme il n'y a pas d'apparence de le retrouver, j'ai tâché d'imaginer sur les estampes quel en pouvoit être le sujet, et d'en deviner l'histoire, qui sera peut-être aussi vraie que bien d'autres. Cependant, comme je pourrois bien n'avoir pas deviné juste, je ne donnerai ceci que pour un conte [1]. Je ne sais, mon cher public, si vous approuverez mon dessein; cependant il m'a paru assez ridicule pour mériter votre suffrage; car, à vous parler en ami, vous ne réunissez tous les âges que pour en avoir tous les travers. Vous êtes enfant pour courir après la bagatelle; jeune, les passions vous gouvernent; dans un âge plus mûr, vous vous croyez plus sage parceque votre folie devient triste; et vous n'êtes vieux que pour radoter : vous parlez sans penser, vous agissez sans dessein, et vous croyez juger parceque vous prononcez.

Je vous respecte beaucoup, je vous estime

[1] Les estampes ont été faites originairement pour un conte qui a été imprimé, et dont il n'a jamais été tiré que deux exemplaires. On a essayé de faire un autre conte sur les estampes seules : c'est celui qu'on va lire.

très peu, vous n'êtes pas digne qu'on vous aime : voilà mes sentiments à votre égard : si vous en exigez d'autres, je suis votre très humble et très obéissant serviteur.

✱ ✱ ✱

ACAJOU ET ZIRPHILE,

CONTE.

L'esprit ne vaut pas toujours autant qu'on le prise; l'amour est un bon précepteur; la providence sait bien ce qu'elle fait : c'est le but moral de ce conte; il est bon d'en avertir le lecteur de peur qu'il ne s'y méprenne. Les esprits bornés ne se doutent jamais de l'intention d'un auteur, ceux qui sont trop vifs l'exagèrent; mais ni les uns ni les autres n'aiment les réflexions : c'est pourquoi j'entre en matière.

Il y avoit autrefois, dans un pays situé entre le royaume des Acajous et celui de Minutie, une race de génies malfaisants qui faisoient la honte de ceux de leur espèce et le malheur de l'humanité. Le ciel fut touché des prières qu'on faisoit contre cette race maudite : la plupart périrent d'une mort tragique, il n'en restoit plus que le génie Podagrambo et la fée Harpagine; mais il sembloit que ces deux derniers eussent hérité de toute la méchanceté de leurs ancêtres.

Ils avoient tous deux peu d'esprit : la qualité de génie ou de fée ne donne que la puissance, et la méchanceté se trouve encore plus avec la sottise qu'avec l'esprit. Podagrambo, quoique très noble, très haut et très puissant seigneur, étoit encore très sot ; Harpagine passoit pour avoir plus d'esprit parcequ'elle étoit plus méchante : ces deux qualités se confondent encore aujourd'hui. Ce qui prouve cependant qu'elle en avoit peu c'est qu'elle étoit ennuyeuse quoique médisante. Pour le génie, il étoit assez méchant pour ne desirer que le mal, et assez imbécille pour qu'on lui eût fait faire le bien sans qu'il s'en fût aperçu : il avoit une taille gigantesque avec toute la disgrace possible. Harpagine étoit encore plus affreuse : grande, sèche, noire ; ses cheveux ressembloient à des serpents, et lorsqu'elle se transformoit c'étoit ordinairement en araignée, en chauve-souris ou en insecte.

Ces deux monstres n'en avoient pas moins de présomption. Harpagine se piquoit d'agréments, et Podagrambo de bonnes fortunes : ils avoient une petite maison élégamment meublée, où l'on voyoit des magots de la Chine, des vernis de Martin, des chaises longues et des coussins ; c'étoit là qu'ils alloient s'ennuyer : ils menacèrent enfin le public de se marier pour perpétuer leur nom. La *postéromanie* est le tic commun des grands ; ils aiment leur postérité et ne se soucient point de leurs enfants. Cette proposition fut reçue comme une déclaration de guerre.

Les génies et les fées crurent l'affaire assez importante pour indiquer une assemblée générale. La chose fut exposée, agitée, discutée ; on parla, on délibéra beaucoup, et cependant on résolut quelque chose.

Il fut décidé que Podagrambo et Harpagine ne pourroient jamais se marier à moins qu'ils ne se fissent aimer : cet arrêt sembloit condamner l'un et l'autre au célibat ; ou, s'ils pouvoient devenir aimables, il falloit qu'ils changeassent de caractère ; et c'étoit tout ce qu'on desiroit.

Ils cherchèrent aussitôt dans leur Colombat quelle maison ils honoreroient de leur choix ; mais, comme il falloit qu'ils se fissent aimer, ils comprirent qu'ils n'y réussiroient jamais sans un artifice singulier. Quelque aveugle que soit l'amour-propre on connoît bientôt ses défauts quand l'intérêt s'en mêle.

Harpagine, plus inventive que le génie, lui tint à-peu-près ce discours : Mon dessein est de prendre des enfants si jeunes qu'ils n'aient encore aucunes idées ; nous les élevérons nous-mêmes, ils ne verront jamais d'autres personnes, et nous leur formerons le cœur à notre gré : les préjugés de l'enfance sont presque invincibles. Mon parti, ajouta-t-elle, est déja trouvé : le roi des Acajous n'a qu'un fils qui a environ deux ans, je vais lui demander de m'en confier l'éducation ; il n'oseroit me refuser ; il craindroit mon ressentiment ; et l'on fait plus pour ceux que l'on craint que pour ceux que l'on estime. J'aurai soin d'en user ainsi pour vous à l'égard de la première petite princesse qui naîtra.

Podagrambo approuva un plan si bien concerté, et la fée partit sur son grand dragon à moustaches, arriva chez le roi des Acajous, et lui fit sa demande que le pauvre prince n'osa refuser.

Harpagine, charmée d'avoir entre ses mains le petit prince Acajou, repartit, et ne songea plus qu'à exécuter son projet. D'un coup de baguette elle lui bâtit un palais enchanté que je prie le lecteur d'imaginer à son goût, et dont je lui épargne la description de peur de l'ennuyer; mais ce que je suis obligé de lui dire, parcequ'il n'est pas obligé de le deviner, c'est qu'Harpagine, en destinant le jardin de ce palais à servir de promenade au petit prince, y attacha un talisman qui l'empêchoit d'en sortir à moins qu'il ne devînt amoureux; et comme elle étoit la seule femme qu'il pût voir elle ne doutoit point que son sexe seul ne lui tînt lieu de beauté, et que les desirs de l'adolescence ne fissent naître l'amour dans le cœur d'Acajou. Un accident qu'Harpagine n'avoit pas prévu contraria d'abord son dessein, et l'obligea de corriger son plan. Acajou avoit reçu en naissant le don de la beauté; il devoit être le prince le mieux fait de son temps; cela flattoit merveilleusement les espérances de la fée, qui savoit d'ailleurs que les prémices des jeunes gens les plus aimables appartiennent de droit à des vieilles ; mais ce qui la chagrina fut de connoître que l'enfant avoit été doué de toutes les qualités de l'esprit. Harpagine sentoit qu'il n'en seroit que plus difficile à séduire ; elle résolut sur-le-champ de corriger par l'art ce que son pupille avoit reçu de la nature, et de lui gâter l'esprit ne pouvant pas l'en priver. Elle entra dans le laboratoire où elle composoit ses drogues ; les paroles les plus efficaces, les charmes les plus puissants furent employés ; elle composa deux boules de sucre magique ; dans l'une il y avoit des pastilles dont la vertu étoit d'inspirer le mauvais goût et de rendre l'esprit faux ; l'autre renfermoit des dragées de présomption et d'opiniâtreté : celui qui en mangeroit devoit toujours juger faux, raisonner de travers, soutenir son sentiment avec opiniâtreté et donner dans tous les ridicules ; de sorte que la maligne fée avoit tout lieu d'espérer que si le prince en mangeoit il sentiroit pour elle une passion d'autant plus forte qu'elle seroit plus extravagante. Elle vint aussitôt présenter les bonbons à l'enfant ; mais comme elle l'engageoit par ses caresses à en manger elle voulut prendre un air riant qui lui fit faire une si affreuse grimace que l'enfant en eut peur et lui rejeta les boules au nez. Un homme de ceux qu'on appelle raisonnables auroit été plus aisé à séduire ; mais la nature éclairée donne à ceux qu'elle n'a pas encore livrés à la raison un instinct plus sûr qui les avertit de ce qui leur est contraire. La fée ne regrettoit pas les dragées de présomption; elle ne doutoit point que la naissance d'Acajou ne lui en donnât toujours assez; mais jamais elle ne put lui faire goûter ni les unes ni les autres : elle les donna à un voyageur comme une curiosité très précieuse, en y ajoutant la vertu de se multiplier. Celui qui les reçut les apporta en Europe, où elles eurent un succès brillant. Ce furent les premières dragées qu'on y vit. Tout le monde en voulut avoir; on se les envoyoit en présent; chacun en portoit sur soi dans de petites boîtes; on se les offroit par galanterie, et cet usage s'est conservé jusqu'aujourd'hui. Elles n'ont pas toutes la même vertu; mais les anciennes ne sont pas absolument perdues. Cependant Harpagine imagina de donner une si mauvaise éducation au prince Acajou que cela vaudroit toutes les dragées du monde.

On apprit alors par les nouvelles à la main que la reine de Minutie étoit près d'accoucher, et que toutes les fées étoient convoquées pour assister aux couches : Harpagine s'y rendit comme les autres. La reine accoucha d'une fille qui étoit, comme on se l'imagine bien, un miracle de beauté, et qui fut nommée Zirphile. Harpagine comptoit demander à la reine qu'elle lui en confiât l'éducation ; mais la fée Ninette l'avoit déja prévenue, et s'étoit chargée d'élever la princesse.

Ninette étoit la protectrice déclarée du royaume de Minutie. Elle n'avoit pas plus de deux pieds et demi de haut; mais sa petite figure réunissoit tous les agréments et toutes les graces imaginables. On ne pouvoit lui reprocher qu'une vivacité extréme, il sembloit que son esprit se trouvoit trop resserré dans un aussi petit corps; toujours pensante et toujours en action, sa pénétration l'emportoit souvent au-delà des objets et l'empêchoit de les discerner plus exactement que ceux qui n'y pouvoient atteindre. Sa vue perçante et sa démarche vive étoient l'image des qualités de son esprit. Pour remédier à cet excès de vivacité que les sots s'efforcent d'imiter, et qu'ils appellent étourderie pour se consoler de n'y pas réussir, le conseil des fées avoit fait présent à Ninette d'une paire de lunettes et d'une béquille enchantées. La vertu des lunettes étoit, en affoiblissant la vue, de tempérer la vivacité de l'esprit par la relation de l'ame et du corps. Voilà la première invention des lunettes; on les a depuis employées pour un usage tout opposé: et c'est ainsi qu'on abuse de tout. Ce qui prouve cependant combien les lunettes nuisent à l'esprit c'est de voir que de vieux surveillants sont tous les jours trompés par de jeunes amants sans expérience, et l'on ne peut s'en prendre qu'aux lunettes. A l'égard de la béquille elle servoit à rendre la démarche plus sûre en la ralentissant. Ninette ne se servoit du présent des fées que lorsqu'il étoit question de conduire une affaire délicate ; elle étoit d'ailleurs la meilleure créature qu'on pût voir ; l'ame ouverte, le cœur tendre, et l'esprit étourdi, la rendoient une femme adorable. Les fées qui assistoient à la naissance de la princesse songeoient à la douer suivant la coutume, et, en vraies femmes, commencèrent leurs dons par la beauté, les graces et tous les dehors séduisants, quand Harpagine, dont la malice étoit plus éclairée que la bienveillance des autres, dit en gromelant entre ses dents : Oui, oui, vous avez beau faire, vous n'en ferez jamais qu'une belle bête ; c'est moi qui vous en réponds, car je la doue de la bêtise la plus complète. Elle partit aussitôt.

Les fées ne furent pas long-temps à s'apercevoir de leur négligence ; mais Ninette, ayant mis ses lunettes, dit qu'elle suppléeroit par l'éducation à ce qui manquoit à l'enfant du côté de l'esprit.

Les autres fées ajoutèrent que, pour remédier en partie au mal qu'elles ne pouvoient pas absolument détruire, l'imbécillité de la princesse cesseroit dans le moment qu'elle ressentiroit de l'amour. Une femme qui n'a besoin que de ce remède-là n'est pas absolument dénuée de ressource. Ninette ayant pris Zirphile entre ses bras la transporta dans son palais, malgré tous les piéges de la méchante fée.

D'un autre côté, Harpagine ne s'occupa plus que du soin de donner à son pupille la plus mauvaise éducation qu'elle imagina, afin d'étouffer l'esprit par la mauvaise culture, comme elle espéroit que la stupidité rendroit inutiles tous les soins qu'on prendroit de Zirphile. Elle ordonna aux gouverneurs du petit prince de ne lui parler que de revenants, de fantômes, de la grande bête, et de lui lire des contes de fées pour lui remplir la tête de mille fadaises. On a conservé de nos jours, par sottise, ce que la fée avoit inventé par malice.

Lorsque le prince fut un peu plus grand, la fée manda des maîtres de tous côtés ; et, comme en fait de méchanceté elle ne restoit jamais dans le médiocre, elle changea tous les objets de ces maîtres. Elle fit venir un fameux philosophe, le Descartes ou le Newton de ce temps-là, pour montrer au prince à monter à cheval et à tirer des armes ; elle chargea un musicien, un maître à danser, et un poëte lyrique de lui apprendre à raisonner ; les autres furent distribués suivant ce plan, et ils en firent d'autant moins de difficulté que tous se piquent particulièrement de ce qui n'est pas de leur profession. Qu'il y a de gens qui feroient croire qu'on a pris les mêmes soins pour leur éducation !

Avec tant de précautions, Harpagine ne doutoit point du succès de son projet ; cependant, malgré les leçons de tous ses maîtres, Acajou réussissoit dans tous ses exercices ; il n'acquéroit, à la vérité, aucune connoissance utile, mais les erreurs ne prenoient point sur son esprit. Heureux dédommagement! Après les bonnes leçons ce qu'il y a de plus instructif sont les ridicules; et ceux des maîtres d'Acajou le mettoient en garde contre leurs préceptes. Il devenoit beau comme l'Amour, il étoit fait à peindre, toutes ses graces se développoient. Harpagine prétendoit que tout cela croissoit pour elle : il faut la laisser prétendre et voir ce qui arriva.

Tandis qu'Harpagine travailloit de toute sa force pour faire un sot d'Acajou, la fée Ninette perdoit l'esprit en tâchant d'en donner à Zirphile. La cour de la petite fée rassembloit tout ce qu'il y avoit de gens aimables dans le royaume de Minutie. Les jours qu'elle tenoit appartement rien n'étoit si brillant que la conversation. Ce n'étoit point de ces discours où il n'y a que du sens commun, c'étoit un torrent de saillies, tout le monde interrogeoit, personne ne répondoit juste, et l'on s'entendoit à merveille, ou l'on ne s'entendoit pas, ce qui revient au même pour les esprits brillants; l'exagération étoit la figure favorite et à la mode : sans avoir de sentiments vifs, sans être occupé d'objets importants, on en parloit toujours le langage; on étoit *furieux* d'un changement de temps; un ruban ou un pompon étoit *la seule chose qu'on aimoit au monde;* entre les nuances d'une même couleur on trouvoit *un monde de différences;* on épuisoit les expressions outrées sur les bagatelles, de façon que, si par hasard on venoit à éprouver quelques passions violentes, on ne pouvoit se faire entendre, et l'on étoit réduit à garder le silence; ce qui donna occasion au proverbe : *Les grandes passions sont muettes.*

Ninette ne doutoit point que l'éducation que Zirphile recevoit à sa cour ne dût à la fin triompher de sa stupidité; mais le charme étoit bien fort. Zirphile devenoit tous les jours la plus belle et la plus sotte enfant qu'on pût voir. Elle rêvoit au lieu de penser, et n'ouvroit la bouche que pour dire une sottise. Quoique les hommes ne soient pas bien difficiles sur les propos d'une jolie femme, et trouvent toujours qu'elle parle comme un ange, ils ne pouvoient la louer que sur sa beauté; la pauvre enfant toute honteuse recevoit leurs éloges comme une grace, et leur répondoit qu'ils lui faisoient bien de l'honneur. Ce n'étoit pourtant pas ce qu'ils vouloient; ils rioient de ses naïvetés, et cherchoient à séduire son innocence.

Il faut un peu connoître le vice pour en redouter les piéges. Zirphile étoit la candeur même, et ce n'est point du tout la sauve-garde de la vertu; mais Ninette veilloit attentivement sur sa chère pupille. Elle la mit parmi ses filles d'honneur où il y avoit souvent des places vacantes; la plupart en sortoient avant que leur temps fût fini : il n'y a point à la cour de corps plus difficile à recruter. Zirphile ne fut point gâtée par l'exemple; c'étoit en vain que les jeunes courtisans s'empressoient auprès d'elle : un trop grand desir de paroitre aimables les empêche souvent de l'être. Zirphile étoit peu touchée de leur hommage, tous leurs discours lui paroissoient des fadeurs ou des fatuités. D'ailleurs les hommes sont gouvernés par leurs sens avant de connoître leur cœur ; mais la plupart des femmes ont besoin d'aimer, et seroient rarement séduites par les plaisirs si elles n'étoient pas entraînées par l'exemple. Quoi qu'il en soit, il n'arriva point d'accidents à Zirphile, parceque, pour plus de sûreté, Ninette ne la laissoit approcher d'aucun homme pour son honneur, ni même de certaines femmes pour son innocence.

Tandis qu'elle vivoit ainsi à la cour de Ninette, Acajou s'ennuyoit chez Harpagine. Il étoit déja dans sa quinzième année; son esprit ne servoit qu'à lui faire connoître qu'il n'étoit pas fait pour vivre avec tout ce qui l'entouroit. Il commençoit à ressentir ces desirs naissants de la nature qui, sans avoir d'objet déterminé, en cherchent un par-tout; il s'apercevoit déja qu'il avoit un cœur dont les sens ne sont que les interprètes. Il éprouvoit cette mélancolie qu'on pourroit mettre au rang des plaisirs, quoiqu'elle en fasse desirer de plus vifs ; il soupiroit après quelqu'un qui pût dissiper ce trouble, et cherchoit cependant la solitude. Il se retiroit dans les lieux les plus écartés du parc ; c'étoit là qu'en cherchant à débrouiller ses idées, il faisoit quelquefois une assez sotte figure, comme il est aisé de le voir dans l'estampe.

Harpagine, qui connoissoit le mal d'Acajou, se flattoit d'en être bientôt le remède ; mais elle voyoit avec chagrin que toutes les caresses qu'elle vouloit lui faire ne faisoient que le révolter et lui donner de l'humeur. Les caresses offertes réussissent rarement, et il est encore plus rare qu'on les offre quand elles méritent d'être recherchées.

Harpagine étoit au désespoir. Le conseil des fées avoit prononcé que le prince ne resteroit entre ses mains que jusqu'à l'âge de dix-sept ans, après quoi elle n'auroit aucun pouvoir sur lui.

Le roi des Acajous et celui de Minutie attendoient avec impatience cet heureux instant, pour unir leurs états par le mariage de leurs enfants.

Le génie n'eut pas plus tôt appris ce projet, qu'il jura que cela ne se passeroit pas ainsi. Il fit faire un équipage superbe, et se rendit à la cour de Ninette; il y fut reçu avec cette espèce de politesse qu'on a pour tous les grands, et qui n'engage point à l'estime.

Pour ne point perdre de temps en compliments superflus, il déclara d'abord à Zirphile ses sentiments, c'est-à-dire les desirs qu'elle lui inspiroit. La petite princesse, qui n'avoit point appris à dissimuler, ne le fit point languir, et lui déclara naïvement toute la répugnance qu'elle sentoit pour lui : il en fut très étonné ; mais, au lieu de se rebuter, il entreprit de toucher le cœur, afin d'obtenir la main. Il se tourmentoit donc à chercher tous les moyens de plaire ; malheureusement, plus on les cherche, moins on les trouve. Il voulut imiter les agréables de la cour ; mais tout ce qui ne les rendoit que ridicules, le faisoit paroître plus maussade. Il y a des ridicules qui ne vont pas à toutes sortes de figures, il y en a même de compatibles avec les graces, et Podagrambo ne brilloit pas par ceux-là : plus il vouloit faire le fat, plus il prouvoit qu'il n'étoit qu'un sot. Enfin, car je n'aime pas les histoires allongées, après avoir fort ennuyé la cour par ses sottises, et encore plus fatigué Zirphile par ses fadeurs, il n'étoit pas plus avancé que le premier jour ; on le trouvoit le plus plat génie qu'on eût encore vu : c'étoit un discours qu'on répétoit depuis les appartements jusqu'au grand-commun.

Podagrambo soupçonna qu'il étoit la fable de la cour : ce n'étoit pas par pénétration ; mais un tic assez ordinaire aux sots, est de penser fort avantageusement d'eux-mêmes, et de croire que les autres en parlent mal. Dans son dépit, il retourna chez lui, pour méditer quelque vengeance d'éclat, et pour concerter avec Harpagine le moyen d'enlever la princesse. Ninette, ayant prévu les entreprises qu'on pouvoit former contre sa chère Zirphile, lui avoit donné une écharpe, dont le charme étoit tel, que celle qui la portoit ne devoit craindre aucune violence.

Cependant l'innocent Acajou ne pouvoit sortir de la mélancolie qui le consumoit, et Zirphile étoit travaillée du même mal. Ils se promenoient souvent seuls; et lorsque le hasard les conduisoit chacun de leur côté auprès de la palissade qui séparoit les deux jardins, ils se sentoient attirés par une force inconnue, ils se trouvoient arrêtés par un charme secret : chacun réfléchissoit en particulier sur le plaisir qu'il goûtoit dans ce lieu le plus négligé du parc : ils y revenoient tous les jours; la nuit avoit peine à les en arracher.

Un jour que le prince étoit plongé dans ses réflexions auprès de cette palissade, il laissa échapper un soupir : la jeune princesse, qui étoit de l'autre côté dans le même état, l'entendit : elle en fut émue; elle recueille toute son attention, elle écoute. Acajou soupire encore : Zirphile, qui n'avoit jamais rien compris à ce qu'on lui avoit dit, entendit ce soupir avec une pénétration admirable; elle répondit aussitôt par un pareil soupir.

Ces deux amants, car ils le furent dans ce moment, s'entendirent réciproquement. La langue du cœur est universelle : il ne faut que de la sensibilité pour l'entendre et pour la parler. L'amour porte dans l'instant un trait de flamme dans leurs cœurs, et un rayon de lumière dans leur esprit. Les jeunes amants, après s'être entendus, cherchent à se voir pour s'entendre mieux. La curiosité est le fruit des premières connoissances : ils avancent, ils se cherchent, ils écartent les branches, ils se voient. Dieux! quels transports! Il faut leur âge, la vivacité de leurs desirs, le tumulte de leurs idées, le feu qui anime leurs sens, peut-être même leur ignorance, pour comprendre leur situation. Ils restent quelque temps immobiles ; ils sont saisis d'un tremblement que la nouveauté du plaisir porte dans des sens neufs. Ils se touchent, ils gardent le silence ; ils laissent enfin échapper quelques mots mal articulés. Bientôt ils se parlent avec vivacité ; ils se font ensemble mille questions, ils n'y répondent rien de juste, cependant ils sont satisfaits de ce qu'ils se disent, et se trouvent éclaircis sur leurs doutes ; ils comprennent du moins qu'ils se desiroient sans se connoître, qu'ils ont trouvé ce qu'ils cherchoient, et qu'ils se suffisent. Acajou, qui n'avoit jamais vu qu'Harpagine, se trouve transporté dans un monde nouveau ; et Zirphile, qui n'avoit pas fait la moindre attention aux hommes de la cour, crut voir un nouvel être. Acajou baisa la main de Zirphile. La pauvre enfant, qui ne croyoit pas accorder une faveur, encore moins faire une faute, le laissa faire. Acajou, qui avoit de trop bonnes intentions pour s'imaginer que les caresses pussent offenser personne, redoubloit les siennes, et Zirphile les lui rendoit naïvement; n'ayant pas la moindre idée du vice, elle ne pouvoit pas avoir de pudeur. Ils s'assirent sur l'herbe : c'est là qu'ils s'embrassent. Ils se serrent étroitement. Zirphile se livre à tous les transports de son amant, elle le reçoit dans ses bras. Acajou porte la main sur la gorge naissante de sa chère Zirphile; il appuie sa bouche sur la sienne : leurs ames volent sur leurs lèvres; elles se confondent; elles sont plongées dans une ivresse divine; elles nagent dans les plaisirs, et sont emportées par un torrent de délices; leurs desirs s'enflammoient, et ils ne comprenoient pas qu'ils pussent être aussi heureux, et desirer encore. Ils jouissoient de toutes les beautés qu'ils voyoient; ils ne s'imaginoient pas qu'il y en eût de cachées d'où dépendoit le dernier période du bonheur. Il me semble cependant qu'ils n'ont pas mal profité d'une première leçon.

Ces aimables enfants étoient si enivrés de leur félicité, qu'ils oublioient toute la nature, et ne songeoient point à se séparer. Mais, comme ils tardoient plus long-temps à revenir de la promenade qu'ils n'avoient coutume, Harpagine et Ninette allèrent pour les chercher, et les appeloient chacune de leur côté. Nos amants furent effrayés de leurs voix, et se séparèrent à regret; mais l'espérance de revenir goûter les mêmes plaisirs, les fit retirer : ils craignoient qu'on ne troublât leur union, si on venoit à la soupçonner. L'amour est confiant dans ses desirs, et timide dans ses plaisirs.

L'image de Zirphile qui étoit gravée au fond du cœur d'Acajou, lui fit voir Harpagine plus horrible que jamais. Pour Zirphile, quoiqu'elle fût obligée de suspendre le plaisir de voir Acajou, celui qu'elle venoit de goûter donnoit un nouvel éclat à sa beauté, et répandoit un air de satisfaction sur toute sa personne. Le plaisir embellit, et l'amour éclaire. Rien n'égale la surprise que l'esprit de Zirphile causa à toute la cour; il y avoit ce soir-là même grand appartement chez Ninette; on voulut faire quelqu'une de ces mauvaises plaisanteries, si familières aux gens médiocres, qui croient toujours avoir quelque supériorité sur d'autres un peu plus sots; la pauvre Zirphile en étoit souvent l'objet : elle y répondit dès ce soir-là avec tant de justesse, de finesse et si peu d'aigreur, que les mauvaises plaisantes (car c'étoient sûrement des femmes) furent étonnées de la sagesse de ses réponses, et humiliées des égards même qu'elle y apportoit; les hommes étoient charmés et applaudissoient; Ninette en pleuroit de joie, et les femmes en rougissoient de dépit et de colère. Elles avoient eu jusque-là bien de la peine à pardonner la beauté de Zirphile en faveur de sa sottise, mais il n'y avoit plus moyen d'y tenir; elle n'avoit plus d'autre ressource que d'être méchante.

Cette dernière qualité fait souvent respecter ce qu'on est obligé de haïr : la petite princesse étoit trop bien née pour se servir de ce vilain moyen-là.

Cependant nos deux jeunes amants s'étoient trop bien trouvés de la première leçon de l'amour, pour ne pas retourner à son école. Quel bonheur de s'instruire par les plaisirs !

Les amants, comme les voleurs, prennent d'abord des précautions superflues ; ils les négligent par degrés, ils oublient les plus nécessaires, et sont pris : voilà précisément ce qui arriva à nos petits imprudents, et ce fut le génie qui les surprit : les sots ne vivent que des fautes des gens d'esprit. Il aperçut un soir ces jeunes amants qui se retiroient, il en fut outré de rage ; mais comme il avoit pour maxime de ne jamais rien faire sans demander conseil, quoiqu'il n'en fît ensuite qu'à sa tête, il résolut de consulter Harpagine. La méchante fée, en apprenant cette nouvelle, conçut le plus violent dépit : le génie lui dit qu'il n'y avoit point d'autre moyen de se venger que d'enlever la princesse.

Quoique la fée fût aussi furieuse que lui, elle aimoit encore mieux écarter sa rivale que de la voir dans le même lieu que son amant : elle cacha donc son inquiétude, et dit au génie qu'il falloit qu'il se chargeât de cette entreprise, se flattant qu'il n'auroit jamais l'esprit d'y réussir.

Dès le matin Podagrambo se cacha derrière un

arbre, auprès de la palissade où nos amants venoient se chercher. Les maîtres d'Acajou eurent ordre de prolonger leurs leçons, afin qu'il ne pût se trouver au rendez-vous avant la princesse.

Acajou, d'un caractère si doux, marqua de l'humeur pour la première fois : l'égalité ne subsiste point avec la passion. Tandis qu'il s'impatientoit, la tendre Zirphile vint à la palissade : elle fut inquiète de n'y pas trouver son amant, qui avoit coutume de la prévenir : elle regarde de toutes parts, elle ose enfin entrer dans le parc d'Harpagine, et passe auprès du génie. A son aspect la frayeur la saisit : elle voulut fuir; mais ce fut avec si peu de précaution, que son écharpe resta attachée à une branche. Le génie la saisit à l'instant par sa robe : Ah! ah! dit-il, belle innocente, vous venez donc ici chercher un marmouset; et c'est pour lui que vous me méprisez? La pauvre Zirphile, se voyant trahie par la frayeur même qui lui avoit fait perdre son écharpe, eut recours à la dissimulation. Avant que d'avoir aimé, elle n'eût pas été si habile : une première aventure qui inspire la fatuité à un jeune homme, rend la fausseté nécessaire aux femmes : on a obligé un sexe à rougir de ce qui fait la gloire de l'autre.

Quoique Zirphile fût la candeur même, elle entreprit de tromper le génie. Je suis étonnée, dit-elle, que vous imputiez à l'amour un pur effet de ma curiosité; c'est elle qui m'a fait entrer dans ce lieu; je ne suis pas moins surprise que vous vous serviez de la violence, vous qui pouvez tout attendre de votre naissance, et plus encore de votre amour.

Le génie se radoucit un peu à ce discours flatteur; mais, quoique la princesse lui conseillât d'espérer tout de son mérite, et qu'il en fût très persuadé, il ne vouloit point la laisser échapper.

Si votre cœur, reprit-il, est si sensible pour moi, vous ne devez pas faire de difficulté de venir dans mon palais. Tous ces petits soins d'amants vulgaires sont des formalités frivoles qui ne font que retarder le plaisir sans le rendre plus vif.

Eh bien! répliqua Zirphile, je suis prête à vous suivre; et, pour vous prouver ma sincérité, rendez-moi mon écharpe, afin qu'il ne reste ici aucun témoin de mon évasion et de votre violence.

Le génie pensa se pâmer de plaisir et d'admiration pour la présence d'esprit de Zirphile.

Oh! pour le coup, s'écria-t-il, il faut avouer que l'amour donne bien de l'esprit aux femmes; car, pour moi, je n'aurois jamais imaginé celui-là, et je m'en allois comme un sot. Il détache aussitôt l'écharpe et la remet à la princesse en lui baisant la main; mais elle, n'ayant plus rien à craindre, le repoussa avec mépris.

Retire-toi, perfide, lui dit-elle, ou crains le courroux des fées; cette écharpe est pour moi le gage de leur protection. En achevant ces mots, elle s'éloigna, et laissa le génie confondu et arrêté par une force à laquelle il sentoit que son pouvoir étoit contraint de céder.

Il ne tint qu'à lui d'admirer, encore plus qu'il n'avoit fait, la présence d'esprit de Zirphile. Cette réflexion ne fut pas sans doute celle qui l'occupa le plus. Après être resté quelque temps immobile, il revint confus et désespéré trouver Harpagine, et lui raconta par quel charme son pouvoir avoit été inutile.

Si la fée apprit avec dépit la vertu de l'écharpe enchantée, elle en fut un peu consolée par le mauvais succès de l'entreprise du génie : elle lui cacha cependant le différent intérêt qu'elle y prenoit; et, comme les consolateurs ne sont jamais plus éloquents que lorsqu'ils ne sont pas affligés eux-mêmes, elle le calma, en lui promettant de détruire l'enchantement de l'écharpe, et de le rendre maître de la princesse.

La fée ignoroit le malheur qui la menaçoit elle-même. Tandis qu'elle délibéroit avec le génie sur les moyens de rétablir leur puissance, Acajou courut à la palissade; après avoir quelque temps attendu Zirphile, l'impatience l'avoit fait entrer dans le parc de Ninette; et, partagé entre la crainte et le desir, il étoit insensiblement parvenu jusqu'au palais.

La nouvelle de son arrivée s'y répandit bientôt. Ninette vint au-devant de lui, suivie de toute sa cour. Acajou s'avança respectueusement vers la petite fée, et baisa le bas de sa robe; aussitôt que Zirphile et lui s'aperçurent, ils coururent l'un à l'autre, et la présence de toute la cour ne les empêcha pas de se donner mutuellement les témoignages les plus vifs du plaisir qu'ils avoient de se revoir. Zirphile raconta naïvement le danger qu'elle avoit couru : le prince lui en étoit devenu plus cher. Plus les femmes ont hasardé, plus elles sont prêtes à sacrifier encore. Ninette, naturellement indulgente, ne s'attacha point à examiner ce qu'il pouvoit y avoir d'irrégulier dans la conduite de nos jeunes amants : il suffisoit que la fortune eût tout fait pour le mieux.

Harpagine, ayant appris la fuite d'Acajou, entra dans la plus horrible colère, et vint le redemander ; mais, heureusement pour lui, il avoit atteint ce jour-là même sa dix-septième année, et le décret des fées l'affranchissoit alors du pouvoir d'Harpagine. Elle en conçut tant de rage, qu'elle en perdit son amour, qui n'étoit qu'un sentiment étranger dans son cœur ; et, ne méditant plus que des projets de vengeance, elle partit pour inviter la fée Envieuse à se liguer avec elle.

Les fêtes que l'arrivée d'Acajou fit naître ne permettoient pas de s'occuper du ressentiment d'Harpagine.

Ceux qui avoient entrepris de plaire à Zirphile perdirent toutes leurs prétentions en voyant Acajou. Les femmes ne se lassoient point d'admirer sa beauté, et toutes devinrent, en secret, rivales de son amante. Acajou étoit si rempli de son amour, qu'il n'apercevoit seulement pas les agaceries dont il étoit l'objet ; on lui en fit de toute espèce ; mais, lorsqu'il fut bien avéré que le cœur de ces amants étoit fermé à tout autre sentiment qu'à leur amour, il fut généralement décidé que Zirphile étoit encore plus sotte depuis qu'elle aimoit, qu'elle ne l'étoit auparavant ; que la beauté d'Acajou étoit sans physionomie, qu'elle n'avoit rien de piquant ; que leur amour étoit aussi ridicule que nouveau à la cour ; et que cela ne faisoit pas une société.

On ne fit donc plus aucune attention à eux, et ils étoient si occupés l'un de l'autre, qu'ils n'aperçurent pas plus la désertion que l'empressement de la cour.

Ninette, qui veilloit auparavant avec tant de soin sur la conduite de Zirphile contre la témérité des étourdis de la cour, la laissoit sans inquiétude avec Acajou : elle croyoit que le véritable amour est toujours respectueux, et que plus un amant desire, moins il ose entreprendre. La maxime est délicate, mais je ne la crois pas absolument sûre ; cependant elle ne fut pas contredite par l'événement.

On n'attendoit que les rois d'Acajou et de Minutie pour célébrer le mariage; leurs ambassadeurs étoient arrivés, et avoient déja tout réglé; les livrées étoient faites; on finissoit les habits, il n'y manquoit pas un pompon; on avoit fait venir les dernières modes de chez Duchapt sur des poupées de la grandeur de Ninette; en un mot, tout l'essentiel étoit prêt, et il ne restoit plus à régler que ce qui regardoit les lois des deux états, et l'intérêt des peuples.

Les amants ne se quittoient pas un instant; souvent, pour se dérober au tumulte de la cour, ils passoient les jours dans les bosquets les plus écartés du parc. Ils se faisoient mille caresses innocentes; ils se disoient continuellement ces riens si intéressants pour les amants, qu'on répéte sans cesse, qu'on n'épuise jamais, et qui sont toujours nouveaux.

Un jour qu'ils goûtoient un de ces entretiens délicieux, la chaleur obligea Zirphile d'ôter son écharpe pour causer avec plus de liberté. Harpagine, qui s'étoit rendue invisible pour les surprendre, parut à leurs yeux escortée par la fée Envieuse, montée sur un char tiré par des serpents, et entourée d'une quantité prodigieuse de cœurs percés de traits; c'étoient autant de talismans qui représentoient tous ceux qui rendent hommage à l'envie; et les flèches étoient l'image du mérite qui fait le plus cruel supplice des envieux.

Harpagine frappa à l'instant Zirphile de sa baguette, et l'enleva au milieu d'un nuage, dans le moment même que le tendre Acajou lui baisoit la main. Ce malheureux prince se prosterna devant la fée, en la suppliant de ne faire tomber que sur lui le poids de sa vengeance, et d'épargner la princesse; il lui dit en vain tout ce que l'amour et la générosité inspirent. La cruelle fée le regardant avec des yeux enflammés : Oses-tu, lui dit-elle, espérer aucune grace? Mon cœur n'est plus sensible qu'à la haine. Je veux, d'un seul coup, exercer ma vengeance sur toi et sur ton amante; elle va passer dans les bras de ton rival qui lui est odieux.

A ces mots, le char vole, et laisse Acajou plongé dans le dernier désespoir.

Ninette fut bientôt instruite par son art de féerie de ce qui venoit d'arriver; mais le malheur de ces gens qui savent tout, est de ne jamais rien prévoir. Elle vint chercher le prince; il étoit auprès de l'écharpe de Zirphile qu'il arrosoit de ses larmes. La petite fée n'oublia rien pour le consoler, sans pouvoir seulement se faire entendre. Après l'avoir ramené au château presque malgré lui, elle s'enferma dans son cabinet, mit ses lunettes, et consulta ses grands livres pour savoir quel parti elle prendroit dans ce malheur.

Toute la cour en raisonnoit diversement; les uns en parloient beaucoup, et ne s'en soucioient guère;

d'autres, sans en rien dire, y prenoient plus d'intérêt. Les femmes sur-tout n'étoient pas fort touchées de la perte de Zirphile : plusieurs se flattoient de consoler le prince.

On étoit encore dans ce premier mouvement d'une nouvelle de cour, où tout le monde parle sans rien savoir, où l'on raconte des circonstances en attendant qu'on sache le fait, et où l'on dit tant de paroles et si peu de choses, lorsqu'on vit paroître Ninette qui annonça avec vivacité que Zirphile pouvoit être aisément tirée d'entre les mains du génie ; chacun s'empressoit pour savoir quel moyen on emploieroit.

Écoutez-moi, dit la petite fée : je viens de découvrir que toute la puissance de Podagrambo et d'Harpagine dépend d'un vase enchanté qu'ils possèdent dans un lieu secret de leur château : il est gardé par un génie subalterne qui est transformé en chat des Chartreux. Il n'est pas nécessaire d'employer de grands efforts pour s'en emparer, il suffit que l'aventure soit entreprise par une femme d'un honneur irréprochable, chose qui ne doit pas être rare. Elle ne trouvera point d'obstacles ; mais toute autre personne tenteroit inutilement l'aventure.

Voilà, dit un petit-maître, une heureuse découverte ! Je suis très pressé d'en faire compliment au prince Acajou.

Taisez-vous, reprit la fée, vous êtes un étourdi ;

s'il falloit un homme raisonnable, on ne vous choisiroit pas.

Je ne plaisante pas, répliqua le jeune fat d'un ton ironique; je crains réellement ici une émulation de vertu qui peut dégénérer en guerre civile.

J'ai prévu cet inconvénient, repartit Ninette; ainsi je veux que l'on tire au sort, pour prévenir tout sujet de jalousie. Les billets furent faits à l'instant, et le nom qui parut fut celui d'Amine.

C'étoit une jeune personne plus jolie que belle, vive, étourdie, coquette à l'excès, libre dans le propos, peu circonspecte dans sa conduite, faisant continuellement des agaceries, et toujours assiégée d'une troupe de jeunes gens.

Amine s'entendit proclamer, sans paroître ni plus fière, ni plus embarrassée qu'à l'ordinaire; mais il s'éleva un certain murmure qui ne paroissoit pas un applaudissement bien décidé. Ninette en tira un mauvais augure pour le succès; c'est pourquoi elle nomma Zobéïde pour accompagner Amine, parceque deux vertus valent mieux qu'une. Zobéïde étoit un peu plus âgée et plus belle que sa compagne; c'étoit d'ailleurs un prodige de vertu et de médisance : on prétendoit même qu'elle n'étoit d'une sagesse si sévère que pour s'attribuer le droit de déchirer impitoyablement toutes les autres femmes. Beau privilége de la vertu!

Quoi qu'il en soit, elles partirent toutes deux, et

se rendirent, suivant leurs instructions, à un petit bâtiment séparé du palais d'Harpagine. Amine, toujours vive, marchoit en avant. Elles ne trouvèrent aucun obstacle; elles passèrent plusieurs portes qui s'ouvrirent d'elles-mêmes; elles parvinrent enfin à une chambre où elles aperçurent sur une table de marbre un vase dont la forme n'étoit pas recommandable; il ressembloit même assez à un pot de chambre. Je suis fâché de n'avoir pas un terme ou une image plus noble. Elles n'auroient jamais imaginé que ce fût là le trésor qu'elles cherchoient, si Ninette ne le leur eût désigné.

Si la forme du vase étoit vile, la vertu en étoit admirable; il rendoit des oracles et raisonnoit surtout comme un philosophe : c'étoit alors un très grand éloge d'y être comparé pour le raisonnement.

Amine et Zobéide trouvèrent aussi le chat dont on leur avoit parlé : elles voulurent le caresser; mais il égratigna Zobéide, au lieu qu'il se laissa flatter par Amine; il fit patte de velours, il haussa le dos, et enfla sa queue de la façon la plus galante.

Amine, charmée d'un si heureux début, prit le vase, et l'enlevoit déja lorsque Zobéide voulut y porter la main. Il en sortit tout-à-coup une épaisse fumée qui remplit toute la chambre. Un bruit affreux se fit entendre : la frayeur saisit Amine, elle laissa retomber le vase sur la table où elle venoit de le prendre ; et le génie parut à l'instant avec Harpagine. Ils se saisirent d'Amine et de Zobéide, et ne leur firent grace de la vie que pour les enfermer dans une tour ténébreuse.

Ninette fut bientôt instruite, suivant sa coutume, du mauvais succès de l'entreprise; elle en chercha la raison, et apprit à toute la cour qu'Amine étoit aussi sage que coquette, au lieu que Zobéide goûtoit les plaisirs de l'amour avec un amant obscur, dans le temps qu'elle fatiguoit tout le monde par l'étalage de sa fausse vertu.

Ninette déclara aussi que, le vase s'étant fêlé lorsqu'Amine l'avoit laissé retomber sur la table, la puissance du génie, sans être totalement détruite, étoit du moins fort affoiblie par cet accident.

Acajou, n'écoutant plus alors que son désespoir, fit vœu, pour se venger du pot enchanté du génie, de casser tous les pots de chambre qu'il rencontreroit, et dès ce moment exécuta son serment sur ceux qu'il trouva dans le palais ; c'étoit un désordre effroyable. Le scandale fut si grand que Ninette voulut lui faire entendre raison sur tant de vases innocents ; mais elle ne put jamais le calmer. Dans cet embarras elle eut recours au conseil des fées. L'affaire parut très importante, et il fut arrêté que le pouvoir du génie étant affoibli il ne pourroit plus garder toute la personne de Zirphile ; que, sans qu'elle perdît la vie, sa tête se sépareroit de son corps et seroit transportée dans le pays des Idées jusqu'à ce qu'elle fût réunie au corps par celui qui pourroit parvenir dans ce pays et la désenchanter. Ninette représenta qu'il étoit encore plus à propos de laisser la tête que le corps de la princesse au pouvoir du génie, de peur qu'il ne vînt à s'en faire aimer pendant qu'elle auroit perdu la tête, et l'épouser tout de suite. Les fées firent attention à cette difficulté, et ordonnèrent que le corps seroit toujours enveloppé d'une flamme vive qui ne laisseroit approcher que celui qui seroit maître de la tête. L'arrêt des fées fut aussitôt exécuté que prononcé. Le génie voulut aller tenter l'aventure, sans pouvoir jamais approcher du pays des Idées. Les fous y parviennent aisément; mais les sots n'y sauroient aborder. Pour Acajou, qui étoit fou d'amour, il n'eut pas de peine à le trouver.

Le pays des Idées est très singulier, et la forme de son gouvernement ne ressemble à aucun autre. Il n'y a point de sujets, chacun y est roi et règne en particulier sur tout l'état, sans rien usurper sur les autres dont la puissance n'est pas moins absolue. Parmi tant de rois on ne connoît point de jalousie, ils portent seulement leur couronne d'une façon différente; leur ambition est de l'offrir à tout le monde et de vouloir la partager : c'est ainsi qu'ils font des conquêtes.

Les limites de tant de royaumes renfermés dans un seul ne sont pas fixées ; chacun les étend ou les resserre suivant son caprice.

Acajou reconnut qu'il étoit dans le royaume des Idées à la multitude de têtes qu'il rencontra sur son passage : elles s'empressoient au-devant de lui, et parloient à-la-fois dans toutes sortes de langues et sur différents tons. Il cherchoit la tête de Zirphile et ne la voyoit point. Tantôt il rencontroit des têtes qui, après avoir résisté au malheur, s'étoient perdues dans la prospérité ; les unes par la fortune, d'autres par les dignités. Il trouvoit des têtes de prodigues, une multitude d'avares, quantité de perdues à la guerre, des têtes d'auteurs perdues par une réussite, d'autres par des chutes, plusieurs par des apparences de succès, et une foule par l'envie et le chagrin du succès de leurs rivaux. Acajou trouva une infinité de têtes perdues *incognito* qu'il n'a jamais voulu nommer, et que je ne veux pas deviner. Que de têtes de philosophes, de mystiques, d'orateurs, de chimistes, etc. ! Combien en vit-il de perdues par le caprice, par les airs, par l'indiscrétion, et tour-à-tour par le libertinage et la superstition !

Les unes excitoient sa compassion ; il écartoit les autres comme importunes, et fouloit aux pieds toutes celles que l'envie avoit perdues.

Acajou, pour trouver Zirphile, cherchoit les têtes

qu'on dit que l'amour fait perdre ; mais, quand il les examinoit de près, il ne trouvoit que des têtes de coquettes ou de jaloux sans amour. Le prince, fatigué de tant de recherches, désespéré de leur peu de succès, étourdi de toutes les sottises qu'il entendoit, se retira dans un bosquet pour se dérober à cette multitude de têtes folles dont il étoit assailli. Il s'étendit sur le gazon et se mit à réfléchir sur son malheur. Comme il portoit la vue autour de lui, il aperçut quelques arbres chargés de fruits. Il étoit dans un tel épuisement qu'il eut envie de manger une poire : il la cueillit ; mais à peine y avoit-il mis le couteau qu'il en sortit une tête qu'il reconnut pour celle de sa chère Zirphile.

Rien ne peut exprimer l'étonnement et le plaisir du prince ; il se levoit avec empressement pour embrasser une tête si chère, lorsqu'elle se retira à quelques pas, et se plaça sur un buisson de roses pour se faire une espèce de corps.

Arrêtez, prince, lui dit-elle, restez tranquille et m'écoutez : tous les efforts que vous feriez pour me saisir seroient inutiles ; je me jetterois moi-même dans vos bras si le destin le permettoit ; mais comme je suis enchantée, je ne puis être prise que par des mains qui le soient aussi. Hélas ! je soupire après mon corps, et j'ignore s'il est encore digne de moi ; il est resté entre les mains du génie ; je n'ose y penser sans frémir, la tête m'en tourne.

Rassurez-vous, répondit Acajou; les fées, touchées de nos malheurs, ont pris votre corps sous leur protection. Que vous me tranquillisez! reprit Zirphile. En tout cas, cher prince, vous savez que toute ma tendresse est pour vous, et vous seriez trop généreux pour me reprocher un malheur dont je suis innocente.

C'est fort bien dit, répliqua le délicat Acajou; mais enseignez-moi promptement où je pourrai trouver les mains enchantées dont vous me parlez.

Vous les trouverez, reprit Zirphile, dans le parc où elles voltigent; ce sont celles de la fée Nonchalante qui en a été privée parcequ'elle ne savoit qu'en faire : je vais vous en raconter l'histoire. Il y avoit autrefois....

Oh! parbleu, interrompit impatiemment Acajou, je n'ai pas le temps d'entendre des contes; pourvu que j'aie les mains je m'embarrasse peu de leur histoire : je vais les chercher de ce pas.

Allez, dit la princesse, et délivrez-moi du cruel enchantement où je languis. Vous avez pu remarquer que toutes les têtes perdues qui sont dans ce séjour ne cherchent qu'à se montrer sans rougir de leur état; il n'y a que moi qui suis obligée de me cacher dans des fruits : comme je suis la seule tête perdue par l'amour je suis un objet de mépris pour les autres. La tête continuoit de parler que le prince étoit déja parti. Il avoit reconnu que la princesse,

depuis qu'elle n'étoit plus qu'une tête, aimoit un peu
à parler. Il n'eut pas fait cent pas dans le parc qu'il
rencontra les mains enchantées qui voltigeoient en
l'air. Il voulut s'en approcher pour les prendre ;
mais aussitôt qu'il vouloit les toucher il en recevoit
des croquignoles qui lui parurent d'abord fort inso-
lentes ; cependant son bonheur dépendoit de les
saisir, et les princes sacrifient l'orgueil à l'intérêt.
Il employoit toute son adresse pour attraper ces
fatales mains ; quand il croyoit les tenir, elles lui
échappoient en lui donnant un soufflet ou jetant
son chapeau par terre. Plus il avoit d'ardeur à les
poursuivre, plus elles fuyoient devant lui. Cette
poursuite dura si long-temps que le pauvre Acajou
étoit tout hors d'haleine ; il s'arrêta un moment, et
se trouvant auprès d'une treille, il prit une grappe
de raisin pour se rafraîchir ; mais à peine en eut-il
goûté qu'il sentit en lui une révolution extraordinaire ; son esprit augmentoit de vivacité, et son
cœur devenoit plus tranquille ; son imagination s'enflammant de plus en plus, tous les objets s'y pei-
gnoient avec feu, passoient avec rapidité, et s'effa-
çoient les uns les autres ; de façon que n'ayant pas
le temps de les comparer, il étoit absolument hors
d'état de les juger : en un mot, il devint fou.

Les fruits de ce jardin, par un rapport intime
avec les têtes qui l'habitoient, avoient la vertu de
faire perdre la raison, et malheureusement ils ne

faisoient rien sur l'esprit. Acajou se trouva donc à l'instant le plus spirituel et le plus fou des princes.

Le premier effet d'un changement si subit fut le refroidissement du cœur. Acajou perdit tout son amour : le véritable ne subsiste qu'avec la raison. Au lieu de cet empressement tendre et respectueux qu'il avoit auparavant pour Zirphile, il en conservoit à peine un léger souvenir ; il n'éprouvoit pas même de compassion pour le malheur de cette princesse. Avoir perdu la tête lui paroissoit une chose fort plaisante. C'est assez souvent sous ce point de vue que l'esprit sans jugement envisage le malheur d'autrui. La fatuité succéda à la modestie dans l'esprit d'Acajou, et remplaça très amplement, par les prétentions, le mérite réel qu'il avoit perdu.

Il faut, s'écria-t-il, que je sois bien fou de courir après une tête, tandis que je pouvois la tourner à toutes les femmes de la cour de Minutie ! Allons, il faut remplir mon destin, c'est d'être généralement aimé et admiré sans engager ma liberté. Il dit, et part.

Ninette, voyant arriver Acajou, courut au-devant de lui, et s'informa du sort de Zirphile. Le prince lui dit que ce n'étoit qu'une tête qu'on ne pourroit fixer ; que tous ses soins avoient été inutiles ; qu'il avoit pris son parti, et que la constance sans bonheur étoit la vertu d'un sot. Il débita quantité d'aussi belles maximes qui firent bientôt connoître à Ninette que le caractère du prince étoit fort changé, mais qu'il avoit infiniment d'esprit. Elle fut d'abord fâchée qu'il n'eût pas ramené la princesse; cependant, comme l'objet présent l'emporte toujours sur l'absent chez les esprits vifs, elle se consola de la perte de Zirphile par le plaisir de revoir Acajou.

Toute la cour s'empressoit auprès de lui, plus par curiosité que par intérêt. On s'attendoit à ne trouver qu'un prince sage et modeste à qui l'on donneroit, comme à l'ordinaire, tous les ridicules imaginables; mais on en conçut bientôt une idée plus avantageuse. La conversation devint vive et brillante. Le lecteur attentif se rappelle sans doute que les lunettes de la fée servoient à raccourcir la vue : elle les avoit ôtées pour voir le prince arriver de plus loin, et comme elle ne les avoit pas reprises elle faisoit des raisonnements à perte de vue.

Acajou ne déparloit pas; il dit en un moment mille extravagances qui ravirent d'admiration toute la cour, et rendirent toutes les femmes folles de lui. Elles l'écoutoient avidement et s'écrioient : *Ah! qu'il a d'esprit!* On lui donnoit enfin tant d'éloges qu'il étoit obligé d'en rougir, même par fatuité. Il sembloit que le plus grand bonheur qui pût arriver à un prince fût de perdre la raison; tous ceux qui le rencontroient lui en faisoient compliment, et les autres se firent écrire.

Acajou, n'ayant plus d'amour, devint l'amant

déclaré de toutes les femmes : la fureur des bonnes fortunes s'unit facilement à la folie ; il commença par une femme assez jolie, d'un esprit libre, dégagée de préjugés, et qui faisoit la réputation de tous les jeunes gens depuis qu'elle avoit perdu la sienne.

Comme il n'étoit pas nécessaire de l'avoir pour la mépriser, et qu'il suffisoit de l'avoir eue pour s'en dégoûter, il la quitta deux jours après ; il en prit une autre d'une figure charmante, d'un cœur tendre, d'un caractère doux, et à qui il ne manquoit, pour mériter d'être aimée, que de recevoir moins d'amants.

Acajou dédaigna de la fixer, et lui donna bientôt plusieurs rivales. Il n'étoit occupé que d'en étendre la liste ; toutes s'empressoient de s'y faire inscrire, et ne le trouvoient aimable que depuis qu'il étoit incapable d'aimer.

Après avoir eu un assez grand nombre de femmes célèbres pour se mettre en crédit, il résolut d'en séduire quelques unes, uniquement pour leur faire perdre la réputation de vertu qu'elles avoient.

S'il apprenoit qu'il y eût une femme tendrement aimée d'un époux chéri, elle devenoit aussitôt l'objet de ses soins ; et tel étoit le travers qu'inspire le titre d'homme à la mode, qu'il réussissoit par tout ce qui auroit dû le faire échouer.

Les affaires que le prince avoit à la cour ne l'empêchoient pas de descendre dans la bourgeoisie, où ses succès étoient d'autant plus rapides, que celles qu'il soumettoit croyoient s'associer aux femmes du monde, parcequ'elles en partageoient les sottises. Les hommes même, au lieu de le haïr, lui portoient envie, et le recherchoient en l'admirant sans l'estimer.

Quoique ceux qui emploient le plus mal leur temps soient ceux qui en ont le moins de reste, le prince avoit encore bien des moments vides par la légèreté avec laquelle il traitoit ses bonnes fortunes. D'ailleurs, le bon air est d'en paroître quelquefois ennuyé. Il chercha donc une nouvelle dissipation dans le bel esprit (c'étoit alors le travers à la mode). Il est vrai que, pour éviter un certain pédantisme que donne souvent l'étude, on avoit imaginé le secret d'être savant sans étudier. Chaque femme avoit son géomètre ou son bel esprit, comme elles avoient autrefois un épagneul.

Acajou, suivant ce plan, donna à corps perdu dans toutes les parties des sciences et de la littérature. Il parloit physique et géométrie. Il faisoit des dissertations métaphysiques, des vers, des contes, des comédies et des opéra. Ce prince excitoit une admiration générale. On prétendoit que les auteurs de profession n'en approchoient pas.

On sait qu'il n'y a que les gens *d'une certaine façon* qui aient ce qui s'appelle *le bon ton*, supérieur à tout le génie du monde, et le tout *sans prétentions*.

Rien n'étoit comparable au sort d'Acajou; on fit même un recueil de ses bons mots, dont tout le monde faisoit sa lecture favorite; il étoit intitulé : *Le Parfait Persifleur*, ouvrage très utile à la cour, et propre à rendre un jeune homme brillant et insupportable.

Acajou se trouva à la fin fatigué de ses propres succès; il n'avoit jamais mis que le plaisir à la place de l'amour; les airs avoient succédé aux plaisirs : le dégoût fit presque l'effet de la raison, et lui rendit sa vie insupportable : un honnête homme seroit malheureux d'y être condamné. Sans être plus raisonnable il devint triste. D'ailleurs, le propre de l'esprit seul est d'exciter d'abord l'admiration, et de fatiguer ensuite ses propres admirateurs.

La plupart des femmes qui avoient eu l'ambition de lui plaire commencèrent à rougir de se trouver sur une liste trop nombreuse, et le désavouoient : on l'accusoit encore d'être méchant, sous prétexte qu'il faisoit des chansons et des tracasseries, qu'il railloit ses meilleurs amis, et qu'il donnoit des ridicules à tout le monde. Cependant il n'avoit aucune mauvaise intention, il ne vouloit que se divertir en amusant les autres; mais on est toujours injuste.

Ninette, ne comprenant pas comment son cher Acajou pouvoit cesser d'être à la mode, prit ses lunettes pour en juger sans prévention, et, après l'avoir bien examiné, elle reconnut qu'il avoit effectivement beaucoup d'esprit, mais qu'il n'en étoit pas moins fou.

Elle l'engagea à lui raconter tout ce qu'il avoit fait dans le royaume des Idées. Acajou, ne sachant pas où elle en vouloit venir, lui fit un récit très circonstancié, parcequ'il aimoit beaucoup à parler de lui ; lorsqu'il en fut à la grappe de raisin qu'il avoit mangée : Ah! je ne m'étonne plus, s'écria Ninette, si vous avez tant d'esprit. Eh! pourquoi donc? reprit Acajou. C'est, répliqua la fée, que vous n'avez pas le sens commun. Belle conclusion! dit Acajou. Je sais, reprit Ninette, que vous avez trop d'esprit pour être facile à persuader, sur-tout quand on vous parle raison ; mais apprenez que c'est parceque vous l'avez perdue. Les fruits du pays des Idées ont un poison mortel contre elle ; heureusement nous en avons ici le remède : j'ai ici une treille dont la vertu est de faire perdre l'esprit : elle n'est connue que de moi ; j'en fais quelquefois manger à ceux ou celles de ma cour qui ont l'imagination trop vive ; je veux vous en faire goûter.

Je vois ici des gens, répondit Acajou, qui doivent assurément en avoir mangé à l'excès ; mais je vous jure que je ne suis point tenté d'en faire usage ; voyez d'ailleurs le beau secret pour devenir raisonnable, que de perdre l'esprit!

Il n'y en a pas de plus sûr, interrompit la fée, et vous êtes plus en état d'en sacrifier que qui que ce

24.

soit. Ninette dit là-dessus beaucoup de choses flatteuses au prince. Elle savoit que l'esprit se laisse plus séduire par l'amour-propre que persuader par la raison. Cependant Acajou, malgré toute l'éloquence de Ninette, étoit assez fou pour ne vouloir pas perdre l'esprit : ce devoit être l'ouvrage de l'amour.

Ce jeune prince n'avoit jamais goûté de vrais plaisirs, parceque ses desirs avoient toujours été prévenus; ses fantaisies ne tenoient qu'à la nouveauté des objets; et la vivacité les use si vite ! Il étoit tombé dans une langueur, d'où le caprice le retiroit par intervalle, pour l'y replonger de nouveau. L'amour dont Zirphile lui avoit fait sentir les premiers traits se réveilla dès que l'ivresse des sens fut dissipée, et que la vanité ne fut plus nourrie. Il sentit un vide dans son cœur, que l'amour seul pouvoit remplir. Le malheur des cœurs qui ont aimé est de ne rien trouver qui remplace l'amour.

Acajou fit part de sa situation à Ninette, et la pria de lui faire revoir Zirphile, puisqu'aussi bien il perdroit l'esprit s'il en étoit plus long-temps privé.

La fée prit alors sa béquille, et conduisit Acajou dans un jardin dont elle seule avoit connoissance. Ce lieu étoit garni d'arbres chargés des plus beaux fruits du monde, qui tous avoient une vertu particulière.

Les uns faisoient perdre l'esprit du jeu, si funeste; les autres, l'esprit de contradiction, si incommode dans la société; ceux-ci, l'esprit de domination, si insupportable; ceux-là, l'esprit des affaires, si utile à ceux qui le possèdent, et si assommant pour les autres; plusieurs enfin, l'esprit satirique, si amusant et si détesté; son opposé, plus dangereux encore, l'esprit de complaisance et de flatterie.

On ne voit point de ces excellents fruits dans nos desserts. C'est bien dommage que ce jardin délicieux ne soit pas ouvert à tous les mauvais esprits; ils en reviendroient plus aimables, sans être plus sots qu'ils ne le sont. J'y enverrois d'abord. . . . .
. . . .

Il manque ici un cahier plus considérable que tout le reste de l'ouvrage : si le lecteur le regrette, il peut y suppléer en commençant par lui-même.

Ninette, ayant fait approcher Acajou de la treille dont les raisins faisoient perdre l'esprit de présomption, d'airs et de fatuité, lui ordonna d'en cueillir une grappe; puis ayant mis ses lunettes, et lui présentant l'écharpe de Zirphile : Prince, lui dit-elle, prenez cette écharpe; lorsque vous serez dans le pays des Idées, vous n'aurez qu'à la faire voltiger en l'air, en la tenant par un bout; les mains enchantées que vous avez poursuivies inutilement viendront pour la saisir, et vous les prendrez elles-mêmes : vous vous emparerez ensuite de la tête de la princesse.

Lorsque vous aurez besoin de boire ou de manger, vous n'aurez qu'à prendre quelques grains de raisin, ils vous suffiront : vous en donnerez aussi à Zirphile pour calmer les vapeurs qui doivent avoir un peu altéré sa tête ; sans cette précaution, vous la trouveriez si différente d'elle-même, qu'après avoir été déja inconstant par folie, vous pourriez bien encore le devenir par raison.

Quand vous aurez la tête, nous serons bientôt en possession du corps par l'attraction, qui fait dans les femmes que la tête emporte le corps. Il est à propos, avant votre départ, que vous mangiez de ces raisins.

Acajou hésita un peu ; mais, animé du desir de revoir Zirphile, et croyant peut-être son esprit à toute épreuve, il mit quelques grains dans sa bouche. L'effet en fut subit, il sembloit qu'il eût été enveloppé d'un nuage qui venoit de se dissiper, et qu'un voile se fût levé de devant ses yeux. Les objets lui parurent tout différents; il rougit à l'instant, et n'osoit plus parler que pour exprimer sa reconnoissance à la fée.

En rentrant dans le palais il trouva sur sa table un recueil de ses ouvrages : il voulut le parcourir pour vérifier son état. Il ne pouvoit pas alors s'imaginer qu'il eût eu la sottise de les faire : il bâilloit en lisant ses romans et ses comédies, et le soir même il siffla un de ses opéra.

Acajou, ayant lassé la cour par ses extravagances et s'y ennuyant par le retour de sa raison, partit dès le lendemain avant le jour, et se rendit dans le pays des Idées aussi promptement, guidé par l'amour, que s'il l'eût été par la folie. Il trouva les mêmes objets qu'il avoit rencontrés la première fois, et suivit exactement les conseils de Ninette. Avec le secours de son écharpe il se rendit maître des mains enchantées. Il alla tout de suite chercher la tête de Zirphile, et, pour cet effet, il ouvrit une quantité prodigieuse de poires, sans la trouver. De là il passa aux pêches, aux melons, et faisoit un dégât épouvantable de fruits, lorsqu'il entendit un grand éclat de rire.

Il regarda d'où il partoit, et aperçut la tête de la princesse qui, au lieu de venir à lui, plaisantoit de sa recherche et de son empressement.

Comme l'amour s'affoiblit par l'absence, et que la folie se gagne par la contagion, la tête de Zirphile avoit beaucoup perdu de la vivacité de sa passion, et commençoit à se faire au nouveau pays qu'elle habitoit. Acajou en soupira; mais, se rappelant la vertu du raisin merveilleux dont il avoit une grappe, il en jeta quelques grains à la tête de la princesse, qui les avala en badinant.

Son aveuglement fut aussitôt dissipé. Elle vola

au-devant des mains enchantées, avec lesquelles le prince la reçut. Rien ne peut exprimer les transports dont il fut saisi. Il laissa aller les mains où elles voulurent, et ne s'occupa plus que de la tête précieuse de sa chère Zirphile. Il l'accabla de baisers qu'elle ne pouvoit éviter; elle en étoit toute rouge de pudeur, quoique, dans l'état où elle se trouvoit, les caresses de son amant ne pussent pas avoir des suites fort dangereuses.

D'ailleurs il ne faut pas toujours écouter les plaintes de la pudeur; celle qui naît de l'amour pardonne aisément des transports qu'elle est obligée de s'interdire.

Acajou enveloppa la tête de la princesse dans son écharpe, et reprit le chemin du palais de Ninette. La nuit l'ayant surpris, il survint un orage si terrible que le prince fut obligé de chercher un asile. On sent bien que ce n'étoit pas pour lui : les amants et les princes ne craignent rien; mais il vouloit mettre Zirphile à couvert, outre que dans l'obscurité il craignoit d'aller donner contre quelque arbre, de la tête de la princesse ou de la sienne. Dans cet embarras, il aperçut de loin une lumière vers laquelle il dirigea ses pas. Après avoir marché, au hasard de casser la tête la plus chère, c'est-à-dire celle de la princesse, il arriva au pied d'un pavillon qui terminoit un jardin; il frappa à la porte. Un moment après il vit paroître une vieille qui tenoit une chandelle à la main, et qui lui demanda, en grondant, qui il étoit et ce qu'il cherchoit. Acajou n'avoit garde de se faire connoître dans un état aussi indigne de son rang.

Il hésita un instant sur la qualité qu'il devoit prendre, et comme il avoit la tête pleine du principe de ses malheurs, et de toute la poterie qu'il avoit brisée depuis un temps, il répondit, sans trop savoir ce qu'il disoit, qu'il étoit un pauvre garçon qui raccommodoit de la faïence cassée, et qu'il demandoit retraite pour cette nuit-là.

A ces mots, le visage de la vieille se radoucit un peu : Soyez, lui dit-elle, le bienvenu; vous pourrez me rendre un service : j'ai ici un pot de chambre fêlé que vous me raccommoderez. La vieille alla tout de suite chercher ce précieux meuble, et le mit entre les mains d'Acajou pour qu'il se mît à l'ouvrage.

Le prince, aussi honteux de la profession qu'il venoit d'adopter que du premier usage qu'on lui en faisoit faire, prit le pot de la vieille; puis, se rappelant le serment terrible qu'il avoit fait de n'épargner aucun pot de chambre jusqu'à ce qu'il eût désenchanté sa princesse, il fut quelque temps incertain entre la crainte du parjure et celle de violer l'hospitalité : le scrupule enfin l'emporta, et jetant le pot contre la muraille il le brisa en mille pièces.

Je ne sais si le lecteur est indigné de l'impolitesse

d'Acajou; s'il sera étonné de l'événement, ou si, par une sagacité singulière, il l'a déja prévu.

Quoi qu'il en soit, ceux qui n'ont pas tant de pénétration seront bien aises d'apprendre que ce pot de chambre étoit le vase fatal auquel le pouvoir du génie et de la fée étoit attaché, et dont ils avoient confié la garde à cette vieille sorcière.

A peine étoit-il cassé qu'on entendit un coup de tonnerre et des hurlements affreux. Le château fut détruit, le palais renversé. Le génie et la fée, livrés à leur rage impuissante, s'enfuirent dans les déserts, où ils périrent misérablement.

Acajou, sans être ému de tout ce bouleversement, marcha vers le lieu terrible où le corps de la princesse étoit enchanté. Les flammes qui en défendoient l'abord se divisèrent à son approche, et dans le moment qu'il y présenta la tête, ce corps s'avança au-devant et s'y réunit.

La fée Ninette parut à l'instant suivie de toute sa cour; elle songea d'abord à délivrer les malheureux: les mains voltigeantes furent désenchantées et rendues à la fée Nonchalante, à condition qu'elle seroit laborieuse : elle se livra donc absolument au travail, et inventa l'art de faire des nœuds.

Amine et Zobéide furent tirées de prison ; Amine eut depuis ce temps-là le privilége de tout faire sans qu'on y trouvât à redire : il y a apparence qu'elle fut assez sensée pour en profiter.

Pour Zobéide, elle continua sans doute de vivre comme à son ordinaire; mais elle cessa de médire.

Ninette, après avoir donné ses premiers soins aux malheureux, ne s'occupa plus que du mariage des deux amants; il fut célébré avec toute la magnificence possible.

Ils vécurent heureux et eurent un grand nombre d'enfants, qui tous furent des prodiges d'esprit, parcequ'ils naquirent avec un penchant extrême à l'amour.

FIN D'ACAJOU ET ZIRPHILE.

MÉMOIRES

SUR

LES MOEURS

DE CE SIÈCLE.

AVERTISSEMENT.

L'amour, la galanterie, et même le libertinage, ont de tout temps fait un article si considérable dans la vie de la plupart des hommes, et sur-tout des gens du monde, que l'on ne connoîtroit qu'imparfaitement les mœurs d'une nation, si l'on négligeoit un objet si important.

Des mémoires qui me sont tombés entre les mains, m'ont paru propres à donner, sur cette matière, une idée des mœurs actuelles. Parmi celles qu'on a peintes, on en trouvera quelques unes de peu régulières; mais il me semble que l'aspect sous lequel elles sont présentées est aussi favorable à la morale que ces mœurs y sont contraires. J'ai cru que l'ouvrage pouvoit être utile : c'est l'unique raison qui m'engage à le donner au public.

MÉMOIRES

SUR

LES MOEURS

DE CE SIÈCLE.

PREMIÈRE PARTIE.

J'ai quelquefois réfléchi sur la façon dont j'ai passé ma jeunesse, et j'ai senti combien, avec une conduite différente de celle que j'ai eue, je me serois épargné de ridicules et procuré de plaisirs : si je n'avois jamais fait que ce qui me plaisoit réellement, j'aurois non seulement été regardé comme plus sage; mais j'aurois encore été plus heureux que je ne l'ai été; enfin, j'aurois eu plus de plaisirs et fait moins de sottises.

Je crois devoir aujourd'hui beaucoup à mon expérience; mais je n'ai rien dû à l'éducation, et si j'en avois eu une bonne, j'aurois pu y répondre.

Une naissance illustre, une fortune considérable, un rang distingué, une figure aimable et peut-être de l'esprit, voilà la source de mes maux. Il me semble que de tels avantages pouvoient produire autre chose, si l'on m'eût enseigné le devoir et l'art d'en tirer parti.

Mon père croyoit apparemment qu'un fils n'est qu'un héritier; car il ne s'occupa nullement de mon éducation, il s'en reposa uniquement sur l'usage. On me donna un de ces gouverneurs qu'on va, pour ainsi dire, prendre à un bureau d'adresses, et qui n'étoit auprès de moi qu'un domestique de plus. Il lui fut simplement ordonné de me suivre, et je lui défendis de me donner des conseils.

Il prit son parti là-dessus, et attendit tranquillement le temps où on le renvoya avec une récompense qu'il n'eût sans doute pas obtenue s'il se fût mis en devoir de la mériter.

Personne avant moi n'étoit entré si jeune dans le monde. Les jeunes gens, occupés de leurs exercices, vivoient entre eux, et ne commençoient à paroître que pour rendre des devoirs; ils étoient obligés d'avoir un maintien décent et d'écouter jusqu'à ce qu'ils eussent perdu leur ton pour en prendre un plus convenable. D'ailleurs on vivoit encore assez dans l'intérieur de sa famille, ce qui pouvoit y entretenir l'union. Il n'y avoit pas alors à Paris ces maisons ouvertes dont le nombre est tellement multiplié qu'on a plus d'obligation à ceux qui y viennent qu'à ceux qui font la dépense de les tenir; de sorte qu'il n'y a point aujourd'hui d'*espèce* qui, écartée d'une maison, ne puisse être bonne compagnie dans quelque autre.

Comme ce sont principalement les erreurs de ma jeunesse que je veux me rappeler, il ne sera pas étonnant que l'amour y ait eu beaucoup de part.

L'amour a toujours été très rare, du moins celui qui mérite le nom de sentiment; cependant je suis persuadé qu'il l'étoit moins autrefois qu'aujourd'hui. Les hommes ont toujours eu les mêmes passions; mais celles qui nous sont les plus naturelles prennent, suivant les lieux et le temps, différentes manières d'être qui influent sur la nature même de ces passions.

Cette fougue des sens qui nous emporte dans la première jeunesse, et qui se calme et se dissipe enfin dans un âge plus ou moins avancé, est commune à tous les hommes, et les porte vers le même but; mais ce desir ardent est rarement uni à celui de plaire, au lieu qu'il faisoit une partie essentielle des anciennes mœurs; il avoit fait naître une politesse délicate qui s'est perdue. On en voit encore des vestiges dans ceux qui ont été les hommes à la mode de leur temps. Un esprit de galanterie fait leur caractère particulier, et leur fait dire des choses fines et flatteuses que nos hommes brillants d'aujourd'hui, même ceux qui leur sont supérieurs par l'esprit, auroient de la peine à imiter. Ils ont trouvé plus commode de les tourner en dérision que d'y atteindre; ils s'imaginent avoir beaucoup gagné au changement qui est arrivé; et il est certain que, toutes choses égales d'ailleurs pour le vice et pour la vertu, on a perdu bien des plaisirs en renonçant à la décence. Un coup-d'œil, une petite distinction, une légère préférence de la part de l'objet aimé, étoient des faveurs inestimables : eh! qu'importe quels soient les principes du bonheur, pourvu qu'il soit senti? Est-il pour les amants un état préférable à celui d'avoir une espérance amusée et soutenue, des desirs animés et flattés, et de parvenir, par une gradation délicieuse, au terme du bonheur, en aiguisant les plaisirs des sens par les illusions de l'amour-propre?

L'amour se traitoit encore ainsi dans le siècle passé; j'en ai vu les traces; mais je ne suis entré dans le monde que dans le temps de la révolution.

Les principes de la fatuité en France sont aussi anciens que la monarchie; mais jusqu'à nos jours elle n'avoit jamais été une science perfectionnée comme nous la voyons; et j'arrivai avec des dispositions si heureuses, j'ai ouvert des routes si nouvelles que je pourrois être compté parmi les inventeurs. Mes commencements n'annonçoient pas la gloire que je devois un jour acquérir dans cette carrière; j'ignorois encore mon talent dans ma première jeunesse; j'avois même une modestie et une espéce de pudeur qui, dès ce temps-là, auroient fait honneur à une femme, et qu'on ne trouveroit pas toujours aujourd'hui dans une fille qui sort du couvent.

Avec de si étranges qualités ma physionomie avoit toute la naïveté de mon ame; l'ame seule fait la physionomie, la nature ne donne que les traits. Le goût que je sentis bientôt pour les femmes devint en peu de temps si vif que je n'étois pas en état de choisir un objet déterminé; elles faisoient toutes une égale impression sur mon cœur ou plutôt sur mes sens. La première, je ne dis pas qui m'eût aimé, mais qui m'eût permis de l'aimer, eût été sûre de me rendre amoureux d'elle. Cependant la violence de mes desirs ne pouvoit triompher de ma timidité; je n'osois pas hasarder un aveu qui me paroissoit téméraire, j'aurois été humilié de ne pas réussir. La timidité est le premier effet de l'amour-propre; le mépris pour les autres suffit souvent pour l'audace. Je m'imaginois d'ailleurs qu'il falloit un mérite singulier pour toucher une femme. Les prévenances les plus marquées, les agaceries, même indécentes, dont j'étois l'objet, n'opéroient rien en ma faveur; et je serois resté long-temps dans cet état s'il eût été dans l'ordre de la nature qu'il pût durer; il cessa donc. On croira sans doute que ce fut par les soins de quelqu'une de ces femmes expérimentées qui s'offrent à finir l'éducation des jeunes gens, qui les instruisent aux plaisirs, qui n'oublient pas, à la vérité, de leur parler de sentiment; mais qui, ne pouvant se flatter de leur en inspirer, et encore moins de la constance, se réduisent modestement à faire ensuite en leur faveur un rôle plus complaisant, pour être encore admises dans la société et tenir au monde par quelque endroit.

Celle à qui je m'attachai étoit très différente, et nous nous trouvâmes engagés l'un et l'autre sans qu'elle y eût songé, ni que j'eusse osé l'espérer. J'avois alors dix-huit ans, et elle en avoit environ vingt-cinq : belle et bien faite, elle avoit l'esprit sage et le cœur tendre ; mais son caractère sérieux jusqu'à la mélancolie et un maintien froid et réservé, la faisoient passer pour insensible. On l'avoit prise sur ce pied-là, et en conséquence personne ne songeoit à elle. D'ailleurs, peu répandue, elle ne vivoit guère que dans son domestique avec un mari d'un âge assez avancé, qui remplaçoit les agréments qu'il n'avoit plus par mille attentions pour elle, et pour qui elle avoit de l'amitié et du respect.

Avec le peu de confiance que j'avois alors, on jugera aisément que je ne m'avisai pas d'attaquer une femme que les plus entreprenants laissoient tranquille; des circonstances particulières formèrent notre liaison.

Je venois d'avoir un régiment; et comme mon père vivoit depuis quelque temps dans ses terres, il avoit prié le comte de Canaples, dont nous étions parents, et qui avoit beaucoup de considération dans le service, de veiller sur ma conduite et de me donner des conseils.

Le comte s'y croyoit d'autant plus obligé, que je devois à sa recommandation le régiment qu'on m'avoit donné par préférence à d'anciens officiers qui en étoient plus dignes que moi par leurs services. Il avoit pour maxime qu'il n'y avoit rien de plus contraire au bon ordre, que de mettre des enfants à la tête des corps, ce qui n'étoit pas rare alors : il ajoutoit qu'après avoir parlé en citoyen contre un abus, on n'étoit pas obligé d'en être la dupe, sans quoi on restoit, avec ses bonnes intentions, peu sûr de l'estime et comblé de ridicules. En conséquence, il avoit agi vivement en ma faveur, et le succès de ses soins l'autorisoit à me recommander de justifier par mon application la grace qu'on m'avoit faite. La reconnoissance m'obligeoit donc à lui rendre des devoirs assidus.

La comtesse de Canaples me reçut d'abord avec cette espèce de bonté qu'on marque à un petit parent dont on se croit chargé aux yeux du public. La docilité que j'avois pour leurs conseils augmenta encore l'intérêt qu'ils prenoient à ce qui me regardoit. La comtesse sembloit sur-tout en prendre de jour en jour un plus tendre; ce sont les personnes naturellement sérieuses dont l'accueil est le plus sensible. Je m'attachois de plus en plus à lui plaire. Le respect qu'elle m'inspiroit m'empêchoit d'apercevoir l'impression qu'elle faisoit sur mon cœur; mais il contribuoit encore à la graver plus profondément; le respect contraint l'amour: il peut le cacher; mais il ne l'éteint jamais, souvent il le rend plus vif. L'amour est comme les liqueurs spiritueuses: moins elles s'exhalent, plus elles acquièrent de force.

J'avois si peu d'expérience, que je ne soupçonnois pas l'état de mon ame; je sentois seulement qu'aussitôt que je n'étois plus auprès d'elle, j'éprouvois une inquiétude plus vive que douloureuse; je n'allois point la revoir sans une émotion qui m'emportoit hors de moi-même. Les premiers desirs ne se laissent pas même apercevoir par la réflexion dans le moment où ils nous agitent. Plus on sent, moins on pense, et l'on ne réfléchit que de mémoire.

Je passai près de deux mois dans cet état délicieux et indécis. Uniquement occupé du desir de plaire à la comtesse, heureux par ce desir même, j'étois si attentif à prévenir ses volontés, que je n'en recevois plus de conseils; mais elle me combloit d'éloges vifs, tendres et ingénus.

Comme je lui soumettois absolument ma conduite, j'aimois à lui en rendre compte, je goûtois une secrète satisfaction à lui découvrir le fond de mon ame; j'entrois dans les détails les plus intimes, peut-être frivoles, si, par des questions qui partoient plus du sentiment que de la curiosité, elle ne m'eût prouvé que les bagatelles que je lui confiois ne lui étoient jamais indifférentes. Ces détails, méprisables pour les ames froides, sont les objets importants de celles que l'amour a unies. C'étoit précisément l'état où nous nous trouvions, sans nous en douter ni l'un ni l'autre. Nous ressentions l'amour le plus vif, nous en goûtions les plaisirs peut-être les plus délicieux, sûrement les plus rares, sans en avoir jamais prononcé le nom.

Un jour que nous étions, la comtesse et moi, dans un de ces épanchements qui faisoient notre bonheur, je me sentis pénétré d'un transport inconnu et si nouveau pour moi, que, par une vivacité de sentiment plutôt que de réflexion, j'embrassai la comtesse, ce qui ne m'étoit pas encore arrivé; je la tins même quelques moments serrée entre mes bras, et je me sentis pressé par les siens. Nous nous regardâmes ensuite sans nous rien dire; et, ce qu'il y eut de singulier, ce fut moi qui rougis; mais elle le remarqua, et dans l'instant la rougeur lui couvrit le front : elle baissa les yeux, soupira et tomba dans une rêverie profonde. Nous ne proférions pas une parole, et qu'aurions-nous pu dire dans la confusion d'idées et de sentiments où nous étions tous deux? Notre action et le trouble qui venoit de la suivre, produisirent tout à coup un trait de lumière qui éclaira notre esprit sur l'état de notre cœur. Nous le reconnûmes ensemble, et nous nous entendîmes. Je n'ai jamais éprouvé à-la-fois tant de plaisirs, de peines et de sentiments opposés que l'amour seul réunit et concilie.

Pour me remettre, et la distraire elle-même, je pris sa main que je baisai : je sentis un foible effort qu'elle fit pour la retirer ; elle me la laissa cependant, soit qu'elle ne voulût pas m'affliger, ou qu'elle craignît que cette petite rigueur ne rendît la faveur plus marquée. Enhardi, ou seulement animé par mon action même, j'appuyai ma bouche sur sa main, et je tombai à ses genoux. La comtesse, se retirant alors avec frayeur : Levez-vous, me dit-elle, je ne vous conçois pas, je ne vous ai jamais vu si extraordinaire. Ah! madame, lui dis-je, je serois fort embarrassé moi-même de vous rendre compte d'un état qui est nouveau pour moi; tout ce que je puis vous dire, c'est que vous êtes la seule personne au monde qui me l'ayez fait éprouver, et que je ne puis imaginer de bonheur qu'auprès de vous. Puis-je me flatter de vous être cher? J'ai pour vous, me dit-elle, l'amitié la plus tendre, et je serois fâchée que vous n'en eussiez pas pour moi : vous m'en devez, vous ne pouvez pas être un ingrat. Je suis bien éloigné de l'être, répondis-je, et je ne puis me dissimuler que j'ai pour vous l'amour le plus violent; je l'ai sans doute ressenti dès le moment que je vous ai vue, mais ce n'est que d'aujourd'hui que je le reconnois. Pensez-vous, reprit la comtesse, à ce que vous me dites? vous avez de l'amour pour moi! eh! que prétendez-vous? Vous aimer, lui dis-je. C'en est trop, dit-elle; je ne puis ni ne dois en entendre davantage; retirez-vous, je vous prie, et ne me forcez pas à me repentir des bontés innocentes que j'ai eues pour vous, et qu'un mot de plus de votre part rendroit criminelles.

J'étois si embarrassé de l'aveu involontaire que je venois de faire, que je n'eus pas la force de répliquer; mais je n'aurois pas eu celle de la quitter, si elle n'eût appelé ses femmes à qui elle donna des ordres propres à les arrêter auprès d'elle. Je n'osai soutenir la présence d'aucun témoin dans l'agitation qui devoit se remarquer dans toute ma contenance; je sortis dans le moment, charmé de me trouver seul pour respirer, et penser en liberté à ce que je venois de faire.

La situation étoit si nouvelle pour moi, que je ne pouvois pas bien démêler si je devois être satisfait ou mécontent de ce qui m'étoit arrivé. J'étois horriblement peiné du dépit que la comtesse m'avoit fait voir; mais l'aveu que j'avois osé lui faire portoit dans mon cœur une consolation secrète. Une passion cachée est un poids accablant, dont l'aveu nous soulage; il part de l'espérance, ou la fait naître.

Si la comtesse eût reçu mon aveu avec une hauteur froide, ou une plaisanterie méprisante, je n'aurois jamais osé reparoître devant elle; mais la crainte qu'elle m'avoit marquée diminuoit un peu la mienne. Je commençai à soupçonner que je n'étois pas absolument sans mérite; et, comme les progrès de la présomption sont fort rapides, je conçus les espérances les plus flatteuses. Ma confiance n'étoit pas aussi raisonnée que je la peins; les opérations de l'esprit sont moins promptes que les mouvements du cœur et de l'amour-propre, et la passion est mieux guidée par la lumière du sentiment que par des idées suivies. Je brûlois d'impatience de revoir madame de Canaples; j'y allai le lendemain, je la trouvai triste et abattue, j'en fus pénétré, et je le lui marquai dans les termes les plus tendres; mais je n'osai lui parler de ma passion; ses femmes ne la quittoient presque pas, et je croyois avoir trop de choses à lui dire qui ne pouvoient pas être interrompues. Je passai plusieurs jours dans cette indécision; mais enfin, faisant un effort sur moi-même, je lui dis qu'indépendamment de la reconnoissance et de l'attachement que je lui devois, elle ne pouvoit pas douter que la passion qu'elle m'avoit inspirée ne me rendît extrêmement sensible à l'état où je la voyois. Hélas! dit-elle en soupirant, le principal motif de l'intérêt que vous prenez à mon état est ce qui m'y plonge. Vous m'aimez, votre amour seul seroit déja un malheur pour moi ; mais je vous aime, et c'est ce qui met le comble à mon sort. La comtesse, en prononçant ces mots, ne put retenir ses larmes. Je me jetai aussitôt à ses genoux, et je voulus les embrasser. Arrêtez, me dit-elle en me repoussant ; l'aveu que je viens de vous faire n'est pas une faveur, c'est un remède violent auquel j'ai cru devoir recourir.

J'ai voulu en vain me faire illusion sur mes sentiments pour vous ; je suis obligée de les reconnoître. Que n'ai-je pu les prévoir ! mais vous avez été maître de mon cœur avant que je soupçonnasse qu'il pût être sensible. L'éloignement que j'avois toujours eu pour les jeunes gens, le mépris pour leurs travers et pour leur présomption, me paroissoient des armes suffisantes contre leur séduction : une fierté naturelle m'empêchoit même de croire que j'eusse besoin d'être en garde contre eux. Votre âge, votre figure, vos graces, votre esprit, me plaisoient sans m'alarmer ; je vous ai jugé sans conséquence, et ma témérité m'a perdue. La vertu seule que je remarquois en vous auroit dû vous rendre suspect ; mais se défie-t-on de ce qu'on estime ? Cependant c'est elle qui m'a séduite ; elle m'a caché le péril en me laissant voir et sentir combien vous étiez aimable, vous en avez été plus dangereux ; qu'il me soit permis de penser, du moins pour ma consolation, qu'un caractère tel que le mien ne pouvoit s'égarer qu'en croyant suivre la vertu. Enfin je vous aime, je veux d'autant moins vous le cacher, que je compte vous le dire pour la première et dernière fois de ma vie.

Vous m'êtes bien cher; mais le devoir me l'est encore plus, et il faut que vous m'aidiez vous-même à y rentrer. Il n'y a que votre absence qui puisse me rendre ma tranquillité : vous devez joindre votre régiment dans un mois, je veux que vous partiez dès à présent, votre empressement paroîtra naturel, et personne n'en soupçonnera le véritable motif.

Quoi! madame, lui dis-je, ne m'avez-vous appris le plus grand bonheur où je puisse aspirer que pour me rendre au même instant le plus malheureux des hommes! non, je ne puis vous obéir. Il le faut cependant, reprit-elle; vous m'aimez, puisque vous me le dites, et je le crois : votre ame est naturellement sincère, et le monde n'a pas encore eu le temps d'en altérer la pureté; ainsi je juge, par le sacrifice que fait mon cœur, de ce qu'il doit en coûter au vôtre; mais notre sort est encore bien différent. Vous allez trouver de la ressource dans la diversité des occupations et des objets; la dissipation détruit ou distrait l'amour; et moi, dans la solitude, je ne serai peut-être occupée que de ce que je dois oublier, et je n'aurai pour soutien que la nécessité du devoir, c'est-à-dire, ce qui le rend plus cruel.

Eh! pourquoi, dis-je, madame, voulez-vous que votre devoir soit blessé d'une passion pure? Pourquoi seriez-vous criminelle de la ressentir? Sommes-nous maîtres des mouvements de notre cœur? Vous êtes persuadée, dites-vous, de la pureté de mon ame, vous devez l'être aussi que je ne veux pas vous tromper.

Il est inutile, reprit la comtesse, d'entrer dans une telle discussion ; soit raison, soit préjugé, je ne veux point d'examen dans une matière où nous sommes trop intéressés, vous et moi, pour en être juges. On n'examine guère le principe de ses devoirs que par le desir de s'en affranchir, ou pour se justifier de les avoir déja violés. Il y a d'ailleurs des régles de conduite qu'on taxe en vain de préjugés ; je vois qu'on ne s'en écarte point sans honte, et cela me suffit : je n'ai donc pas besoin d'examiner s'ils sont raisonnables, pour savoir que je dois les respecter. Vous ne voulez pas, dites-vous, me tromper : je crois que vous n'en avez pas le dessein ; mais nous pouvons nous tromper nous-mêmes. Eh! de quoi peut-on être sûr, quand on ne peut pas répondre de son cœur? J'ai peu d'expérience sur ce sujet ; mais j'y suis trop intéressée pour n'y avoir pas réfléchi avec soin depuis quelques jours. J'ai fortifié mes réflexions par l'exemple des femmes qui se sont perdues : c'est par degrés qu'elles ont passé de la vertu au déréglement. Je vois que l'innocence a des scrupules, les premières fautes donnent des remords, les dernières les font perdre, et l'on ne sauroit trop tôt s'effrayer. Vous voyez le fond de mon cœur; loin de combattre mes sentiments, adoptez-les, et cherchez à m'y affermir : pour y mieux réussir, séparons-nous. J'ai dit tout ce que je me croyois obligée de vous dire : une conversation plus longue ne pourroit être que dangereuse, elle commenceroit à être criminelle en cessant d'être nécessaire.

Tant que madame de Canaples avoit parlé, j'étois resté dans un étonnement qui m'avoit empêché de l'interrompre; mais, à peine eut-elle fini, qu'effrayé du parti qu'elle vouloit me faire prendre, dans le moment où j'avois cru mon bonheur assuré, je me jetai à ses pieds et je tâchai de la fléchir, moins par des raisons que par des transports et par les discours les plus passionnés. N'entreprenez pas, me dit-elle, de m'attendrir, mon cœur n'y a que trop de penchant; rendez-vous digne de cet aveu en le respectant; mais, si vous en abusiez, si je me sentois trop foible pour résister à vos empressements, vous me forceriez de recourir au plus violent des remèdes, qu'on pourroit taxer de romanesque, et qui est peut-être le seul qui, par sa dignité, puisse assurer la vertu d'une femme. Soyez sûr que, plutôt que de m'exposer à succomber, ce seroit à M. de Canaples que je découvrirois l'état de mon cœur; ainsi votre persévérance n'auroit d'autre succès que de faire trois malheureux : et tel est le fruit des partis outrés, que je serois peut-être la moins à plaindre, et que je pourrois être consolée des suites de mon action par le principe de cette action même. Tâchons plutôt, l'un et l'autre, de retrouver notre repos ; partez, et que le premier effet de notre amour soit un effort pour la vertu.

L'empire que le respect d'un amant délicat donne à une femme vertueuse, va jusqu'à lui soumettre les transports de l'amour ; je n'osai pas lui résister, et je me retirai, le cœur pénétré de douleur.

Incertain si je devois obéir ou non à la comtesse, et, me flattant qu'elle prendroit des sentiments plus favorables, je retournai chez elle le jour suivant. Je la trouvai avec une femme que je ne connoissois pas, et qui me parut nous observer avec beaucoup d'attention. L'accueil que la comtesse me fit n'eut d'abord rien de décidé. Après quelques propos indifférents, elle me demanda quand je comptois partir ; sur la réponse que je lui fis que je n'en avois pas encore fixé le jour, son air devint successivement si sérieux, si froid et si haut, que c'étoit presque une indiscrétion de sa part. La femme qui étoit avec elle ne parut cependant pas s'en apercevoir. Pour moi, j'en fus consterné ; et, jugeant que je n'avois plus rien à espérer, à peine cette visite fut-elle sortie, que je dis à la comtesse que je partirois le lendemain.

Le comte de Canaples, qui entra dans le moment, m'ayant entendu, il n'y avoit plus moyen de m'en dédire; il me fit compliment sur mon zéle, et me prédit que je deviendrois un excellent officier. Je n'ai jamais été moins flatté d'éloges que je le fus alors de ceux du comte. Dans la crainte cependant de détruire par mon humeur la bonne opinion qu'il avoit de moi, et de lui faire soupçonner la vérité, j'allai donner ordre à mon départ. Ceux qui n'ont jamais aimé que foiblement pourroient regarder une obéissance si prompte comme la marque d'une passion bien légère; mais, s'ils avoient plus de connoissance du cœur, ils jugeroient qu'il n'y a qu'un véritable amour capable d'un tel sacrifice. Je ne sentois pas alors que la comtesse en faisoit elle-même un, pour le moins, aussi violent que celui qu'elle exigeoit de moi. Pour les femmes les plus raisonnables il y a bien loin du danger de succomber à la crainte, de la crainte au desir de s'arracher à l'occasion, de ce desir à la résolution, et plus loin encore de la résolution au courage qu'il faut pour l'exécuter.

Madame de Canaples est la seule femme que j'aie connue capable de franchir et de confondre tous ces degrés.

Quelque desir que j'eusse de prendre un congé particulier, je ne pus la trouver seule, et elle fut assez maîtresse d'elle-même, pour que je ne tirasse aucun avantage de nos adieux.

Ma première aventure ne dut pas, comme on voit, m'apprendre à mépriser les femmes; mais elle m'apprit à m'estimer, et c'est une science très facile. J'ai eu, autant que qui que ce soit, ce qu'on appelle des bonnes fortunes; et il n'y en a eu aucune qui ait pu me flatter aussi sensiblement que l'impression que j'avois faite sur le cœur de madame de Canaples.

Depuis que l'ivresse des passions est dissipée, j'ai quelquefois réfléchi sur l'espèce de conquêtes qui nourrit la vanité des hommes, et j'ai remarqué que la plupart des femmes qui font le sujet de leur triomphe ont le cœur froid, les sens assez tranquilles et la tête déréglée. Ce n'est pas la raison qui détermine leur choix, ce n'est pas l'amour, ce n'est pas même le plaisir; c'est la folie qui leur échauffe l'imagination pour un homme qui devient successivement l'objet, le complice et la victime d'un caprice. Un amant leur plaît sans autre raison que de s'être présenté le premier, et il est bientôt quitté pour un second qui n'a d'autre mérite que d'être venu le dernier.

J'étois parti, le cœur plein d'amour et pénétré de douleur; mais à peine fus-je à l'armée que les devoirs nécessaires m'occupèrent assez pour faire diversion à mes sentiments, et la dissipation acheva de me rendre ma gaieté. Je me trouvai en peu de jours l'ami intime d'une multitude de gens de mon âge qui ne m'avoient jamais vu. Ce fut dans leur commerce que je puisai la théorie de la vie que je dois bientôt mener avec éclat. Je n'entendois parler que de femmes éperdues d'amour, sacrifiées les unes aux autres et souvent à l'humeur et à des fantaisies: ce n'étoit que par excès de modestie qu'on parloit de celles qu'on avoit séduites, parceque la séduction suppose au moins des soins. Je ne pouvois revenir d'étonnement de l'innocence où j'avois vécu jusqu'alors, et je n'osois l'avouer. J'étois jaloux de ce que j'entendois dire, honteux de n'avoir rien de pareil à raconter, trop honnête encore pour en imposer, et bien déterminé à faire, à mon retour, tout ce qu'il faudroit pour avoir les mêmes avantages, et de quoi briller pendant la campagne suivante.

J'ai été persuadé depuis que, si j'avois voulu dès-lors me prévaloir de mon imagination pour me mettre au niveau des autres à force de fictions, quoique je m'en fusse fort maladroitement tiré faute d'expérience, ceux qui auroient le plus douté de la vérité de mes propos n'auroient osé le faire paroître, dans la crainte de me laisser soupçonner que les leurs pussent être douteux. Je ne connois rien qui serve si bien la fatuité que la fatuité même.

Aussitôt que l'armée fut séparée, je revins à la cour, et ma première visite fut à madame de Canaples. Les leçons que j'avois reçues, les histoires de femmes que j'avois apprises, et que je croyois aussi fermement que si j'en avois été témoin, les réflexions que j'avois faites en conséquence; tout concouroit à m'inspirer une confiance dont je me promettois bien de tirer parti. Je me présentai devant elle avec un air un peu plus dégagé que je ne l'avois en la quittant, et j'en fus reçu avec une amitié tendre et dont les marques étoient un peu embarrassées sans être suspectes. J'essayai d'y répondre avec familiarité. Mais, soit qu'elle prît un maintien imposant, soit que je ne pusse perdre l'habitude de la respecter, je ne pouvois chercher à sortir du respect, sans me trouver dans une contrainte qui produisoit le même effet. J'étois si maussadement libre, et avantageux de si mauvaise grace, que je le sentis moi-même ; et, sans m'opiniâtrer à lutter davantage contre mon cœur, je me soumis à l'ascendant qu'elle avoit sur moi. Je continuai de lui faire ma cour sur ce pied-là, je cherchai dans les plaisirs et la dissipation une distraction à l'amour que je continuois de sentir pour elle, et je renonçai à une poursuite inutile.

Dans l'âge où j'étois, les plaisirs de l'amour en imitent le sentiment, et empêchent qu'on n'en soit tourmenté; je résolus de me livrer à tous ceux qui s'offroient, et je fus bientôt aussi répandu que je pouvois le desirer. L'accueil que je reçus, la facilité des conquêtes que j'avois tant desirées, que j'avois crues difficiles, et que je croyois encore d'un grand prix, me donnèrent une haute opinion de moi. J'en conclus que madame de Canaples, ou ne m'avoit point aimé, ou ne pouvoit aimer que foiblement, puisqu'elle ne m'en avoit pas donné les preuves que tant d'autres me prodiguoient. J'étois fort éloigné de penser qu'il y eût entre les femmes d'autre distinction que celle de la figure ou de la jeunesse.

Je crois avoir dit que, le jour que je pris congé de madame de Canaples, j'avois trouvé chez elle une femme que je ne connoissois pas. Je la connus bientôt dans le monde, et j'appris d'elle-même le motif de sa visite. C'étoit la marquise de Retel ; sa figure étoit piquante, et l'on ne pouvoit guère avoir plus d'esprit et moins de mœurs, plus de mépris pour les bienséances, quoiqu'elle ne manquât pas d'ailleurs de probité. Personne n'a jamais eu dans le vice autant de candeur qu'elle en avoit. Le premier souper où nous nous rencontrâmes commença notre connoissance, et établit notre intimité. Elle débuta par me demander si je voyois toujours madame de Canaples, et ajouta, sans attendre ma réponse, qu'elle avoit bien jugé que notre commerce ne seroit pas long, et que le caractère d'une prude ne sympathisoit point avec celui d'un jeune homme aussi aimable que je l'étois. Je fus d'abord étonné d'un pareil début, et je répondis sur madame de Canaples avec tout le respect que je lui devois. J'avois encore de la vertu, et il faut qu'il y ait déja long-temps qu'on l'ait abandonnée, avant que de parler la langue du vice.

Sur la décence de ma réponse : C'est toujours fort bien fait, reprit la marquise, de parler avec ménagement d'une femme avec qui l'on a vécu ; d'ailleurs, cela est encore de votre âge : la comtesse est d'un caractère à vous en savoir gré, si cela lui revenoit ; d'autres ne s'en embarrasseroient guère, et moi, à qui cela ne fait ni bien ni mal, je ne vous en estime ni plus ni moins.

Je vous avoue que ce fut la curiosité qui me fit rendre une visite à madame de Canaples sur un prétexte assez léger. J'avois entendu parler d'une petite merveille qu'elle cachoit au reste du monde ; je voulus en juger par moi-même ; je vous trouvai et j'applaudis à son goût ou à son bonheur ; mais vous n'étiez point fait pour vous ensevelir dans la pruderie en naissant. La comtesse ne doit pas trouver étrange que vous l'ayez quittée, et elle aura toujours l'honneur d'être à la tête de votre histoire. En tout cas, lui dis-je, madame, son amitié me fera honneur, et elle n'aura point à rougir de ses bontés pour moi. Comment ! rougir ? reprit la marquise ; elle ne pourroit qu'en faire gloire : et là-dessus elle me donna tant d'éloges, et si peu apprêtés, qu'il falloit nécessairement qu'elle m'inspirât de l'indignation contre elle, ou de l'admiration pour moi ; je pris le dernier parti. Les gens les plus déliés sont la dupe d'un appât si grossier, présenté même par un sot : comment une jeune tête présomptueuse n'en eût-elle pas été enivrée?

Quoiqu'il ne m'échappât rien qui pût blesser l'honneur de madame de Canaples, ni qui pût faire croire que ce fût discrétion de ma part, manége d'autant plus criminel qu'il fait usurper à un homme une réputation de probité, et n'en flétrit pas moins la vertu d'une femme, la marquise resta persuadée que j'avois été parfaitement bien avec madame de Canaples. Les femmes déréglées ne croient pas les aventures, parcequ'elles en sont instruites, mais parcequ'elles les supposent; c'est moins par pénétration d'esprit que par la corruption de leur cœur qu'elles devinent quelquefois juste. Elles ne peuvent pas avoir d'autres idées : et de quel droit croiroient-elles à la vertu? elles n'en ont aucun principe, et jugent d'après leur conduite et les exemples de leurs pareilles.

La conversation que j'eus ce jour-là avec madame de Retel, ou plutôt qu'elle eut avec moi, fut très étendue. Ses idées me parurent d'abord si bizarres que je n'en fus frappé qu'en extraordinaire ; mais en peu de temps elle me mit en état de concevoir ses principes.

Elle n'attendit pas que je lui demandasse la permission d'aller la voir, elle me l'ordonna, et j'y

allai dès le jour suivant. Je la trouvai seule; et
comme si elle eût craint de perdre le temps qu'elle
destinoit à mon éducation, elle entra aussitôt en
matière.

J'ai dit qu'elle avoit de l'esprit, je dois ajouter
qu'elle avoit beaucoup réfléchi. Je ne voudrois pas
décider si toutes ses idées étoient bien justes; mais
elles me parurent assez systématiques. C'est pour
mettre le lecteur en état d'en juger, que je vais rapporter en une seule conversation ce que madame de
Retel m'a dit en différentes occasions, et à mesure
qu'elle me croyoit en état de goûter ses principes.

Avouez, me dit-elle, que le monde où vous vous
trouvez aujourd'hui, et pour lequel vous êtes fait,
vaut mieux que le triste tête-à-tête de madame de
Canaples. Je vous avouerai, lui dis-je, madame,
une chose bien différente; c'est que je ne cherchois
mon bonheur qu'auprès d'elle, et que, si je ne craignois pas de troubler le sien, je serois encore inconnu à ce monde pour lequel vous me croyez si
propre.

Mais cela est trop plaisant, s'écria la marquise;
songez-vous à ce que le peu de mots que vous venez de me dire renferme d'incroyable, de prodigieux? car enfin, si je vous entends bien, ou que
vous entendiez vous-même la force de ce que vous
dites, il faut que vous soyez amoureux de madame
de Canaples, et qu'elle y soit insensible : deux cho-

ses dont chacune est incroyable, et dont la réunion passe le prodige. Il n'y a pourtant rien de si constant, repris-je : j'aime madame de Canaples, et je ne puis en être aimé. J'aurois parlé plus vrai, si, en rendant justice à sa vertu, je l'eusse peinte moins insensible; mais l'amour que je conservois pour elle me fit respecter son secret. Une telle confidence m'auroit paru criminelle. Le véritable amour est presque une vertu, et lorsqu'on le ressent, on n'a point de fatuité.

Comment! reprit la marquise, cette femme ne vouloit pas de vous, et vous auriez cru réellement lui déplaire en l'obligeant de renoncer à une pruderie qui sans doute lui coûtoit beaucoup. En vérité on apprend tous les jours quelque chose de nouveau. Voilà un bizarre effet de l'amour. Mais vous croyez donc à cet amour-là?

Je crois, répondis-je, que c'est la première et la plus forte des passions. Vous avez, répliqua la marquise, des idées bien fausses sur l'amour.

Les passions qui agitent les hommes se développent presque toutes dans leur cœur avant qu'ils aient la première notion de l'amour : la colère, l'envie, l'orgueil, l'avarice, l'ambition, se manifestent dès l'enfance. Les objets en sont petits; mais ce sont ceux de cet âge : les passions ne sont pas plus violentes quand leurs objets sont plus importants; souvent elles sont moins vives, et, s'il y en a quelqu'une qui devienne plus forte qu'elle ne l'étoit d'abord, c'est ordinairement par l'extinction des autres qui partageoient l'ame avec elle.

L'amour se fait sentir à un certain âge ; mais est-il autre chose qu'une portion du goût général que les hommes ont pour les plaisirs ? L'âge où il triomphe est celui où les autres passions manquent d'occasions de s'exercer, dans l'âge où l'on est insensible à l'avarice, parcequ'on n'a rien ; à l'ambition parcequ'on n'est de rien. Les passions ne se développent que par l'aliment qui leur est propre. Mais, si elles sont une fois en mouvement, elles l'emportent bientôt sur l'amour. Cette passion se détruit par son usage, les autres se fortifient ; elle est bornée à un temps ; les autres s'étendent sur tout le cours de la vie. L'amour enfin est un de nos besoins aussi vif et moins fréquent que les autres ; rarement une passion, souvent la moins forte, et le plus court des plaisirs. Ce plaisir est même dépendant de la mode. N'a-t-on pas vu un temps où la table réunissoit presque tous les hommes, et où les femmes n'étoient pas comptées dans la société, dont elles sont l'ame aujourd'hui, moins par l'amour que par la mode ?

Si la sensation de l'amour est très vive, le sentiment en est très rare : on le suppose où il n'est pas ; on croit même de bonne foi l'éprouver, on se détrompe par l'expérience. Combien a-t-on vu de gens épris de la plus violente passion, qui se croyoient prêts à sacrifier leur vie pour une femme, qui peut-être l'auroient fait, comme on exécute dans l'ivresse ce qu'on ne voudroit pas avouer dans un autre état; combien en a-t-on vu, dis-je, sacrifier cette même femme à l'ambition, à l'avarice, à la vanité, au bon air? Les autres passions vivent de leur propre substance; l'amour a besoin d'un peu de contradiction qui lui associe l'amour-propre pour le soutenir. Il y a, dira-t-on, des amants qui sacrifieroient tout à leur passion : cela peut être, parcequ'il n'y a rien qui ne se trouve; mais quelle est la passion, quel est le goût sérieux ou frivole qui n'a pas ses fanatiques? La musique, la chasse, l'étude même et mille autres choses pareilles peuvent devenir chacune la passion unique de quelqu'un, et fermer son cœur à toutes les autres. Il en est ainsi de l'amour, qui n'est pas la première passion et rarement l'unique.

Ces grands et rares sacrifices de cœur ne se voient guère que de la part des femmes; presque tous les bons procédés leur appartiennent en amour, et souvent en amitié, sur-tout quand elle a succédé à l'amour. Ne croyez pas que ce que je vous dis à l'avantage de mon sexe soit l'effet d'un intérêt personnel; je ne prétends pas en effet louer excessivement les femmes de ce qu'elles ont l'ame plus sensible, plus sincère et plus courageuse en amour que les hommes. C'est le fruit de leur éducation, si l'on peut appeler de ce nom le soin qu'on prend d'amollir leur cœur et de laisser leur tête vide, ce qui produit tous leurs égarements.

Les femmes ne sont guère exposées qu'aux impressions de l'amour, parceque les hommes ne cherchent pas à leur inspirer d'autres sentiments ; ne tenant point à elles par les affaires, ils ne peuvent connoître que la liaison des plaisirs. Ainsi la plupart des femmes du monde passent leur vie à être successivement flattées, gâtées, séduites, abandonnées et livrées enfin à elles-mêmes, ayant pour unique ressource une dévotion de pratique, et pleine d'ennui quand elle est sans vertu, sans ferveur ou sans intrigue.

L'amour est, dit-on, l'affaire de ceux qui n'en ont point ; le désœuvrement est donc la source des égarements où l'amour jette les femmes. Cette passion se fait peu remarquer dans les femmes du peuple, aussi occupées que les hommes par des travaux pénibles, quoiqu'il y en ait beaucoup de plongées dans le vice, non par égarement de cœur, rarement par le goût du plaisir, et presque toujours par la misère ; mais je ne parle ici que des gens du monde, ou de ceux que l'opulence et l'oisiveté mettent à portée d'en prendre les mœurs.

L'éducation des hommes, tout imparfaite qu'elle est, quant à son objet et à sa forme, a du moins l'avantage de les occuper, de remplir leurs têtes d'idées bonnes ou mauvaises, qui font diversion aux sentiments du cœur. Les affaires, les emplois et les occupations quelconques viennent ensuite, et ne laissent à l'amour qu'une place subordonnée à d'autres passions. Ce qu'ils appellent amour est l'usage de certains plaisirs qu'ils cherchent par intervalle, qu'ils saisissent d'abord avec ardeur, qu'ils varient par dégoût et par inconstance, et auxquels on est enfin obligé de renoncer quand ils cessent de convenir, ou qu'on n'y convient plus.

Ici je ne pus m'empêcher d'interrompre la marquise; j'étois si scandalisé d'entendre une femme jolie et encore jeune professer une espèce d'athéisme en amour, que je me crus intéressé d'honneur à combattre son opinion. Comment, lui dis-je, madame, peut-on douter de la puissance de l'amour? Il me suffiroit, pour la reconnoître, de l'avoir éprouvée, et d'y être encore exposé auprès de vous; mais, indépendamment de mon expérience particulière, je n'entends parler d'autres choses que de liaisons formées par l'amour, et qu'une longue suite d'années a rendues respectables sans les avoir affoiblies.

Je connois, reprit la marquise, et j'ai examiné avec attention ces liaisons dont on vous parle. Il y en a quelques unes dignes des éloges qu'on leur donne; ce sont celles que l'amour a pu commencer, mais que l'amitié a consacrées; et je sais qu'il y en a qui n'ont cessé d'être orageuses que depuis que la passion est éteinte. C'étoient des amants qui, tantôt ivres de plaisirs, et l'instant d'après tourmentés par des caprices, des jalousies d'humeur, ou de fausses délicatesses, passoient quelquefois un même jour en caresses, en dépits, en aigreurs, en offenses, en pardons, et se tyrannisoient mutuellement. Après avoir usé les plaisirs et les peines de l'amour, ces amants se sont heureusement trouvés dignes d'être amis; et c'est de ce moment qu'ils vivent heureux avec une confiance plus entière qu'ils ne l'auroient peut-être s'ils n'avoient pas été amants, et avec plus de douceur et de tranquillité que s'ils l'étoient encore.

Un état si rare et si délicieux seroit le charme d'un âge avancé, et empêcheroit de regretter la jeunesse. La réflexion qui détruit ou affoiblit les autres plaisirs, parcequ'ils consistent dans une espèce d'ivresse, augmente et affermit celui-ci. En jouissant d'un bonheur, c'est le doubler que de le reconnoître.

A l'égard de ces vieilles liaisons que le public a la bonté de respecter faute d'en connoître l'intérieur, qu'y verroit-on si on les examinoit? Des gens qui continuent de vivre ensemble, parcequ'ils y ont long-temps vécu; la force de l'habitude, l'incapacité de vivre seuls, la difficulté de former de nouvelles liaisons, l'embarras de se trouver étrangers dans la société, en retiennent beaucoup, et donnent à l'ennui même un air de constance. Ils ont cessé de se plaire, et se sont devenus nécessaires; ils ne peuvent se quitter; quelquefois ils ne l'oseroient : on soutient ce rôle pénible par pur respect humain. On s'est pris avec l'engouement de l'amour, on a annoncé hautement son bonheur, on a contracté un engagement devant le public, on l'a ratifié dans des occasions d'éclat : le charme se dissipe avec le temps, l'illusion cesse; on s'étoit regardés réciproquement comme parfaits; on ne se trouve pas même estimables; on se repent, on n'ose l'avouer; on s'opiniâtre à vivre ensemble en se détestant, et le respect humain empêche autant de ruptures que la loi empêche de divorces. Si le divorce étoit permis, tel le réclameroit contre un mariage, qui, dans pareille circonstance, ne romproit pas avec une maîtresse, c'est-à-dire une vieille habitude : on ne rougit point de s'affranchir d'un esclavage reconnu; mais on a honte de se démentir sur un engagement dont on a fait gloire. Les vieilles liaisons exigent, pour être heureuses, plus de qualités estimables qu'on ne l'imagine.

L'amour tient lieu de tout aux amants, son objet lui suffit; mais l'objet s'use, l'amour s'éteint, et il n'y a point alors d'esprits assez féconds pour aller remplacer l'illusion et devenir une ressource contre la langueur d'une vie retirée et d'un tête-à-tête continuel. Si ces sortes d'esprits se trouvoient, il faudroit encore que les deux amants l'eussent l'un et l'autre au même degré, sans quoi la stérilité de l'un étoufferoit la fertilité de l'autre. Il n'y a que l'esprit qui serve à la longue d'aliment à l'esprit, il ne produit pas long-temps seul.

Le tête-à-tête, tel que je le suppose, ne se soutient que par l'amitié, beaucoup d'estime réciproque, et une confiance entière qui fait qu'on jouit de la présence l'un de l'autre, même sans se rien dire, et en s'occupant différemment. On devroit dire aux amants qui se déclarent publiquement : Faites provision de vertus pour remplacer l'amour.

On croit les hommes plus constants dans un âge avancé que dans la jeunesse. Mais cette constance n'est qu'extérieure. Dans la vieillesse on anticipe les besoins par la crainte, on les sent par la privation ; on jouit avec inquiétude, et l'on craint de laisser échapper ce qu'on n'est pas sûr de retrouver. Dans la jeunesse on ne soupçonne guère les besoins par la prévoyance, on ne sent que les desirs ; ils s'éteignent par la jouissance, et renaissent bientôt. La jeunesse desire ardemment, jouit avec confiance, se dégoûte promptement, et quitte sans crainte, parcequ'elle remplace avec facilité. Voilà le secret de la légèreté d'un âge et de la constance de l'autre.

Tout ce que me disoit la marquise augmentoit

de plus en plus mon étonnement. Quand son système eût été vrai, je n'étois pas encore disposé à l'admettre. Il y a des principes où la démonstration ne suffit pas ; dans ce qui a rapport au sentiment on ne croit que ce que l'on desire. J'aimois encore madame de Canaples, et je sentois, ou croyois sentir que mon cœur auroit toujours besoin d'être rempli, et que je ne cesserois d'aimer qu'en aimant de nouveau. Je ne tardai pas à me détromper ; la marquise avoit entrepris ma conversion, et, grace à ses soins, je fus bientôt guéri de tous les sentiments honnêtes, comme on le verra dans la suite ; mais il est nécessaire que je rapporte auparavant le reste de la leçon qu'elle me donna, et dont elle eut l'attention de me rafraîchir l'idée, jusqu'à ce qu'elle me crût affermi dans les bons principes.

Les choses qu'elle me disoit étoient si nouvelles pour moi, que, pour dissiper mes scrupules, et pour éclaircir mes idées, je lui proposai mes doutes.

Je vous avoue, lui dis-je, madame, que je ne sais plus que penser de l'amour : en quoi le faites-vous donc consister?

Il n'y a rien de plus facile, reprit la marquise : aimer c'est de l'amitié ; desirer la jouissance d'un objet, c'est de l'amour ; desirer cet objet exclusivement à tout autre, c'est passion. Le premier sentiment est toujours un bien ; le second n'est qu'un appétit du plaisir ; et le troisième, étant le plus vif, augmente le plaisir et prépare des peines. Il y a un rapport entre l'amitié et l'amour qui est passion, c'est de se porter vers un objet déterminé, quoique ce soit par des motifs différents. Il y a même des amitiés qui deviennent de véritables passions, et ce ne sont ni les plus sûres, ni les plus heureuses.

L'amour, au contraire, tel qu'il est communément, se porte vaguement vers plusieurs objets, et peut toujours en remplacer un par un autre. Vous direz qu'un tel amour n'est pas fort délicat : non ; mais il est heureux, et le bonheur fait la gloire de l'amour.

La délicatesse fait honneur en amitié, parcequ'elle suppose un sentiment éclairé, aussi flatteur pour celui qui le ressent que pour celui qui l'inspire. Cette délicatesse est toujours active et porte aux attentions pour l'objet aimé ; on craint de lui manquer. En amour, elle est ordinairement passive : l'amant prétendu délicat n'a d'autre objet que lui-même ; il croit qu'on n'a pas pour lui le retour qu'il mérite. On se tourmente pour faire le tourment d'autrui. Quel doit être le supplice de deux amants s'ils ont l'un et l'autre le même travers à-la-fois ?

Les ames délicates ont un double malheur ; elles sont douloureusement affectées des moindres choses qui blessent ou paroissent blesser le sentiment, et sont trop difficiles sur le plaisir ; elles ne peuvent le goûter s'il leur reste quelque scrupule sur le principe dont il part, et malheureusement elles ne sont que trop ingénieuses à s'en former.

Cette délicatesse si vantée et si peu connue n'est donc qu'un déréglement d'imagination ; il semble qu'elle n'aiguise l'esprit que pour le rendre plus faux.

Cependant, comme si l'on avoit entrepris d'empoisonner tous les plaisirs, on ne s'est pas contenté d'introduire la délicatesse en amour, on y a fait encore entrer la jalousie.

Comment! m'écriai-je, la jalousie n'est-elle pas un attribut de l'amour? Non, sans doute, reprit la marquise; la jalousie est un préjugé d'éducation fortifié par l'habitude : si elle étoit naturelle aux amants, ils seroient par-tout également jaloux ; or il y a des peuples qui le sont beaucoup moins que d'autres; il y en a qui ne le sont point du tout, et dont les mœurs y sont absolument opposées, qui se font un honneur de ce qui seroit un opprobre parmi nous. On voit encore chez une même nation des mœurs très différentes sur cet article, suivant les différentes conditions. Par exemple, on n'est pas jaloux à la cour comme à la ville; la jalousie n'est plus qu'un ridicule bourgeois, et l'on trouve des bourgeois assez raisonnables, assez policés, ou assez fats pour n'être pas jaloux ; car on peut s'affranchir d'une espèce de folie, par raison, ou par une folie contraire. Si ce préjugé étoit détruit, il se trouveroit encore quelques jaloux, mais il n'y auroit que ceux qui le seroient par caractère, parceque la jalousie, c'est-à-dire l'envie, en est un, comme l'ambition, l'avarice, la paresse, la misanthropie et plusieurs autres sortes de caractères.

La jalousie est si peu un sentiment naturel, qu'elle se soumet au préjugé jusque dans la conduite. Tel homme qui seroit jaloux d'un rival jusqu'à la frénésie, ne s'avise guère de l'être d'un mari. Un jaloux est intérieurement si persuadé de son injustice, qu'il y en a peu qui ne se cachent de l'être.

On croit que la jalousie marque beaucoup d'amour ; mais l'expérience prouve que l'amour le plus violent est ordinairement le moins soupçonneux. La jalousie ne prouve qu'un amour foible, un sot orgueil, le sentiment forcé de son peu de mérite, et quelquefois un mauvais cœur. Par exemple, combien de fois a-t-on vu un amant dégoûté, cherchant un prétexte pour rompre, et tâchant de le faire naître à force de mauvais procédés? Dans cette situation, il devroit être charmé que quelqu'un vînt le dégager honnêtement ; mais point du tout : s'il s'aperçoit qu'on peut se consoler de sa perte avec un autre, sa vanité est blessée de ne pas laisser une femme dans les regrets ; la jalousie, ou plutôt l'envie, le ramène pour être tyran, sans être heureux. Voilà les hommes : leur amour ne vit que d'amour-propre ; il n'y a que des jaloux d'orgueil.

Quoique les raisonnements de la marquise ne fussent peut-être pas trop bons, je ne me sentois pas en état d'y répondre; mais je crus qu'il n'y avoit rien de mieux que de lui en faire l'application à elle-même.

Comment! lui dis-je, madame, si j'avois entrepris de vous plaire, et que j'eusse le bonheur d'y réussir, trouveriez-vous bon que je vous manquasse de fidélité?

Pourquoi non? dit la marquise; l'infidélité est un grand mot souvent mal appliqué. En amitié, c'est un crime; mais, si jamais nous nous trouvions simplement du goût l'un pour l'autre, je ne prétendrois pas être l'unique objet de vos attentions. Une telle prétention seroit à-la-fois une tyrannie insupportable pour vous, et une folie cruelle pour moi-même. Jouissons toujours d'un bien comme s'il ne devoit jamais finir, et sachons le perdre, comme n'y ayant aucun droit.

Croyez-vous que je n'aie jamais eu occasion de m'attacher aussi follement que beaucoup d'autres? Peut-être dois-je une partie de ma philosophie à ma propre expérience; mais j'ai réfléchi de bonne heure sur ce sujet, et je me suis fait un plan de vie en conséquence de mes réflexions. J'ai songé à nourrir mon esprit de connoissances plus agréables que pénibles, et capables du moins d'empêcher la solitude ou la vieillesse de m'effrayer; à défendre mon cœur de toute passion tyrannique, et à goûter les plaisirs que les mœurs régnantes me permettent.

Ce n'est pas que je les approuve ces mœurs; si elles devenoient plus régulières, il y auroit à gagner pour tout le monde. Si cela n'est pas, que les hommes ne s'en prennent qu'à eux-mêmes; qu'ils cessent de crier au dérèglement, ou de croire qu'il y ait une morale différente pour les deux sexes. Je sais avec quel mépris ils parlent entre eux des femmes qu'ils paroissent respecter le plus. Cette connoissance seroit la meilleure leçon que pût recevoir une jeune personne; et un tel mépris seroit souvent juste de la part des hommes, s'ils n'en méritoient un pareil.

Je ne cherche point, comme vous voyez, à m'aveugler sur les hommes ni sur les femmes, et je dis librement ce que je pense, parceque l'opinion d'autrui me touche peu. Je sais que je ne plais pas à tout le monde; mais on ne m'en fait pas moins d'accueil : les hommes ne sont pas dignes qu'on soit délicat sur leurs sentiments; leurs procédés me suffisent. Je m'occupe de ceux qui me plaisent, et ne me tourmente point sur ceux à qui je puis déplaire. La franchise de ma conduite met en défaut jusqu'à la satire des femmes. Elles ne s'attachent guère qu'à dévoiler les défauts cachés, et je ne dissimule rien. D'ailleurs, elles craindroient que je n'usasse de représailles, et, qu'en les démasquant, je ne fisse voir que la seule différence qu'il y ait d'elles à moi, c'est leur fausseté. Je ne crois pas que j'en prisse la peine; mais elles le craignent, et cela suffit pour ma tranquillité. Je ne leur en demande pas davantage; car je ne prétends point à leur amitié. Outre que je doute qu'une femme puisse être sincèrement l'amie d'une femme, elle doit toujours préférer l'amitié des hommes : il y a plus de constance, plus de sûreté et moins de gêne; et les hommes doivent trouver plus d'agrément dans celle des femmes. J'ai des amis, et je suis digne d'en avoir, parceque je suis incapable de leur manquer. Je respecte assez l'amitié pour y être plus difficile qu'en amour; et le plus grand honneur que je pourrois faire à un amant qui cesseroit de me plaire, ce seroit de le garder pour ami.

Si je trouvois de la bizarrerie dans les idées de la marquise, je lui trouvois aussi des sentiments qui me plaisoient, et insensiblement je m'y attachai. Pendant quelque temps elle ne parut occupée que de moi; mais je m'aperçus bientôt que, si elle m'avoit donné des préservatifs contre la jalousie, elle savoit bien que j'en aurois besoin avec elle. Elle eut lieu d'être satisfaite de ma conduite; j'avois si bien adopté son système, que nous n'eûmes rien à nous reprocher, et, sans nous quitter formellement, nous nous trouvâmes libres. Je me livrai à tous les goûts passagers. Enfin j'étois sensible par caractère, je devins fat par principes.

Les premiers succès m'avoient donné de la vanité; mais leur multiplicité m'en guérit. Je ne m'arrêterai pas à faire des portraits détaillés des femmes à la mode : c'est un caractère et un manége uniformes; qui en a eu une, les a toutes vues. Le nombre ne peut servir qu'à grossir la liste de ceux qui ont la manie d'en faire. Quand la tête de ces femmes se prend, elles font toutes les avances, comme si ce n'étoit rien; la fantaisie est-elle passée, elles s'en défendent, comme si c'étoit quelque chose. Il n'y a point alors de manœuvres plates et usées qu'elles n'emploient. Elles commencent par insinuer qu'un homme avec qui on croit qu'elles ont vécu « s'en « est donné l'air; ce seroit le dernier qu'elles choi- « siroient; elles ne conçoivent pas qu'on puisse l'a- « voir. » Elles passent par degrés aux propos les plus outrageants, si toutefois elles peuvent outrager. Elles supposent qu'on ne croira pas qu'elles osassent parler ainsi d'un homme dont elles auroient quelque chose à craindre; elles ne savent pas qu'elles sont les seules à imaginer qu'elles aient encore quelque chose à perdre. Quand on entend ces déclamations, on sait d'abord à quoi s'en tenir; on l'apprendroit par là, si on l'ignoroit.

Cet excès de hardiesse ne leur est cependant pas inutile; cela ne dissuade pas, mais cela impose et oblige à dissimuler en leur présence le mépris qu'on a pour elles. Elles ont grand tort de redouter si fort l'indiscrétion ; car tel se cache de les avoir, qui est obligé de les avoir eues.

J'avois donc trop de rivaux aussi heureux que moi, pour que je pusse me flatter de jouer un rôle distingué ; ainsi je songeai à me tirer de pair par des conquêtes plus brillantes, et j'eus le bonheur d'y réussir.

La femme à qui j'eus l'adresse de plaire étoit extrêmement sensible, fort portée à l'amour, mais très jalouse de sa réputation. Elle ne se rendit qu'à l'estime que j'eus l'art de lui inspirer. Il y eut même, de ma part, un procédé de vanité qui tourna à mon avantage. Madame de Clerval m'avoit fait plusieurs questions, moitié plaisantes, moitié sérieuses, sur les femmes que le public m'avoit données ; mais, comme je ne croyois plus qu'elles me fissent assez d'honneur pour en faire gloire, je les désavouai absolument toutes. Ce qui n'étoit que l'effet de ma fatuité, madame de Clerval le mit sur le compte d'une probité délicate et rare. D'ailleurs, mes aventures avoient été trop publiques, pour qu'elle pût en douter ; ainsi elle imputa l'éclat qu'elles avoient fait à l'étourderie des femmes qui en avoient été les héroïnes, et conçut la plus haute idée de la discrétion que j'aurois à l'égard d'une femme qui en seroit digne, puisque je la portois à un si haut degré pour les femmes qui se respectoient le moins. Ce raisonnement, qui prouvoit mieux sa candeur que son expérience, fut ce qui la perdit.

Mon empressement devenant tous les jours plus vif, elle m'avoua enfin qu'elle avoit pour moi les sentiments les plus tendres, et que je les devois principalement à la persuasion où elle étoit de ma probité et de ma discrétion. Je saisis ce moment pour la confirmer dans son opinion; j'y employai une éloquence, une vivacité, enfin toutes les exagérations qui achevèrent de la séduire, et qui, seules, auroient dû la détromper, si elle avoit eu plus de connoissance du caractère des hommes.

L'aveu qu'elle m'avoit fait est ce qui coûte le plus à une ame honnête; et quand les femmes de ce caractère ont à céder, les suites d'un tel aveu sont plus rapides avec elles qu'avec les autres.

Madame de Clerval se fia donc à mes serments. Ce n'est pas que de temps en temps elle n'éprouvât des remords vifs, ou du moins des scrupules d'honneur qui l'alarmoient sur sa réputation. Je la rassurois par mille protestations qui la calmoient, sans lui rendre cependant une parfaite tranquillité; et j'avoue que son inquiétude étoit fondée. Quoique je fusse encore incapable de manquer formellement aux serments que je lui avois faits, je me conduisois avec une légèreté qui valoit bien une indiscrétion. Non seulement mes sentiments n'étoient pas aussi vifs et aussi délicats que les siens ; mais, comme c'étoit la première femme dont la foiblesse pût flatter ma vanité, j'aurois été charmé qu'on eût aperçu ce que je n'osois pas dire ; et, avec de telles dispositions, on ne dit rien, et on fait tout connoître. Je ne puis pas me refuser deux réflexions que j'ai souvent faites depuis.

La première, c'est qu'il est contre l'honneur de chercher à plaire à une femme estimable, dont on n'est pas violemment épris. Il y en a telle qui résisteroit à son penchant, qui même triompheroit d'une passion, si on ne l'avoit pas mise en droit de se flatter d'en inspirer une pareille ; et il y a des femmes perdues qui n'auroient jamais eu qu'une passion, si elles l'eussent ressentie pour un honnête homme. Après avoir été trahies, elles sont déchirées de remords ; ou elles les perdent à force de mériter d'en avoir. Il est sûr que l'amour ne peut jamais procurer à une femme estimable autant de bonheur qu'il lui en fait perdre ; ainsi un honnête homme ne doit pas la rendre la victime d'un goût léger et passager.

Ma seconde réflexion est sur les différentes sortes de perfidies. Il y en a une qui consiste à noircir, par une horrible calomnie, la vertu d'une femme dont on a quelquefois essuyé des mépris ; et je croyois cette noirceur fort rare. Il y en a une autre assez commune, c'est de trahir, par indiscrétion et par une fatuité ridicule, le secret et les bontés d'une malheureuse qu'on auroit dû respecter par reconnoissance ou par honneur. La troisième espèce de perfidie, plus méprisable encore que la seconde, consiste à jouer la discrétion, et à révéler par sa conduite ce qu'on affecte de cacher; à laisser voir des choses sur lesquelles on ne seroit pas cru, si on les disoit hautement. Celui qui trahit ouvertement s'expose du moins au ressentiment, et s'attire toujours le mépris; au lieu que le manége artificieux dont je parle ne fait pas perdre à celui qui l'emploie la réputation de galant homme : c'est le poison, encore plus odieux que le poignard.

Ce fut cependant ainsi que je me comportai à l'égard de madame de Clerval; j'usai même d'une adresse qui, en lui faisant tort, ne me fit qu'honneur.

Parmi ceux qu'elle voyoit, un de mes amis, nommé Derville, en étoit devenu amoureux. Il étoit d'une figure aimable, ne manquoit pas absolument d'esprit, et encore moins d'étourderie. C'étoit un de ces hommes qui mettent dans la société moins d'idées que d'ame, moins d'ame que de chaleur, et moins de chaleur que de mouvement; qui ont le cœur ardent, la tête active ou plutôt agitée, parlent au hasard, entreprennent hardiment, réussissent par des circonstances heureuses, et souvent échouent, sur-tout quand ils veulent user de prudence, parcequ'alors ils ne prennent que de fausses mesures. On les rencontre par-tout, on s'en plaint souvent, on en est toujours incommodé, et l'on ne peut les haïr, parcequ'ils ont de la bonté dans les intentions.

Derville se piquoit de discrétion, parcequ'il en avoit le projet. Il vouloit tout savoir, et rien ne lui auroit fait révéler précisément ce qu'on lui auroit confié; mais ses efforts pour être discret étoient le premier acte de son indiscrétion. On apprenoit du moins qu'il savoit un secret; on étoit bientôt sur la voie et on le découvroit à la fin, sans qu'on fût en droit de lui faire des reproches, ou qu'on pût les lui faire sentir.

Comme il étoit plus intéressé qu'un autre à m'examiner, il ne tarda pas à soupçonner ce que je dissimulois assez mal, et les soupçons de ceux qui ont droit d'être jaloux deviennent bientôt des certitudes. Il étoit naturellement franc, et me dit qu'il avoit eu des vues sur madame de Clerval; mais que, s'étant aperçu que j'étois bien avec elle, il avoit pris le parti de renoncer à toutes prétentions, et que de simples soupçons l'empêchant d'être mon rival, son procédé méritoit bien que j'y répondisse par ma confiance, en lui avouant la vérité. Je lui répondis, avec un faux air de désintéressement, que je lui étois fort obligé de ses égards pour moi; mais qu'il pouvoit s'en dispenser, attendu qu'il me faisoit un sacrifice inutile. Je le crois, dit-il : sur votre réponse, je pourrois aller en avant, sans que vous fussiez en droit de vous en plaindre; mais ce n'est pas assez que de se déclarer rival par ressentiment, il faut tâcher de ne pas aimer en dupe; et je pourrois bien l'être, parceque je vois que vos affaires sont trop bien établies pour que je ne perdisse pas mes peines. Cependant, puisque vous faites le mystérieux, vous n'avez point de secret à me recommander; ainsi trouvez bon que je ne cache pas à ceux qui savoient mes projets ce qui me les fait abandonner.

Sur la réponse de Derville, je pris mon parti d'une façon perfide et leste. J'étois d'abord assez disposé à lui avouer tout; mais, sur l'espèce de menace qu'il me faisoit de révéler mon secret, si je ne le lui confiois, je changeai d'avis.

Il y a en amour, comme dans la fausse dévotion, une morale relâchée, une hypocrisie et des subterfuges, au moyen desquels on trahit plus sûrement la probité que si l'on paroissoit la respecter moins. On ne s'en impose pas totalement à soi-même; mais on s'étourdit; on se trompe à demi, on trompe totalement les autres; on se débarrasse presque des remords, ou l'on se met du moins à couvert des reproches.

Je n'aurois pas voulu manquer formellement aux serments que j'avois faits à madame de Clerval; d'un autre côté, j'aurois été charmé qu'on eût pénétré notre secret; et quand j'eus compris que pour le rendre public, la réserve me serviroit mieux qu'une franche indiscrétion, je n'en parus que plus mystérieux avec Derville. J'achevai par-là de le convaincre de la vérité, et de l'affermir dans son projet. Je lui dis foiblement qu'il avoit tort de me regarder comme un rival, qu'il en auroit encore plus de tenir des propos qui pourroient nuire à la réputation de madame de Clerval, et que je le croyois trop sage pour cela. Trop sage, reprit-il! vous êtes très flatteur, ce n'est pas là mon brillant côté, je le sais, et je me corrigerois fort mal-à-propos dans cette occasion-ci.

Notre conversation ne fut pas plus longue, nous nous séparâmes, et, dès le lendemain, on me fit des compliments qui me prouvèrent que Derville m'avoit tenu parole. Quelques jours après, l'ayant rencontré, je lui en fis des reproches plus vifs que sincères. Il y répondit en plaisantant; je crus devoir le prendre sérieusement, et je me comportai de façon qu'il y mit bientôt autant de vivacité que j'en affectois. Les choses en vinrent au point que nous mîmes l'épée à la main, et je l'avois déja blessé lorsqu'on nous sépara.

Les propos de Derville auroient pu ne pas parvenir jusqu'à madame de Clerval, et ne pas faire un grand effet dans le public; mais notre combat fit un éclat prodigieux, et en apprit le sujet à tout le monde.

Il n'y avoit pas une heure que l'affaire s'étoit passée, que madame de Clerval en étoit déja instruite. J'allois pour lui en rendre compte, et lui faire modestement valoir la chaleur que je mettois dans tout ce qui pouvoit la toucher; mais on me refusa sa porte. Je fus très étonné de ce refus, je crus qu'il y avoit du malentendu, et je voulus insister; ce fut inutilement, on me dit que l'ordre étoit clair et précis. J'allai chez moi, et j'écrivis à madame de Clerval, pour la prier de m'éclaircir cette énigme; elle me renvoya ma lettre sans l'avoir ouverte. Ma surprise augmentoit à chaque instant, lorsqu'on m'annonça une de ses femmes, qui me dit que madame de Clerval ne se plaignoit nullement de moi; mais que mon aventure ne lui en étoit pas moins injurieuse, et que, pour empêcher qu'elle ne devînt déshonorante, elle me prioit de me dispenser de la voir et de lui écrire. Je voulus entrer dans quelques détails; cette femme me répondit que sa commission ne portoit exactement que ce qu'elle venoit de me dire, et se retira.

Je ne pouvois pas concevoir qu'une femme qui paroissoit m'aimer pût être mécontente de mon procédé, qu'elle prît un parti si singulier, et encore moins qu'elle y persistât. Je me présentai plusieurs fois à sa porte, je lui écrivis; mais ce fut sans succès; mes lettres ne furent point reçues, et sa porte m'a toujours été depuis constamment refusée. Lorsque, très long-temps après, le hasard me l'a fait rencontrer dans le monde, je l'avois presque oubliée, et elle s'est conduite à mon égard avec une politesse si réservée, que j'ai eu celle de ne lui pas demander d'éclaircissements, ni de lui rappeler rien de ce qui s'étoit passé entre nous.

Le parti qu'elle prit, quoique bizarre en apparence, étoit noble, courageux et sensé. De la part d'une femme connue pour galante, c'eût été une preuve de plus contre elle; mais il est si rare qu'une femme honnête ait ce pouvoir-là sur elle, que le public finit par la justifier. Les femmes les plus raisonnables et les plus sensibles sur la réputation font des plaintes, des reproches, et pardonnent à la fin. La plus forte preuve d'indifférence pour un homme est de cesser de le voir.

En effet, les plus experts en cette matière ont toujours douté que j'aie été bien avec madame de Clerval, et depuis elle auroit pu avoir dix amants sans qu'on l'eût seulement soupçonnée.

Derville, qui n'avoit été que légèrement blessé, s'étant rétabli, et ayant appris que madame de Clerval n'avoit mis aucune distinction entre nous deux, et nous avoit également défendu de la voir, sentit le tort qu'il avoit eu, vint m'en faire excuse, et devint si sincèrement mon ami, que, si j'avois eu besoin de cent indiscrétions, il n'en eût pas fait une en ma faveur, tant il étoit naïvement persuadé que j'avois sujet de me plaindre de lui.

J'eus bien des motifs de consolation. Je fus d'abord aussi célèbre que je pouvois l'être : quoiqu'il fût déja gothique de se battre pour une femme, la plupart d'entre elles m'en savoient gré; et, s'il s'en trouvoit quelques unes qui me taxoient d'étourderie, cela ne me faisoit aucun tort. Pour un homme qui veut se distinguer dans la carrière où j'entrois, il est assez indifférent qu'on en parle bien ou mal; il suffit qu'on en parle beaucoup. Je me vis recherché par des femmes qui, peu de temps auparavant, ignoroient jusqu'à mon nom. Parmi celles-là il y en eut une dont la conquête me tenta.

Elle étoit distinguée entre celles que l'on connoît sous le titre d'intrigantes. Elles sont en assez grand nombre, sans cependant former un corps; car, quoiqu'elles se connoissent toutes, ce n'est que pour être en garde les unes contre les autres, et s'éviter de peur de se trouver en concurrence et de se traverser. Il y en a de toutes conditions, et toutes ont le même tour d'esprit, souvent les mêmes vues, avec des intérêts opposés. Elles ont quelquefois des départements séparés, comme si par une convention tacite elles s'étoient partagé les affaires; cependant elles n'excluent rien. Elles peuvent admettre des préférences, mais jamais de bornes. La dévotion et l'amour s'allient également avec l'intrigue. Ce qui seroit passion ou genre de vie pour d'autres n'est qu'un ressort pour les intrigantes; elles n'adoptent rien comme principe, elles emploient tout comme moyen. On les méprise, on les craint, on les menace, on les recherche. Cependant il s'en faut bien que leur crédit réponde à l'opinion qu'on en a, ni aux apparences qu'on en voit; leur vie est plus agitée que remplie. On leur fait honneur de bien des événements où elles n'ont aucune part, quoiqu'elles n'oublient rien pour le faire croire : c'est la fatuité de leur état. Elles ont le plus grand soin de cacher le peu d'égards et souvent le mépris qu'ont pour elles ceux dont elles s'autorisent avec le plus d'éclat. Qu'il y a de gens en place dont le nom seul sert ou nuit à leur insu! combien d'intrigantes dont le crédit tire son existence de l'opinion qu'on en a! On le détruiroit en le niant; c'est un fantôme qui s'évanouit quand on cesse d'y ajouter foi.

On commence ce métier-là par ambition, par avarice, par inquiétude; on le continue par habitude, par nécessité, pour conserver la seule existence qu'on ait dans le monde. Une intrigante qui, tant qu'elle est à la mode, est à-la-fois l'objet du mépris et des égards, tombe dans un opprobre décidé, quand elle est obligée de rester oisive, parceque son impuissance est démasquée.

On est souvent étonné du peu d'esprit de la plupart des femmes qui se mêlent d'intrigues, et ce ne sont pas celles qui réussissent le moins bien. Il est encore certain que la plus habile intrigante ne l'est jamais assez pour en éviter la réputation. Cette réputation peut nuire quelquefois à leurs projets ; mais elle leur sert aussi comme l'enseigne d'un bureau d'adresses.

Madame de Saint-Fal, qui étoit une illustre dans ce genre-là, se prit donc de goût pour moi, et j'y répondis. Outre que l'aventure me parut singulière, j'avois ouï dire que ces sortes de femmes font toutes les fortunes qu'elles entreprennent ; et, comme j'étois alors fort éloigné de vouloir travailler à la mienne, je trouvai qu'il me seroit assez commode d'en charger quelqu'autre que moi. Pour la Saint-Fal, elle comptoit avoir à ses ordres un homme répandu, fêté, instruit, et qui, indiscret à l'égard de l'univers, n'auroit de confiance qu'en elle. Nos caractères étoient trop opposés pour que notre liaison pût subsister. Chaque jour elle me donnoit une nouvelle leçon de prudence, et à chaque instant je faisois quelque nouvelle indiscrétion. Elle m'en dit son sentiment avec beaucoup de dignité ; je n'y répondis pas avec tout le respect qu'elle avoit pour elle, et je commençai à la négliger beaucoup. Elle en eut un cruel dépit ; mais, sans chercher à me retenir, elle ne jugea pas à propos de rompre totalement.

Elle m'auroit perdu si elle avoit cru pouvoir le faire sans éclat, peut-être y travailla-t-elle sourdement; mais elle continua à dire froidement du bien de moi. C'est assez le style des intrigantes; elles nuisent, mais elles ne disent pas de mal; la médisance leur paroît une faute de conduite et une maladresse; suivant les circonstances, elles peuvent aller jusqu'à servir hautement ceux qu'elles détestent en secret, en attendant une occasion sûre de se venger; car la haine tient mieux dans leur ame que l'amour dans celle des autres femmes.

Le genre de vie que j'avois embrassé, mes liaisons de plaisir, l'espèce de femmes à qui j'étois livré, tout cela avoit si peu de rapport avec la maison et le caractère de madame de Canaples, que, lorsque je lui faisois des visites de devoir, je me trouvois étranger chez elle. J'y allois quelquefois dans les moments de mes plus brillants succès, quand mon nom faisoit le plus de bruit. Je voulois lire dans ses yeux l'impression que ma renommée et ma gloire faisoient sur elle; je n'y remarquai que du sérieux, ou un intérêt qui ressembloit assez à de la compassion. Je n'y comprenois rien, et cependant cela m'humilioit. Le comte de Canaples, uniquement occupé du service, ne me parloit que de mon régiment. Si je voulois lui faire modestement sentir le nombre des femmes qui s'intéressoient à moi, il ne se doutoit seulement pas de mon motif; il supposoit que je ne les voyois que par des vues d'ambition, comme des ressorts pour ma fortune. Il m'exhortoit à ne pas perdre mon temps avec un tas de folles, à faire ma cour au roi, à m'attacher aux ministres, à m'appliquer à mon devoir.

D'un autre côté, madame de Canaples ne me parloit que de choses indifférentes, et me répondoit plutôt qu'elle ne m'adressoit la parole. J'avois beau chercher à étaler ma gloire, je me trouvois interdit en sa présence, moi qui étois avantageux par-tout ailleurs. Ce n'est pas la seule fois que j'ai reconnu que l'insolence et la timidité ne sont pas incompatibles dans le même caractère. J'allois enfin chez madame de Canaples avec des projets de vanité, j'y étois avec contrainte, et j'en sortois humilié.

Quelque penchant que je sentisse toujours pour elle, je ne me sentois pas en état de lui immoler continuellement mon amour-propre; je cessai presque d'y aller, et je pris le parti de préférer à la femme que je respectois le plus celles que j'estimois le moins, mais qui m'estimoient davantage.

Si mon aventure avec la Saint-Fal ne fut pas fort délicieuse, elle ne laissa pas de me donner une sorte de considération. La plupart des femmes ne doutèrent pas que je n'eusse un mérite supérieur pour en avoir traité si cavalièrement une qui étoit en possession de se faire redouter. Dès que cette opinion fut établie, je me vis si recherché, que ce n'étoit pas un petit embarras pour moi que de concilier tant d'affaires différentes. J'en ai manqué quelques unes qui m'auroient plu beaucoup, mais qui ne convenoient pas aux circonstances où je me trouvois ; de sorte que j'ai quelquefois été sur le point de demander du temps et de proposer des termes ; et je ne doute pas que, si j'avois eu l'impertinence naïve de faire de telles propositions, il ne se fût trouvé des femmes assez naïvement viles pour les accepter. Ceci n'est point une exagération ; les experts en cette matière me rendront justice.

Je devins, en peu de temps, ivre d'airs et d'extravagance. Il n'y a point de sottise que je ne regardasse comme faisant partie de mes devoirs, et je les remplissois dans toute leur étendue. Je hasardois tout ce qu'un homme sensé a soin de s'interdire, tout me réussissoit, et je fus dans peu l'objet de l'émulation de tous les fats, qui étoient alors en plus grand nombre qu'aujourd'hui, parcequ'il y avoit plus d'occasions de l'être. Ce que j'avance est bien contraire à l'opinion commune, et n'en est pas moins vrai.

Si l'on y fait attention, on verra que tous les travers de mode ont, comme les arts de goût, leurs différents âges, leur naissance, leur règne et leur décadence.

Il y a si long-temps que l'amour étoit un sentiment tendre, délicat et respectueux, qu'on regarde cet amour comme absolument romanesque. Cependant il y a eu un âge d'honneur et de probité en amour; la discrétion étoit inséparable et faisoit partie du bonheur; elle étoit un devoir si essentiel et si commun, qu'elle ne méritoit pas d'éloge; l'indiscrétion eût été un crime déshonorant. Ce temps-là est passé.

La première marque de l'affoiblissement du bonheur, ainsi que de la vertu, c'est lorsque l'on commence à en faire gloire. La vanité vint donc s'unir à l'amour, et par conséquent le corrompre. La vanité donna naissance à l'indiscrétion, et celles qui en furent les premières victimes se livrèrent au désespoir. Ce fut alors le beau siècle de la fatuité; mais ce malheur devint si commun, il y eut tant de sujets de consolation dans les exemples, que les motifs de honte disparurent, et les ames les plus timides se rassurèrent. Enfin, les choses en sont venues par degré au point qu'on voit des femmes prévenir l'indiscrétion par l'éclat qu'elles font elles-mêmes, et mettre par leur indifférence sur les propos du public la fatuité en défaut.

On ne pourra plus se faire un honneur de divulguer ce qui ne sera ni caché ni secret; et je ne doute point qu'on ne voie bientôt la fatuité périr, comme les grands empires, par l'excès de son étendue.

Il n'y a point de travers qui ne puisse être en

honneur, et qui ne tombe ensuite dans le mépris. Tel a été le sort des *petits maîtres*. On ne donna d'abord ce titre qu'à des jeunes gens d'une haute naissance, d'un rang élevé, d'une figure aimable, d'une imagination brillante, d'une valeur fine, et remplis de graces et de travers. Distingués par des actions d'éclat, dangereux par leur conduite, ils jouoient un rôle dans l'état, influoient dans les affaires, méritoient des éloges, avoient besoin d'indulgence, et savoient l'art de tout obtenir. Ce fut ainsi que parurent les d'Épernon, les Caylus, les Maugiron, les Bussi d'Amboise, etc. Cette espéce d'êtres singuliers, presqu'aussi rares que des grands hommes, n'a pas subsisté long-temps ; leurs successeurs, c'est-à-dire ceux à qui on en donna le nom, n'ayant avec les premiers rien de commun que la naissance et l'étourderie, le titre est presque resté vacant à la cour. On en voit peu qui soient dignes de le soutenir, de sorte qu'aujourd'hui il est relégué dans des classes subalternes ou dans les provinces ; on le donne, par abus ou par dérision, à de plats sujets qui ne sont pas faits pour des ridicules de cette distinction.

Il n'y a pas jusqu'au vice qui ne puisse dégénérer. Ce qu'on appeloit autrefois un *homme à bonnes fortunes* ne pouvoit l'être que par les graces de la figure et de l'esprit. Avant que d'oser s'annoncer sur ce ton-là, il étoit averti de son mérite par les prévenances dont il étoit l'objet, et qu'on lui marquoit d'une façon peu équivoque. Trop recherché pour être constant, il étoit entraîné par la quantité des objets qui venoient s'offrir; l'inconstance étoit quelquefois moins de son caractère que l'effet de sa situation. Il étoit léger, sans être perfide : cela est encore changé.

Il ne paroît pas que plusieurs de ceux qui sont à la mode aujourd'hui eussent une vocation bien marquée pour le rôle qu'ils jouent. C'est une profession qu'on embrasse par choix, comme on prend le parti de la robe, de l'église ou de l'épée, souvent avec des dispositions fort contraires. Ce qu'il y a de plus admirable, c'est que cela est parfaitement indifférent pour le succès. Pour être admis et réussir dans cette carrière, il suffit de s'annoncer sur ce pied-là. Vous y voyez briller des gens à qui vous auriez conseillé de travailler à se faire estimer par des vertus pour se faire pardonner leur peu d'agrément.

Mais comment sont-ils tentés d'un métier si pénible? Il n'y a point de profession, point d'objets d'ambition ou de fortune, point de macérations religieuses qui imposent autant de soins, d'embarras, de peines et d'inquiétudes que la prétention d'être un homme à la mode. Tel s'y livre de dessein formé qui, s'il y étoit condamné, se trouveroit le plus malheureux des hommes. Quoi qu'il en soit, on est homme à bonnes fortunes, parcequ'on a résolu de l'être; et l'on continue de l'être, parcequ'on l'a été. On commence ce rôle-là sans figure, on le soutient sans jeunesse; cela devient un droit acquis. On n'auroit pas cru que la prescription pût trouver là sa place.

Il y a même, sur cet article, un contraste assez bizarre entre le sort des hommes et celui des femmes.

Un homme à la mode conserve sa célébrité, et confirme quelquefois ses droits dans un âge où il devroit les perdre. Après avoir cessé de plaire, il est encore long-temps capable de séduire. Il semble au contraire que la célébrité d'une femme double son âge. On s'ennuie de certaines beautés, moins parcequ'il y a long-temps qu'on en parle, que parcequ'on en a beaucoup parlé. Il s'en trouve parmi celles-là qui s'attireroient une attention marquée, si elles ne faisoient que de paroître, sans être plus jeunes qu'elles ne le sont. Le public traite assez les femmes comme les spectacles, qui sont courus ou désertés.

Si plusieurs réussissent sans avoir les qualités propres à ce qu'ils entreprennent, on en voit d'autres, nés avec les plus grands avantages excepté le caractère avantageux, rester dans l'obscurité par excès de modestie.

Les intrigues s'engagent ou se dénouent par convenance et non par choix. La société dans laquelle on vit en décide, à-peu-près comme on résout un mariage dans une famille; de sorte qu'on voit des intrigues de convenance comme des mariages de raison. Il n'est pas même sans exemple qu'on emploie la gêne, et que l'on contrarie le goût des deux amants; il y a de ces liaisons qui se font presque aussi tyranniquement que de certains mariages.

Je commençois à être moins sensible à bien des folies, je me blasois, et les vapeurs alloient me gagner. J'avois trop de part à la dépravation de mon siècle pour ne pas m'apercevoir moi-même que ma vanité perdoit à suivre trop long-temps les ridicules que j'avois mis à la mode.

Je crus devoir chercher les plaisirs dans quelque société aussi brillante et plus honnête que celles où je vivois habituellement.

J'avois entendu faire beaucoup d'éloges de celle de madame de Saintré. C'étoit une jeune veuve qui, par son rang, sa fortune et son goût, rassembloit chez elle l'élite de la meilleure compagnie. Je m'y fis présenter par un de mes parents qui y étoit admis, et je sus depuis que ce n'avoit pas été sans peine qu'il l'avoit obtenu pour moi. Il eut la discrétion de ne me le pas dire alors, et se contenta de me recommander de me comporter, dans cette maison-là, avec une liberté plus décente que je ne l'avois fait ailleurs.

Quoique j'eusse la tête assez gâtée, j'avois les mœurs souples, et sans fausseté ni contrainte; je n'étois déplacé ni dans la bonne, ni dans la mauvaise compagnie. J'eus bientôt pris le ton de la maison de madame de Saintré. Je n'ai point connu de compagnie qui fût mieux choisie et plus variée, sans être mêlée. C'est là que j'ai vu de la différence dans les caractères, sans opposition; des esprits d'un tour singulier et naturel, sans affectation ni bizarrerie; de la raison sans pédantisme, et de la liberté sans extravagance. Rien n'étoit exclus de la conversation, rien n'étoit préféré. Les propos, sans être ni froidement compassés, ni follement décousus, rouloient sur tous les sujets qui peuvent naître entre des personnes de différent état, instruites ou aimables, et qui toutes étoient estimables dans leur classe.

Quand un heureux hasard a réuni une telle société, il est inutile de prendre des précautions pour qu'elle subsiste; elle reste unie par un aimant naturel que la mauvaise compagnie ne vient point altérer. On croit communément qu'il faut des soins pour l'écarter; point du tout : la mauvaise compagnie se fait justice elle-même, et s'exile de la bonne, parcequ'elle y est aussi ennuyée que déplacée. Si cela n'étoit pas, quelles ressources auroit-on contre certains importuns privilégiés à qui leur rang ouvre toutes les portes, si leur propre ennui n'étoit pas un préservatif contre leur importunité?

Madame de Saintré étoit plus faite que personne pour être l'ame de la compagnie qu'elle rassembloit. Indépendamment des charmes de la figure qui font toujours une illusion agréable, elle avoit l'esprit étendu, juste, fin, naturel et facile. Je ne parlerai point de son caractère; sa conduite le fera connoître.

J'avois éprouvé plus d'une fois que la beauté ne fait pas toujours naître l'amour, et peut n'exciter qu'une admiration froide; madame de Saintré me fit connoître que l'esprit joint à une figure piquante est toujours sûr de son effet. Je m'y trouvai si fortement attaché, que j'en étois encore à croire simplement qu'elle m'amusoit un peu plus qu'une autre. Mon erreur ne dura pas, et ce qui fortifia mon goût et me piqua, fut de m'apercevoir que le brillant de ma réputation, loin d'être un mérite auprès d'elle, étoit un titre contre moi. Elle étoit de ces femmes assez modestes ou assez fières pour ne vouloir pas que leur nom serve à orner une liste; plus elle est étendue, plus elles la trouvent déshonorante, à moins qu'elles ne soient sûres d'en faire le dernier article; et les femmes qui s'estiment le plus sont celles qui s'en flattent le moins : c'est une de ces occasions où l'amour-propre ne donne pas de confiance.

Il ne s'agissoit donc pas ici de suivre mon plan ordinaire; pour peu que j'eusse marqué d'espérance, madame de Saintré l'eût regardée comme un outrage, et m'eût mis hors d'état d'en jamais former.

Un amant qui a des préventions à vaincre doit les détruire par degrés, se conduire avec prudence, et ne pas compter sur un simple goût qu'on lui marque; dans une telle circonstance on n'a rien à prétendre, si l'on ne vient jusqu'à inspirer une vraie passion.

Je le sentis, et, sans oser encore me flatter du succès, je suivis la seule route que l'esprit m'indiquoit. Je m'attachai à plaire à madame de Saintré, et sur-tout à lui paroître estimable : on commence à le devenir par le seul desir de le paroître. Je n'oubliai rien pour lui persuader que mes travers n'avoient été que ceux de mes liaisons, et que mon attachement pour elle avoit suffi pour m'en corriger. J'étois d'autant plus persuasif, que j'étois persuadé moi-même; j'intéressai son cœur en intéressant son amour-propre. C'est l'appât le plus sûr pour les gens d'esprit qui sont sensibles, sans quoi ils ne seroient jamais dupes.

Je m'aperçus bientôt de l'impression que je faisois dans son cœur, et que de jour en jour elle devenoit plus profonde. Madame de Saintré commençoit à être plus sérieuse avec moi qu'elle ne l'avoit été. Je jugeai que son ame n'étoit pas tranquille, et qu'elle éprouvoit des combats intérieurs; j'en devins plus vif et plus pressant, sans en être moins respectueux, et je me gardai bien de triompher, pour mieux assurer ma victoire. Je l'obtins enfin, et je fus d'autant plus heureux, que son bonheur parut égal au mien.

Je ne fus nullement tenté d'en faire trophée; le plaisir me suffisoit; et, quand il est à un certain degré de vivacité, il suspend la vanité même. Ma gloire n'y perdit rien. Je continuois d'attirer l'attention, et les plus jaloux d'entre ceux qui avoient les yeux fixés sur moi, me voyant aussi distingué dans la meilleure compagnie que je l'avois été partout ailleurs, passèrent de la jalousie à l'admiration. Une continuité de succès variés oblige à penser que les honneurs ne se multiplient que pour ceux qui les méritent. Je m'en aperçus, et je compris que je n'avois jamais eu autant de raison d'être satisfait de moi que j'en avois alors.

Si l'admiration dont nous sommes l'objet nous emporte hors de nous-mêmes, elle nous y ramène quelquefois; nous cherchons, par une secrète complaisance, à nous examiner, pour jouir en détail des perfections dont l'assemblage peut, en éblouissant nos admirateurs, les empêcher de connoître notre mérite dans toute son étendue. En voulant me procurer cette satisfaction intérieure, je trouvois en moi un vide qui me donnoit des scrupules; je ne pensois pas distinctement, mais je sentois confusément qu'il y avoit dans le public un préjugé en ma faveur, dont le principe ne m'étoit pas aussi avantageux que l'effet. J'écartois aussitôt une idée importune, je recourois à ma réputation pour me rassurer sur mon mérite, je rentrois dans le monde, et j'y repuisois la confiance. J'ai senti plus d'une fois que, si nous ne jugions que d'après nous-mêmes, nous nous rendrions une justice assez exacte, et que nous nous estimons plus par l'opinion d'autrui que par notre propre sentiment.

Ce qui peut nourrir notre présomption excessive est l'espèce de cour soumise que nous font ceux dont la naissance égale souvent la nôtre, mais qui sont réduits à nous la faire connoître, parceque leurs pères ne se sont pas avisés de venir à la cour, et que la fortune les a tenus, depuis plusieurs générations, dans une obscurité qui ne répond pas à l'éclat de leurs aïeux. Une indifférence dédaigneuse nous empêche de leur contester aucune de leurs prétentions; mais, les regardant comme des hommes qui ne tiennent à rien, nous nous contentons de les écarter avec une politesse froide qui les réduit à s'humilier eux-mêmes pour se rapprocher de nous, sans avoir le droit de s'en plaindre.

Ces espèces d'inférieurs, ces petits-cousins de province ne sont pas les seuls à nous gâter; ce qu'on appelle communément de vieux seigneurs y contribuent encore. Ils laissent quelquefois échapper contre nous l'humeur d'une fausse misanthropie; mais ces accès sont courts; une longue habitude de respecter la cour leur inspire une considération machinale pour ceux qui y paroissent avec éclat, et dont on y est occupé, fût-ce par des folies. Nos propos ne leur sont point indifférents; ils nous flattent, nous recherchent, et se servent de notre indiscrétion pour leurs desseins. Ils savent que c'est par nous qu'ils seront instruits des intrigues des femmes, et souvent des affaires par les intrigues. En effet, ils ne peuvent avoir pour nos travers ni cette compassion qui naît de l'humanité, ni ce mépris qui pourroit partir de la raison, parcequ'ils ne sont ni citoyens, ni sages. Ce sont des hommes blasés sur les plaisirs, qui, à un certain âge, se livrent à l'ambition, ou plutôt à l'intrigue. Ils veulent achever par leurs soins une fortune qu'ils trouvent presque faite, sans qu'ils y eussent jamais songé. Il n'y a plus que deux caractères dans les gens du monde, la frivolité et l'intrigue.

La naissance et le rang décident de la carrière où nous entrons, et de la facilité que nous trouvons à la parcourir; de façon que tous les gens de notre espèce arrivent ordinairement à des termes à-peu-près pareils, à moins qu'ils ne se soient jetés eux-mêmes dans un avilissement qui les met au-dessous de tout.

Ce n'est pas même assez que de s'être avili, pour être écarté des routes de la fortune; il faut encore être malheureux; sans quoi la guerre, l'intrigue, l'hypocrisie, le pédantisme et mille circonstances fournissent les moyens de se réhabiliter à la cour. On y a presque toujours le choix de sa réputation; on la perd, on la renouvelle, on en change dans l'espace d'une année, et l'on peut avoir successivement le coup-d'œil de plusieurs hommes différents; enfin on remarque tout à la cour, on ne s'y souvient de rien.

Je suis très éloigné de penser que ma sincérité puisse inspirer de l'indifférence pour les devoirs : on ne sauroit croire combien il est important de s'en occuper. J'avoue qu'on ne méprise point à la cour, mais on y estime quelquefois; et, quelque rang qu'on y tienne, cette estime personnelle répand sur ceux qui la méritent un éclat qui efface celui des places.

Je reviens à ce qui me regarde : j'étois donc dans l'admiration de moi-même, lorsque je reçus une leçon qui, sans me corriger, ne laissa pas de m'humilier, et commença à me faire réfléchir. Si un homme sage s'étoit avisé de me faire des représentations sur mes travers, je les aurois prises pour l'effet d'une basse jalousie ou d'une stupidité risible, et je n'y aurois répondu que par une compassion méprisante, ou des plaisanteries avantageuses; mais le propos qui me fut tenu ne partoit pas d'une bouche suspecte. Ce fut la marquise elle-même qui commença à m'ouvrir les yeux. Il y avoit trois mois que nous jouissions d'une vie délicieuse, lorsque je m'avisai de la troubler. Comme ses attentions augmentoient chaque jour pour moi, les miennes se relâchèrent pour elle. La société qu'elle rassembloit faisoit, après moi, le bonheur de ses jours; j'entrepris de la déranger. C'étoit à un homme du bel air qu'un si beau projet étoit réservé, et j'aurois eu la gloire de diviser une société honnête, si je n'avois pas trouvé dans la marquise une femme d'un caractère plus ferme que je ne l'aurois soupçonné.

Parmi ceux qui lui faisoient une cour assidue, le chevalier de Nisarre étoit celui avec qui elle paroissoit avoir le plus de familiarité.

Il est à propos que je le fasse connoître. C'étoit un homme d'environ cinquante ans, qui, après avoir servi avec distinction, moins par ambition que par devoir, avoit quitté le service à la paix. Il avoit le cœur droit et les mœurs douces; son esprit, plus étendu que brillant, ressembloit à une lumière égale qui éclaire sans éblouir, et se porte sur tous les objets. Des hommes médiocres auroient pu vivre long-temps avec lui sans soupçonner sa supériorité; il n'appartenoit qu'à des gens d'esprit de la reconnoître. Son imagination, toujours soumise à la raison, en paroissoit moins brillante. Des traits marqués sont quelquefois des éclairs qui ne brillent que par l'opposition des ténèbres. Il y a des têtes à qui leur désordre fait honneur; la confusion imite assez l'abondance. C'est ainsi que les ruines d'un bâtiment médiocre occupent plus d'espace qu'un palais bien proportionné.

Je n'ai jamais connu d'esprit dont toutes les parties fussent dans un équilibre plus parfait. Ce je ne sais quoi, si sensible dans certaines physionomies et si difficile à définir, il falloit que le chevalier l'eût dans le caractère pour se faire pardonner son mérite; car, en faisant honneur à la vertu, il étoit respecté par l'envie. Il pouvoit n'être pas le premier partout; mais il n'auroit jamais été le second : on l'auroit toujours distingué. Enfin, si j'avois voulu peindre l'honnête homme parfait, je n'aurois pas choisi d'autre modéle; mais j'étois alors bien éloigné d'en connoître tout le prix : les hommes sensés ne plaisent guère qu'à ceux qui sont près de le devenir.

Le chevalier, tel que je viens de le peindre, fut celui dont je m'avisai de jouer le jaloux. Je n'étois pas susceptible de cette jalousie qui suppose un amour délicat, qui part d'une défiance modeste de soi-même, et qui est flatteuse pour l'objet aimé. Il y a une autre espéce de jalousie, cruelle pour celui qui la ressent, et assez injurieuse pour la personne qui l'inspire; mais l'amour-propre me défendoit encore de celle-là. Ma jalousie étoit un pur caprice; las d'être uniment heureux, je voulus exercer un empire tyrannique sur la marquise, amuser ma vanité, et faire l'épreuve de sa complaisance. Les hommes gâtés aiment les sacrifices, et j'en exigeai ; je témoignai froidement à la marquise que les assiduités du chevalier m'étoient quelquefois importunes.

Vous n'êtes pas jaloux? me dit-elle. Non, assurément, répondis-je ; j'ai su jusqu'à présent me préserver d'un pareil ridicule. C'est donc un caprice, reprit-elle. Un caprice, madame? mais caprice est fort bon ; je ne croyois pas avoir des caprices, j'avoue que je ne le croyois pas. Mais comment, répliqua-t-elle, voulez-vous que j'appelle l'humeur que vous me faites paroître? Quelles seroient mes raisons pour rompre avec un ancien ami? Vous ne le voudriez pas. Oh! madame, repris-je, je ne veux rien ; je vois assez que j'aurois mauvaise grace d'avoir une volonté. J'avois imaginé que les amants n'étoient occupés qu'à chercher, pénétrer et satisfaire les sentiments l'un de l'autre, et ne se rendoient ni ne se demandoient des raisons. Je pense au contraire, reprit la marquise, que les amants doivent se dire naïvement ce qui les blesse, s'en avouer avec candeur les motifs raisonnables ou frivoles ; l'amour-propre ne doit pas en être humilié ; et, quand il pourroit l'être, c'est à l'amour qu'on en doit le sacrifice. Avez-vous quelque sujet de plainte? Parlez, expliquez-vous, n'êtes-vous pas sûr de mon cœur? Je vous ai trop sacrifié pour que vous puissiez en douter; je serois bien à plaindre de vous avoir déplu avec le plus vif desir de vous plaire : vous ne me répondez rien; il semble que vous preniez plaisir à m'affliger. Je m'aperçus en effet que ses yeux se mouilloient, et je fus tenté d'abandonner mon projet insensé; mais ma fatuité encore plus forte l'emporta, et je voulus achever de soumettre la marquise en affectant d'appuyer d'une fausse délicatesse mon impertinence outrée. Il est inutile, madame, lui dis-je, d'insister plus longtemps là-dessus; nous pensons trop différemment, mes idées sont sans doute trop délicates, romanesques même; mais enfin, soit raison ou caprice, je suis piqué de votre résistance; peut-être la réflexion vous rendra-t-elle plus complaisante.

Je n'attendis pas la réponse de la marquise, et je sortis, bien persuadé que je recevrois bientôt de sa part un billet soumis, qui me procureroit la satisfaction de me laisser fléchir avec dignité.

Le lendemain, je fus d'autant plus surpris de ne point entendre parler de la marquise, que j'en recevois régulièrement un billet tous les jours pour quelque arrangement de souper, de spectacle ou de promenade, et très souvent sans sujet. Les amants n'ont pas toujours quelque chose à se dire; mais ils ont toujours à se parler.

Trois jours s'étant passés sans qu'on me donnât le moindre signe de vie, je devins inquiet; je ne doutai point que la marquise ne fût malade, et que mes rigueurs ne fussent capables de la faire périr de désespoir. Enfin, soit générosité, soit curiosité simple d'éclaircir les motifs d'un silence si opiniâtre, je passai chez elle. Je la trouvai avec le chevalier, et je m'aperçus que mon arrivée avoit coupé une conversation intéressante. Je fus reçu poliment, et, après quelques propos vagues et décousus, tels que les tiennent ceux qu'on interrompt mal-à-propos, le chevalier sortit.

La marquise et moi, étant restés seuls, nous fûmes assez de temps sans nous rien dire : j'attendois qu'elle commençât ; mais, voyant qu'elle n'en faisoit rien, et piqué d'être obligé d'entamer une conversation dont le début ne laissoit pas de m'embarrasser : Je ne croyois pas, lui dis-je d'un ton amer, que le chevalier vous fût si nécessaire ; je vois que c'étoit un vrai sacrifice que j'exigeois ; mais.... Monsieur, dit la marquise en m'interrompant, le ton que vous prenez me feroit craindre qu'il ne dégénérât en aigreur, et, comme je veux éviter qu'il y en ait jamais entre nous, écoutez-moi.

Je m'étois flattée que l'espèce d'incartade que vous me fîtes, il y a trois jours, n'étoit qu'un caprice passager, un accès d'humeur, dont je ne vous aurois peut-être pas reparlé ; mais, comme je ne puis plus douter que ce ne soit un dessein formé ou un vice de caractère, je veux en prévenir les suites.

Je vous ai aimé, et je vous aime peut-être encore; mais l'amour n'a pas sur moi tous les droits qu'il a sur les autres femmes, qui n'ont communément dans la tête que ce qui reflue du cœur. Je veux vous faire connoître mon ame.

Je n'ai jamais confondu l'amitié avec l'amour. L'amitié est un sentiment éclairé qui peut commencer par l'inclination, mais qui doit être confirmé par l'estime, et qui, par conséquent, suppose un choix libre, du moins jusqu'à un certain point. L'amour est un transport aveugle, une espèce de maladie qui prend aux femmes. La préférence que l'amour nous fait donner à un homme sur les autres est une grace forcée; l'estime une justice. L'amitié participe de l'une et de l'autre. L'ami a des droits que le temps et la réflexion ne peuvent que confirmer; l'amant n'a que des priviléges qu'un caprice lui donne, qu'un autre caprice lui fait perdre, et que la raison peut toujours lui ôter. Une femme seroit trop heureuse de trouver les qualités de l'un et les charmes de l'autre réunis dans la même personne.

Mais, pour en venir à ce qui nous regarde, vous avez été mon amant; le chevalier est mon ami. Je vous avois donné toute ma tendresse, j'ai eu sujet de m'en repentir; je lui ai livré toute ma confiance, je dois m'en applaudir; j'ai goûté avec vous des plaisirs plus vifs qu'avec lui; mais il est plus nécessaire que vous à mon bonheur; le plaisir n'est qu'une situation, le bonheur est un état : jugez si je dois vous le sacrifier.

Comme je crus entrevoir dans le discours de la marquise le manége d'une adroite coquette, qui ne vouloit m'associer un ami que pour me faire ensuite souscrire à la pluralité des amants, je résolus sur-le-champ de la subjuguer, de profiter de sa passion pour moi et de l'ascendant que je croyois avoir sur elle, pour faire la loi.

J'admire prodigieusement, lui dis-je, la dissertation philosophique et les distinctions fines que vous venez de faire ; pour moi, qui ne sais pas tant subtiliser sur l'amour, je vous déclare que je ne vivrai jamais avec une femme dont je n'aurai pas toute la confiance, et qui me préférera un ami ; ainsi voyez si vous voulez me perdre.

La facilité, me répondit la marquise, avec laquelle vous prenez un parti suffiroit pour décider celui qui me convient ; mais, avant de répondre, souffrez que je vous présente la différence des procédés du chevalier et des vôtres.

Le chevalier a pour moi un sentiment tendre qui se trouve naturellement entre deux amis de différent sexe, et qui, sans être précisément de l'amour, et encore moins de la passion, échauffe le cœur, inspire les attentions, anime les devoirs de l'amitié, et la rend le charme de la vie.

Ce n'est pas qu'il m'ait fait l'aveu de la disposition

de son cœur, il la sent et l'ignore. Croyant avoir passé l'âge d'aimer, et trop modeste pour se croire en droit d'inspirer de l'amour, il cède à un sentiment qui n'est jamais plus délicieux que lorsqu'on l'éprouve sans le reconnoître.

Une telle amitié est ordinairement jalouse, et la conduite du chevalier avec vous est ce qui m'a prouvé la générosité, la candeur et la beauté de son ame. Mon goût pour vous ne lui a pas échappé; cependant il vous a fait plus d'accueil qu'à qui que ce soit; il vous a aimé dès qu'il a connu que vous m'étiez cher; il a respecté notre secret; il a eu la même discrétion que si nous le lui avions avoué, et il regarde comme une confiance de notre part ce qu'il ne sait que par notre imprudence, s'il pouvoit y en avoir avec lui. Ma foi, dis-je à la marquise en l'interrompant, le chevalier n'est qu'un sot de n'avoir pas entrepris davantage. Aux dispositions que je vous vois, il auroit sûrement réussi. Vous convenez qu'il vous aime? J'en suis sûre, me dit-elle. — Qu'il vous est cher? Beaucoup, ajouta-t-elle. Je ne conçois donc pas, repris-je, ce qui eût pu l'arrêter. Bien des choses, répliqua-t-elle, que vous êtes bien éloigné de supposer, et que je ne vous ferois pas sentir aisément. Quoi qu'il en soit, j'ai été charmée que le chevalier n'ait pas eu des sentiments assez vifs, ou qu'il ne les ait pas assez démêlés pour m'en faire l'aveu, parceque je n'y aurois peut-être pas répondu favorablement, et qu'il eût été malheureux. Un tel aveu de la part d'un homme à la mode n'est pas même une preuve d'amour; de la part d'un homme du caractère du chevalier, c'est l'engagement le plus fort qu'il puisse prendre. Il ne lui auroit peut-être plus été possible de se guérir de sa passion, ou son amitié m'auroit toujours été suspecte. On ne veut pas se défaire forcément d'une passion, l'amour-propre humilié l'irrite de plus en plus; au lieu qu'un homme qui croit sentir l'impossibilité du succès, et qui ne s'est pas compromis, réfléchit, combat ses desirs, et se trouve payé de ses efforts par la gloire de remporter une victoire qu'il ne doit qu'à lui-même. Il lui en reste un sentiment tendre, et l'on est quelquefois aussi heureux par l'amour qu'on ressent que par celui qu'on inspire.

Mes idées vous paroissent encore des subtilités ridicules; mais, pour prévenir les questions que vous croiriez les plus embarrassantes pour moi, je vous avouerai naïvement que, si j'avois un ami unique dont l'amour fît le malheur, je ne me croirois pas fort criminelle de le conserver par quelque complaisance, et que j'aimerois mieux donner à un ami les privilèges de l'amant, que de donner témérairement ma confiance à un homme qui n'auroit que le mérite de me plaire. Je vous dirai de plus que, si j'avois une telle complaisance pour mon ami, je voudrois qu'il fût persuadé que je ne lui ferois pas un grand sacrifice, afin qu'il ne le jugeât pas lui-même assez important pour triompher en amant, c'est-à-dire en abuser. Il y a de certains principes que je veux désormais respecter dans ma conduite, mais que je réduis intérieurement à leur juste valeur. Cependant les choses sont bien comme elles sont; et, loin de vouloir trop donner à l'amitié, je crois que la décence la plus sévère est la sauvegarde du plaisir, et sur-tout de la constance en amour.

Vous m'avez conseillé de faire des réflexions, et de plus vous m'en avez fourni le sujet. Je les ai faites, et en conséquence je suis très déterminée à n'avoir que des amis; je crois en mériter, et, quand une femme est digne de l'amitié, elle ne doit pas se perdre par l'amour.

Je vois par expérience combien l'éducation qu'on nous donne est défectueuse et maladroite. On nous vante la vertu, et on nous la présente sous un aspect rebutant; on veut nous dégoûter des plaisirs, et c'est l'unique desir que la nature inspire. La curiosité nous porte à éclaircir nos doutes, ne fût-ce que pour sortir de la gêne où nous met la contrariété de la nature et de l'éducation. Il vaudroit beaucoup mieux, sans exagérer la vertu ni imposer sur le plaisir, faire connoître les suites de l'un et de l'autre. Il n'y a point de passion qui nous soit aussi naturelle que l'amour-propre : toutes les autres doivent composer avec lui ; et je doute fort qu'une personne, n'eût-elle que l'orgueil pour vertu, fût tentée du sort de la femme galante la plus heureuse. Que de dégoûts et d'humiliations qu'il faut prévenir à force de complaisances, ou dévorer avec un dépit caché ! J'ai sans doute fait ces réflexions un peu tard ; mais il est toujours temps d'en profiter : ainsi, monsieur, si vous voulez être de mes amis, j'en serai très flattée ; car ne comptez pas avoir dorénavant d'autre titre avec moi.

Le discours de la marquise me parut si singulier, et si peu dans l'ordre commun des femmes, que je ne pouvois pas me persuader qu'il fût aussi sérieux dans le motif que dans les expressions. Craignant néanmoins de l'aigrir, je ne jugeai pas à propos de soutenir le ton avantageux que j'avois d'abord pris avec elle. Madame, lui dis-je, vous voulez sans doute m'éprouver ; car il seroit inouï qu'un instant d'humeur entre deux amants aboutît à une rupture. Monsieur, répondit-elle, j'ai été sincère dans ma foiblesse ; je le suis dans le repentir, et je serai ferme dans ma résolution ; n'en parlons plus, je vous prie. Je fus d'autant plus consterné des dernières paroles de la marquise, que je ne remarquois dans son ton ni dureté, ni colère : je l'aimois, j'étois piqué, humilié, et je crus n'avoir d'autre ressource que de m'humilier de plus en plus devant elle, et de chercher à la fléchir à force de bassesses. L'orgueil en fait faire, parcequ'il compte les effacer par le succès. Je me jetai à ses genoux; je lui dis ce que j'imaginois de plus touchant; je la pressai par les prières les plus soumises; le dépit m'arracha même des larmes que je voulois lui dérober, et que je desirois qu'elle aperçût. Ce sont des mouvements rapides de l'amour-propre qui se succèdent et se détruisent tour-à-tour, qui paroissent contradictoires et partent du même principe.

La marquise parut émue; mais elle fut inébranlable. Je vous conjure, me dit-elle, d'abandonner une entreprise inutile: je veux croire que vous avez encore du goût pour moi; mais je lis dans votre cœur mieux que vous-même, et dans ce moment l'orgueil est plus offensé que l'amour. Si vous persistez à me presser, ce sera sans succès, mon parti est pris; vous croirez vous être avili, vous en rougirez, et me prendrez en aversion. Je ne veux pas vous perdre; oublions l'un et l'autre ce qui s'est passé; restons amis, c'est le meilleur parti que nous puissions prendre.

Madame, lui dis-je, en me relevant avec fureur (car j'étois encore à ses genoux), vous me mettez au désespoir, vous me haïssez; s'il vous restoit le moindre sentiment d'amour, vous n'auriez pas la liberté d'esprit que vous faites paroître; l'amour sent et suit ses mouvements, la haine raisonne. Il n'y a que la haine qui puisse porter si loin la cruauté; songez qu'elle peut être funeste à vous-même. Vous craignez peu l'éclat, ou vous comptez beaucoup sur moi. Vous me rendez sans doute justice; mais on n'est pas toujours maître de ses transports, et la passion peut égarer la probité.

A ce mot, la marquise, me regardant avec une indignation froide : Je vous entends, dit-elle, et je ne veux pas vous laisser la moindre ressource de fausseté. Si je ne vous inspire pas des sentiments de probité, je vous réduirai du moins à toute la franchise que peut avoir la scélératesse. Vous sentez tout l'odieux d'une menace ouverte, qui seroit cependant le langage le moins suspect de la passion, et, en me préparant les procédés les plus bas, vous cherchez à vous ménager une excuse dans les imprudences que la passion fait faire. Détrompez-vous, ou cessez de croire que vous puissiez tromper qui que ce soit sur votre motif.

L'amour heureux peut se déceler, et trahir son objet par l'indiscrétion ou l'imprudence, par l'excès du sentiment, par son bonheur même; mais la vengeance, souvent aveugle dans ses motifs, ne l'est jamais dans ses desseins; on peut se croire autorisé dans la vengeance; mais on n'ignore pas qu'on veut se venger. D'ailleurs, si vous rendez public ce qui s'est passé entre nous, vous n'apprendrez rien qu'on ne suppose déjà; mais vous prouverez encore mieux que vous êtes un malhonnête homme. Croyez-vous que je me flatte que notre intimité n'ait jamais été soupçonnée ? Avec quelque prudence qu'une intrigue soit conduite, on peut empêcher qu'on ne la sache ; mais on n'empêche pas qu'on ne la croie. Quoi qu'il en soit, je n'ai rien à vous demander : ma prière seroit superflue, si vous avez de l'honneur ; et inutile, si vous en manquez.

La marquise, sans attendre ma réponse, ou plutôt, pour la prévenir, passa dans un cabinet dont elle ferma la porte, et me laissa interdit et partagé entre le dépit, la honte et l'admiration. Je sortis aussitôt, dans la crainte de laisser apercevoir le trouble où j'étois à ceux qui pouvoient entrer, et j'allai m'enfermer chez moi pour tâcher de débrouiller mes idées et prendre un parti. Je fus deux jours sans pouvoir me décider ; enfin, soit remords, soit espérance de la ramener un jour, j'écrivis à la marquise la lettre la plus soumise, et j'y allai ensuite. Elle me reçut parfaitement bien ; mais elle se conduisit avec tant de précaution, que, sans qu'il parût rien d'affecté, je ne pus jamais la trouver seule, que lorsqu'elle me vit bien convaincu de l'impossibilité de reprendre mes anciens priviléges.

FIN DE LA PREMIÈRE PARTIE.

MÉMOIRES
SUR
LES MOEURS
DE CE SIÈCLE.

SECONDE PARTIE.

J'eus d'autant plus de soin de voir assidûment madame de Saintré, que je ne voulois pas qu'on soupçonnât ma disgrace; et, pour sauver mon honneur, je résolus d'en imposer au public par une inconstance apparente. Peut-être aurois-je pu mieux choisir que je ne fis; mais j'étois pressé de paroître infidéle, et j'aimois mieux être taxé de faire un mauvais choix que d'être soupçonné d'avoir essuyé un dégoût. La comtesse de Vergi étoit alors l'objet de l'attention, par la figure et les graces, et par les avantages de la naissance et du rang. Elle étoit du petit nombre de celles qu'on cite, lorsque, pour prouver qu'une promenade a été belle, un spectacle orné, et une fête brillante, on ajoute : *Madame une telle y étoit.*

A l'égard de la réputation, je dois avouer aussi que la comtesse étoit de ces femmes dont on exagère le déréglement, quoique la satire pût se renfermer dans les bornes de la vérité, sans presque y rien perdre; de ces femmes dont l'amant est souvent embarrassé et quelquefois obligé de dire à ses amis que c'est une pauvre femme bien malheureuse, qu'elle est fort aimable, bonne amie, très estimable au fond et à bien des égards; que le public est injuste, et prend mal-à-propos de certaines gens en grippe; que les femmes ne la déchirent que par envie, et que leurs sots amants répètent leurs propos pour leur plaire.

Il y a du vrai et du faux dans ces sortes d'apologies; mais malheureusement elles ne convertissent personne. Je ne voyois pas exactement madame de Vergi dans son vrai point de vue; je la trouvois fort jolie, et la conquête en étoit flatteuse par le nombre d'hommes brillants qui s'empressoient auprès d'elle, et parcequ'elle en avoit dédaigné de très aimables : on ne peut pas être par-tout. Enfin, le goût que je pris pour la comtesse m'empêcha d'entendre ce qui s'en disoit, ou ne me permit pas d'y faire attention; et, si l'on est étonné de mon aveuglement, on le sera encore plus de la manière dont il cessa. Sans m'arrêter ici sur les préludes de notre liaison, il suffit de dire qu'elle fut flattée de mon hommage, et qu'elle me donna une préférence si marquée, que mes rivaux les plus présomptueux furent obligés de renoncer à leurs prétentions, ou du moins de les suspendre.

Mon triomphe étoit si public, que l'indiscrétion de ma part eût été une sottise, et la discrétion un ridicule; un extérieur indifférent sur ma gloire étoit le seul maintien convenable, et je le gardois avec beaucoup de dignité. Heureuse situation d'un homme à la mode, de n'être obligé ni au manége, ni aux ménagements!

Si je trouvois madame de Vergi à la promenade, je ne l'abordois que lorsqu'il y auroit eu de l'affectation à m'en dispenser. Au spectacle, on ne me voyoit jamais dans sa loge; ce ne pouvoit être une distinction que pour d'autres que moi. Je prenois une place au hasard, et j'avois le plaisir de voir les yeux se porter alternativement sur elle et sur moi. Que cette curiosité publique dit de choses à celui qui en est l'objet! Que je goûtois de plaisir en considérant que j'occupois toutes les têtes, et que j'étois la matière de tous les discours! L'ivresse de l'amour n'est pas comparable à celle des airs. Si j'avois pu me voir de sang-froid, je me serois trouvé bien fou, bien fat, et bien sot.

Je n'étois alors inquiet que d'une chose dont on n'a pas coutume de faire grand compte; c'étoit du mari. Outre qu'il avoit pour moi une amitié singulière, il jouissoit d'une très grande considération;

et l'on n'outrage pas sans scrupule ceux qu'on estime.

Le comte de Vergi étoit un homme d'une probité rare, d'un sens droit, et de beaucoup d'esprit ; son caractère étoit franc, un peu dur, et assez caustique ; estimant peu de gens, et en aimant encore moins ; il avoit une espèce de compassion pour les sots, ne se contraignoit nullement avec les fripons, et s'amusoit aux dépens des ridicules, ou ne gardoit le silence que par un excès de mépris. Il avoit d'abord été amoureux de sa femme, et il étoit devenu fort indifférent pour elle, sans qu'il parût que la conduite qu'elle tenoit y eût aucune part ; car il avoit d'ailleurs avec elle les meilleurs procédés.

Je ne concevois pas qu'un homme d'autant d'esprit, et croyant si peu à la vertu des femmes, fût si grossièrement la dupe de la sienne ; je ne pouvois attribuer un tel aveuglement qu'à cette grace particulière qui fait que les maris ne sont presque jamais instruits de ce qui les regarde : c'est peut-être le seul égard dont le public soit capable.

Cependant mon estime pour lui et son amitié pour moi me faisoient toujours craindre qu'il ne vînt enfin à ouvrir les yeux, parcequ'il auroit pu regarder comme une trahison de ma part ce qui n'auroit été qu'un affront tout ordinaire, venant d'un homme qui n'auroit pas été aussi intimement lié avec lui que je l'étois.

Ainsi, quoique je traitasse quelquefois sa femme assez cavalièrement, je me tenois avec elle, devant lui, dans une réserve respectueuse; pour elle, qui ne s'observoit pas tant, ni devant lui, ni devant le public, elle donna un jour une de ces scènes d'éclat qui scandalisent jusqu'à la cour. Il est beaucoup plus ordinaire d'y trouver des femmes qui, par des mœurs pures, une conduite irréprochable et une piété sincère, sont l'ornement de leur sexe, que de celles qui franchissent toutes les bornes que les femmes simplement galantes n'oseroient passer. Il n'y en a jamais à-la-fois que trois ou quatre qui soient comme les plénipotentiaires du vice, pour protester contre la vertu et les bienséances; et la comtesse étoit du nombre.

Je fus si outré et si confus du scandale qu'elle avoit donné, que j'allai pour lui en faire des reproches. Je ne la trouvai point, et, par un contre-temps fâcheux dans l'agitation où j'étois, je rencontrai Vergi, qui remarqua mon trouble, et m'en demanda le sujet. Je ne crois pas avoir jamais été dans un embarras pareil, et l'on peut juger combien il m'importoit de lui en dérober la cause. Je lui dis donc que j'avois une migraine effroyable. La plus plate réponse est toujours celle qui se présente à un homme qui n'en peut trouver une bonne, parce-qu'il la cherche. Cette migraine-là, me dit-il, ne vous est pas ordinaire; et je parierois qu'il y a quelque chose dont vous craignez de m'entretenir : vous avez tort ; on peut, avec un ami, toucher certaines matières dont on ne feroit pas part à d'autres. Je compris sur-le-champ qu'il étoit instruit de l'aventure de sa femme, et qu'il m'en croyoit pénétré par amitié pour lui. Je fus fort soulagé en lui voyant prendre le change, et, pour entrer dans son idée : Il est vrai, lui dis-je, que c'est une consolation de voir nos amis s'intéresser... Vous pouvez compter, reprit Vergi, que personne ne prend plus d'intérêt que moi à ce qui vous regarde ; mais, ma foi, mon ami, il faut savoir prendre son parti, et n'estimer les choses que ce qu'elles valent.

J'avois cru d'abord être au fait ; mais n'y comprenant plus rien : Qu'entendez-vous, lui dis-je, par ce qui me regarde ? Eh, parbleu ! sans doute, reprit-il : n'êtes-vous pas l'amant de ma femme ? et, dans ce cas-là, qui diable voulez-vous qui soit blessé de sa conduite ? sera-ce moi ? Ma foi, dis-je, mon cher Vergi, j'étois assez innocent pour le croire ; vous me soulagez beaucoup. Cela me surprend, répliqua-t-il ; vous qui êtes homme du monde, vous êtes bien peu instruit. Il y a long-temps que madame de Vergi et moi n'avons rien de commun que le nom. Vous êtes, après plusieurs autres, en possession de mes droits ; trouvez bon d'être chargé du ridicule. Je suis très persuadé que vous le pensez comme moi ;

mais vous croyez me devoir une politesse qui est pourtant assez mal entendue. Je vous estime trop pour penser autrement; et j'aurois très mauvaise opinion de votre probité, si, étant mon ami et croyant m'outrager, vous aviez séduit ma femme. Je vous déclare donc que ses procédés les plus extravagants sont indifférents pour moi, ridicules pour vous, et déshonorants pour elle, supposé qu'elle puisse encore être déshonorée. J'avoue, repris-je, que vous êtes dans les bons principes; mais vous êtes peut-être le seul mari, sans vouloir vous flatter, qui en soyez si vivement frappé, et qui les avouiez avec courage. Je vous assure, répliqua Vergi, que, sans prétendre en tirer beaucoup d'honneur, je n'avois d'abord d'autre dessein que de vous donner quelque consolation dans votre disgrace, si je vous avois trouvé plus piqué que de raison; mais, puisque nous en sommes sur cette matière, j'acheverai de vous dire ce que j'en pense. Vous croyez que les autres maris ne sont pas aussi convaincus que moi de ces principes, parcequ'ils ne le disent pas; c'est qu'ils ne croient seulement pas qu'on en doute; vous seriez dans la même erreur à mon égard, si le hasard ne venoit de vous instruire de ma façon de penser. Cela doit vous faire juger de celle des autres, sur-tout lorsque vous les voyez agir en conséquence. L'activité de votre vie ne vous a pas permis encore de rien remarquer; si vous y réfléchissez, vous verrez que les choses sont précisément comme elles doivent être.

Les lois sont faites pour régler nos actions; mais les préjugés décident de nos sentiments : ces préjugés naissent des usages, et ceux de la cour diffèrent totalement de ceux de la ville. Par exemple, un simple particulier est-il trahi par sa femme, le voilà déshonoré, c'est-à-dire ridicule; car en France c'est presque la même chose. Pourquoi? C'est que, s'étant marié à son goût, il est au moins taxé d'avoir fait un mauvais choix. Il n'en est pas ainsi des gens d'une certaine façon, dont les mariages sont des espèces de traités faits sur les convenances de la naissance et de la fortune. Voilà pourquoi nous ne connoissons point parmi nous cette qualification burlesque qu'on donne, dans la bourgeoisie, à un mari trompé par sa femme.

En effet, à qui peut-on appliquer ce titre qu'à un homme qui, étant amoureux de sa femme et s'en croyant aimé, en est trahi? Nous ne sommes point dans ce cas-là *nous autres;* ou, s'il s'en trouve quelqu'un, c'est une exception rare. Remarquez même qu'il n'y a que la première infidélité d'une femme qui donne un pareil ridicule à son mari; pour peu que les amants se multiplient, ou que la chose fasse éclat, il est bientôt détrompé, prend son parti, et rentre dans nos priviléges.

C'est par une suite de cette façon de penser qu'un bourgeois qui, après s'être séparé de sa femme avec scandale, vient à la reprendre, est plus déshonoré qu'auparavant, parcequ'il s'en déclare publiquement par-là le vil esclave. Il y a aujourd'hui plus de séparations qu'il n'y a eu autrefois de divorces. S'il étoit encore permis, peu de gens de la cour quitteroient leurs femmes, parceque la manière dont on y vit est une espèce de divorce continuel. Les maris et les femmes y vivent ensemble sans aigreur, et sont toujours en état de se reprendre. Le mari n'est pas obligé d'en rougir; c'est alors un tour qu'il joue aux amants, car il est presque sûr de ne pas trouver de résistance. Les femmes sont naturellement timides; les plus décidées subissent l'ascendant du mari, le craignent et le respectent quand il le veut, à moins qu'il n'en soit amoureux. Si je voulois, je vous enleverois la mienne; mais je la méprise trop pour en avoir jamais le dessein. Elle me seroit à charge, je la trouve ennuyeuse; on lui croit de l'esprit, elle en a fort peu, je la connois mieux que vous. Quand vous la verrez de sang-froid, vous remarquerez que tout son mérite vient de sa méchanceté et du tour singulier qu'elle sait donner à la médisance; ce qui lui fait tant d'ennemis, d'admirateurs et d'esclaves. Si jamais la bienséance se mettoit en honneur, on la regarderoit comme une imbécille, et il y en a beaucoup dans ce cas-là. Vous ne pouvez nier, lui dis-je, qu'elle n'ait de la grace. Oh! je m'y attendois bien, reprit Vergi ; c'est l'éloge banal qu'on donne à toutes les femmes qui ont l'art de préparer les noirceurs par quelques fadeurs préliminaires qu'elles emploient pour séduire les hommes. Vous êtes tous d'étranges dupes.

Au surplus, je vous demande pardon si je vous parle si librement de votre maîtresse ; mon dessein n'est pas de vous en dégoûter. J'aime beaucoup mieux qu'elle vous ait qu'un autre, parceque je suis bien aise de vivre avec vous, et que vous la retirerez peut-être de l'opprobre où elle est. Il y a des femmes qui se réhabilitent par un bon choix. Si cela arrivoit, vous me rendriez ma maison plus agréable, en la purgeant d'une foule d'étourdis, vifs sans idées, empressés sans objet, extravagants sans imagination, ennuyeux avec fracas, parlant mal de tout le monde souvent sans méchanceté, d'eux-mêmes sur le même ton par indiscrétion, et toujours mal-à-propos, faute de caractère, ayant enfin tous les inconvénients de l'esprit sans agrément, et de la sottise sans tranquillité. Je n'ose me flatter d'une telle réforme chez moi ; mais, quoi qu'il en arrive, je n'en serai pas moins de vos amis.

Je fus si touché de la confiance de Vergi, j'entrai si fort dans ses sentiments, que de ce moment-là je me pris pour lui de l'amitié la plus vive, et sa femme me devint aussi indifférente que si elle eût été la mienne. Je rompois sans cela avec elle, et je n'aurois pas cru qu'elle s'en fût aperçue, sans quelques plaisanteries qu'elle m'en fit. Vergi, qui remarqua notre rupture, en badina avec moi, et me dit que, si je m'avisois de devenir délicat, je perdrois bien des plaisirs, à moins que la raison ne devînt à la mode.

Je ne crois pas, lui dis-je, que la mode étende jamais son empire jusque-là. Je n'y compte pas non plus, reprit-il; mais cela peut arriver; tout est de son ressort en France.

Comme je ne veux pas vous tenir des propos d'humeur, et que je vois tout avec assez d'indifférence, je ne vous dirai point qu'il n'y a jamais eu de siécle aussi corrompu que celui-ci. Sur le fond des vices, un siécle n'en doit guère à un autre; peut-être même faudroit-il, pour être juste, rabattre sur la corruption de celui-ci ce qui appartient à la folie; mais je crois qu'il n'y en a point eu de plus indécent. Par exemple, lorsque, vous imaginant me tromper, vous vous cachiez de moi, vous me faisiez beaucoup trop d'honneur; j'étois fort éloigné de vous tenir compte d'une discrétion dont je ne vous soupçonnois pas, et je parierois bien que madame de Vergi ne vous en avoit point donné le conseil. Une femme n'a pas communément tant d'égards pour un mari; mais elle pourroit les avoir pour un amant qu'elle ne voudroit pas perdre, et à qui elle voudroit cependant faire une infidélité. Elle use alors de quelques ménagements, et croit faire beaucoup. Si cela arrive, c'est que l'infidélité faite à un amant peut avoir un attrait que n'a plus celle qu'on fait à un mari. Si l'amant trompé vient à s'en apercevoir, et veut se rendre incommode, il est aussitôt réformé : s'il est, au contraire, assez vil, ou, si vous voulez, assez sage pour fermer les yeux, il est l'objet des égards et des attentions. Il peut quelquefois essuyer de l'humeur; mais il a aussi la permission d'en avoir, pourvu que ce ne soit pas celle de la jalousie; il devient enfin un mari dans les formes, et le véritable n'est plus qu'un étranger fort content de n'être rien.

Le siècle, comme je vous le disois donc, ne deviendra pas meilleur, il ne se corrigera pas; mais il changera du moins, ne fût-ce que par l'ennui et le dégoût de l'indécence. C'est en vain que la vertu s'est élevée contre les désordres de l'amour; l'attrait du plaisir a dû l'emporter. C'est à l'excès de la dépravation, au dégoût du désordre, à l'avilissement des mœurs, c'est au vice enfin qu'il appartient de détruire les plaisirs et de décrier l'amour. On réclamera la vertu jusqu'à un certain point pour l'intérêt du plaisir. Croyez qu'il arrivera du changement, et peut-être en bien.

Il n'y a rien, par exemple, qui soit aujourd'hui si décrié que l'amour conjugal : ce préjugé est trop violent, il ne peut pas durer; et voici de quelle façon la révolution peut se faire.

Un homme d'un rang distingué, cité pour l'agrément, l'esprit et les graces, avec une pointe de fatuité; j'exige, comme vous voyez, beaucoup de qualités, parcequ'il en faut beaucoup dans un chef de secte; cet homme rare pourra se trouver amoureux de sa femme. Je comprends qu'il combattra d'abord son penchant, ou que, s'il ne peut le vaincre, il tâchera d'en dérober la connoissance au public; mais il y a des gens bien clairvoyants sur les défauts d'autrui. Malgré toute son adresse, son secret sera pénétré, et avant que d'être parfaitement démasqué, il prendra son parti de bonne grace; il jouera l'intrépidité : c'est quelquefois un moyen de parvenir au courage, et c'en est déja un commencement : enfin, un nouveau genre de singularité piquera son amour-propre, il se déclarera donc. Pendant que les femmes chanteront ses louanges de peur qu'il ne se rétracte, et avant que les hommes soient convaincus que c'est un parti sérieux, son état sera confirmé. Qu'arrivera-t-il? Quelques jeunes gens, qui regarderont cette conduite comme un ridicule neuf, voudront y avoir part, ne fût-ce que pour ravir à l'inventeur la gloire d'être unique. Le vice et la vertu sont également d'imitation. Ils joueront auprès de leurs femmes l'amour sans le ressentir, et ils y seront pris. Un mauvais principe aura un bon effet; ils deviendront véritablement attachés, après avoir affecté de l'être. D'autres, qui seront réellement amoureux, seront charmés d'avoir des autorités pour ne se plus contraindre; on n'entendra peut-être parler que d'époux unis; le bon air s'en mêlera, et il pourroit arriver telle circonstance qui mettroit la vertu à la mode.

L'horoscope que Vergi tiroit du siècle me paroissoit fort hasardé; cependant j'en ai déja vu quelques exemples, et cela pourroit bien gagner.

Mon aventure avec madame de Saintré avoit déja humilié ma fatuité; les réflexions que Vergi me fit faire, m'en guérirent totalement. Je commençai à soupçonner que ma gloire n'étoit pas aussi généralement établie que je le supposois; que les fondements en étoient fragiles; que bien des succès en amour ne constatent pas un mérite auquel le public soit obligé de souscrire; que le sentiment se trouve rarement intéressé dans le commerce des femmes, et qu'on est assez heureux d'y rencontrer le plaisir. Je résolus de n'y pas chercher autre chose; et, loin de tirer vanité des conquêtes que je pourrois faire, de les cacher avec soin, et de demander moi-même le secret aux femmes qui ne s'aviseroient pas de l'exiger; je reconnus enfin que la considération dont je croyois jouir n'avoit d'existence que dans quelques têtes folles, et que je n'avois rien de mieux à faire que de travailler à perdre cette sorte de considération pour en acquérir une toute différente.

En repassant sur mes aventures, je me rappelai le rôle humiliant que j'avois souvent vu jouer à des hommes estimables à beaucoup d'égards, qui, après avoir été autrefois aussi à la mode et aussi gâtés que je l'étois encore, faute de s'être retirés à propos d'un genre de vie que le privilège de la jeunesse fait seul pardonner, étoient tombés dans le mépris. J'en voyois chaque jour de ceux-là sacrifiés à des étourdis comme moi, exposés aux caprices, aux infidélités ouvertes des femmes qu'ils aimoient forcément, et à qui ils étoient obligés de les passer, trop heureux de pouvoir feindre de les ignorer. Je remarquai que l'habitude des plaisirs subsiste, et peut se tourner en nécessité, quoique le goût en soit usé. En conséquence de ces réflexions, je résolus de ne pas m'exposer à partager quelque jour un sort que je trouvois si avilissant, ni à devenir un vieil agréable, dont les disgraces en amour sont méprisables, et les succès des ridicules.

J'étois précisément alors dans une position à pouvoir sortir avec honneur de la vie dissipée. Ceux qui n'ont jamais scandalisé le public en sont moins considérés que ceux qui savent se retirer à propos du scandale. Rien ne m'en imposoit encore la nécessité, et ce fut sans doute ce qui me détermina à prendre ce parti : j'avoue de bonne foi que je n'eus pas un grand effort à faire sur moi.

Quoique ma vie parût être un enchaînement de plaisirs, j'en goûtois peu, parcequ'ils s'étoient, pour ainsi dire, tournés en métier. Aucune aventure n'étoit plus en état de piquer mon goût, si elle n'avoit quelque singularité ; et celles de cette espèce sont fort rares. L'amour suffit pour occuper le cœur, et n'a pas besoin de variété, la continuité du sentiment en augmente le charme ; mais le plaisir s'éteint dans l'uniformité, et je n'étois entraîné que par le torrent de ce qu'on appelle communément des plaisirs.

Ce n'est pas que je n'aie essuyé des refus ; j'en compterois autant que de succès ; j'ai même éprouvé quelques unes de ces disgraces-là à la cour ; mais c'étoit, la plupart du temps, dans un ordre mitoyen, où les femmes n'ont pas reçu cette éducation polie qui fait regarder la vertu comme un préjugé, et le devoir comme une sottise.

L'ignorance et le mépris des devoirs produisent le même effet : l'un part d'une éducation fausse, l'autre vient d'un défaut absolu d'éducation. Voilà pourquoi on trouve quelquefois parmi des gens d'une classe supérieure les mêmes mœurs que dans le bas peuple. Mais il y a un ordre dans la société où l'on n'a pas droit aux abus ni aux scandales, et où l'on rougiroit de s'avilir. L'éducation y laisse des traces que les passions n'effacent qu'avec peine. Quand une femme de cet état succombe, elle cède à une passion long-temps combattue ; elle se rend avec des regrets et conserve des remords. C'est pour elle qu'on peut dire qu'il y a des moments malheureux, peu de plaisirs et encore moins de tranquillité. J'apprenois quelquefois que celle qui m'avoit refusé avec le plus d'indifférence, avoit pris un amant. Si j'avois la curiosité de le connoître, j'étois tout étonné de voir que c'étoit quelqu'un qui avoit pour tout mérite une figure aimable, de la jeunesse et de la retenue : mais qui d'ailleurs n'étoit pas connu, et que personne ne pouvoit nommer. J'avoue que je sentois alors autant de mépris ou de compassion que de dépit. Cependant je gardois alors inviolablement le secret sur le refus que j'avois essuyé ; rien ne me l'auroit fait trahir, ce qui prouve que l'indiscrétion ne part pas uniquement de la légèreté de caractère. Je n'avois pas toujours, en pareil cas, la même discrétion, à l'égard d'une femme du monde, parceque je m'imaginois lui donner par là un ridicule.

La plupart des femmes avec qui j'avois vécu, n'avoient été que des fantaisies souvent de part et d'autre, sans délicatesse, et même sans dissimulation.

Quelques unes avoient voulu me faire croire qu'elles avoient de l'amour pour moi, et celles-là n'avoient jamais que les mêmes preuves à donner, jusqu'à ce que tout fût assez prouvé pour nous quitter.

D'autres, plus précieuses, avoient tâché de me persuader que leur complaisance pour mes empressements ne partoit que de la force de leur amitié pour moi. Le nom de l'amitié sert également à la vraie et à la fausse pudeur.

Après la rupture, il ne me restoit guère d'autre soupçon que les unes et les autres avoient pu m'aimer, que les horreurs qu'elles disoient de moi, comme si elles avoient été capables de dépit. Je trouvois ce procédé souverainement injuste; j'ai souvent pris la liberté de leur représenter que nous n'avions pas acquis le droit de nous haïr, et j'ai quelquefois eu la précaution de faire là-dessus mes conditions avant de m'engager.

Je ne parle point du petit nombre de celles qui auroient eu une conduite régulière, si elles n'avoient pas eu malheureusement le cœur tendre et les sens trop vifs. Leur franchise en aimant, les remords qu'elles peuvent avoir, les reproches qu'elles se font, la honte qu'elles laissent quelquefois paroître, tout annonce qu'elles ont trahi la vertu. Ce qui contribue à les décrier ne devroit que les faire plaindre; mais les remords d'une femme timide encouragent les ames basses à l'outrager. Il y a des femmes dans l'humiliation, faute d'avoir quelques vices de plus pour s'en retirer ; ce sont les plus exposées aux railleries cruelles de ces femmes intrépides et tranquilles dans le déréglement, qui n'ont pas même l'excuse du plaisir, qui le cherchent et l'inspirent sans le ressentir. Il semble qu'elles ne parcourent tous les degrés du désordre qu'avec dégoût, et par une curiosité froide qu'elles ne sauroient venir à bout de satisfaire.

Mon dessein n'est pas de rappeler ici toutes les femmes avec qui j'ai vécu ; la plupart sembloient l'oublier, et je ne m'en souvenois quelquefois pas trop moi-même. Je n'ai voulu parler que de celles avec qui mes liaisons ont eu quelque chose de singulier, et je ne dois pas en oublier une pour qui j'avois beaucoup de goût, mais dont le commerce étoit trop orageux pour qu'il fût supportable.

Une figure piquante, le caractère impétueux, le cœur droit, l'esprit vif et l'imagination bouillante ; c'étoit madame de Remicourt.

Il n'étoit pas aisé de juger si ses sentiments venoient de ses idées, ou si elle pensoit d'après ses sentiments. Ce ne fut point entre nous une liaison qui naît insensiblement du penchant, qui est préparée par degrés et se forme par le temps. Nous nous primes au même instant du goût le plus vif l'un pour l'autre. Elle crut trouver en moi un rapport singulier avec elle, et, soit que cela fût, ou que ces sortes d'imaginations soient contagieuses, j'en fus bientôt aussi persuadé qu'elle.

Comme notre ivresse étoit pareille, je lui dis qu'il falloit laisser aux ames froides, aux amants vulgaires, la prudence injurieuse de s'éprouver réciproquement; qu'une confiance prompte devoit répondre à la sincérité de nos cœurs; que l'unique moyen de prévenir les indiscrétions que la violence d'une passion contrainte nous feroit infailliblement faire, étoit de nous y livrer avec une franchise mutuelle; que c'étoit même l'espéce de prudence qui convenoit seule à notre caractère.

Si madame de Remicourt n'eût eu qu'un sens commun tout ordinaire, elle n'eût pas trouvé ce raisonnement-là trop bon; mais les imaginations vives prennent les motifs extraordinaires pour les meilleures raisons. Il n'est pas si facile de les persuader par un raisonnement suivi, parcequ'elles sont incapables de suite.

Sa passion, ou plutôt son engouement pour moi devint extrême. J'étois un homme admirable à ses yeux, et rien n'approchoit de mon mérite. Je trouvois quelquefois ses éloges si excessifs que je la priois de ne me pas juger avec une prévention si favorable, parceque je ne pourrois jamais justifier son opinion, et qu'elle finiroit peut-être par me mettre dans la suite au-dessous de ma valeur, ce qui seroit fort désagréable. Elle se récrioit aussitôt contre mon injustice, m'accusoit d'un excès de modestie, et prétendoit que je n'avois que le défaut de ne pas sentir tout ce que je valois. Je croyois cependant n'avoir aucun reproche à me faire là-dessus ; il falloit qu'elle fût difficile en amour-propre. Sa conduite à mon égard étoit une espèce de culte, une sorte de dévotion fanatique et d'enthousiasme ; il entroit dans ses attentions pour moi des délicatesses, des recherches, des scrupules, de la superstition. Cela étoit toujours flatteur, quelquefois incommode ; mais cela devient tyrannique.

Apparemment que sa ferveur se relâcha ; car elle commença à trouver que la mienne n'y répondoit pas. Cependant, soit par reconnoissance, soit que j'eusse adopté ses idées, je n'avois jamais eu d'attentions aussi recherchées que j'en avois alors. Cela ne suffisoit pas encore, et notre commerce ne fut bientôt qu'une vicissitude de délicatesses, de reproches, de bouderies et de réconciliations ; de sorte que de rafinements en rafinements nous faisions réciproquement notre supplice. Cela alloit souvent jusqu'à des projets de rupture. Nous soupçonnâmes enfin que nous ne nous convenions pas autant que nous l'avions cru, et que c'étoit peut-être parceque nous nous ressemblions trop.

Enfin les choses en vinrent au point qu'après une altercation très vive, nous convînmes de bonne foi que nous ne pouvions absolument plus vivre ensemble et qu'il falloit cesser de nous voir, pour continuer du moins de nous estimer et peut-être de nous aimer. Nous nous jurâmes une séparation éternelle avec autant de solennité, de protestations et de serments, que nous en avions employé autrefois pour nous jurer un amour immortel. Madame de Remicourt me rendit mes lettres, et je sortis pour lui renvoyer les siennes.

Je ne m'étois jamais trouvé si content; je me sentois soulagé, délivré d'un poids accablant, et je respirois comme un homme qui sort d'esclavage.

Je rentrai chez moi, je pris les lettres; mais, avant que de les envoyer, je voulus les relire en commençant par la première. Je n'allai pas loin sans me sentir attendri; je poursuivis, et mon émotion alla jusqu'au saisissement; je n'eus pas la force d'achever; je ne vis plus que l'excès de l'amour que madame de Remicourt avoit eu pour moi; j'en conclus qu'il étoit impossible qu'elle eût cessé de m'aimer, et que je serois le plus ingrat des hommes si je n'allois pas lui demander mille pardons; je partis à l'instant.

Moins la démarche que je faisois étoit attendue, plus elle étoit propre à toucher madame de Remicourt. Elle me reçut avec des transports incroyables. Je voulois lui demander grace; elle vouloit avoir tous les torts; jamais raccommodement ne fut plus vif, et nous passâmes plusieurs jours dans un état aussi délicieux que nous en eussions jamais éprouvé.

Notre félicité ne fut pas longue; les orages recommencèrent, et nous nous séparâmes enfin sans retour. Je me souviens qu'avant de lui renvoyer ses lettres, je relus les dernières, c'est-à-dire celles que je n'avois pas lues lors de la brouillerie dont je viens de parler, parceque les premières avoient suffi pour me ramener. Si j'avois ce jour-là achevé la lecture, je n'aurois pas été tenté de renouer; j'aurois vu que, si les premières étoient pleines de transports, les dernières annonçoient la froideur : ce n'étoit plus qu'un tissu de galanteries d'usage qu'on emploie pour couvrir le refroidissement, et qui en font la preuve.

Madame de Remicourt est la seule femme pour qui j'aie conservé un intérêt de compassion. Elle étoit de cet état où l'on se regarde comme femme de condition, mais qu'à la cour on ne prend jamais que pour de la bourgeoisie. Je l'ai revue dans la suite, et même avec amitié; elle m'a assuré que depuis notre rupture elle avoit eu la conduite la plus régulière, sans avoir pu effacer dans les sociétés de son état l'impression qu'on y avoit de sa vie passée; qu'on ne lui faisoit plus le même accueil; qu'on cherchoit même à l'écarter, et que sa vie étoit fort triste.

Qu'il y a de femmes d'un rang mitoyen qui se

perdent sans ressource, pour avoir le travers, plutôt que le plaisir de partager les folies du grand monde ! Après avoir paru sur les listes des gens à la mode, il ne reste pas à une bourgeoise les moyens de se réhabiliter comme si elle n'étoit pas sortie de sa classe. Ses pareilles s'élèvent contre elle par jalousie encore plus que par honneur, et les femmes du monde cherchent à la punir d'avoir eu l'insolence de vivre comme elles et à leur préjudice. Une foiblesse d'éclat pour une bourgeoise, et une lâcheté pour un militaire, sont de ces choses dont on ne se relève point ; au lieu que la galanterie n'est souvent, dans un rang plus élevé, que le présage de la dévotion et de la considération qui la suit.

Je crois que madame de Remicourt a pris, dans la suite, le parti de la dévotion ; et, avec son caractère, elle doit y être aussi tourmentée et aussi malheureuse qu'en amour.

Sans m'arrêter davantage sur le détail de mes égarements, je reviens au projet que je formois d'embrasser un genre de vie plus convenable. La mode et la contagion m'avoient engagé dans la carrière de la fatuité ; j'y avois ensuite mis du dessein, de la méthode et du système ; je résolus d'en employer encore pour m'en retirer, et me faire une existence nouvelle.

Croiroit-on qu'il n'est pas toujours permis d'abjurer la folie avec un éclat qu'un certain public regarde comme un nouveau scandale? On a imaginé une sorte de décence à ne pas abandonner trop brusquement ses travers; il faut tourner à la raison par degrés. Pour cet effet, je pris le parti de m'occuper sérieusement de ma fortune, de m'appliquer au service, et de sortir ainsi du tourbillon qui m'emportoit vers tous les objets, excepté ceux qui auroient dû me fixer.

J'avois remarqué plus d'une fois que le service est, en France, la profession la plus honorée, la plus suivie et la moins perfectionnée. Elle sera toujours celle de la noblesse, parcequ'elle en est l'origine; que les fondateurs de la monarchie étoient des conquérants, et que la constitution de l'état est militaire. On exerce cette profession avec honneur, rarement avec application, et presque jamais comme un objet d'étude. La plupart de ceux qui s'y livrent avec le plus d'ardeur, ne soupçonnent pas que la guerre exige autre chose que du courage, et croient que d'avoir vieilli, c'est avoir de l'expérience.

Les subalternes roulent de garnison en garnison, où l'oisiveté fait leur existence; ils savent le détail du régiment où ils servent, et n'ont jamais pensé qu'il y eût un art de la guerre. Ceux que leur naissance place dans un rang plus élevé, n'en ont pas plus d'idée, et remplacent l'oisiveté par les plaisirs. Ainsi toute la valeur qui est naturelle à la nation, lui seroit souvent inutile et quelquefois funeste, s'il ne s'élevoit de temps en temps des génies heureux qui naissent avec le talent, et acquièrent l'art d'employer tant de bras et de courage pour la défense et la gloire de l'état.

Je ne prétends pas que cette négligence de s'instruire soit un vice universel. Il faut même avouer qu'il y a déja quelque temps que les choses commencent à changer. On voit des officiers de différents grades observer, réfléchir et se former une théorie. Peut-être l'émulation deviendra-t-elle générale, et alors il sera aussi honteux d'ignorer les principes de sa profession, qu'il a fallu d'abord de courage pour chercher à s'en instruire.

Un grand homme a dit que la guerre étoit un art pour les hommes ordinaires, et une science pour les hommes supérieurs; il y en a encore beaucoup pour qui ce n'est qu'un métier.

Ces réflexions me vinrent d'autant plus à propos qu'on étoit près d'entrer en campagne. Je joignis mon régiment plus tôt qu'à l'ordinaire. On sait qu'il n'y a pas un colonel qui ne soit sincèrement persuadé que son régiment est le mieux composé de l'armée, celui où l'exercice se fait le mieux, où la discipline est la plus exacte, la subordination la mieux établie; que ce bon ordre est particulièrement dû à ses soins, et qu'il ne s'en est pas reposé sur un vieux lieutenant-colonel.

J'étois plus que personne dans cette opinion, et il

est certain que personne n'avoit jamais été plus que moi le modéle de son régiment : je m'en applaudissois ; mais, lorsque j'y revins avec l'esprit du devoir, je fus fort étonné du peu de discipline que j'y trouvai ; la valeur étoit la seule qualité militaire qui s'y fît remarquer avec éclat.

Comme j'étois dans la disposition de réfléchir, je ne fus pas long-temps à reconnoître que j'étois le principal auteur du désordre que je voyois. Tous, jusqu'aux derniers subalternes, étoient mes imitateurs ; et ils m'avoient si fidèlement copié que tous étoient gens de bonne compagnie ; aucun n'étoit officier, mais aussi aucun n'auroit été déplacé dans le monde, et la plupart auroient été, comme leur modéle, extravagants à la cour, impertinents à la ville, et par-tout insupportables aux gens sensés.

J'avois trop de part au dérangement qui me blessoit, pour être en droit de le reprendre avec hauteur. Je résolus donc de détruire le mal comme je l'avois fait naître, c'est-à-dire par mon exemple.

Après avoir donné les premiers jours au plaisir de me retrouver avec mes camarades, je m'appliquai à gagner leur confiance sur nos devoirs, comme je l'avois eue sur les plaisirs.

Je leur dis que je desirois fort qu'il y eût dorénavant plus d'application au service qu'il n'y en avoit ; que je le demandois d'amitié, et que c'étoit la plus grande marque qu'ils pussent me donner de la leur. Ils me répondirent d'une manière assez satisfaisante ; mais ils crurent apparemment que ce n'étoit de ma part qu'un caprice de raison, qui ne devoit pas avoir le privilége de durer plus qu'un autre ; car je ne m'aperçus pas que mes exhortations produisissent beaucoup d'effet. Je leur en fis mes plaintes avec sécheresse ; et, voyant que je n'opérois rien, je parlai avec dureté, et m'adressant à un des principaux officiers, je le traitai publiquement avec une hauteur outrageante. Je crus que l'exemple seroit d'autant plus frappant que c'étoit, de tout le corps, l'homme le plus estimé.

Ce fut sans doute ce qui m'engagea à m'adresser à lui de préférence, pour faire plus d'impression sur les autres. J'aurois dû faire attention que cet officier, d'une naissance obscure, n'étoit parvenu que par une sagesse égale à sa valeur ; que je lui avois même rendu des services ; et que, s'ils imposent des devoirs d'obligation à ceux qui les reçoivent, ils en exigent de délicatesse de ceux qui les rendent. J'avois épuisé les airs ; je commençois à avoir des sentiments ; mais j'ignorois encore les égards.

Je ne tardai pas à faire ces réflexions, et à me reprocher ma vivacité : j'aurois fait à cet officier une excuse publique si je n'avois pas craint de donner atteinte dans cette circonstance au projet que j'avois de rétablir la subordination. Je résolus donc de réparer, à force de distinctions, la mortification que j'avois pu causer à un homme estimable.

J'étois dans ces dispositions, lorsque le lendemain matin il vint chez moi. Vous n'ignorez pas sans doute, me dit-il, ce qui m'amène; ne croyez pas cependant que je fasse une telle démarche sans répugnance. Je vous ai des obligations, je vous sacrifierois ma vie; mais je ne dois pas vous sacrifier mon honneur, et vous l'avez blessé. Je sais la distance qu'il y a de vous à moi; plus d'égalité me rendroit peut-être moins sensible; quelques uns de mes camarades pourroient trouver des dédommagements dans leur naissance et leur fortune; pour moi qui, sans naissance et sans biens, n'ai d'existence que dans l'honneur, il ne m'est pas permis d'y être insensible.

Mon premier mouvement fut d'être révolté que le moindre subalterne fût en droit de demander raison à son supérieur d'une offense quelle qu'elle fût, dont le service eût pu être l'occasion. La subordination n'est sans doute pas parmi nous telle qu'elle devroit être, et je fus sur le point de le traiter encore avec plus de hauteur que je ne l'avois fait; mais, comme il y a dans nos mœurs des points délicats sur lesquels il eût été dangereux pour un homme de mon âge d'écouter la raison au mépris du préjugé, je répondis froidement à cet officier que j'allois le satisfaire. Je m'habillai sur-le-champ, nous sortîmes ensemble, et nous fûmes nous battre dans un lieu écarté. Le combat ne fut pas long; je fus dangereusement blessé, et je tombai. Il courut à l'instant me chercher les secours dont j'avois besoin, et me fit transporter chez moi.

Je ne doutois pas qu'il ne prît aussitôt la fuite: mon premier soin fut de lui faire signe de s'approcher; il le fit avec toutes les marques du désespoir; je lui dis à l'oreille que je lui défendois de s'éloigner, de fournir par sa retraite des preuves contre lui, et qu'il pouvoit compter sur ma discrétion. Il resta donc auprès de moi; son obéissance coûtoit à ses remords, il en paroissoit déchiré, et l'excès de sa douleur auroit suffi pour découvrir la vérité, qui d'ailleurs ne fut ignorée de personne. Ce sont de ces occasions où l'on ne dit rien, parcequ'on sait tout.

Je fus plusieurs jours dans le plus grand danger, et il n'étoit pas encore cessé, lorsque je vis arriver le comte de Canaples. Je fus également touché et confus de son attention par les raisons que je dirai.

Il étoit, avec madame de Canaples, dans une de ses terres qui n'étoit qu'à quelques lieues de la ville où mon régiment se trouvoit alors; et, sur la nouvelle de mon aventure, il étoit parti pour venir me chercher, et me faire transporter chez lui, où il jugeoit que je serois plus agréablement pendant ma convalescence que dans une ville de garnison.

A peine fus-je en état de souffrir le transport,

qu'il donna des ordres en conséquence, sans me consulter, et me dit, avec l'autorité de l'âge et de l'amitié, qu'il falloit partir avec lui. Je me laissai plutôt conduire que je n'y consentis ; je ne savois pas trop moi-même quelles étoient mes dispositions. Le fonds de tendresse que j'avois conservé pour madame de Canaples, portoit une secrète satisfaction dans mon ame ; mais le respect que je lui devois, la négligence que je lui avois témoignée depuis plusieurs années, me faisoient rougir intérieurement de paroître devant une femme avec qui j'avois de ces torts qui blessent le sentiment, et qu'elle devoit sentir d'autant plus vivement, qu'elle avoit trop de hauteur pour me les reprocher, et qu'elle s'étoit fait un devoir d'en oublier les motifs.

En effet, depuis que je m'étois livré au torrent de la dissipation, la maison du comte de Canaples étoit celle où je paroissois le moins ; je n'y allois plus que par devoir : et, quand on ne fait que ces sortes de visites, on n'en fait pas même autant que le devoir l'exige.

Je ne doutois point que la comtesse ne l'eût remarqué, et je ne m'estimois pas assez peu pour croire que c'eût été avec indifférence. Pour le comte de Canaples, c'étoit l'homme le plus essentiel, le moins attentif, et qui exigeoit le moins d'attentions. Il m'aimoit, il m'avoit rendu service, et cela lui suffisoit pour compter sur mon amitié et ma reconnoissance; du reste, il s'embarrassoit peu que je lui rendisse des soins; il mettoit mes absences sur le compte des plaisirs qu'il regardoit comme une excuse, et comme le privilége de mon âge.

Madame de Canaples me reçut avec toutes les marques de l'amitié la plus tendre; elle eut pour moi toutes les attentions possibles, et telles qu'elle auroit pu les avoir pour l'amant ou le fils le plus cher. Les sentiments que je n'avois jamais perdus, et qui se réveillent si aisément pour le premier objet qu'on a aimé, se ranimèrent bientôt dans mon cœur. Je jugeai qu'elle n'avoit pu cesser de m'aimer; que mes dissipations, loin de l'avoir guérie, n'avoient fait qu'irriter sa passion; que j'avois eu trop d'impatience, et que, si j'avois persévéré encore quelque temps auprès d'elle, j'en aurois infailliblement triomphé. Je conclus de là que mon bonheur n'avoit été que différé, et qu'il n'en étoit que plus sûr. Je n'étois plus comme autrefois ce jeune homme timide, modeste, présumant peu de soi, et dont les desirs pouvoient être réprimés par le respect ou par sa propre vertu.

J'étois bien dans la résolution de quitter le rôle méprisable d'homme à la mode, que je jouois depuis quelques années avec le scandale le plus brillant; mais je ne voulois pas renoncer aux plaisirs. Je pensois au contraire qu'un attachement honnête étoit ce qui convenoit le mieux au nouveau plan de vie que je projetois.

Plein de ces idées, je résolus de m'expliquer et de renouer avec madame de Canaples; car je n'y voyois seulement pas la moindre difficulté. Je me croyois si sûr de son cœur, j'étois si persuadé de la satisfaction que lui causeroit mon retour, que je crus devoir par générosité lui demander pardon de mes crimes, pour ménager du moins son amour-propre.

L'image que je me formois de la vie délicieuse que j'allois mener me rendit en peu de temps la santé; et, comme il ne m'étoit pas difficile de trouver l'occasion d'entretenir madame de Canaples, je lui dis un jour que j'étois bien honteux d'avoir si peu senti le bonheur de lui plaire, et d'avoir préféré au charme de vivre auprès d'elle les vains amusements où je m'étois livré; que les remords que j'en avois... J'allois continuer, et me répandre en protestations vives; mais je fus si étonné de voir madame de Canaples me regarder avec une hauteur imposante, que je n'eus pas la force de poursuivre. Elle ne m'en laissa pas même la liberté; car elle me quitta sur-le-champ, et, pour toute réponse, laissa tomber sur moi un regard fier et méprisant.

Qu'on se figure un homme avantageux, gâté, convaincu de son mérite, et qui se voit humilié par celle à qui il croyoit aller faire grace. Je fus étourdi de l'accueil; cependant ce ne fut pas ma vanité qui souffrit le plus : je ressentis plus de douleur que de honte, parceque j'avois autant d'amour que de respect pour madame de Canaples.

Aussitôt que je fus revenu à moi, je fis beaucoup de réflexions sur le mauvais succès de ma démarche; je tâchai de pénétrer si je devois absolument renoncer à tout espoir, et je restai dans l'indécision, sans pouvoir prendre de parti.

Dès ce moment, madame de Canaples ne me mit plus à portée de la trouver seule; au lieu de me traiter avec amitié devant le monde, comme auparavant, elle se bornoit à la politesse, et je voyois qu'il n'y avoit que la prudence qui l'empêchât d'aller jusqu'au dédain.

Je compris que je devois renoncer à mes prétentions; mais, comme je ne voulois renoncer ni à son amitié ni à son estime, je ne cherchai plus qu'à lui marquer le repentir de lui avoir déplu. Je me flattois de le lui prouver par ma conduite; mais, comme je devois bientôt partir avec le comte de Canaples pour l'armée, je ne croyois pas que le peu de temps que je resterois chez lui, fût suffisant pour que madame de Canaples pût apercevoir, dans ma conduite seule, les dispositions où j'étois à son égard; ainsi je résolus de lui parler, quelque précaution qu'elle prît pour m'éviter.

Deux jours après, l'ayant vue entrer seule dans le parc, je la suivis sans être aperçu, et je la laissai s'engager assez avant, pour qu'elle n'eût pas le temps de retourner si promptement au château, que je ne pusse m'expliquer. Je pris si bien mes mesures, que je la croisai au détour d'une allée. Aussitôt que je me présentai à ses yeux, elle se détourna pour s'éloigner. Madame, lui dis-je en la suivant, daignez m'entendre. Alors, voyant qu'elle ne pouvoit m'éviter, elle s'arrêta; et, me regardant avec une fierté mêlée de colère: Je trouve bien singulier, dit-elle, que je ne sois pas libre chez moi, et que vous osiez me suivre sans mon aveu. Je suis persuadé, lui dis-je, madame, que le motif de ma témérité me la fera pardonner. J'ai eu le malheur de vous déplaire : j'en suis assez puni par mon repentir; mais je le serois trop, si vous l'ignoriez. Je n'aurois pas eu la force de partir sans vous en instruire; je serois trop malheureux, si, en renonçant aux sentiments les plus chers à mon cœur, je ne conservois pas du moins quelques droits à votre compassion, à votre estime, et, si je l'ose dire, à votre amitié. Je vous promets que vous n'aurez pas lieu de regretter de m'avoir accordé la grace que je vous demande, et, quels que soient mes sentiments, vous n'aurez pas le moindre reproche à me faire. Je ne vous en ferai donc point, reprit madame de Canaples, puisque vous reconnoissez votre faute; je l'oublie dès ce moment, n'en parlons plus, et soyez sûr qu'à ce prix vous n'aurez point de meilleure amie que moi.

La douceur de sa réponse m'ayant rassuré : Me permettez-vous, lui dis-je, madame, de vous demander par quelle raison vous avez eu avec moi deux procédés si différents sur le même sujet? Lorsque j'osai, il y a quelques années, vous déclarer l'impression que vous aviez faite sur mon cœur, vous m'interdîtes à la vérité toute espérance; mais vous me parlâtes du moins avec intérêt; votre bonté tâcha de me consoler de la loi sévère que m'imposoit votre vertu. Qu'ai-je fait depuis, que de vous déclarer que j'ai conservé des sentiments que leur constance n'a rendus que plus excusables? Cependant, loin d'y compatir, avec quel mépris n'en avez-vous pas reçu l'aveu! Suis-je devenu méprisable à vos yeux! Pardon, madame, si j'ose vous rappeler vos bontés passées, et si je vous prie de m'éclaircir. S'il me restoit le moindre doute sur un article si important pour moi, comment pourrois-je me flatter de l'amitié, et par conséquent de l'estime à laquelle vous me permettez de prétendre?

Quoique la question que vous me faites, répondit madame de Canaples, soit presque déjà manquer à la promesse que vous venez de me faire de ne jamais me rappeler le passé, je compte assez sur votre parole à l'avenir, pour vous donner le dernier éclaircissement que vous desirez sur un sujet dont il ne sera désormais plus question entre nous.

Si je reçus avec une sorte d'indulgence l'aveu que vous osâtes, dites-vous, faire autrefois, ce fut précisément parceque vous ne l'osâtes pas; ce ne furent pas la témérité, la confiance et encore moins l'espoir qui vous guidèrent; vous cédâtes à un sentiment ignoré, à un mouvement involontaire; une surprise réciproque, ajouta-t-elle en rougissant, nous fit obéir à une impression dont l'effet seul nous dévoila le principe. Mais aujourd'hui que le commerce du monde vous a éclairé, et peut-être perverti; aujourd'hui que vous connoissez vos devoirs, et que vous devez respecter les miens, l'aveu de vos sentiments, qui pouvoient être innocents dans leur naissance, et peut-être flatteurs si mon état l'eût permis, ne seroit maintenant pour moi qu'un outrage qui vous rendroit criminel et méprisable à mes yeux. Pourriez-vous, sans rougir, oublier ce que vous devez à moi, à M. de Canaples, à ses bontés, à sa confiance, je dirai plus, à l'erreur où il est à votre égard, ce qui vous rendroit plus coupable que si vous lui étiez suspect?

Quoique le discours, ou du moins le dessein de madame de Canaples ne tendît pas à m'inspirer de l'espoir, peut-être s'en glissa-t-il dans mon cœur; car je cherchai à prolonger cette conversation : c'étoit au moins parler de ma passion; et, fût-elle sans retour, c'est déjà une faveur que d'en occuper l'objet aimé. J'allois donc répondre; mais madame de Canaples m'imposa silence. Brisons là, dit-elle; en voilà peut-être trop; souvenez-vous de votre parole, et que ce soit pour la dernière fois. Nous étions alors près du château, où elle rentra; je la suivis sans oser lui répliquer, et nous rejoignîmes la compagnie.

Depuis ce moment-là je fus plus occupé que jamais de madame de Canaples; mais je ne tentai pas de lui reparler de mes sentiments : j'aurois même été fâché ou embarrassé de me trouver seul avec elle, dans la crainte de l'irriter par mes discours, ou de me rendre suspect par la façon dont j'aurois gardé le silence. Je me bornai à l'aimer en secret, et à lui prouver mon respect et ma soumission, sans examiner quel pouvoit être le fruit de ma persévérance.

La manière dont j'étois obligé de vivre avec madame de Canaples étoit pour moi une contrainte assez dure; cependant je la quittai avec un regret infini, lorsqu'il fallut partir avec M. de Canaples.

Je servis presque toute la campagne sous ses ordres; et, comme il n'aimoit pas à écrire, il me chargeoit de répondre pour lui à toutes les lettres qu'il recevoit de sa femme. Je m'acquittois de cette commission avec un plaisir vif, mais avec autant de simplicité qu'un secrétaire l'auroit pu faire : à peine me permettois-je de parler de mon respect, tant je craignois d'y mêler d'autres sentiments qu'elle m'avoit défendu de lui rappeler. M. de Canaples n'avoit pas la moindre part à ma discrétion; car il ne se donnoit seulement pas la peine de lire ce que j'écrivois; mais il remarqua bientôt que sa femme ne faisoit pas dans ses lettres la moindre mention de moi; il en parut piqué, et me dit de lui en faire des reproches dans la première lettre. Je m'en étois aussi bien aperçu que lui; mais je n'en avois pas été aussi piqué. Je savois qu'elle étoit incapable d'une telle impolitesse; elle m'avoit permis de compter sur son amitié, ainsi son procédé ne pouvoit partir ni du dédain ni de l'indifférence. J'en conclus donc qu'elle ne gardoit le silence à mon égard, que dans la crainte d'en parler avec trop d'intérêt; je vis enfin ce qu'elle vouloit me cacher, et ce fut par les précautions mêmes qu'elle prenoit pour me le cacher; les précautions des ames honnêtes sont presque toujours des indiscrétions.

Je me gardai bien de lui faire les reproches dont M. de Canaples m'avoit chargé; mais, lorsque je lui présentai la réponse que je lui avois faite, il me demanda si j'avois eu soin de dire à sa femme ce qu'elle méritoit. Je crois que oui, lui dis-je. J'en suis bien aise, reprit-il; voyons un peu: et là-dessus, il prit la lettre et la lut: Eh que diable! dit-il après avoir lu, il n'y en a pas un mot; voilà de beaux ménagements que vous avez là; oh! je vais ajouter, moi, ce qui manque à l'épître. Il prit la plume et écrivit à madame de Canaples qu'elle ne méritoit guère l'attachement que j'avois pour elle, par l'indifférence qu'elle montroit pour moi; qu'il m'avoit toutes les obligations possibles; que je lui étois devenu nécessaire : qu'il ne pouvoit trop se louer de mon amitié, ni me donner assez de marques de la sienne; qu'il falloit bien qu'il lui fît des reproches, puisqu'elle les méritoit, et que je refusois de les lui faire. Il finissoit par l'exhorter à m'aimer un peu plus qu'elle ne faisoit.

J'ignore qu'elle eût été sa réponse; car elle n'eut pas le temps de la faire : elle reçut presque aussitôt une nouvelle trop intéressante, pour qu'elle fût occupée d'autre chose. Nous étions à la veille d'une action, et nous avions jugé à propos de n'en rien marquer à madame de Canaples, pour lui épargner des inquiétudes. Il y eut en effet le lendemain une affaire fort vive, où M. de Canaples et moi fûmes blessés.

Madame de Canaples apprit bientôt avec le public la nouvelle de la bataille; et son mari étant un officier trop considérable pour n'être pas nommé dans les nouvelles générales, elle sut qu'il étoit blessé; ne recevant point alors de lettres particulières qui calmassent ses craintes, elle partit et arriva peu de jours après nous dans la ville où nous avions été transportés.

L'état où elle trouva M. de Canaples la pénétra de la plus vive douleur. La blessure, qui d'abord n'avoit pas paru dangereuse, l'étoit devenue au point qu'il n'y avoit plus d'espérance. M. de Canaples le sentit lui-même; il témoigna à sa femme combien il étoit sensible à l'empressement qu'elle avoit eu de le venir voir, lui demanda son amitié pour moi, la pria de me faire ses adieux, de me donner tous les soins dont j'aurois besoin, et mourut entre ses bras.

Je ne fus pas témoin d'un si triste spectacle, quoique je fusse dans la même maison : ma blessure me retenoit au lit malgré moi, et j'y demeurai encore long-temps. Je n'ai jamais éprouvé de douleur plus vive et plus sincère que celle que me causa la mort de M. de Canaples; je ne sentis alors que la perte de mon ami; je ne vis dans madame de Canaples qu'une femme à qui la mémoire de son mari devoit être chère. Il sembloit que l'amour que j'avois pour elle fût suspendu dans mon cœur, pour le laisser tout entier à l'amitié.

Madame de Canaples ne m'avoit fait qu'une visite en arrivant, après avoir vu son mari; et, depuis ce moment jusqu'à celui de sa mort, elle ne l'avoit pas quitté; mais un objet si affligeant ne lui permettant pas de demeurer ensuite dans son appartement, elle passa dans le mien. Nous pleurâmes ensemble, et ce ne fut qu'en partageant sa douleur que j'essayai de la consoler. Elle me fit part des derniers sentiments de M. de Canaples, me témoigna qu'elle étoit fâchée que sa situation et la décence ne lui permissent pas de me donner elle-même les soins dont je pouvois avoir besoin, et partit le jour même pour retourner dans ses terres.

A peine étoit-elle partie qu'on me remit le testament de M. de Canaples, qui, n'ayant que des parents éloignés, donnoit à sa femme généralement tous ses biens. Je lui écrivis à l'instant pour l'en instruire, et lui mandai qu'aussitôt que je serois en état de partir, j'irois lui rendre compte de ses affaires. J'y allai un mois après. Il ne parut pas que les biens considérables dont elle se trouvoit maîtresse absolue, eussent diminué le sentiment de la perte qu'elle avoit faite. Mais si elle étoit peu sensible à une fortune brillante, ceux de la cour qui pensoient à des établissements, n'eurent pas la même indifférence. Madame de Canaples étoit, par elle-même, en état de prétendre à tout; et les nouveaux avantages qu'elle tenoit de la fortune, faisoient que peu de gens étoient en droit d'aspirer à elle. Belle, jeune encore (à peine avoit-elle trente-deux ans), riche, et jouissant de la considération qu'une conduite soutenue donne toujours à une femme raisonnable, elle fut recherchée par tous ceux qui pouvoient se présenter sans présomption, et il n'y en eut aucun à qui elle n'interdît toute espérance; de sorte qu'on la regarda bientôt comme une femme qui étoit déterminée à jouir tranquillement de son opulence, et de l'indépendance de son état de veuve; et je le crus comme les autres.

Je n'en avois jamais été aussi amoureux que je l'étois alors, parceque je ne l'avois jamais si bien connue, et j'osois moins lui en parler qu'auparavant. Le rang et l'état de ceux qu'elle avoit refusés n'étoient pas propres à me donner des espérances ; et il y auroit encore eu plus de témérité et d'offense à lui parler de ma passion, sans lui avouer en même temps que j'osois aspirer à m'unir à elle. Je me bornois à chercher de plus en plus à lui plaire, sans porter mes vues plus loin.

Il y avoit déjà du temps que je vivois ainsi chez elle; et, comme il n'eût pas été décent que j'y eusse passé, pour ainsi dire, ma vie, sans le prétexte de ses affaires, je n'en avois pas pressé la conclusion. On étoit près de rentrer en campagne, et j'aurois voulu, avant de partir, être moins incertain que je ne l'étois sur mon sort ; madame de Canaples m'en fournit enfin l'occasion.

J'avois eu la discrétion de ne lui pas parler des différentes propositions de mariage qui lui avoient été faites; elle m'en fit elle-même la confidence. Je n'ai point été étonnée, me dit-elle, qu'on ait supposé que ma fortune présente me feroit penser à quelque établissement brillant ; mais il ne feroit pas mon bonheur, et ma vanité n'en seroit pas flattée ; et peut-être ai-je celle de croire que je n'en ai pas besoin. Quoi qu'il en soit, je me propose de faire un autre usage des bienfaits de M. de Canaples, un usage qui soit digne de moi et du respect que je conserve pour sa mémoire. C'est ce même respect qui m'a fait accepter le don de ses biens. Quoiqu'il n'eût que des parents assez éloignés pour qu'ils n'eussent pas dû compter avec certitude sur sa succession, s'ils n'ont pas eu part aux dispositions qu'il a faites, je veux qu'ils en retirent les mêmes avantages ; et comme il n'y en a aucun qui lui appartînt de plus près que vous, ni qu'il vous eût préféré, je prétends contribuer à votre avancement, vous mettre en état d'épouser une fille d'une naissance égale à la vôtre, et vous faire un sort qui vous dispense de vous mésallier ; sacrifice toujours dur à un homme de qualité, et dont il est rarement dédommagé par les suites.

Ah ! madame, lui dis-je, pouvez-vous me marquer à-la-fois tant de bonté et de rigueur ! Vous voulez, dites-vous, contribuer à mon bonheur : vous savez qu'il n'y a qu'un moyen de l'assurer ; vous n'ignorez pas que mon premier sentiment a été de vous aimer ; le temps, l'expérience et le parallèle de vous et de toutes les femmes, n'ont fait que le fortifier dans mon cœur. J'ai osé vous en reparler une seule fois, plus emporté par la passion, qu'animé par l'espoir; mais le remords de vous avoir déplu, mon respect pour vous et pour M. de Canaples, la réflexion sur l'amitié dont il m'honoroit, m'ont fait garder le silence, et même combattre mes sentiments sans succès. Lorsque nous avons eu le malheur de le perdre, je n'ai d'abord senti que mes regrets et votre douleur; mais enfin, ma passion pour vous n'ayant pu s'affoiblir pendant qu'il vivoit, et étant aujourd'hui devenue légitime, j'ai été retenu par la décence. Les partis distingués que vous avez refusés, et que je n'ignorois pas, m'ont fait voir avec chagrin combien je vous conviendrois peu. Je n'aurois pas craint, en me présentant, d'être suspect d'intérêt, mais de consulter trop peu le vôtre. Les bontés que vous venez de me marquer, m'inspirent la confiance dont j'avois besoin; dispensez-moi de les accepter, madame, ou mettez-y le comble en m'accordant votre main; je ne dois les recevoir qu'à ce prix.

Avez-vous dû penser, reprit madame de Canaples, qu'une augmentation dans ma fortune m'eût rendue plus considérable à mes yeux que je ne l'étois auparavant, et que, si je vous eusse dans un temps jugé digne de mon choix, j'eusse pu dans un autre penser différemment, sans autre raison que le caprice du sort? Croyez que je m'estime assez pour ne pas faire dépendre des événements l'opinion que j'ai de moi. Ce dont je pourrois encore être plus offensée, est la répugnance que vous montrez à recevoir quelques légers services de ma part. Votre délicatesse seroit placée à l'égard de tout autre ; mais les offres que je vous fais ne sont qu'une disposition naturelle, un usage honnête et légitime des biens de M. de Canaples ; et, quand il en seroit autrement, si vous m'estimez autant que vous le dites, vous ne devez pas craindre ni être humilié de m'avoir obligation. L'amitié ne se prouve pas moins par les biens qu'on reçoit d'un ami que par ceux qu'on lui fait ; trop de délicatesse est une défiance injurieuse, et l'on en doit quelquefois le sacrifice au plaisir qu'il a de nous obliger.

Non, madame, lui dis-je, je ne rougirois point de vous devoir ; l'intérêt que vous voudriez bien prendre à mon sort, ne pourroit que me faire honneur ; mais j'attends encore plus de vos bontés. Pourquoi vous occuper simplement de ma fortune, quand vous pouvez faire mon bonheur ? Si quelqu'un est assez heureux pour avoir touché votre cœur, j'en gémirai, je respecterai votre goût, et me condamnerai au silence ; mais, si je puis me flatter que cela n'est pas, qu'il me soit permis de vous rappeler que vous avez daigné m'avouer autrefois que votre cœur m'étoit favorable. Si votre devoir me fut contraire, il ne l'est plus ; rendez-moi le plus heureux des hommes en unissant mon sort au vôtre.

Comme je n'ai point à rougir de mes sentiments pour vous, répondit-elle, je ne chercherai point à les dissimuler. Vous êtes le seul pour qui j'aie eu ceux que je n'aurois dus qu'à M. de Canaples, et que j'aurois eus pour lui, si l'estime et les efforts les faisoient naître. Le peu de liaison qu'il y a eu entre vous et moi, depuis que je m'aperçus de mon goût pour vous, a empêché qu'il ne devînt peut-être une passion, qui, sans me rendre criminelle, m'eût rendue malheureuse. Cependant vous m'avez toujours été cher; et les sentiments où je me suis habituée pour vous, sans troubler mon repos, me préserveront d'avoir la même sensibilité pour qui que ce soit. Je vous donne tous les droits qu'on peut avoir à l'amitié, et je serai très flattée de la vôtre.

Vous savez que je vous ai toujours parlé avec candeur; je vais vous en donner une nouvelle preuve. Quoique je sois persuadée que mes sentiments seront toujours les mêmes, l'habitude de vivre avec vous, et la liberté de m'y livrer, pourroient les rendre plus vifs; mais je sais par expérience ce que le devoir peut sur moi, et je suis sûre qu'aussitôt que votre sort sera lié à celui d'une autre, et qu'il me sera défendu de vous regarder autrement que comme un ami, rien ne pourra altérer l'habitude, l'innocence et la tranquillité de mon amitié pour vous. Ne pensons donc point à un engagement qui ne feroit point notre bonheur; et, pour en perdre toute idée, prêtez-vous aux vues d'établissement que je vous ai proposées.

Non, madame, lui dis-je, je n'en voudrois jamais qu'avec vous; il feroit certainement mon bonheur; sur quoi jugez-vous qu'il seroit contraire au vôtre? Sur la disproportion de nos âges, reprit-elle. Quoiqu'elle ne soit pas considérable, elle le deviendra un jour davantage, ou sera jugée telle, ce qui revient au même dans le public. Les avantages de la fortune que je veux vous procurer, que je compte pour peu, mais que le monde compte pour beaucoup, me feroient regarder comme une femme peu sensée, qui n'auroit pu résister à la foiblesse d'acheter la complaisance d'un jeune homme, au hasard d'en essuyer un jour les mépris. J'aime mieux que vous deviez tout à mon amitié.

Quoi! madame, repris-je, vous dont l'ame et les vertus ont si peu de rapport avec les idées du vulgaire, ne céderez-vous à son opinion que lorsqu'elle est contraire à mon bonheur?

Elle n'est que trop fondée sur l'expérience, répliqua madame de Canaples; j'aurois d'ailleurs tout à craindre de la différence de nos caractères, de la vivacité du vôtre, de la dissipation dont vous avez contracté l'habitude, et peut-être la nécessité. Tous ces plaisirs que vous croyez avoir usés, soit pour en avoir joui, soit par la simple facilité d'en jouir, peuvent vous être devenus nécessaires même en vous devenant insipides. Quelle seroit ma douleur, si, après m'être flattée d'être aimée aussi constamment que je croirois mériter de l'être, et que j'aimerois moi-même, je vous voyois remplacer les sentiments par des procédés d'autant plus cruels, qu'ils interdisent les plaintes dont ils sont les motifs les plus amers. Je connois cette sorte de respect que certains maris perfides ont pour leurs femmes, et dont ils ont l'audace et la lâcheté de se faire honneur. Qui dit aujourd'hui une femme respectée, dit une infortunée trop décente pour se plaindre de certains torts, et qui se respecte assez elle-même pour dévorer ses chagrins. Eh ! que gagneroit-elle en effet à réclamer l'équité naturelle, si différente de la justice humaine, puisque le mari le plus injuste et le plus authentiquement méprisable trouve souvent encore de la protection dans les lois et de l'approbation parmi les hommes ? Il faut qu'il ait bien scandaleusement tort avant que d'en être taxé. Je veux croire que vous seriez moins injuste que les autres; mais ce n'est pas à moi qu'il convient d'en faire l'épreuve. Ainsi, monsieur, je ne dois point.... N'achevez pas, de grace, lui dis-je, madame; laissez-moi nourrir l'espoir que vous consentirez un jour à combler mes vœux. Cette idée contribuera à me rendre plus estimable par les efforts que je ferai pour être digne de vous.

Madame de Canaples sourit, et ne me répondit rien. Depuis ce moment je m'attachai de plus en plus à lui plaire, et sans lui parler positivement de ma passion, je vécus avec elle dans cette intimité qui, sans être celle de l'amour, est fort au-dessus de la simple amitié. Je n'ai jamais mieux senti combien la vertu, l'amour, le respect et la confiance peuvent rendre heureux.

Il fallut cependant m'arracher d'auprès d'elle, pour joindre l'armée. Je me livrai plus que jamais à mes devoirs, afin de dissiper l'ennui d'être séparé d'elle, et l'impatience de la revoir.

Je ne fus pas long-temps à remarquer que l'application à mes devoirs me donnoit de la considération; mais je m'aperçus aussi, avec un étonnement que je n'aurois pas aujourd'hui, que l'estime qu'on mérite ne va guère sans jaloux qui, dans la route de la fortune, deviennent des ennemis suivant les occasions.

Mes folies passées, en me faisant des censeurs parmi les gens sages, les engageoient quelquefois eux-mêmes à me donner des conseils. A peine commençai-je à me faire une réputation honnête, que je devins suspect à mes concurrents. Je fus bientôt regardé comme un ambitieux adroit; les étourderies qui avoient pensé me perdre étoient données pour des vues fines et du manége. Combien de fois ai-je vu donner à la conduite la plus louable des interprétations plus dangereuses qu'une accusation ouverte, qui fourniroit à un homme l'occasion de confondre ses ennemis! Il est bien moins cruel pour un honnête homme d'être accusé que suspect; et je n'oserois pas décider si le mal qu'on fait à la cour l'emporte sur celui dont on y est faussement accusé.

J'étois fort indifférent sur tout ce qu'on pouvoit penser de moi : l'amour ferme le cœur à tout autre sentiment. Je n'avois d'autre plaisir que d'écrire continuellement à madame de Canaples. Ce fut d'abord avec beaucoup de circonspection; mais, soit que mes sentiments devinssent trop vifs pour que je pusse long-temps les contraindre, ou que les lettres donnent plus de hardiesse que le tête-à-tête à un amant respectueux, je me permis insensiblement de parler de ma passion, et bientôt je m'y livrai sans réserve. Madame de Canaples ne me répondoit pas sur le même ton; mais elle ne me faisoit aucun reproche sur le mien, et je me trouvai en droit de retourner auprès d'elle amant déclaré et avoué. Je soupirois après ce moment, et, aussitôt que l'armée fut séparée, je partis.

Quelques jours avant mon départ, madame de Canaples m'avoit écrit qu'ayant su qu'il y avoit dans un couvent de province une jeune personne parente de M. de Canaples, elle l'avoit fait venir auprès d'elle; qu'elle s'y étoit crue obligée par respect pour la mémoire de son mari et par humanité; que mademoiselle de Foix (c'étoit le nom de cette personne) étoit une orpheline, ayant à peine de quoi subsister, et d'autant plus à plaindre, qu'un nom illustre, qui peut être une ressource et un moyen de fortune pour un homme, n'est qu'un malheur de plus pour une fille de qualité que sa naissance met au-dessus des secours d'une certaine nature, et au-dessous d'un établissement convenable, et qui souvent n'a pas même le choix des partis dont elle auroit à rougir.

Madame de Canaples ajoutoit que ce qu'elle avoit connu du caractère de mademoiselle de Foix, depuis qu'elle l'avoit avec elle, la faisoit s'applaudir du parti qu'elle avoit pris, et qu'elle étoit persuadée que j'y donnerois mon approbation.

L'action de madame de Canaples étoit très louable; mais comme elle n'avoit pas besoin de mon aveu, je trouvai que la politesse qu'elle me faisoit à ce sujet étoit une sorte d'engagement de sa part, une façon adroite et obligeante de me faire connoître qu'elle regardoit nos intérêts comme les mêmes. J'arrivai donc avec la certitude du bonheur que je desirois si ardemment.

Ce fut avec le plaisir le plus sensible que je me trouvai auprès de madame de Canaples, et j'eus encore celui de voir que sa satisfaction égaloit la mienne. Après avoir donné les premiers moments aux épanchements dont le cœur a tant de besoin quand il a souffert une longue absence, madame de Canaples fit avertir mademoiselle de Foix, à qui elle me présenta.

Je fus frappé de sa figure; je n'en ai point vu de plus noble, ni de physionomie qui réunît à-la-fois tant de modestie et de fierté; et ses propos me parurent pleins de décence et de raison.

Comme rien n'affoiblit plus un droit que de paroître en douter, et qu'on l'établit souvent en le présentant comme certain, je résolus, dès le lendemain de mon arrivée, de presser madame de Canaples de consentir à me donner la main. Je lui en parlai avec autant de respect que d'empressement, et j'y mis cette confiance qui ne convient qu'à ceux à qui on a permis d'avoir de l'espoir. Elle me répondit à-peu-près ce qu'elle m'avoit dit avant mon départ; mais ce fut avec le ton d'une personne qui ne veut pas paroître avoir oublié sitôt ses principes, et qui veut bien s'en laisser dissuader; elle ajouta que son deuil étant à peine fini, il n'y avoit pas de décence dans le parti que je voulois lui faire prendre. Enfin elle n'employa que de ces raisons qui laissent la liberté de suivre son penchant. Je compris qu'elle céderoit bientôt à mon empressement, et que je n'avois plus que peu de temps à attendre. Au lieu d'insister davantage, je lui fis une espèce de remercîment, comme si elle eût consenti à ce que je venois de lui proposer.

Je passai un mois avec elle, n'ayant que mademoiselle de Foix en tiers, qui, en coupant quelquefois le tête-à-tête, y mettoit plus d'agrément que d'importunité. Nous prenions chaque jour, madame de Canaples et moi, une estime plus forte pour elle, à mesure que nous la connoissions davantage.

Cette estime devint insensiblement de ma part, et sans que je m'en aperçusse, plus tendre que je n'aurois dû l'avoir. Je n'avois d'abord eu pour mademoiselle de Foix que les égards dus à sa naissance, et le respect dû à son infortune ; mais un sentiment plus vif mit bientôt dans mes attentions une chaleur que la simple générosité n'inspire pas, et je crus remarquer qu'elle les recevoit avec une sensibilité que ne donne pas la simple reconnoissance.

Ce que je n'apercevois pas encore distinctement fut bientôt senti par madame de Canaples. Elle connoissoit trop mon caractère, pour que mes sentiments échappassent à son attention. En effet, j'étois naturellement impatient dans mes desirs, et, s'ils avoient eu la même vivacité, j'aurois pressé madame de Canaples d'accepter ma main, et je n'aurois point cessé qu'elle n'y eût consenti, ou qu'elle ne m'eût absolument interdit tout espoir, ce qu'elle n'avoit pas fait.

Je pris d'abord de bonne foi ma conduite pour une discrétion respectueuse ; mais le respect est très différent du refroidissement. Une femme qui en est l'objet ne s'y méprend point. La réserve que je remarquai bientôt moi-même dans la manière d'agir que madame de Canaples prit avec moi, m'ouvrit les yeux. Je m'examinai avec attention, je sondai mon cœur, je sentis des remords, et je ne pus me dissimuler que j'aimois mademoiselle de Foix. Je m'en fis des reproches, et je voulus combattre mon penchant; mais les reproches que nous nous faisons, étant un témoignage à nous-mêmes de notre vertu, achèvent de nous la faire perdre, parcequ'en flattant notre amour-propre ils nous empêchent de nous mépriser, même en nous condamnant. D'ailleurs, comme je commençois à me flatter de n'être pas indifférent à mademoiselle de Foix, je trouvois une sorte d'injustice à trahir les sentiments que j'avois pu lui inspirer. Insensiblement je me trouvai plus malheureux que coupable : on se juge avec tant d'indulgence, quand on est justifié par son cœur, et qu'on n'est accusé que par la raison!

Il n'y avoit qu'un parti qui pût être digne de madame de Canaples et de moi; c'étoit de lui faire un aveu sincère de l'état de mon cœur, et de la prier de prononcer sur mon sort.

Ce parti que l'honneur me prescrivoit, qu'il étoit humiliant pour moi! Il falloit donc avouer à une femme respectable, digne d'être aimée, qui avoit dédaigné les partis les plus brillants, et qui avoit de plus sur moi le droit des bienfaits; il falloit, dis-je, lui avouer qu'une passion qui étoit, pour ainsi dire, née avec moi, que la dissipation n'avoit point altérée, que le temps auroit dû fortifier, puisqu'il ne l'avoit pas éteinte, que cette passion ne s'évanouissoit que lorsqu'elle devenoit un devoir. Quelle opinion madame de Canaples alloit-elle prendre de mon caractère?

Je voyois la nécessité d'un tel aveu, et je frémissois de le faire. Cependant, plus je le retardois, plus il devenoit indispensable; et, en le différant davantage, j'allois en perdre le mérite. La contrainte, qui augmentoit de jour en jour entre madame de Canaples et moi, commençoit à se faire remarquer par mademoiselle de Foix, et lui donnoit à elle-même une sorte d'embarras.

Cet aveu, si nécessaire, n'étoit pas la seule chose qui m'inquiétoit. Quel seroit le fruit de ma démarche? Pouvois-je me flatter que mademoiselle de Foix prendroit pour moi les sentiments qu'elle m'inspiroit; et, quand elle y auroit eu du penchant, ma légèreté ne suffisoit-elle pas pour l'empêcher d'y céder?

Quoique madame de Canaples n'eût pris avec moi aucun engagement, j'en avois pris avec elle, et ma proposition n'ayant pas été rejetée formellement, elle étoit libre, et je ne l'étois plus.

J'étois agité de tant de réflexions différentes, que j'avois toutes les peines du monde à me déterminer.

Je pris enfin le parti d'aller la trouver, et de lui découvrir l'état de mon ame. Mais à peine fus-je devant elle, que je me trouvai interdit; je n'osois proférer un mot : mon inquiétude n'en étoit que plus marquée; et j'allois me retirer sans lui rien dire, si elle ne m'eût elle-même adressé la parole.

Votre état, me dit-elle, me fait compassion; je lis dans votre ame tout ce que vous craignez de me dire, et je dois vous épargner un si cruel supplice, puisque votre cœur est assez vertueux pour l'éprouver.

A ces mots, je fus pénétré de douleur. Quoi! madame, lui dis-je, pouvez-vous porter la bonté au point de me trouver de la vertu, quand je n'ai que des sujets de remords, et que j'en suis déchiré? Mais je me suis, sans doute, alarmé sans motifs; non, il n'est pas possible que j'aie cessé de vous adorer : j'ai craint mal-à-propos d'avoir cédé aux charmes de mademoiselle de Foix. Quelque digne qu'elle soit d'être aimée; il n'est pas possible de vous la préférer; ma raison réclame, en ce moment, contre un moment de surprise. Madame de Canaples ne me permit pas de continuer : Songez-vous, me dit-elle, que les remords que vous osez me faire paroître sont très offensants pour moi? Sur quoi jugez-vous que vous ayez le droit de vous faire des reproches à mon sujet? Ah! pardon, lui dis-je, madame; j'ai pour vous le respect le plus inviolable, et mon dessein n'est assurément pas... Monsieur, reprit-elle en m'interrompant, j'approuve les sentiments que vous avez pour mademoiselle de Foix, et je desire fort qu'elle y réponde; voilà tout ce que je vous permets de croire.

Elle me quitta en finissant ces mots, et me laissa dans la plus pénible des situations. Je voyois que je l'avois perdue sans retour, sans prévoir ce que je devois attendre de mademoiselle de Foix. Madame de Canaples ne parut point du reste de la journée; le soir elle nous fit dire qu'elle étoit incommodée, et qu'elle avoit besoin de repos. Nous restâmes donc ensemble, mademoiselle de Foix et moi. L'inquiétude que nous avions sur la santé de madame de Canaples, fit d'abord le sujet de notre entretien; et mademoiselle de Foix saisissant cette occasion d'exprimer sa reconnoissance à l'égard des procédés qu'elle en avoit éprouvés, je ne pus m'empêcher de l'interrompre. Madame de Canaples, lui dis-je, mademoiselle, est capable des sentiments les plus généreux; mais permettez-moi de vous dire que vous ne pouvez pas être regardée comme en étant la preuve. Si elle mérite d'ailleurs tous les éloges possibles, on ne peut que lui envier le bonheur de vous avoir obligée. J'ignore, reprit mademoiselle de Foix, si j'aurois trouvé en quelque autre la même bienveillance; mais il est heureux pour moi de l'avoir éprouvée de la seule personne qui, par l'honneur que j'ai de lui appartenir, fût en droit de me faire accepter ses services.

J'avois déja reconnu que mademoiselle de Foix avoit de la noblesse dans le caractère, je remarquai que sa situation y mettoit de la fierté : l'indigence reléve encore ceux qu'elle ne sauroit avilir.

Soit qu'elle fût embarrassée d'une conversation sur un sujet toujours un peu humiliant pour la reconnoissance la plus courageuse; soit qu'elle jugeât qu'un tête-à-tête avec moi n'étoit pas assez décent pour elle, elle me quitta, sous prétexte d'aller s'informer des nouvelles de madame de Canaples, si elle ne pouvoit pas la voir.

Je n'osai la suivre, dans la crainte de la gêner, ou peut-être parceque je redoutois la présence de madame de Canaples. Le tourment que j'éprouvois, venoit d'aimer à-la-fois deux personnes estimables. Ce partage me rendoit déja criminel aux yeux de l'une, et pouvoit bientôt produire le même effet sur l'autre.

Le lendemain je sus que mademoiselle de Foix avoit été long-temps enfermée avec madame de Canaples : j'envoyai demander à celle-ci la permission de la voir, qu'elle m'accorda; et, malgré l'agitation cruelle où j'étois, j'allai lui rendre les devoirs dont je n'aurois pu me dispenser sans indécence. Je crois, dit-elle, aussitôt que j'entrai, que vous serez bientôt heureux ; j'y ai déjà disposé mademoiselle de Foix.

Je ne pourrois pas exprimer les sentiments que ces paroles excitèrent dans mon ame. Je fus frappé d'une admiration à laquelle je n'étois pas préparé, et qui étoit mêlée de honte et de douleur. Je connoissois trop madame de Canaples pour la soupçonner de la moindre dissimulation, et je fus confondu de tant de générosité. Je restai quelques moments interdit, et, tombant à ses genoux : N'attendez point, lui dis-je, mes remercîments, je suis trop humilié de l'excès de vos bontés ; j'en serois indigne, si j'osois en profiter. Laissez-moi les mériter par mes refus, et par un respect inviolable : je ne dois plus vivre que pour vous consacrer mes jours.

Levez-vous, reprit-elle. Je ne suis point étonnée des sentiments que vous me faites paroître. Vous avez à vous louer des miens dans ce moment, vous le sentez ; et, avec une ame noble, on n'est jamais l'objet d'un procédé estimable, qu'on ne soit d'abord échauffé d'une reconnoissance généreuse. Mais, croyez-moi, l'amour que vous a inspiré mademoiselle de Foix est trop bien fondé, pour qu'il ne reprenne pas bientôt son empire. Je ne veux pas vous laisser vous abuser vous-même. Vous n'avez eu pour moi que le goût qui naît de l'impression que la première femme aimable doit faire sur le cœur d'un jeune homme, impression qui se fortifie par l'habitude de vivre auprès d'elle. Vous avez conservé ce goût, parceque vous n'avez point apparemment rencontré de femme assez estimable pour vous attacher constamment. Mademoiselle de Foix, unissant la vertu aux graces de la jeunesse et de la beauté, a droit de vous plaire et de vous fixer. Si j'acceptois les serments que vous m'offrez, le repentir ne tarderoit pas à les suivre; l'honneur ou la honte vous les feroit garder quelque temps; dans peu, je serois à charge; vous finiriez par vous rétracter avec éclat, et mon injustice vous justifieroit.

Ah! madame, m'écriai-je, devez-vous penser qu'après tout ce que je vous dois, je pusse jamais cesser d'avoir pour vous l'attachement le plus vif. Qui! moi, je deviendrois un ingrat! Quand vous m'auriez, répliqua-t-elle, les obligations que vous prétendez m'avoir, je sais jusqu'où doit s'étendre la chaîne de la reconnoissance. Un bienfaiteur injuste est bien plus à craindre qu'un ingrat. L'ingratitude doit exciter plus de mépris que de douleur; la plus cruelle situation pour une ame haute est d'avoir à se plaindre de ceux à qui l'on doit; et vous seriez dans ce cas-là à mon égard.

J'écoutois madame de Canaples avec un étonnement qui me mettoit hors d'état de lui répondre. Elle m'en épargna l'embarras; elle sortit de son appartement, et je la suivis dans le salon, où nous trouvâmes mademoiselle de Foix.

Les différentes réflexions dont nous avions tous trois l'esprit occupé, mettoient nécessairement de la contrainte entre nous. Nous n'avions plus cette confiance qui naît d'un état tranquille. Quelque liberté d'esprit que madame de Canaples tâchât de faire paroître, j'y démêlois un fonds de tristesse qui redoubloit la mienne. Mademoiselle de Foix paroissoit inquiète sur madame de Canaples, et embarrassée avec moi. Il n'y avoit enfin entre nous que des propos commencés, coupés par des intervalles de silence, et renoués par réflexion.

Nous passâmes ainsi la journée, et, sur le soir, madame de Canaples passa dans son appartement pour quelques affaires. Je vis bien que mademoiselle de Foix ne tarderoit pas à la suivre; je crus devoir profiter de cet instant pour lui parler, non dans le dessein de chercher mon bonheur particulier, et de retirer le fruit de la générosité de madame de Canaples, mais pour tenter de faire cesser la gêne que je pouvois causer à l'une et à l'autre.

Est-il vrai, lui dis-je, mademoiselle, que madame de Canaples ait eu la bonté de vous instruire de mes sentiments, et que vous ayez daigné ne les pas rejeter? Il est vrai, répondit mademoiselle de Foix en rougissant, que j'ai assuré madame de Canaples, qu'elle étoit la maîtresse absolue de mon sort, et qu'elle pourroit toujours compter, quels que fussent ses desseins, sur une obéissance aveugle de ma part.

Je ne devrois donc rien, repris-je, qu'à votre soumission pour elle, et je lui devrois toute ma reconnoissance? Il me semble, répondit-elle, que, respectant madame de Canaples comme vous faites et comme elle le mérite, vous devez approuver que je ne me conduise que par ses conseils. D'ailleurs, ce que je dois à vos sentiments ne me fait pas oublier ce que je me dois à moi-même; et il me reste une inquiétude sur celle que je remarque depuis quelques jours dans madame de Canaples. J'en ignore le sujet; mais il me semble que ce n'est que depuis qu'elle s'occupe de mon établissement. Serois-je l'objet de son chagrin? et, dans ce cas-là, pourquoi s'intéresseroit-elle à mon sort? Je ne sais que penser, et je n'en suis que plus inquiète. Vous, qui êtes son ami, vous ne l'ignorez peut-être pas; daignez m'en instruire : on doit pardonner la curiosité qui ne part que du sentiment.

La question de mademoiselle de Foix me causa une émotion dont elle auroit pu s'apercevoir. J'en fus d'autant plus interdit que je n'étois pas en état d'y répondre. Je n'aurois jamais osé avouer mes torts avec madame de Canaples. Le respect que je lui devois me faisoit un devoir de la dissimulation sur ce sujet; c'eût été l'outrager à l'excès que de présenter son chagrin comme un effet de mon inconstance.

Madame de Canaples, qui rentra dans ce moment, me tira de la peine où j'étois. Comme je m'étois fait une loi de ne lui rien cacher, aussitôt que je me retrouvai seul avec elle, je lui rendis compte de ce que j'avois dit à mademoiselle de Foix, et de ce qu'elle m'avoit répondu, sans dissimuler l'inquiétude qu'elle m'avoit fait paroître. Madame de Canaples me dit qu'elle la convaincroit bientôt de la sincérité avec laquelle elle s'intéressoit à son sort.

Dès cet instant, je crus remarquer, dans madame de Canaples, plus de sérénité, ce qui me procura aussi un peu plus de calme. Je passai quelque temps sans oser hasarder le moindre propos qui eût rapport à la situation où je me trouvois, me bornant à rendre des soins à mademoiselle de Foix, et des devoirs à madame de Canaples, et me remettant de tout au temps et à la fortune.

Enfin madame de Canaples me dit qu'ayant reconnu que mademoiselle de Foix avoit du penchant pour moi, elle la regardoit comme le parti qui me convenoit le mieux, et qu'elle vouloit contribuer à notre union; que, pour cet effet, elle assuroit ses biens à mademoiselle de Foix, et me remettoit dès ce moment tous ceux de M. de Canaples.

A ces mots, je fus saisi de honte plus que de reconnoissance; je lui répondis que je ne souscrirois jamais à tant de générosité, et que, si elle avoit absolument résolu de m'unir avec mademoiselle de Foix, ma fortune étoit suffisante pour elle et pour moi.

Je ne veux pas, reprit madame de Canaples, que mademoiselle de Foix vous doive trop, même pour votre intérêt; sa tendresse pour vous en sera moins contrainte, et peut-être plus vive. A mon égard, puisque vous m'obligez à vous parler plus ouvertement que je ne me le proposois, je croyois que vous aviez assez à réparer avec moi, pour ne pas gêner mes arrangements. Quoique je n'aie jamais eu dessein de céder à l'empressement que vous marquiez de vous unir avec moi, peut-être a-t-il fait sur mon cœur plus d'impression qu'il ne l'auroit dû. J'ai pu me prêter à vos sentiments avec trop de complaisance. Si cela étoit, pourrois-je me répondre à moi-même des foiblesses et de l'injustice de l'amour-propre? Malgré l'amitié que j'ai pour vous et pour mademoiselle de Foix, vous pourriez être dans des moments des objets un peu humiliants pour moi. Peut-être est-il nécessaire que je contribue à votre bonheur pour le voir toujours avec plaisir. Je ne dois rien oublier pour que vous me soyez chers l'un et l'autre, et vous avez perdu le droit de refuser mes bienfaits; laissez-moi les répandre sur vous, autant par intérêt que par générosité. Je vous donne en ce moment la plus forte preuve de confiance dont je sois capable et dont vous puissiez être digne. Votre reconnoissance n'y doit répondre que par le silence, et j'ose dire par le respect et par une soumission parfaite à mes volontés.

Je n'aurois pu, quand je l'aurois osé, exprimer à madame de Canaples par des paroles les sentiments dont j'étois pénétré; ceux d'amour, de reconnoissance et de respect étoient au-dessous d'elle: il ne m'étoit plus permis de sentir que la vénération la plus profonde, et je ne l'exprimois que par mon trouble.

Deux jours après, elle fit tous les arrangements tels qu'elle les jugea à propos pour mon mariage: je remarquai avec quelle adresse décente elle cherchoit à fortifier par des motifs d'estime l'inclination que mademoiselle de Foix paroissoit avoir pour moi. Enfin notre mariage fut célébré; et depuis ce jour ma femme n'est occupée que du soin de me plaire; madame de Canaples paroît faire son bonheur du nôtre; et, ce qui augmente notre félicité, c'est de la lui devoir, et de trouver en elle une bienfaitrice, une mère, une amie, un guide et un modèle pour la vertu. La situation tranquille et heureuse dont je jouis, me prouve à chaque instant qu'il n'y a de vrai bonheur que dans l'union du plaisir et du devoir.

FIN DES MÉMOIRES SUR LES MOEURS
ET DU TOME SECOND.

TABLE
DES PIÈCES
CONTENUES
DANS LE DEUXIÈME VOLUME.

Avertissement.	page 3
Les Confessions du Comte de ***, première partie.	5
— Seconde partie.	103
Histoire de madame de Luz, première partie.	185
— Seconde partie.	255
Lettre à l'auteur de madame de Luz.	309
Épître au public sur les contes d'Acajou et Zirphile.	327
Acajou et Zirphile.	331
Avertissement sur les mémoires et les mœurs de ce siècle.	383
Mémoires sur les mœurs de ce siècle, première partie.	385
— Seconde partie.	467

FIN DE LA TABLE.

www.ingramcontent.com/pod-product-compliance
Lightning Source LLC
Chambersburg PA
CBHW070839230426
43667CB00011B/1853